陕西省普通高校本科教学工作审核评估：实践与经验

（2013—2018年）

主　编　刘建林　郑庆华
副主编　胡海宁　陆根书

北京理工大学出版社
BEIJING INSTITUTE OF TECHNOLOGY PRESS

内容简介

本书系统总结了陕西省本科教学工作审核评估的成效，凝聚了各参评高校在审核评估组织实施、整改提高与持续改进等方面的经验、亮点及特色做法，对陕西省提高本科教学质量和推进一流本科教育建设提出了可供借鉴的政策与建议。

从书稿中可以看出，在开展本科教学工作审核评估过程中，陕西研制了具有陕西特色的审核评估范围和指标，自主研发了陕西省审核评估管理信息系统，建立了三环节整改检查反馈机制，扎实推进了陕西特色的审核评估的研究与实践，受到了各评估专家、参评高校及全国同行的高度肯定。

全书结构清晰，体例合理，内容完整，具有较高的出版价值。其中的优秀经验，值得其他地方及其高校学习与借鉴。

版权专有　侵权必究

图书在版编目（CIP）数据

陕西省普通高校本科教学工作审核评估：实践与经验：2013—2018 年 / 刘建林，郑庆华主编. —北京：北京理工大学出版社，2021.6

ISBN 978-7-5682-9944-2

I. ①陕… Ⅱ. ①刘… ②郑… Ⅲ. ①地方高校-本科-教学工作-教育评估-陕西-2013—2018　Ⅳ. ①G649.21

中国版本图书馆 CIP 数据核字（2021）第 120819 号

出版发行 /	北京理工大学出版社有限责任公司
社　　址 /	北京市海淀区中关村南大街 5 号
邮　　编 /	100081
电　　话 /	（010）68914775（总编室）
	（010）82562903（教材售后服务热线）
	（010）68948351（其他图书服务热线）
网　　址 /	http：//www.bitpress.com.cn
经　　销 /	全国各地新华书店
印　　刷 /	三河市华骏印务包装有限公司
开　　本 /	787 毫米×1092 毫米　1/16
印　　张 /	17.25
字　　数 /	405 千字
版　　次 /	2021 年 6 月第 1 版　2021 年 6 月第 1 次印刷
定　　价 /	75.00 元

责任编辑 / 江　立
文案编辑 / 李　硕
责任校对 / 刘亚男
责任印制 / 李志强

图书出现印装质量问题，请拨打售后服务热线，本社负责调换

编 委 会

主　任：刘建林　郑庆华
副主任：胡海宁　陆根书
委　员：杨　鹏　何文来　马飞跃
　　　　徐　菲　李珍艳　牛梦虎
　　　　贾小娟

前言

2013年12月,教育部印发了《普通高等学校本科教学工作审核评估方案》。陕西省在前期研究的基础上,于2016年7月印发了陕西省审核评估方案并启动审核评估,截至2017年年底,在全国率先完成了全部22所省属高校的审核评估专家进校考察工作,并于2018年年底前完成了对全部高校的审核评估整改回访检查工作。陕西省教育厅按照"管办评分离"原则,委托西安交通大学中国西部高等教育评估中心(以下简称"西部评估中心"或"评估中心")负责陕西省22所省属普通高校本科教学工作审核评估的具体组织与实施。陕西省以立德树人为根本,创建三大机制,落实三大理念,开展具有陕西特色的本科教学审核评估工作,推进高校准定位、抓队伍、提质量、强特色、促保障,助力本科教学持续改进。

2013年,西安理工大学参加了教育部审核评估试点。在试点的基础上,从2016年下半年开始,截至2018年年底,评估中心在陕西省教育厅和教育部高等教育教学评估中心的指导下,先后组织了西北大学、西安石油大学、西安工程大学、西安建筑科技大学、西安工业大学、西安邮电大学、陕西科技大学、西安财经学院、西安外国语大学、西安科技大学、陕西中医药大学、陕西理工大学、西安美术学院、西北政法大学、延安大学、渭南师范学院、西安文理学院、西安体育学院、西安音乐学院、宝鸡文理学院、咸阳师范学院、西京学院等22所高校的审核评估专家进校考察、整改半年中期检查、整改一年回访检查工作,标志着自2016年启动的陕西省本轮本科教学工作审核评估圆满落幕。

《陕西省普通高校本科教学工作审核评估:实践与经验(2013—2018年)》是联合全省22所参评高校和评估专家对陕西省属高校本科教学工作审核评估的全面总结。本书系统总结了陕西省本轮本科教学工作审核评估的成效,凝聚了各参评高校在审核评估组织实施、整改提高与持续改进等方面的经验、亮点及特色做法,为陕西省提高本科教学质量和推进一流本科教育建设提出了政策建议。本书可为高校之间加强交流与宣传、推进陕西省高校一流本科教育建设提供借鉴与参考。

本书共分为三部分:第一部分为相关政策文件,主要包括教育部、陕西省教育厅和西部评估中心发布的国家审核评估方案、陕西省审核评估方案,以及开展审核评估工作的系列通知;第二部分为省级审核评估经验总结报告,主要包括陕西省开展本科教学工作审核评估的做法与特色,审核评估中发现的陕西省本科教学工作值得肯定之处和存在的主要问题,高校整改及持续改进的主要成效,以及提高陕西省本科教学质量的政策建议;第三部分为参评高校审核评估经验总结报告,主要从各参评高校在审核评估过程中的经验、亮点与特色总结,重点围绕本科教学工作审核评估组织实施情况，本科教学工作审核评估的主要做法、特色、成效与经验总结，审核评估整改及持续改进的主要做法、特色、成效与经验总结，进一步深化本科教育教学改革、提升本科教育教学质量、建设一流本科教育的计划与举措等四个方面展开。

本书在编写过程中，得到了教育部高等教育教学评估中心、陕西省22所参评高校、评估专家的大力支持和倾力帮助，在此，对他们的辛勤付出表示衷心感谢。

由于编者水平有限，书中难免有不妥之处，敬请广大读者提出宝贵意见。

编　者

2019年11月

第一部分　相关政策文件

教育部关于普通高等学校本科教学评估工作的意见 …………………………………… (3)
教育部关于开展普通高等学校本科教学工作审核评估的通知 ………………………… (6)
　　附件：普通高等学校本科教学工作审核评估方案 ………………………………… (7)
关于开展普通高等学校本科教学工作审核评估的通知 ………………………………… (12)
　　附件1：陕西省普通高等学校本科教学工作审核评估实施办法 ………………… (12)
　　附件2：陕西省普通高等学校本科教学工作审核评估范围 ……………………… (16)
　　附件3：陕西省普通高等学校本科教学工作审核评估引导性问题 ……………… (18)
关于印发《陕西省普通高等学校本科教学工作审核评估操作规程（试行）》的通知
　　………………………………………………………………………………………… (24)
关于进一步规范审核评估进校考察接待工作的要求 …………………………………… (28)
关于开展第一批高校本科教学工作审核评估的通知 …………………………………… (29)
关于开展第二批、第三批高校本科教学工作审核评估的通知 ………………………… (31)
　　附件1 …………………………………………………………………………………… (33)
　　附件2　2016年陕西省审核评估新增定制表单用户填报指南 …………………… (33)
关于开展第一批高校本科教学工作审核评估整改工作中期检查的通知 ……………… (38)
　　附件：陕西省普通高等学校本科教学工作审核评估整改工作中期检查方案 …… (39)
关于开展第二批高校本科教学工作审核评估整改工作中期检查的通知 ……………… (41)
关于开展第三批高校本科教学工作审核评估整改工作中期检查的通知 ……………… (43)
关于开展第一批高校本科教学工作审核评估整改一年回访检查的通知 ……………… (45)
　　附件：陕西省普通高等学校本科教学工作审核评估第一批高校整改一年回访
　　　　　检查方案 ………………………………………………………………………… (46)
关于开展第二批高校本科教学工作审核评估整改一年回访检查的通知 ……………… (48)
关于开展第三批高校本科教学工作审核评估整改一年回访检查的通知 ……………… (50)

第二部分　省级审核评估经验总结报告

陕西省属普通高校本科教学工作审核评估总结报告……………………………………（55）

第三部分　参评高校工作审核评估经验总结报告

西北大学本科教学工作审核评估经验总结报告 ………………………………………（85）
西安石油大学本科教学工作审核评估经验总结报告 …………………………………（92）
西安工程大学本科教学工作审核评估经验总结报告 …………………………………（101）
西安建筑科技大学本科教学工作审核评估经验总结报告 ……………………………（110）
西安工业大学本科教学工作审核评估经验总结报告 …………………………………（121）
西安邮电大学本科教学工作审核评估经验总结报告 …………………………………（131）
陕西科技大学本科教学工作审核评估经验总结报告 …………………………………（138）
西安财经大学本科教学工作审核评估经验总结报告 …………………………………（147）
西安外国语大学本科教学工作审核评估经验总结报告 ………………………………（155）
西安科技大学本科教学工作审核评估经验总结报告 …………………………………（161）
陕西中医药大学本科教学工作审核评估经验总结报告 ………………………………（171）
陕西理工大学本科教学工作审核评估经验总结报告 …………………………………（179）
西安美术学院本科教学工作审核评估经验总结报告 …………………………………（187）
西北政法大学本科教学工作审核评估经验总结报告 …………………………………（197）
延安大学本科教学工作审核评估经验总结报告 ………………………………………（206）
渭南师范学院本科教学工作审核评估经验总结报告 …………………………………（214）
西安文理学院本科教学工作审核评估经验总结报告 …………………………………（223）
西安体育学院本科教学工作审核评估经验总结报告 …………………………………（230）
西安音乐学院本科教学工作审核评估经验总结报告 …………………………………（238）
宝鸡文理学院本科教学工作审核评估经验总结报告 …………………………………（245）
咸阳师范学院本科教学工作审核评估经验总结报告 …………………………………（253）
西京学院本科教学工作审核评估经验总结报告 ………………………………………（262）

第一部分

相关政策文件

教育部关于普通高等学校本科教学评估工作的意见[①]

（教高〔2011〕9号）

各省、自治区、直辖市教育厅（教委），新疆生产建设兵团教育局，有关部门（单位）教育司（局），部属各高等学校：

为落实《国家中长期教育改革和发展规划纲要（2010—2020年）》，切实推进高等教育质量保障体系建设，全面提高本科教学水平和人才培养质量，现就普通高等学校本科教学评估工作提出如下意见：

一、本科教学评估的意义目的

1. 人才培养是高等学校的根本任务。提高人才培养质量的重点是提高教学质量。教学评估是评价、监督、保障和提高教学质量的重要举措，是我国高等教育质量保障体系的重要组成部分。

2. 开展教学评估的目的是促进高等学校全面贯彻党的教育方针，推进教学改革，提高人才培养质量，增强本科教学主动服务经济社会发展需要和人的全面发展需求的能力；促进政府对高等学校实施宏观管理和分类指导，引导高等学校合理定位、办出水平、办出特色；促进社会参与高等学校人才培养和评价、监督高等学校本科教学质量。

二、本科教学评估的制度体系

3. 建立健全以学校自我评估为基础，以院校评估、专业认证及评估、国际评估和教学基本状态数据常态监测为主要内容，政府、学校、专门机构和社会多元评价相结合，与中国特色现代高等教育体系相适应的教学评估制度。

4. 强化高等学校质量保障的主体意识，完善校内自我评估制度，建立健全校内质量保障体系；国家对高等学校实行分类的院校评估，促进高等学校办出特色；鼓励开展行业用人部门深度参与的专业认证及评估，增强人才培养与社会需求的适应性；充分利用信息技术，建设高等学校教学基本状态数据库，实现本科教学质量常态化监控；借鉴国际评估的先进理念和经验，加强国际合作与交流，鼓励在相关领域开展国际评估，提高本科人才培养质量和评估工作水平；按照中央和省级政府两级分工负责以及"管办评分离"的原则，形成科学合理、运行有效的评估工作组织体系。

[①] 第一部分的内容为相关政策文件原文引用。

三、本科教学评估的主要内容与基本形式

5. **教学基本状态数据常态监测**。高等学校要充分利用信息技术，采集反映教学状态的基本数据，建立高等学校本科教学基本状态数据库。高等学校对数据库数据要及时更新，及时分析本科教学状况，建立本科教学工作及其质量常态监控机制，对社会关注的核心教学数据须在一定范围内向社会发布。国家建立全国高等学校本科教学基本状态数据库，充分发挥状态数据在政府监控高等教育质量、社会监督高等学校人才培养和本科教学评估工作中的重要作用。

6. **学校自我评估**。高等学校应建立本科教学自我评估制度，根据学校确定的人才培养目标，围绕教学条件、教学过程、教学效果进行评估，包括院系评估、学科专业评估、课程评估等多项内容。应特别注重教师和学生对教学工作的评价，注重学生学习效果和教学资源使用效率的评价，注重用人单位对人才培养质量的评价。要建立有效的校内教学质量监测和调控机制，建立健全学校本科教学质量保障体系。学校在自我评估基础上形成本科教学年度质量报告，在适当范围发布并报相关教育行政（主管）部门。学校年度质量报告作为国家和有关专门机构开展院校评估和专业评估的重要参考。

7. **实现分类的院校评估**。院校评估包括合格评估和审核评估。合格评估的对象是2000年以来未参加过院校评估的新建本科学校；审核评估的对象是参加过院校评估并获得通过的普通本科学校。

合格评估的重点是考察学校基本办学条件、基本教学管理和基本教学质量，学校服务地方经济社会发展的能力和应用型人才培养的能力，学校教学改革和内部质量保障体系建设和运行的情况。评估结论分为"通过""暂缓通过"和"不通过"三种。"通过"的学校5年后进入审核评估。

审核评估重点考察学校办学条件、本科教学质量与办学定位、人才培养目标的符合程度，学校内部质量保障体系建设及运行状况，学校深化本科教学改革的措施及成效。审核评估形成写实性报告，不分等级，周期为5年。

8. **开展专业认证及评估**。在工程、医学等领域积极推进与国际标准实质等效的专业认证。要与行业共同制定认证标准，共同实施认证过程，体现行业需求，强化实践教学环节，并取得业界认可。鼓励专门机构和社会中介机构对高等学校进行专业评估。

9. **探索国际评估**。鼓励有条件的高等学校聘请相应学科专业领域的国际高水平专家学者开展本校学科专业的国际评估。探索与国际高水平教育评估机构合作，积极进行评估工作的国际交流，提高评估工作水平。

四、本科教学评估的组织管理

10. **完善中央和省级政府两级分工明确、各负其责的本科教学评估工作制度**。教育部制定评估工作方针政策、教学质量基本标准，统筹、指导和监督评估工作。省级教育行政部门依据国家有关规定和要求，结合本地区高等教育发展需要，制定本地区所属高等学校教学评估规划，组织实施本地区所属高等学校的审核评估工作，推动学校落实评估整改工作。

建立与"管办评分离"相适应的评估工作组织体系，充分发挥第三方评估的作用，由具备条件的教育评估机构实施相关评估工作。教育评估机构要加强自身专业化和规范化建

设,加强评估专家队伍建设,严格评估过程组织,制定科学的评估方式方法。

11. 教育部设立普通高等学校本科教学工作评估专家委员会,开展评估研究、政策咨询、指导检查、监督和仲裁等。

12. 加强评估工作管理,切实推进"阳光评估"。评估机构、参评学校人员和评估专家要增强责任感、使命感,自觉遵守评估工作规则规程,规范评估行为。建立评估信息公告制度,评估政策、评估文件、评估方案、评估标准、评估程序以及学校自评报告、专家现场考察报告、评估结论等均在适当范围公开,广泛接受教师、学生和社会各界的监督。

中华人民共和国教育部
二〇一一年十月十三日

教育部关于开展普通高等学校本科教学工作审核评估的通知

(教高〔2013〕10号)

各省、自治区、直辖市教育厅(教委),有关部门(单位)教育司(局),部属各高等学校:

为贯彻党的十八大和十八届三中全会精神,落实教育规划纲要,切实推进高等教育内涵式发展,提高本科教学水平和人才培养质量,根据《教育部关于普通高等学校本科教学评估工作的意见》(教高〔2011〕9号)要求,决定开展普通高等学校本科教学工作审核评估,现将《普通高等学校本科教学工作审核评估方案》(见附件)印发给你们。

审核评估是在我国高等教育新形势下,总结已有评估经验,借鉴国外先进评估思想的基础上,提出的新型评估模式,核心是对学校人才培养目标与培养效果的实现状况进行评价,旨在推进人才培养多样化,强调尊重学校办学自主权,体现学校在人才培养质量中的主体地位。各地教育行政部门和有关高等学校要深入研究,充分认识审核评估的意义。通过审核评估加强政府对高等学校的宏观管理和分类指导,引导高等学校合理定位、全面落实人才培养中心地位,健全质量保障体系,办出水平、办出特色,切实提高人才培养质量。

审核评估实行中央和省级政府分级负责,各省、自治区、直辖市教育行政部门应按照《普通高等学校本科教学工作审核评估方案》的规定和要求,结合本地区高等教育发展需要,制定本地区所属高等学校审核评估具体方案和评估计划。中央部委所属高等学校的审核评估由教育部高等教育教学评估中心负责实施。要充分发挥第三方评估的作用,先行试点,逐步推开,有计划有步骤地组织实施高等学校的审核评估工作。

在审核评估过程中要实行信息公开制度,严肃评估纪律,开展"阳光评估",确保评估工作有序、规范、公平、公正。教育部设立举报电话和信箱(010-66096713,北京市西城区大木仓胡同37号教育部高等教育司评估处,100816)接受社会各方监督。

附件:普通高等学校本科教学工作审核评估方案

教育部
2013年12月5日

附件：普通高等学校本科教学工作审核评估方案

教育部

（二〇一三年十二月）

一、普通高等学校本科教学工作审核评估实施办法

为贯彻落实党的十八大和《国家中长期教育改革和发展规划纲要（2010—2020年）》精神，提高本科教育教学质量，根据《教育部关于普通高等学校本科教学评估工作的意见》（教高〔2011〕9号），现制定普通高等学校本科教学工作审核评估（以下简称审核评估）实施办法。

（一）审核评估指导思想及总体要求

1. 审核评估指导思想。以党的十八大精神和教育规划纲要为指导，坚持"以评促建、以评促改、以评促管、评建结合、重在建设"的方针；突出内涵建设，突出特色发展；强化办学合理定位，强化人才培养中心地位，强化质量保障体系建设，不断提高人才培养质量。

2. 审核评估总体要求。审核评估坚持主体性、目标性、多样性、发展性和实证性五项基本原则，实行目标导向，问题引导，事实判断的评估方法。主体性原则注重以学校自我评估、自我检验、自我改进为主，体现学校在人才培养质量中的主体地位；目标性原则注重以学校办学定位和人才培养目标为导向，关注学校目标的确定与实现；多样性原则注重学校办学和人才培养的多样化，尊重学校办学自主权和自身特色；发展性原则注重学校内部质量标准和质量保障体系及其长效机制的建立，关注内涵的提升和质量的持续提高；实证性原则注重依据事实作出审核判断，以数据为依据、以事实来证明。

本次普通高等学校本科教学工作审核评估时间为2014年至2018年。

（二）审核评估对象及条件

3. 审核评估对象。凡参加普通高等学校本科教学工作水平评估获得"合格"及以上结论的高校均应参加审核评估。参加普通高等学校本科教学工作合格评估获得"通过"结论的新建本科院校，5年后须参加审核评估。

4. 审核评估条件。参加审核评估学校办学条件指标应达到教育部《普通高等学校基本办学条件指标（试行）》（教发〔2004〕2号）规定的合格标准；公办普通本科高校生均拨款须达到《财政部关于进一步提高地方普通本科高校生均拨款水平的意见》（财教〔2010〕567号）规定的相应标准。

（三）审核评估范围及重点

5. 审核评估范围。审核评估范围主要包括学校的定位与目标、师资队伍、教学资源、培养过程、学生发展、质量保障以及学校自选特色等方面，涵盖学校的办学定位及人才培养目标，教师及其教学水平和教学投入，教学经费、教学设施及专业和课程资源建设情况，教学改革及各教学环节的落实情况，招生就业情况、学生学习效果及学风建设情况，质量保障体系的建设及运行情况等。

6. 审核评估重点。审核评估核心是对学校人才培养目标与培养效果的实现状况进行评价。重点考察办学定位和人才培养目标与国家和区域经济社会发展需求的适应度，教师和教

学资源条件的保障度，教学和质量保障体系运行的有效度，学生和社会用人单位的满意度。

（四）审核评估组织与管理

7. 审核评估组织。教育部统筹协调全国普通高等学校本科教学审核评估工作，制定审核评估总体方案及规划，指导监督审核评估工作；省（区、市）教育行政部门负责组织本地区所属院校的审核评估工作，可结合本地区实际情况，在教育部审核评估方案基础上进行补充，制定本地区审核评估具体方案和评估计划，并报教育部备案后实施。

8. 审核评估实施。审核评估要积极探索、建立健全与管办评分离相适应的评估工作组织体系，充分发挥第三方评估的作用。中央部委所属院校的审核评估由教育部高等教育教学评估中心（以下简称"教育部评估中心"）负责实施；地方所属院校的审核评估由省级教育行政部门负责，逐步形成管办评分离的评估机制。

9. 审核评估专家。为保证审核评估专家工作水平，提高工作效率，由教育部评估中心分别建立审核评估专家库和全国高校教学基本状态数据库系统，为全国普通高等学校审核评估工作提供开放共享的服务平台。专家队伍应包括熟悉教学、管理和评估工作的教育专家，还应吸收行业、企业和社会用人部门有关专家参加。教育部评估中心与各地评估组织部门共同协商对审核评估专家进行培训。在审核评估组织实施中，外省（区、市）专家一般不少于进校考察专家组人数的三分之一。

10. 审核评估经费。审核评估经费应由审核评估具体组织部门负责落实。

（五）审核评估程序与任务

审核评估程序包括学校自评、专家进校考察、评估结论审议与发布等。

11. 学校自评。参评学校根据本办法和审核评估内容及上一次本科教学工作评估存在问题的整改情况，结合自身实际，认真开展自我评估，按要求填报本科教学基本状态数据（见教育部评估中心网页 http://udb.heec.edu.cn），在此基础上形成《自评报告》和《教学基本状态数据分析报告》，同时提交各年度《本科教学质量报告》。

12. 专家进校考察。专家组在审核学校《自评报告》、年度《本科教学质量报告》及《教学基本状态数据分析报告》基础上，通过查阅材料、个别访谈、集体访谈、考察教学设施与公共服务设施、观摩课堂教学与实践教学等形式，对学校教学工作做出公正客观评价，形成写实性《审核评估报告》。

13. 评估报告内容。《审核评估报告》应在全面深入考察和准确把握所有审核内容基础上，对各审核项目及其要素的审核情况进行描述，并围绕审核重点对学校本科人才培养总体情况作出判断和评价，同时明确学校教学工作值得肯定、需要改进和必须整改的方面。

14. 评估结论审议与发布。各省（区、市）教育行政部门和教育部评估中心应按年度将所组织的审核评估情况形成总结报告报教育部。教育部组织评估专家委员会进行审议，公布审议结果，并由教育部评估中心和各地教育行政部门公开发布参评高校的审核评估结论。

15. 评估结果。审核评估结果是学校教育教学质量的反映，与学校办学、发展直接相关，学校要根据审核评估中提出的问题及建议进行整改，有关教育行政部门应对评估学校的整改情况进行指导和检查，并在政策制定、资源配置、招生规模、学科专业建设等方面予以充分考虑，促进学校教学质量不断提高。

（六）审核评估纪律与监督

16. 纪律监督。审核评估要实行信息公开制度，严肃评估纪律，开展"阳光评估"，广泛接受学校、教师、学生和社会的监督，确保评估工作公平公正。教育部委托评估专家委员会，对参评学校和评估专家以及评估组织工作的规范性、公正性进行监督检查，同时受理有关申诉，对评估过程中违反相关规定的行为进行责任追究，作出严肃处理。

二、普通高等学校本科教学工作审核评估范围

审核项目	审核要素	审核要点
1. 定位与目标	1.1 办学定位	（1）学校办学方向、办学定位及确定依据 （2）办学定位在学校发展规划中的体现
	1.2 培养目标	（1）学校人才培养总目标及确定依据 （2）专业培养目标、标准及确定依据
	1.3 人才培养中心地位	（1）落实学校人才培养中心地位的政策与措施 （2）人才培养中心地位的体现与效果 （3）学校领导对本科教学的重视情况
2. 师资队伍	2.1 数量与结构	（1）教师队伍的数量与结构 （2）教师队伍建设规划及发展态势
	2.2 教育教学水平	（1）专任教师的专业水平与教学能力 （2）学校师德师风建设措施与效果
	2.3 教师教学投入	（1）教授、副教授为本科生上课情况 （2）教师开展教学研究、参与教学改革与建设情况
	2.4 教师发展与服务	（1）提升教师教学能力和专业水平的政策措施 （2）服务教师职业生涯发展的政策措施
3. 教学资源	3.1 教学经费	（1）教学经费投入及保障机制 （2）学校教学经费年度变化情况 （3）教学经费分配方式、比例及使用效益
	3.2 教学设施	（1）教学设施满足教学需要情况 （2）教学、科研设施的开放程度及利用情况 （3）教学信息化条件及资源建设
	3.3 专业设置与培养方案	（1）专业建设规划与执行 （2）专业设置与结构调整，优势专业与新专业建设 （3）培养方案的制定、执行与调整
	3.4 课程资源	（1）课程建设规划与执行 （2）课程的数量、结构及优质课程资源建设 （3）教材建设与选用

续表

审核项目	审核要素	审核要点
3. 教学资源	3.5 社会资源	(1) 合作办学、合作育人的措施与效果 (2) 共建教学资源情况 (3) 社会捐赠情况
4. 培养过程	4.1 教学改革	(1) 教学改革的总体思路及政策措施 (2) 人才培养模式改革,人才培养体制、机制改革 (3) 教学及管理信息化
	4.2 课堂教学	(1) 教学大纲的制订与执行 (2) 教学内容对人才培养目标的体现,科研转化教学 (3) 教师教学方法,学生学习方式 (4) 考试考核的方式方法及管理
	4.3 实践教学	(1) 实践教学体系建设 (2) 实验教学与实验室开放情况 (3) 实习实训、社会实践、毕业设计(论文)的落实及效果
	4.4 第二课堂	(1) 第二课堂育人体系建设与保障措施 (2) 社团建设与校园文化、科技活动及育人效果 (3) 学生国内外交流学习情况
5. 学生发展	5.1 招生及生源情况	(1) 学校总体生源状况 (2) 各专业生源数量及特征
	5.2 学生指导与服务	(1) 学生指导与服务的内容及效果 (2) 学生指导与服务的组织与条件保障 (3) 学生对指导与服务的评价
	5.3 学风与学习效果	(1) 学风建设的措施与效果 (2) 学生学业成绩及综合素质表现 (3) 学生对自我学习与成长的满意度
	5.4 就业与发展	(1) 毕业生就业率与职业发展情况 (2) 用人单位对毕业生评价
6. 质量保障	6.1 教学质量保障体系	(1) 质量标准建设 (2) 学校质量保障模式及体系结构 (3) 质量保障体系的组织、制度建设 (4) 教学质量管理队伍建设

续表

审核项目	审核要素	审核要点
6. 质量保障	6.2 质量监控	（1）自我评估及质量监控的内容与方式 （2）自我评估及质量监控的实施效果
	6.3 质量信息及利用	（1）校内教学基本状态数据库建设情况 （2）质量信息统计、分析、反馈机制 （3）质量信息公开及年度质量报告
	6.4 质量改进	（1）质量改进的途径与方法 （2）质量改进的效果与评价
自选特色项目	学校可自行选择有特色的补充项目	

关于开展普通高等学校本科教学工作审核评估的通知

陕教高办〔2016〕32号

各普通高等学校：

为贯彻落实2016年全国、全省教育工作会议精神，根据《教育部关于开展普通高等学校本科教学工作审核评估的通知》（教高〔2013〕10号），省教育厅决定全面开展本科教学工作审核评估。

审核评估聚焦本科教学工作，核心是对人才培养目标与培养效果的实现状况进行评价，特点是尊重学校主体地位、突出办学特色，目的是健全质量保障体系、强化人才培养中心地位。审核评估是"十三五"我省高等教育的重点工作，是"一流大学、一流学科、一流学院、一流专业"建设的重要基础，各高校要高度重视、以评促建，以此为契机提高人才培养质量、提升治校办学水平，推动我省高等教育内涵发展。

省教育厅统筹负责地方属普通本科高校的审核评估，按照管办评分离的原则委托第三方实施。按照教育部规定条件，我省22所高校参加本轮审核评估（2013年已参加审核评估试点的高校不再参评）。审核评估时间为2016年至2018年，2017年年底完成进校评估。

为严肃审核评估纪律，确保规范、公正，省教育厅设立举报电话和信箱，接受社会监督。联系人：衡旭辉、何文来；举报电话：029-8866××××；举报信箱：陕西省西安市长安南路563号高等教育处，邮编710061。

附件：
1. 陕西省普通高等学校本科教学工作审核评估实施办法
2. 陕西省普通高等学校本科教学工作审核评估范围
3. 陕西省普通高等学校本科教学工作审核评估引导性问题

陕西省教育厅办公室
2016年7月4日

附件1：陕西省普通高等学校本科教学工作审核评估实施办法

为提高本科教育教学质量，根据《教育部关于普通高等学校本科教学评估工作的意见》（教高〔2011〕9号）、《教育部关于开展普通高等学校本科教学工作审核评估的通知》（教高〔2013〕10号），结合陕西高等教育实际制定本实施办法。

关于开展普通高等学校本科教学工作审核评估的通知

一、指导思想及总体要求

1. 指导思想。以党的十八大及十八届三中、四中、五中全会精神为指导，贯彻落实2016年全省教育工作会议精神，坚持"以评促建、以评促改、以评促管、评建结合、提高质量"的方针；突出内涵建设，突出特色发展；强化办学合理定位，强化人才培养中心地位，强化质量保障体系建设，强化创新创业教育工作，不断提高人才培养质量。

2. 总体要求。坚持主体性、目标性、多样性、发展性和实证性五项基本原则，实行目标导向、问题引导、事实判断的评估方法。主体性原则强调以学校自我评估、自我检验、自我改进为主，体现学校在提高人才培养质量中的主体地位；目标性原则强调以学校办学定位和人才培养目标为导向，关注学校目标的确定与实现；多样性原则强调学校办学和人才培养的多样化，尊重学校办学自主权和自身特色；发展性原则强调学校内部质量标准和质量保障体系及其长效机制的建立，关注内涵发展和质量的持续提高；实证性原则强调审核评估以事实为根据，用数据说话。

二、审核评估对象及条件

1. 审核评估对象。凡参加教育部普通高等学校本科教学工作水平评估获得"合格"及以上结论的地方属普通本科高校，均须参加审核评估（2013年已参加审核评估试点的高校不再参评）。参加教育部普通高等学校本科教学工作合格评估获得"通过"结论的新建本科院校，5年后须参加审核评估。

2. 审核评估条件。参加审核评估学校的办学条件指标应达到教育部《普通高等学校基本办学条件指标（试行）》（教发〔2004〕2号）规定的合格标准；公办普通本科高校生均拨款须达到《财政部关于进一步提高地方普通本科高校生均拨款水平的意见》（财教〔2010〕567号）规定的相应标准。

三、审核评估范围及重点

1. 审核评估范围。审核评估范围主要包括学校的定位与目标、师资队伍、教学资源、培养过程、学生发展、质量保障以及学校自选特色等项目，涵盖学校的办学定位及人才培养目标，教师及其教学水平和教学投入，教学经费、教学设施及专业和课程资源建设情况，教学改革及各教学环节的落实情况，招生就业情况、学生学习效果及学风建设情况，质量保障体系的建设及运行情况等。

2. 审核评估重点。审核评估核心是对学校人才培养目标与培养效果的实现状况进行评价。重点考察：学校办学定位、人才培养目标与国家和区域经济社会发展需求的适应度；教师和教学资源条件对人才培养的保障度（其中师资队伍数量与结构、教学经费投入为重中之重）；教学和质量保障体系运行的有效度；学生学习效果与培养目标的达成度，学生和社会用人单位的满意度；学校党政领导重视本科教学、落实教学中心地位的措施及成效，人事、财务、后勤、资产等部门保障及服务教学情况；学校对上一轮评估存在问题的整改落实情况。

四、审核评估组织与管理

1. 审核评估组织。省教育厅统筹协调陕西地方属普通高校本科教学审核评估工作，负责制定方案及规划，组织推进审核评估工作。

2. 审核评估实施。省教育厅按照"管办评分离"原则，积极申请教育部高等教育教学评估中心的支持，委托中国西部高等教育评估中心（以下简称"评估中心"）具体组织实施，发挥第三方作用。

3. 审核评估管理。省教育厅成立"陕西省普通高等学校本科教学工作审核评估领导小组"（以下简称"陕西省审核评估领导小组"），由省教育厅、高校、评估中心的人员组成，省教育厅厅长担任组长，主要职责是：决定审核评估重大事项，协调解决重大问题，审议工作方案及规划，指导监督工作实施。领导小组办公室设在省教育厅高等教育处，主要职责是：落实领导小组各项决议，协调推进审核评估工作。

4. 审核评估专家。成立"陕西省普通高校本科教学工作审核评估专家委员会"（以下简称陕西省审核评估专家委员会），由具有丰富教学经验、教学管理经历的专家组成，主要职责是：对审核评估工作进行专业指导，组织专家培训，审议审核评估报告，受理申诉并仲裁。

评估中心积极与教育部高等教育教学评估中心对接，依托国家高等教育本科教学评估专家库，建立"陕西省普通高等学校本科教学工作审核评估专家库"，专家组成以国内知名高校为主，遴选业务精湛、影响力大的国内（省外）权威专家来陕工作，确保评估的客观性、针对性、科学性和权威性。

5. 审核评估经费。审核评估经费由省教育厅、评估中心筹措。

五、审核评估程序与任务

1. 数据采集审核。评估中心建立"陕西省普通高校本科教学工作审核评估管理信息系统"。学校通过评估系统如实填报数据。评估中心组织数据审核、统计、分析，给出有关参考数据和分析结论，供审核评估工作参考。

2. 学校自评。学校根据本办法和审核评估内容，结合上一次本科教学工作评估存在问题的整改情况，认真开展自我评估，按要求填报"本科教学基本状态数据"，在此基础上形成学校《自评报告》和《本科教学基本状态数据分析报告》，同时提交近3年《本科教学质量报告》。

3. 专家进校考察。评估中心提出进校考察专家组建议名单，报领导小组审定同意后，由专家组安排时间赴学校现场考察，为期3天。

专家组根据评估系统提供的学校《本科教学基本状态数据分析报告》，在审核学校《自评报告》、年度《本科教学质量报告》等材料的基础上，通过问题核实、资料查阅、个别访谈、集体访谈、考察教学设施与公共服务设施、观摩课堂教学与实践教学等形式，对学校本科教学工作做出公正客观评价，形成写实性《审核评估报告》，并录入"陕西省普通高校本科教学工作审核评估管理信息系统"，形成数据仓库，供后续查阅、调档和信息发布，并作为高校绩效考核和资源分配的依据。

《审核评估报告》应在全面深入考察和准确把握所有审核内容的基础上，采取定性说明和定量分析相结合的方法，对各审核项目及其要素的审核情况进行描述，并围绕审核重点对学校人才培养目标与培养效果的总体实现情况做出判断和评价，明确指出学校本科教学工作值得肯定、需要改进和必须整改的方面，对存在的问题提出咨询意见和改进建议。

4. 评估结论的审议与发布。《审核评估报告》由陕西省审核评估专家委员会按年度审议，经陕西省审核评估领导小组审定后报教育部审核，待教育部审核后在一定范围予以公布。省教育厅按年度形成审核评估总结报教育部。

5. 整改落实情况回访。学校应根据《审核评估报告》及专家现场考察反馈的问题及建议，采取积极有效措施进行整改，并在专家离校3个月内向评估中心提交整改方案。在专家组现场考察结束1年后，评估中心组织专家对高校整改落实情况进行回访，并形成文字材料报陕西省审核评估领导小组。

六、审核评估时间安排

本轮审核评估时间为2016年至2018年，2018年上半年总结。具体安排见下表。

年度	2016年	2017年
上半年	准备阶段	延安大学
		西安科技大学
		西北政法大学
		西安外国语大学
		陕西中医药大学
		西安美术学院
		西安财经学院
		陕西理工大学
下半年	西北大学	宝鸡文理学院
	陕西科技大学	渭南师范学院
	西安工业大学	西安音乐学院
	西安石油大学	咸阳师范学院
	西安工程大学	西安体育学院
	西安建筑科技大学	西安文理学院
	西安邮电大学	西京学院

七、结果运用

本次审核评估结果，将作为"十三五"省教育厅指导高校做好人才培养工作、"四个一流"建设、优化资源配置（包括招生计划、绩效拨款、项目支持、专业备案等）的直接参考。

八、纪律与监督

推进评估信息公开制度，严肃评估纪律，实施"阳光评估"，鼓励社会参与，加强评估监督，确保评估工作公平公正。

1. 评估信息。审核评估相关的政策文件，学校《自评报告》《本科教学基本状态数据报表》《审核评估报告》等，均在一定范围内予以公开。

2. 评估纪律。专家组进校评估的一切费用（包括交通费、食宿费、评审费等）均由组织方列支，与参评学校不发生任何经济往来。

专家组进校考察期间严格遵守评估工作纪律要求。工作客观公正、注重实效，反对形式主义、抵制不良风气。学校不得以任何理由向专家赠送礼金、礼品、纪念品等，按规定安排住宿、用餐，不迎送、不宴请，不搞开幕式、不搞汇报演出、不安排旅游活动。专家交通用车和工作人员配备从简安排。

3. 评估监督。省教育厅设立举报电话和信箱，广泛接受教师、学生和社会各界对审核评估工作的监督。陕西省审核评估领导小组对评估过程中违反相关规定的行为进行责任追究，做出严肃处理。

附件2：陕西省普通高等学校本科教学工作审核评估范围

审核项目	审核要素	审核要点
1. 定位与目标	1.1 办学定位	（1）学校办学定位及确定依据 （2）办学定位在学校发展规划中的体现
	1.2 培养目标	（1）学校人才培养总目标及确定依据 （2）专业培养目标、标准及确定依据 （3）大学生创新创业教育工作目标、主要措施
	1.3 人才培养中心地位	（1）落实学校人才培养中心地位的政策与措施 （2）人才培养中心地位的体现与效果 （3）学校领导对本科教学的重视情况
2. 师资队伍	2.1 数量与结构	（1）教师队伍的数量与结构 （2）教师队伍建设规划及发展态势
	2.2 教育教学水平	（1）专任教师的专业水平与教学能力 （2）学校师德师风建设措施与效果 （3）教学名师培养及作用发挥
	2.3 教师教学投入	（1）教授、副教授为本科生上课情况 （2）教师开展教学研究、参与教学改革与建设情况 （3）鼓励教师安心、热心从教的政策措施及执行情况
	2.4 教师发展与服务	（1）提升教师教学能力和专业水平的政策措施 （2）服务教师职业生涯发展的政策措施 （3）名师工作室建设及作用发挥情况
3. 教学资源	3.1 教学经费	（1）教学经费投入及保障机制 （2）学校教学经费年度变化情况 （3）教学经费分配方式、比例及使用效益
	3.2 教学设施	（1）教学设施满足教学需要情况 （2）教学、科研设施开放程度及利用情况 （3）教学信息化条件及资源建设 （4）近五年实验室建设及设备改造情况

续表

审核项目	审核要素	审核要点
3. 教学资源	3.3 专业设置与培养方案	（1）专业建设规划与执行 （2）专业设置与结构调整，优势专业与新专业建设 （3）培养方案的制定、执行与调整
	3.4 课程资源	（1）课程建设规划与执行 （2）课程的数量、结构及优质课程资源建设 （3）教材建设与选用 （4）在线开放课程建设
	3.5 社会资源	（1）合作办学、合作育人的措施与效果 （2）共建教学资源情况 （3）社会捐赠情况
4. 培养过程	4.1 教学改革	（1）教学改革的总体思路及政策措施 （2）人才培养模式改革 （3）教学改革研究项目和教学成果奖培育 （4）教学及管理信息化 （5）学生转专业制度及实施
	4.2 课堂教学	（1）教学大纲的制订、执行与修订 （2）教学内容对人才培养目标的体现，科研服务教学 （3）教师教学方法，学生学习方法 （4）考试考核的方式方法及管理 （5）选修课学分占总学分比例 （6）小班化教学及分层分类教学情况
	4.3 实践教学	（1）实践教学体系建设 （2）实验教学与实验室开放情况 （3）实习实训、社会实践、毕业设计（论文）的落实及效果
	4.4 第二课堂	（1）第二课堂育人体系建设与保障措施 （2）社团建设与校园文化、科技活动及育人效果 （3）学生国内外交流学习情况
	4.5 创新创业教育	（1）创新创业教育体系构建及创新创业改革试点学院建设 （2）创新创业平台、基地建设及使用情况 （3）创新创业训练计划、"互联网+"大赛等竞赛覆盖面、受益面 （4）创新创业教育经费支持、师资培养及政策措施

续表

审核项目	审核要素	审核要点
5. 学生发展	5.1 招生及生源情况	(1) 学校总体生源状况 (2) 各专业生源数量及特征
	5.2 学生指导与服务	(1) 学生指导与服务的内容及效果 (2) 学生指导与服务的组织与条件保障 (3) 学生对指导与服务的评价
	5.3 学风与学习效果	(1) 学风建设的措施与效果 (2) 学生学业成绩及综合素质表现 (3) 学生对自我学习与成长的满意度 (4) 大学生创新创业、各类竞赛奖励及科研成果
	5.4 就业与发展	(1) 毕业生就业率与职业发展情况 (2) 用人单位对毕业生评价
6. 质量保障	6.1 教学质量保障体系	(1) 质量标准建设 (2) 学校质量保障模式及体系结构 (3) 质量保障体系的组织、制度建设 (4) 教学质量管理队伍建设
	6.2 质量监控	(1) 自我评估及质量监控的内容与方式 (2) 自我评估及质量监控的实施效果 (3) 年度质量报告发布情况
	6.3 质量信息及利用	(1) 校内教学状态数据库建设情况 (2) 质量信息统计、分析、反馈机制 (3) 质量信息公开
	6.4 质量改进	(1) 质量改进的途径与方法 (2) 质量改进的效果与评价
自选特色项目	学校可自行选择有特色的补充项目	

附件3：陕西省普通高等学校本科教学工作审核评估引导性问题

为服务学校自我评估和专家进校考察评估，根据审核评估项目、要素和要点提示，拟定相应引导性问题。这些引导性问题，一般围绕学校"在做什么？在如何做？效果如何？问题如何？如何改进？"五个方面展开。既包括定性内容，也包括定量数据。数据应是学校近三年（以学校自评年度为准）的年度数据。引导性问题起示范作用，不具有限定性，可根据学校的具体情况，结合学校特色，选择不同的引导性问题。

1. 定位与目标

1.1 办学定位

（1）学校的办学定位、办学理念、发展目标是什么？依据为何？

（2）学校教师、学生及校友对学校办学定位、办学理念、发展目标的认可度如何？

（3）学校在办学定位、办学理念、发展目标的确定及其落实方面存在什么问题？

1.2 培养目标

（1）学校人才培养总目标是什么？是如何形成的？与学校办学定位的契合度如何？

（2）学校各专业人才培养目标是如何确定的？与学校人才培养总目标的关系如何？

（3）学校师生对人才培养目标的理解和认可程度如何？

（4）学校在确定人才培养目标方面存在什么问题？如何改进？

（5）大学生创新创业教育是如何规划和开展的？下一步如何加强？

1.3 人才培养中心地位

（1）学校在制度和措施等方面是如何保证人才培养中心地位的？

（2）学校领导是如何重视教学的？

（3）学校各职能部门是如何服务教学的？

（4）学校在保证人才培养中心地位方面还存在什么问题？如何改进？

2. 师资队伍

2.1 数量与结构

（1）学校的师生比如何？学校专任教师的数量及结构（职称结构、年龄结构、学缘结构、学历结构等）如何？能否满足教学要求？发展态势如何？

（2）学校各专业主讲教师队伍的数量及结构（职称结构、年龄结构、学缘结构、学历结构等）如何？能否满足教学要求？发展态势如何？

（3）学校实验技术人员和教学辅助人员的数量与结构如何？能否满足教学要求？

（4）聘请国（境）外教师承担本科生教学情况？效果如何？

（5）学校的师资队伍在上述方面存在什么问题？如何改进？

2.2 教育教学水平

（1）学校在鼓励教师教书育人及加强师德建设方面采取了哪些措施？效果如何？

（2）学校主讲教师的专业水平与执教能力如何？

（3）学校实验、实践（实训）教学人员和教学辅助人员的业务水平如何？

（4）学校是否建立了教师教育教学水平的评价机制？效果如何？

（5）学校教师在教育教学水平方面存在什么问题？如何改进？

2.3 教师教学投入

（1）教师自觉履行教书育人职责及将主要精力投入本科教学工作情况？

（2）学校主讲本科课程的教授、副教授分别占教授、副教授总数的比例？教授、副教授主讲本科课程占总课程的比例？

（3）教师能否将自己的科研资源向本科生开放并将最新研究成果及学科前沿知识融入教学内容中？

（4）教师参加教学研究、教学改革的情况？实际效果如何？教师参加校级以上级别教改立项课题的人数及比例如何？

（5）教师在专业建设（课程建设、教材建设、实验室建设等）方面发挥作用情况？

（6）学校教师在教学投入方面存在什么问题？如何改进？

2.4 教师发展与服务

（1）学校教师队伍建设及发展规划落实情况如何？各二级教学单位是否有具体措施？效果如何？

（2）学校建立的支撑教师专业发展的专门机构开展工作情况？效果如何？学校每年用于教师学习、培训的人均经费是多少？

（3）学校在服务教师职业生涯发展方面特别是在关心青年教师成长，提升其业务水平和教学能力方面采取了哪些措施？效果如何？

（4）学校在鼓励教师在职进修、提升学历及国内外学术交流等方面的政策措施情况？效果如何？

（5）学校如何在教师岗位聘用、考核评价及薪酬分配方面向教学倾斜？

（6）学校在关心与促进教师发展方面存在什么问题？如何改进？

3. 教学资源

3.1 教学经费

（1）学校投入本科教学的经费是多少？生均本科教学日常运行支出是多少？教学日常运行支出占经常性预算内事业费与学费收入之和的比例是多少？

（2）学校教学经费能否满足教学资源建设和日常教学运行的需要？是否建立了保障教学经费投入的长效机制？

（3）学校教学经费是如何分配的？是否有专门经费支持教学改革与大学生创新创业教育？是否有实践教学专项经费？是否有新增生均拨款优先投入实践教学？

（4）学校教学经费使用是否合理？是否进行年度经费使用效益分析？结果如何？

（5）学校在教学经费投入和经费使用效益上存在什么问题？如何改进？

3.2 教学设施

（1）学校的办学条件指标能否达到《普通高等学校基本办学条件指标（试行）》（教发〔2004〕2号）中的合格要求？

（2）学校的各类教学设施（实验室、课堂教学设施、辅助教学设施、图书馆等公共教学设施）能否满足教学需要及学生自主学习要求？

（3）学校的教学、科研设施的开放程度如何？利用率如何？

（4）学校教学设施的建设与使用中存在什么问题？如何改进？

3.3 专业设置与培养方案

（1）学校专业建设规划的执行情况如何？是否有专业结构调整机制？

（2）学校专业建设的成效如何？是否建成了若干能够彰显办学优势与特色、具备一定影响力的品牌专业？

（3）新办专业的建设情况如何？其人才培养质量能否得到保证？

（4）学校在制定各专业培养方案时，如何在人才培养目标、培养规格、课程设置等方面体现学校办学指导思想和实际需要？

（5）学校在专业设置与调整方面、培养方案及其制定（修订）、执行等方面存在什么问题？如何改进？

3.4 课程资源

（1）学校课程建设规划执行情况如何？课程建设取得了哪些成绩？

（2）学校课程总量多少？课程结构如何？双语课程、实践课程比例，是否符合培养目标需求？

（3）学校的教材建设规划执行情况如何？如何保障所选用教材的先进性与实用性？使用优秀教材和境外原版教材的比例？

（4）学校在课程和教材建设等方面存在什么问题？如何改进？

3.5 社会资源

（1）学校在合作办学、合作育人、合作就业、合作发展上采取了哪些措施？效果如何？

（2）学校与社会共建教学资源方面取得了什么成效？

（3）近三年接受社会捐赠的情况怎样？其中校友捐赠有多少？

4. 培养过程

4.1 教学改革

（1）学校教学改革的总体思路是什么？是否有切实可行的教学改革规划和具体实施方案？

（2）学校有哪些激励和促进广大师生积极参与教学改革研究与实践的政策与措施？

（3）学校在人才培养模式、教学内容与课程体系、教学方法与手段、教学管理等方面改革取得的成效？

（4）学校在教学改革方面存在什么问题？如何改进？

4.2 课堂教学

（1）课程教学大纲的制订、执行与调整情况如何？

（2）是否有课程教学内容更新的相关制度与要求？教学内容如何体现人才培养目标？

（3）学校对教学方法、教学手段改革采取了哪些措施？有哪些好的做法？效果如何？

（4）学校是如何加强网络教学资源建设的？建设成效如何？利用率与使用效果如何？

（5）学校在考试方法上进行了哪些改革？在加强考风考纪方面制定了哪些措施？取得了哪些成效？

4.3 实践教学

（1）学校实践教学体系建设的思路是什么？学校是如何推进实践教学改革的，效果如何？

（2）学校实习、实训基地建设情况，能否达到教学要求？

（3）学校设计性、综合性实验开设与实验室开放及使用情况？

（4）学校科研实验室向本科生开放情况如何？

（5）学校是如何保障实习、实践环节的教学效果的？

（6）学校是如何保障毕业论文（设计）质量的？

（7）学校在实践教学方面存在什么问题？如何改进？

（8）国家、省、校三级实验教学示范中心、虚拟仿真实验教学中心建设和运行情况？如何重点加强与改进？

（9）大学生创新创业训练计划开展情况如何？学校制定了什么激励政策？如何统筹支持"互联网+"、机械创新、电子设计、原创动漫、工程训练、临床技能、电子商务等大学生竞赛？

4.4 第二课堂

（1）学校是否将第二课堂建设纳入人才培养体系建设？有哪些政策措施保障第二课堂建设？

（2）学校第二课堂的主要形式有哪些？第二课堂与第一课堂是如何紧密结合的？建设效果如何？

（3）学校是否制定了关于学生校（海）外学习经历的政策和措施？成效如何？

（4）学校在第二课堂建设方面存在什么问题？如何改进？

4.5 创新创业教育

（1）学校如何落实《国务院办公厅关于深化高等学校创新创业教育改革的实施意见》？有什么具体政策措施？效果如何？

（2）如何构建创新创业教育体系，是独立成立机构并形成培养体系？还是融入人才培养的总体方案，并使其与理论教学、实践教学有机融合？

（3）创新创业教育改革试点学院建设、课程开设、专家讲座、企业家报告等情况？

（4）创新创业平台、基地建设情况，校企联合推进创新创业教育情况？

（5）"互联网+"大学生创新创业大赛、大学生创新创业训练计划、学科竞赛开展情况如何？有何激励政策？如何进一步加强和改进？

5. 学生发展

5.1 招生及生源情况

（1）学校总体及各专业生源数量及结构特征（如学生性别、民族、区域、家庭经济/社会背景、学生教育背景等）如何？

（2）学校在现有条件下采取了哪些措施提高生源质量？效果如何？

（3）学校为学生在学期间提供重新选择专业的政策如何？

（4）学校的生源数量与质量方面存在什么问题？如何改进？

5.2 学生指导与服务

（1）学校在人才培养工作中是如何体现以学生为本的理念的？

（2）学校建立了什么样的学生指导与帮扶体系？效果如何？

（3）学校如何吸引和激励专任教师积极参与学生指导工作？参与面与参与程度如何？

（4）学校学生辅导员和本科生导师（如果设置）在日常工作中如何指导和帮助学生成长成才？效果如何？

（5）学校在学生指导与服务方面存在什么问题？如何改进？

5.3 学风与学习效果

（1）学校总体学习风气如何？学校在加强学风建设方面采取了什么样的政策措施？执行情况如何？

（2）近三年学校公开处理的学生考试违纪、作业抄袭、违反学校规章制度的人/次数？

（3）学生的学业成绩、专业能力及综合素质如何？

（4）学校是否建立对学生学习效果的评价机制？

（5）学校在学风建设和增强学生学习效果方面存在什么问题？如何改进？

（6）近三年来本科生取得了哪些创新创业成果？学生获省级及以上各类竞赛奖励的情

况如何？

(7) 近三年来本科生参与科研项目及发表学术论文及有关成果、申请专利的情况如何？

5.4 就业与发展

(1) 学校毕业生的就业情况（就业率、就业质量等）如何？

(2) 学校采取了哪些措施提高就业率与就业质量？效果如何？

(3) 学校如何引导毕业生到国家最需要的地方与岗位工作？

(4) 毕业生在社会特别是专业领域的发展情况如何？有哪些优秀校友？

(5) 用人单位对毕业生的满意度如何？

(6) 学校在促进毕业生就业与发展方面存在什么问题？如何改进？

6. 质量保障

6.1 教学质量保障体系

(1) 学校是否重视教学质量标准建设？形成了怎样的质量标准体系？

(2) 学校教学质量保障的模式是什么？结构怎样？

(3) 学校教学质量保障体系是否做到了组织落实、制度落实和人员落实？

(4) 学校教学管理队伍的数量、结构与素质是否满足质量保障要求？

(5) 学校在教学质量保障体系建设方面存在什么问题？如何改进？

6.2 质量监控

(1) 学校是否采取有效方式对教学全过程进行实时监控？

(2) 学校是否建立了完善的评教、评学等自我评估制度？效果如何？

(3) 学校是否形成了全员参与质量监控的良好氛围？

(4) 学校在质量监控方面存在什么问题？如何改进？

6.3 质量信息及利用

(1) 学校是否建立对能反映教学质量的信息进行跟踪调查与统计分析的制度？

(2) 学校是否按教育部要求及时发布本科教学质量报告？质量报告是否全面、客观地反映本科教学质量现状及存在的主要问题？

(3) 学校是否建立了校内教学状态数据库，运行情况如何？是否及时采集并上报本科教学状态数据？本科教学状态数据是否真实、可靠？

(4) 学校是否按要求定期公布其他教学工作及人才培养质量信息？

(5) 学校在人才培养质量信息统计、分析、反馈与公开方面存在什么问题？如何改进？

6.4 质量改进

(1) 学校是否定期对教学质量存在的问题进行分析并制定改进的措施，效果如何？

(2) 学校质量改进的程序与机制是什么？如何对改进效果适时进行评价？

(3) 学校在质量改进中是否对已参加的外部教学评估（例如水平评估、专业认证等）中存在的问题和薄弱环节进行了全面整改？效果如何？

(4) 学校的质量改进存在什么问题？如何改进？

关于印发《陕西省普通高等学校本科教学工作审核评估操作规程（试行）》的通知

各有关高等学校：

根据陕西省普通高等学校本科教学工作审核评估的工作安排，现将《陕西省普通高等学校本科教学工作审核评估操作规程（试行）》予以印发，请遵照执行。

中国西部高等教育评估中心
2016年9月28日

陕西省普通高等学校本科教学工作审核评估操作规程

（试行）

为规范陕西省普通高等学校本科教学工作审核评估工作，根据《教育部关于开展普通高等学校本科教学工作审核评估的通知》（教高〔2013〕10号）和省教育厅《关于开展普通高等学校本科教学工作审核评估的通知》（陕教高办〔2016〕32号），现制定《陕西省普通高等学校本科教学工作审核评估操作规程（试行）》。

一、学校工作任务

（一）做好自评自建工作

学校是审核评估的主体，自评自建工作是审核评估工作的重要基础和组成部分。学校自评自建的主要任务有：

1. 组建工作机构。学校一般应成立由学校主要领导及主要职能部门负责人组成的审核评估领导小组，负责统筹整个评建工作；领导小组下设审核评估办公室，负责评建工作的具体实施。

2. 制订并执行评建计划。学校应遵循审核评估的指导思想、基本原则、审核评估的范围、考察重点等，结合学校实际，对照检查，制订学校评建工作计划，认真做好各项评建工作。

3. 梳理审核评估材料。主要包括三个方面：教学档案、支撑材料和专家案头材料。教学档案是学校在教学管理、教学实践活动中形成的基本材料，按学校日常管理规定存放；支撑材料是佐证《自评报告》的材料，希望少而精、客观、准确；专家评估案头材料是为了方便专家现场考察所提供的引导性材料，案头材料建议清单见附件。

4. 填报教学基本状态数据。教学基本状态数据是对学校教学运行、办学条件、教学效果等情况的量化反映，是形成《教学基本状态数据分析报告》的基础。学校要按时做好状态数据采集工作,在专家组进校考察 1 个月前,登录"陕西省普通高校本科教学工作审核评估管理信息系统",填报教学基本状态数据。填报时要保证数据的原始性、真实性,反对弄虚作假。学校上传教学基本状态数据后,由系统自动生成《教学基本状态数据分析报告》。

5. 撰写《自评报告》。《自评报告》是学校在自我评估的基础上,按照审核范围要求形成的写实性报告。学校要在专家组现场考察 1 个月前,在审核评估系统中上传《自评报告》,同时上传近 3 年《本科教学质量报告》。

(二)配合做好专家组现场考察工作

1. 在专家组现场考察期间,学校应为专家开展工作提供便利条件。同时,保持正常教学秩序,不额外增加师生负担,确保学校日常工作和评估考察工作统筹协调、相互促进、有序开展。与专家交流要坦诚相待,实事求是,不夸大成绩,不回避问题。配合做好专家进校前、进校中、离校后的有关工作的协调,及时落实专家组的考察安排。

2. 学校应提供案头材料、支撑材料、《自评报告》《状态数据分析报告》、近 3 年《本科教学质量报告》等电子和纸质材料,方便专家查阅。

3. 组织好学校与专家组的见面会和专家初步意见反馈会。提前做好两个会议的组织工作,布置会场,通知相关人员参会。

(三)做好改进提高工作

学校应根据《审核评估报告》及专家现场考察反馈的问题及建议,采取积极有效措施进行整改,并在专家离校 3 个月内向评估中心提交整改方案。在专家组现场考察结束 1 年后,评估中心将组织专家组对高校整改落实情况进行回访。

学校接到专家组审核评估报告后如有异议,可通过评估中心向省审核评估领导小组提出申诉。

二、专家组工作程序及任务

(一)专家组的组建

评估中心根据学校类型、办学特色等情况,组建专家组。专家组由 12 人组成,设组长 1 名、副组长 2 名、秘书 2 名和项目管理员 1 名,专家组实行组长负责制;高校指定联络员 1 人,负责与评估专家组对接。

(二)专家组的任务和工作流程

1. 进校前工作。认真了解和掌握审核评估方案中指标内涵及评估程序;认真审阅参评学校《自评报告》《本科教学基本状态数据分析报告》和《本科教学质量报告》,认真查看和研究评估系统中提供的参评高校其他有关资料,了解学校情况,发现学校存在的主要问题。同时,专家需在评估系统中填写《个人审读意见表》《调阅材料通知单》和《现场考察活动计划》。

2. 进校后工作。由专家组长统筹,秘书协调组织专家组对参评高校进行实地考察,全面了解学校本科教学工作情况。同时,专家需在评估系统中填写《个人现场考察活动详细内容》《听课看课总体情况记录表》《试卷情况总体评价》《毕业论文情况总体评价》和《考察记录表》。

3. 离校后工作。离校 1 周内,专家需在评估系统中提交《专家个人审核评估报告》;专家组长在汇总各位专家《个人审核评估报告》后，形成《专家组审核评估报告》（初稿）并征求专家组成员意见，在离校1个月内向评估中心提交《专家组审核评估报告》，并给出结论建议。

（三）专家进校考察方式

专家对学校的审核评估可以采用访谈、听课、座谈、现场考察、查阅材料等方式。鼓励专家发挥个人能动性和创造性，探索更加深入、全面和有效的考评方式。

1. 访谈。访谈主要目的是印证专家的判断和疑问，所以一定要有针对性和目的性。应事先做好资料、情况、问题等准备，精心挑选访谈对象，应包括校领导、有关职能部门负责人、学科与专业带头人、院（系、部）党政领导、教师和学生等不同人群。访谈过程中坚持平等对话，对需要了解的问题要进行深入讨论。

2. 听课。每位审核评估专家至少听课3门次，可选择不同类型的课程（如公共基础课、专业基础课、实验课、专业课、双语教学课、精品课等）和不同类型教师（如老、中、青教师，教授、副教授、讲师等）主讲的课程进行听课，着重考察教师的教学内容、教学方法、教学水平、教学效果以及学生的学习风气等，此外为了提高考察效率，在不影响课堂秩序情况下，专家可以在一节课内到多个课堂听课。

3. 座谈会。可根据考察需要适当召开小规模座谈会。座谈会主要包括学生座谈会、青年教师座谈会、专业负责人座谈会、教学管理人员座谈会等。参加座谈的人员可以由专家随机抽取。专家在召开座谈会之前，应确定座谈的主题，预设想达到的目的，并在座谈中引导大家围绕主题交流讨论。

4. 现场考察。重点考察学校的教学条件（教室、实验实训室、图书馆、体育场馆、网络中心等）能否满足教学基本要求和课堂教学改革需要。专家还可以根据实际情况和需要自主选择考察场所。

5. 查阅材料。包括抽查试卷、毕业设计（论文）、实验报告、实习报告，查阅学校提供的评估支撑材料等。坚持点面结合，每位专家应至少抽查3个专业3门课程的试卷和3个专业的毕业设计（论文）。

对学生试卷的抽查主要看教师的命题质量、卷面质量和教师的评阅质量等。对毕业设计（论文）的考察主要看共性的优点和不足，包括从开题、立论、资料收集、方案比较、调查、实验、总结、结论，以及论文或设计的质量监控措施是否完善、科学、合理，执行是否严格，存在的突出问题等方面看论文或设计的质量。具体体现在以下方面：①选题质量，包括选题是否符合专业培养目标、能否体现综合训练基本要求、题目难易度、题目工作量、理论意义或实际价值。②能力水平，包括查阅文献资料能力，综合运用知识能力，研究方案的设计能力，研究方法和手段的运用能力，外语、计算机应用能力等。③成果质量，包括文题是否相符、写作水平、写作规范、篇幅、成果的理论或实际价值。④评阅与答辩，包括是否有指导教师和论文评阅人评阅意见、答辩委员会意见，成绩评定是否恰当等。

（四）专家组秘书工作内容

专家组秘书在专家进校考察期间，协助专家组高质量、高效率地完成各项评估考察工作，主要工作职责是：

1. 受专家组组长的领导，做好专家组服务工作及与学校联络员、项目管理员之间的沟通协调工作。

2. 专家进校前，起草专家进校工作计划表，提交组长审核。

3. 做好专家评估材料的收集、汇总和统计工作，并做好资料的保管和保密工作。

4. 协调专家组的工作，避免专家个人考察安排上的冲突和重复、考察内容的遗漏。

（五）项目管理员职责

审核评估按分学校实行项目管理，项目管理员主要职责包括：

1. 了解参评学校评建工作和专家组工作状态。及时发现、处理问题，对于重大问题及时上报。

2. 协调专家组进校前、后的日程安排，对接学校联络员，做好专家接待服务工作。

3. 持续跟进项目进展，直至组长提交《审核评估报告》。

三、评估结论审议及发布

审核评估结论审议及发布，按照陕教高办〔2016〕32号文件执行。

附件　审核评估专家案头材料建议清单

序号	材料名称
1	学校领导班子分工，学校、学院党政领导干部名册
2	2014—2016本科教学质量报告
3	2015—2016学年专任教师名册
4	2015—2016学年外聘教师名册
5	专家组进校考察期间的本科生课表（含任课教师职称、年龄等信息）
6	本科培养方案
7	在校本科生名册
8	近三学年的本科试卷清单（注明编号）
9	近三届本科毕业设计（论文）清单
10	近三年学校招生及毕业生就业情况（含各专业分表及学校总表）
11	应届毕业生就业单位名单
12	校内、外实习实训基地一览表
13	学校校历
14	作息时间表
15	根据专家进校前提供的调阅材料清单，准备相关材料
16	可自行准备能够反映学校本科教学特色的相关材料

关于进一步规范审核评估进校考察接待工作的要求

各有关高等学校：

根据陕西省教育厅《关于开展普通高等学校本科教学工作审核评估的通知》（陕教高办〔2016〕32号，以下简称《通知》），以及陕西省审核评估工作实际，现就进一步规范审核评估进校考察接待工作，提出如下要求：

一、所有参评高校要本着"热情、节俭、方便"的原则做好对专家组的吃、住、行等接待工作，反对铺张浪费和形式主义，不搞迎送仪式。专家组进校考察期间不能影响学校正常的教学秩序。

二、专家组进校考察住宿，一般应安排在校内招待所，如果学校没有招待所，学校可就近安排入住，以方便专家组开展工作。酒店住宿标准及公务接待管理严格按照《关于调整中央和国家机关差旅住宿费标准等有关问题的通知》（财行〔2015〕497号）、《陕西省党政机关国内公务接待管理办法》（陕办发〔2014〕24号）、《教育部国内公务接待管理实施办法》（教办厅〔2013〕8号）等相关文件要求规范执行。

三、专家组进校考察期间，学校及个人不得以任何理由、任何形式公务宴请和私人宴请专家。专家组就餐地点只能安排在学生餐厅、教工餐厅或酒店自助餐厅（酒店如无条件实行自助餐，可采用分餐制），禁止提供烟酒，禁止安排桌餐。

四、专家见面会、反馈会以及集体考察期间，一律集体乘车，不搞一人一车。

五、学校不得安排专家旅游、汇报演出等任何与评估工作无关的活动。

六、学校不得以任何理由、任何形式向专家赠送礼品、礼金等。

七、实行责任追究制。审核评估结束后，中心会将违反以上工作纪律要求的学校和个人，统一上报至陕西省教育厅，并按照《通知》规定追究相关人员责任。

中国西部高等教育评估中心
2017年6月26日

关于开展第一批高校本科教学工作审核评估的通知

各有关高等学校：

根据陕西省教育厅《关于开展普通高等学校本科教学工作审核评估的通知》（陕教高办〔2016〕32号），受陕西省教育厅委托，中国西部高等教育评估中心（以下简称"评估中心"）负责组织实施陕西高校本科教学工作审核评估，现将有关事项通知如下：

一、审核评估对象

本次参加审核评估的高校为西北大学等22所本科高校，分为三批进行。第一批为西北大学、陕西科技大学、西安工业大学、西安石油大学、西安工程大学、西安建筑科技大学和西安邮电大学；第二批为延安大学、西安科技大学、西北政法大学、西安外国语大学、陕西中医药大学、西安美术学院、西安财经学院、陕西理工大学；第三批为宝鸡文理学院、渭南师范学院、西安音乐学院、咸阳师范学院、西安体育学院、西安文理学院、西京学院。

二、审核评估时间

本轮审核评估时间为2016年至2018年，第一批高校的具体时间安排见下表。

序号	学校名称	专家进校考察时间
1	西北大学	10月16—20日
2	西安石油大学	10月17—21日
3	西安工业大学	10月30日—11月3日
4	西安工程大学	10月31日—11月4日
5	西安建筑科技大学	11月13—17日
6	西安邮电大学	11月14—18日
7	陕西科技大学	12月4—8日

三、审核评估安排

（一）数据采集及自评

第一批高校需在专家进校考察前1个月，完成"陕西省普通高校本科教学工作审核评估管理信息系统"（以下简称"评估系统"）数据采集、学校自评工作。

（二）专家审阅

专家组登录评估系统，审阅系统提供的学校《本科教学基本状态数据分析报告》，学校提交的《自评报告》、近三年的《本科教学质量报告》等材料。

（三）专家进校考察

评估中心提出进校考察专家组建议名单，报领导小组审定同意后，安排专家组赴学校现场考察，具体安排如下：

1. 审核评估专家于第一天下午 17:30 前进驻学校，晚上召开预备会。
2. 进校考察第一天上午召开汇报会，高校主要领导汇报工作，参会范围：校领导，各职能部门、主要院系负责人等。
3. 汇报会结束后，专家组自行考察。
4. 进校考察工作结束当天下午召开反馈会，专家组与校方沟通，反馈意见建议。参会范围：校领导、各职能部门、主要院系负责人等。

（四）评估结论的审议与发布

《审核评估报告》由陕西省审核评估专家委员会按年度审议，经陕西省审核评估领导小组审定后报教育部审核，待教育部审核后在一定范围予以公布。省教育厅按年度形成审核评估总结报教育部。

（五）整改落实情况回访

高校应根据《审核评估报告》及专家现场考察反馈的问题及建议，采取积极有效措施进行整改，并在专家离校 3 个月内向评估中心提交整改方案。在专家组现场考察结束 1 年后，评估中心组织专家对高校整改落实情况进行回访，并形成文字材料报陕西省审核评估领导小组。

四、其他要求

（一）评估纪律

专家组进校评估的一切费用（包括交通费、评审费等）均由评估中心列支，与参评学校不发生任何经济往来。专家组进校考察期间严格遵守教育厅相关审核评估工作纪律要求。

（二）评估监督

省教育厅设立举报电话和信箱，广泛接受教师、学生和社会各界对审核评估工作的监督。陕西省审核评估领导小组对评估过程中违反相关规定的行为进行责任追究，做出严肃处理。

（三）工作要求

第一批高校审核评估时间为 2016 年 9 月至 12 月。请有关高校按照安排，做好准备工作，并于 9 月 9 日前将高校联系人信息（姓名、电话、职务）发送至××××@xjtu.edu.cn。

中国西部高等教育评估中心
2016 年 8 月 24 日

关于开展第二批、第三批高校本科教学工作审核评估的通知

各有关高等学校：

根据陕西省教育厅《关于开展普通高等学校本科教学工作审核评估的通知》（陕教高办〔2016〕32号），受陕西省教育厅委托，中国西部高等教育评估中心（以下简称"评估中心"）负责组织实施陕西高校本科教学工作审核评估，现将有关事项通知如下：

一、审核评估对象

本次参加审核评估的高校为西北大学等22所本科高校，分为三批进行。第一批为西北大学、陕西科技大学、西安工业大学、西安石油大学、西安工程大学、西安建筑科技大学和西安邮电大学；第二批为延安大学、西安科技大学、西北政法大学、西安外国语大学、陕西中医药大学、西安美术学院、西安财经学院、陕西理工大学；第三批为宝鸡文理学院、渭南师范学院、西安音乐学院、咸阳师范学院、西安体育学院、西安文理学院、西京学院。

二、审核评估时间

本轮审核评估时间为2016年至2018年，第二批、第三批高校的具体时间安排见下表。

序号	学校名称	专家进校考察时间（2017年）
1	西安财经学院	4月16—20日
2	西安外国语大学	4月17—21日
3	西安科技大学	5月7—11日
4	陕西中医药大学	5月8—12日
5	陕西理工大学	5月15—19日
6	西安美术学院	5月21—25日
7	西北政法大学	5月22—26日
8	延安大学	5月29日—6月2日
9	渭南师范学院	9月24—28日
10	西安文理学院	10月15—19日
11	西安体育学院	10月16—20日

续表

序号	学校名称	专家进校考察时间（2017年）
12	西安音乐学院	10月29日—11月2日
13	西京学院	10月30日—11月3日
14	宝鸡文理学院	11月5—9日
15	咸阳师范学院	11月12—16日

三、审核评估安排

（一）数据采集及自评

各高校需在专家进校考察前1个月，登录"陕西省普通高校本科教学工作审核评估管理信息系统"（以下简称"评估系统"）完成2016年陕西省新增定制表单数据采集、2016年高校教学状态数据入库确认（由高校配合省数据中心完成），以及评估支撑材料的上报工作。

陕西省审核评估新增定制表单用户填报指南见附件2。

2017年下学期参评的渭南师范学院等7所高校另需采集2017年教学状态数据的工作，将另行通知。

（二）专家审阅

专家进校考察前1个月内，专家组登录评估系统，审阅系统提供的学校《本科教学基本状态数据分析报告》，学校提交的《自评报告》、近三年的《本科教学质量报告》等材料。

（三）专家进校考察

评估中心提出进校考察专家组建议名单，报领导小组审定同意后，安排专家组赴学校现场考察，具体安排如下：

1. 审核评估专家于第一天下午17:30前进驻学校，晚上召开预备会。

2. 进校考察第一天上午召开汇报会，高校主要领导汇报工作，参会范围：校领导，各职能部门、主要院系负责人等。

3. 汇报会结束后，专家组自行考察。

4. 进校考察工作结束当天下午召开反馈会，专家组与校方沟通，反馈意见建议。参会范围：校领导，各职能部门、主要院系负责人等。

（四）评估结论的审议与发布

《审核评估报告》由陕西省审核评估专家委员会按年度审议，经陕西省审核评估领导小组审定后报教育部审核，待教育部审核后在一定范围予以公布。省教育厅按年度形成审核评估总结报教育部。

（五）整改落实情况回访

高校应根据《审核评估报告》及专家现场考察反馈的问题及建议，采取积极有效措施进行整改，并在专家离校 3 个月内向评估中心提交整改方案。在专家组现场考察结束 1 年后，评估中心组织专家对高校整改落实情况进行回访，并形成文字材料报陕西省审核评估领导小组。

四、其他要求

（一）评估纪律

专家组进校评估的一切费用（包括交通费、评审费等）均由评估中心列支，与参评学校不发生任何经济往来。专家组进校考察期间严格遵守教育厅相关审核评估工作纪律要求。

（二）评估监督

省教育厅设立举报电话和信箱，广泛接受教师、学生和社会各界对审核评估工作的监督。陕西省审核评估领导小组对评估过程中违反相关规定的行为进行责任追究，做出严肃处理。

（三）工作要求

第二批、第三批高校审核评估时间为 2017 年 4 月至 11 月。请有关高校按照安排，做好准备工作，并于 2017 年 1 月 13 日前将《高校审核评估联系人信息表》（见附件1）发送至×××@xjtu.edu.cn。

中国西部高等教育评估中心
2017 年 1 月 10 日

附件 1

高校审核评估联系人信息表

学校名称：

姓名	职务	手机号码	办公电话	QQ 号码	备注
					审核评估联系人
					审核评估状态数据采集联系人

注：状态数据采集联系人 QQ 号码必填。

附件 2 2016 年陕西省审核评估新增定制表单用户填报指南

一、基本统计指标说明

统计时间：分时期数和时点数。时期数分自然年和学年，其中，财务、科研和图书信息按自然年度时期统计汇总数，教学信息按学年度时期统计汇总数；特定时刻产生的指标数按照时点值统计当时发生数。

自然年：指自然年度，2015 年的 1 月 1 日至 12 月 31 日。

学年：指教育年度，即 2015 年的 9 月 1 日至 2016 年的 8 月 31 日。

时点：指统计数据的截止时间，即 2016 年 9 月 30 日。

二、陕西省审核评估新增定制表单及内涵说明

1. 教学名师基本信息（时点）

序号	姓名	工号	级别（国家级、省部级）	评选时间
			（下拉选择）	

对应审核要点：教学名师培养及作用发挥。

教学名师：指学校历届在编在岗的获得"高等学校教学名师奖"的教师。

国家级：指由教育部遴选认定并发文公布的国家级教学名师奖获得者。

省部级：指省级教育行政管理部门遴选认定并发文公布的省级教学名师奖获得者。

2. 教学名师示范课堂（学年）

序号	课程名称	学时数	一次授课学生数	教师姓名	教师工号

对应审核要点：教学名师培养及作用发挥。

教学名师示范课堂：获得国家级或省部级教育名师的教师开设的示范教学课堂。

3. 名师工作室基本信息（时点）

序号	名师工作室名称	带头人姓名	带头人工号	培养青年教师数量

对应审核要点：名师工作室建设及作用发挥情况。

4. 在线开放课程信息（学年）

序号	课程名称	创建时间	课程类型（视频公开课、慕课、微课、其他）	是否跨校合作	校内负责人姓名	负责人工号

对应审核要点：在线开放课程建设。

5. 在线开放课程制度（时点）

是否建立在线开放课程学习认证制度	是否建立在线开放课程学分认定制度	制度名称
		文件上传

对应审核要点：在线开放课程建设。

6. 小班化教学课程（学年）

序号	小班教学课程	课堂人数	授课教师姓名	教师工号

对应审核要点：小班化教学及分层分类教学情况。

小班教学课程：课堂学生容量低于 30 人的小班教学课程。

7. 创新创业专项工作经费（自然年）

创新创业工作专项经费投入	（元）

对应审核要点：创新创业教育经费支持、师资培养及政策措施。

创新创业工作专项经费投入：自然年度内学校用于创新创业工作的总投入。

8. 创新创业经费奖励与资助（自然年）

大学生创新创业基金				创新创业奖学金支出总额
国家级	省部级	市厅级	行业企业	

对应审核要点：创新创业教育经费支持、师资培养及政策措施。

大学生创新创业基金：自然年度内学校大学生创新创业的基金。

创新创业奖学金支出总额：由学校出资设立的奖励创新创业的奖学金支出总额。

9. 创新创业教师结构（时点）

教师名称	性质（校内专职教师、校内兼职教师、校外科研人员、校外创业成功者、校外著名企业家、校外风险投资人，其他校外导师）	学历（博士研究生、硕士研究生、本科、专科）	最高学位（博士、硕士、学士、无学位）	专业技术职称（教授、副教授、讲师、助教、其他正高级、其他副高级、其他中级、其他初级、未评级）	是否具有行业背景	近两年行业企业挂职锻炼时间（天）
	（下拉选择）	（下拉选择）	（下拉选择）	（下拉选择）	（仅校内专职教师、校内兼职教师填写）	（仅校内专职教师填写）

对应审核要点：创新创业教育经费支持、师资培养及政策措施。

*该表统计时点时在职的专任教师，以及上年9月1日至本年8月31日内离职的专任教师。

10. 校内专职创新创业教师培训进修（学年）

境内培训进修人次	境外培训进修人次	其中3个月以上境外培训进修人次	到行业培训进修人次	攻读学位人次	其中攻读硕士学位人次	其中攻读博士学位人次

对应审核要点：创新创业教育经费支持、师资培养及政策措施。

11. 创新创业教育实验班/学院（时点）

学校名称	类型（创新创业教育实验班、创新创业教育学院）	名称	级别（国家级、省部级、校级）	学生规模	设立年份
	（下拉选择）				

对应审核要点：创新创业教育体系构建及创新创业改革试点学院建设。

12. 优势学科创新平台（时点）

序号	平台名称	所属学科门类（13个大类）	平台级别（国家级、省部级）	批准部门	批准年份
		（下拉选择）	（下拉选择）		

对应审核要点：创新创业平台、基地建设及使用情况。

13. 创新创业实践基地（时点）

基地名称	基地级别（国家级、省部级）	基地类型（地方政府主导型、行业企业主导型、高等学校主导型、基层社区主导型）	基地性质（学校产权、非学校产权）	基地占地面积	使用共享（独立使用、共享使用）	参与角色（牵头单位、配合单位）	批准部门	批准年份
	（下拉选择）	（下拉选择）	（下拉选择）	（仅学校产权填写）	（仅非学校产权填写）	（下拉选择）		

对应审核要点：创新创业平台、基地建设及使用情况。

14. 校级创新创业机构设置情况（时点）

学校	创业指导服务机构名称	专职人员数	机构性质（独立设置、挂靠部门）	挂靠部门名称

对应审核要点：创新创业平台、基地建设及使用情况。

15. 校级创新创业社团（时点）

学校	校级创新创业社团名称	成员数量

对应审核要点：创新创业平台、基地建设及使用情况。

16. 创新创业项目培训（学年）

项目名称	联合开发部门名称	年度培训人次

17. 大学生创新创业大赛（近两学年）

序号	获奖项目名称	奖项等级（特等奖、一等奖、二等奖、三等奖及其他）	主办单位（教育部、省教育厅）	获奖年份

对应审核要点：大学生创新创业、各类竞赛奖励及科研成果。

奖项名称：学科竞赛通常由教育部高教司或各学科专业教学指导委员会发起或组织，其统计范围为：全国大学生电子设计竞赛、全国大学生电子设计竞赛嵌入式专题竞赛、全国大学生数学建模竞赛、全国大学生广告艺术设计大赛、全国大学生英语竞赛、全国大学生英语演讲竞赛、全国大学生化学实验竞赛、全国大学生电子商务竞赛、全国大学生机械创新设计大赛、全国周培源大学生力学竞赛、全国大学生结构设计竞赛、"挑战杯"全国大学生科技作品竞赛、"挑战杯"全国大学生创业计划大赛、美国数学模型竞赛（MCM）、美国大学生程序设计竞赛（ACM）、国际大学生机械设计竞赛及其他具有全球影响和全国影响的比赛等。

18. 大学生创新创业竞赛成果（近两学年）

	学年	获奖总数	特等奖	一等奖	二等奖	三等奖及其他
总数						
其中：国际级						
国家级						
省部级						

对应审核要点：大学生创新创业、各类竞赛奖励及科研成果。

该表为表17大学生创新创业大赛的统计形式。

关于开展第一批高校本科教学工作审核评估整改工作中期检查的通知

各有关高等学校：

根据陕西省教育厅《关于开展普通高等学校本科教学工作审核评估的通知》（陕教高办〔2016〕32号），2016年10月至12月，第一批高校已完成审核评估进校考察工作。按照陕西省教育厅统一部署，进校考察工作结束满半年的高校需进行审核评估整改中期检查，现将相关事宜通知如下：

一、检查时间

第一批高校审核评估中期检查时间安排见下表。

序号	学校名称	专家进校检查时间
1	西北大学	7月4日
2	西安石油大学	7月5日
3	西安工程大学	7月6日
4	西安建筑科技大学	7月7日
5	西安工业大学	7月10日
6	西安邮电大学	7月11日
7	陕西科技大学	7月12日

二、检查内容

（一）审阅材料

专家组提前一周审阅高校的《审核评估自评报告》《专家组审核评估报告》《审核评估整改方案》《审核评估整改中期进展报告》等材料。

（二）专家进校检查

具体安排如下：

（1）9:00—9:30　专家组听取高校主要领导做整改情况工作报告，参会人员由学校自定；

（2）9:30—16:00　专家组抽查整改情况（由学校安排专家午餐及休息）；

（3）16:30—17:00　专家组向高校反馈检查总体情况。

（三）整改落实情况反馈

专家组根据检查情况进行综合评议，高校应根据专家反馈的问题及建议，采取积极有效措施推进整改工作。

三、工作要求

1. 6月26日之前，请各高校将《审核评估整改中期进展报告》电子版发送至××××@xjtu.edu.cn。

2. 请有关高校按照《陕西省普通高等学校本科教学工作审核评估整改工作中期检查方案》（见附件），做好准备工作。

中国西部高等教育评估中心
2017年6月15日

附件：陕西省普通高等学校本科教学工作审核评估整改工作中期检查方案

为扎实推进我省普通高等学校本科教学工作审核评估整改，省教育厅决定开展审核评估整改中期检查。根据省政府要求和《关于开展普通高等学校本科教学工作审核评估的通知》（陕教高办〔2016〕32号），特制定本方案。

一、总体目标

坚持"以评促建、以评促改、以评促管、评建结合、重在建设"的方针，督促高校切实整改，补齐短板、强化特色，深化教育教学改革，提高人才培养质量，助力陕西高等教育追赶超越。

二、检查对象

本科教学工作审核评估进校考察结束满半年的省属普通高等学校。分别是西北大学、西安石油大学、西安工业大学、西安工程大学、西安建筑科技大学、陕西科技大学和西安邮电大学；西安财经学院、西安外国语大学、西安科技大学、陕西中医药大学、陕西理工大学、西安美术学院、西北政法大学、延安大学；渭南师范学院、西安文理学院、西安体育学院、西安音乐学院、宝鸡文理学院、咸阳师范学院、西京学院。

根据教育部审核评估专家组进校考察结束时间，分批次进行审核评估整改中期检查工作。

三、检查组织

（一）省教育厅统筹中期检查工作，负责制定方案及规划，审定检查报告，审核检查结论，使用检查结果。

（二）省教育厅按照"管办评分离"原则，委托中国西部高等教育评估中心（以下简称"评估中心"）具体组织实施，研究制定中期检查评价办法，组建专家组开展检查，撰写《审核评估整改中期检查报告》，提出检查结论。

四、检查程序

（一）学校申请。对照审核评估专家组报告和学校审核评估整改工作方案，认真开展整改自查，撰写《审核评估整改中期进展报告》。

（二）进校检查。评估中心组织专家组进行检查，针对同一批次高校，聘请 3 名资深教授组成中期检查专家组，报省教育厅审定同意后，安排专家组进校检查。

专家组对照教育部审核评估专家组《审核评估报告》和学校《审核评估整改工作方案》，审阅学校《审核评估自评报告》《审核评估整改中期进展报告》，通过数据核查与问题分析、查阅相关教学资料、现场考察及组织师生访谈与满意度调查等形式，形成《审核评估整改中期检查报告》，对学校整改工作进行综合评议。

（三）中期检查结论。评估中心根据中期检查结果，形成结论，报省教育厅审核。

五、检查时间

根据审核评估进校考察批次，中期检查分批次进行。第一批次审核评估高校应于 2017 年 7 月 14 日前完成中期检查，第二、第三批次中期检查完成时限另行通知。

六、工作要求

（一）检查费用。专家组进校检查评审费用和交通食宿费用由学校承担，除此之外，专家组与被检查学校不允许发生任何其他经济往来。专家组进校检查期间须严格遵守审核评估工作纪律要求。

（二）检查监督。省教育厅设立举报电话和信箱，广泛接受教师、学生和社会各界对中期检查工作的监督。

关于开展第二批高校本科教学工作审核评估整改工作中期检查的通知

各有关高等学校：

根据陕西省教育厅《关于开展普通高等学校本科教学工作审核评估的通知》（陕教高办〔2016〕32号），2017年4月至6月，第二批高校已完成审核评估进校考察工作。按照陕西省教育厅统一部署，进校考察工作结束满半年的高校需进行审核评估整改中期检查。

中国西部高等教育评估中心计划于2017年12月初集中开展第二批高校本科教学工作审核评估整改中期检查工作。第二批高校分别是西安财经学院、西安外国语大学、陕西中医药大学、西安科技大学、陕西理工大学、西安美术学院、西北政法大学、延安大学。

一、检查时间

中期检查专家组进校时间初步安排见下表。

序号	学校名称	专家进校考察时间（2017年）
1	西安财经学院	12月5日
2	西安外国语大学	12月6日
3	陕西中医药大学	12月7日
4	西安科技大学	12月8日
5	陕西理工大学	12月11日
6	西安美术学院	12月13日
7	西北政法大学	12月14日
8	延安大学	12月18日

二、检查内容

（一）审阅材料

专家组提前一周审阅高校的《审核评估自评报告》《专家组审核评估报告》《审核评估整改方案》《审核评估整改中期进展报告》等材料。

（二）专家进校检查

具体安排如下：

（1）9:00—9:30　专家组听取高校主要领导做整改情况工作报告，参会人员由学校自定；

(2) 9:30—16:00 专家组抽查整改情况（由学校安排专家午餐及休息）；
(3) 16:30—17:00 专家组向高校反馈检查总体情况。

（三）整改落实情况反馈

专家组根据检查情况进行综合评议，高校应根据专家反馈的问题及建议，采取积极有效措施推进整改工作。

三、工作要求

1. 请各高校于11月10日之前将《本科教学工作审核评估整改中期检查申请》报送至中国西部高等教育评估中心，电子版发送至××××@xjtu.edu.cn。如需调整专家进校考察的时间，请于11月10日前提出正式书面申请。

2. 请各高校按照《陕西省普通高等学校本科教学工作审核评估整改工作中期检查方案》（同《关于开展第一批高校本科教学工作审核评估整改工作中期检查的通知》发布的方案），做好准备工作。并于专家组进校检查前一周内将《审核评估整改中期进展报告》电子版发送至××××@xjtu.edu.cn。

中国西部高等教育评估中心
2017年10月30日

关于开展第三批高校本科教学工作审核评估
整改工作中期检查的通知

各有关高等学校：

根据陕西省教育厅《关于开展普通高等学校本科教学工作审核评估的通知》（陕教高办〔2016〕32号），2017年10月至11月，第三批高校已完成审核评估进校考察工作。按照陕西省教育厅统一部署，进校考察工作结束满半年的高校需进行审核评估整改中期检查。

中国西部高等教育评估中心计划于2018年5月下旬集中开展第三批高校本科教学工作审核评估整改中期检查工作。第三批高校分别是渭南师范学院、西安文理学院、西安音乐学院、西安体育学院、宝鸡文理学院、咸阳师范学院和西京学院。

一、检查时间

渭南师范学院等6所高校的中期检查专家组进校时间初步安排见下表。西安音乐学院检查时间另行通知。

序号	学校名称	专家进校考察时间（2017年）
1	西安文理学院	5月23日
2	西安体育学院	5月24日
3	宝鸡文理学院	5月28日
4	渭南师范学院	5月30日
5	咸阳师范学院	5月31日
6	西京学院	6月1日

二、检查内容

（一）审阅材料

专家组提前一周审阅高校的《审核评估自评报告》《专家组审核评估报告》《审核评估整改方案》《审核评估整改中期进展报告》等材料。

（二）专家进校检查

具体安排如下：

（1）9:00—9:30 专家组听取高校主要领导做整改情况工作报告，参会人员由学校自定；

（2）9:30—16:00 专家组抽查整改情况（由学校安排专家午餐及休息）；

(3) 16:30—17:00 专家组向高校反馈检查总体情况。

（三）整改落实情况反馈

专家组根据检查情况进行综合评议，高校应根据专家反馈的问题及建议，采取积极有效措施推进整改工作。

三、工作要求

1. 请各高校于 5 月 10 日之前将《本科教学工作审核评估整改中期检查申请》报送至中国西部高等教育评估中心，电子版发送至××××@xjtu.edu.cn。如需调整专家进校考察的时间，请于 5 月 10 日前提出正式书面申请。

2. 请各高校按照《陕西省普通高等学校本科教学工作审核评估整改工作中期检查方案》（同《关于开展第一批高校本科教学工作审核评估整改工作中期检查的通知》发布的方案），做好准备工作。并于专家组进校检查前一周内将《审核评估整改中期进展报告》电子版发送至××××@xjtu.edu.cn。

中国西部高等教育评估中心
2018 年 4 月 28 日

关于开展第一批高校本科教学工作审核评估整改一年回访检查的通知

各有关高等学校：

根据陕西省教育厅《关于开展普通高等学校本科教学工作审核评估的通知》（陕教高办〔2016〕32号），2016年10月至12月，第一批高校已完成审核评估进校考察以及整改半年中期检查工作。

按照陕西省教育厅统一部署，在完成了参评高校半年中期检查工作的基础上，进校考察工作结束满一年的高校需进行审核评估整改回访检查工作，回访检查将是对学校审核评估整改落实情况的最终评价。

现将相关事宜通知如下：

一、检查时间

第一批高校审核评估整改回访检查专家组进校时间初步安排见下表。

序号	学校名称	专家进校检查时间
1	西北大学	12月11日
2	西安石油大学	12月12日
3	西安工业大学	12月13日
4	西安工程大学	12月14日
5	西安建筑科技大学	12月15日
6	西安邮电大学	12月18日
7	陕西科技大学	12月19日

二、检查内容

（一）审阅材料

专家组提前一周审阅高校的《专家组审核评估报告》《审核评估整改方案》《审核评估整改中期进展报告》《专家组审核评估中期检查报告》《审核评估整改工作总结报告》等材料。

（二）专家进校检查

整改回访检查工作具体安排如下：

（1）9:00—9:30 检查专家组与校领导见面，听取高校主要领导做整改情况工作报告；

参会范围包括校领导，各职能部门、主要院系负责人等；

（2）9：00—16：00 检查专家组自行考察（由学校安排专家午餐及休息）；

（3）16：00—17：00 专家组向学校反馈检查总体意见；

（4）17：00后 专家组离校。

（三）整改落实情况反馈

专家组根据检查情况进行综合评议，并将检查情况整理形成《高校审核评估整改落实评议报告》，于检查结束20日内正式提交省教育厅。

三、工作要求

1. 请各高校于12月4日之前将《本科教学工作审核评估整改回访检查申请》报送至中国西部高等教育评估中心，电子版发送至××××@xjtu.edu.cn。如需调整专家进校检查的时间，请于12月4日前提出正式书面申请。

2. 请有关高校按照《陕西省普通高等学校本科教学工作审核评估整改一年回访检查方案》（见附件），做好准备工作。并于专家组进校检查前10天将《审核评估整改工作总结报告》电子版发送至××××@xjtu.edu.cn。

中国西部高等教育评估中心

2017年11月24日

附件：陕西省普通高等学校本科教学工作审核评估第一批高校整改一年回访检查方案

根据《陕西省教育厅关于开展普通高等学校本科教学工作审核评估的通知》（陕教高办〔2016〕32号）要求，对已完成本科教学工作审核评估的高校，在专家组进校考察结束一年后，将组织专家对高校整改落实情况进行回访，并形成文字材料报陕西省审核评估领导小组。

为促进落实整改回访工作，特制定本方案。

一、总体要求

坚持"以评促建、以评促改、以评促管、评建结合、重在建设"的方针，以切实整改、讲求实效导向，不断促进高校内涵发展和质量提升。

通过审核评估整改回访检查，督促高校贯彻落实专家组意见建议，不断深化本科教育教学改革，提升办学水平和办学质量，助力陕西高等教育实现追赶超越。

二、工作安排

（一）基本情况

2016年10月16日—12月8日，受省教育厅委托，中国西部高等教育评估中心（以下简称评估中心）组织实施了陕西第一批7所高校的本科教学工作审核评估，并于2017年7月4日—7月13日组织了对第一批高校的中期检查工作。第一批高校分别为西北大学、西安石油大学、西安工业大学、西安工程大学、西安建筑科技大学、西安邮电大学和陕西科技大学。本次回访检查将是对学校审核评估整改落实情况的最终评价。

(二) 检查时间

本次回访检查计划于12月11日开始，每个高校接受检查时间为1天，具体安排见下表。

序号	学校名称	专家进校检查时间
1	西北大学	12月11日
2	西安石油大学	12月12日
3	西安工业大学	12月13日
4	西安工程大学	12月14日
5	西安建筑科技大学	12月15日
6	西安邮电大学	12月18日
7	陕西科技大学	12月19日

三、检查程序

(一) 学校申请。学校须向评估中心提交《本科教学工作审核评估整改回访检查申请》，评估中心根据学校提出的申请，组织安排专家进校检查等事宜。

(二) 学校自查。学校对照审核评估专家组报告和学校审核评估整改工作方案，认真开展整改自查，撰写《审核评估整改工作总结报告》。

(三) 专家进校考察。针对同一批次高校的一年回访检查工作，评估中心组织遴选5名资深教授组成检查专家组，报省教育厅审定同意后，安排专家组进校检查。

专家组对照教育部审核评估专家组《审核评估报告》、学校《审核评估自评报告》、学校《审核评估整改工作方案》、学校《审核评估整改中期进展报告》、中期检查专家组《审核评估整改中期检查报告》，审阅《审核评估整改工作总结报告》，并通过数据核查与问题分析、查阅相关教学资料、现场考察及组织师生访谈与满意度调查等形式，形成《审核评估整改回访检查报告》，对学校整改工作进行综合评议。

(四) 整改落实情况反馈。专家组根据检查情况对学校整改工作进行综合评议，并于离校20天内将整改回访检查情况，以文字材料形式反馈至评估中心，评估中心根据中期检查结果，形成结论，报省教育厅审核。

四、工作要求

(一) 评估纪律。专家组进校检查评审费用和交通食宿费用由学校承担，除此之外，专家组与被检查学校不允许发生任何其他经济往来。专家组进校检查期间须严格遵守审核评估工作纪律要求。

(二) 检查监督。省教育厅设立举报电话和信箱，广泛接受教师、学生和社会各界对回访检查工作的监督。陕西省审核评估领导小组对评估过程中违反相关规定的行为进行责任追究，做出严肃处理。

关于开展第二批高校本科教学工作审核评估整改一年回访检查的通知

各有关高等学校：

根据陕西省教育厅《关于开展普通高等学校本科教学工作审核评估的通知》（陕教高办〔2016〕32号），2017年4月至12月，第二批高校已完成审核评估进校考察以及整改半年中期检查工作。

按照陕西省教育厅统一部署，在完成了参评高校半年中期检查工作的基础上，进校考察工作结束满一年的高校需进行审核评估整改回访检查工作，回访检查将是对学校审核评估整改落实情况的最终评价。

现将相关事宜通知如下：

一、检查时间

第二批高校审核评估整改回访检查专家组进校时间初步安排见下表。

序号	学校名称	专家进校检查时间
1	西安财经学院	5月28日
2	西安外国语大学	5月29日
3	西安科技大学	5月30日
4	延安大学	6月1日
5	陕西中医药大学	6月4日
6	西北政法大学	6月5日
7	西安美术学院	6月6日
8	陕西理工大学	6月8日

二、检查内容

（一）审阅材料

专家组提前一周审阅高校的《专家组审核评估报告》《审核评估整改方案》《审核评估整改中期进展报告》《专家组审核评估中期检查报告》《审核评估整改工作总结报告》等材料。

（二）专家进校检查

整改回访检查工作具体安排如下：

（1）9:00—9:30　检查专家组与校领导见面，听取高校主要领导做整改情况工作报告；

参会范围包括校领导，各职能部门、主要院系负责人等；

（2）9:00—16:00　检查专家组自行考察（由学校安排专家午餐及休息）；

（3）16:00—17:00　专家组向学校反馈检查总体意见；

（4）17:00后　专家组离校。

（三）整改落实情况反馈

专家组根据检查情况进行综合评议，并将检查情况整理形成《高校审核评估整改落实评议报告》，于检查结束20日内正式提交省教育厅。

三、工作要求

1. 请各高校于5月10日之前将《本科教学工作审核评估整改回访检查申请》报送至中国西部高等教育评估中心，电子版发送至××××@xjtu.edu.cn。如需调整专家进校检查的时间，请于5月10日前提出正式书面申请。

2. 请有关高校按照《陕西省普通高等学校本科教学工作审核评估整改一年回访检查方案》（同《关于开展第一批高校本科教学工作审核评估整改一年回访检查的通知》发布的方案），做好准备工作。并于专家组进校检查前10天将《审核评估整改工作总结报告》电子版发送至××××@xjtu.edu.cn。

中国西部高等教育评估中心
2018年4月28日

关于开展第三批高校本科教学工作审核评估整改一年回访检查的通知

各有关高等学校：

根据陕西省教育厅《关于开展普通高等学校本科教学工作审核评估的通知》（陕教高办〔2016〕32号），2017年10月至11月，第三批高校已完成审核评估进校考察。2018年5月至6月，中国西部高等教育评估中心组织实施了第三批高校的审核评估整改半年中期检查工作。

按照陕西省教育厅统一部署，在完成了参评高校整改半年中期检查工作的基础上，进校考察工作结束满一年的高校需进行审核评估整改回访检查工作，回访检查将是对学校审核评估整改落实情况的最终评价。

现将相关事宜通知如下：

一、检查时间

第三批高校审核评估整改一年回访检查专家组进校时间初步安排见下表。

序号	学校名称	专家进校检查时间
1	西京学院	11月28日
2	宝鸡文理学院	11月30日
3	西安体育学院	12月3日
4	西安文理学院	12月4日
5	咸阳师范学院	12月5日
6	渭南师范学院	12月6日
7	西安音乐学院	12月7日

二、检查内容

（一）审阅材料

专家组提前一周审阅高校的《专家组审核评估报告》《审核评估整改方案》《审核评估整改中期进展报告》《专家组审核评估中期检查报告》《审核评估整改工作总结报告》等材料。

（二）专家进校检查

整改回访检查工作具体安排如下：

（1）8:30—9:00 检查专家组与校领导见面，听取高校主要领导做整改情况工作报告；

参会范围包括校领导，各职能部门、主要院系负责人等；

(2) 9:00—16:30 检查专家组自行考察（由学校安排专家午餐及休息）；

(3) 16:30—17:00 专家组向学校反馈检查总体意见；

(4) 17:00 后 专家组离校。

（三）整改落实情况反馈

专家组根据检查情况进行综合评议，并将检查情况整理形成《高校审核评估整改检查评议报告》，于检查结束 20 日内正式提交省教育厅。

三、工作要求

1. 请各高校于 11 月 10 日之前将《本科教学工作审核评估整改回访检查申请》报送至中国西部高等教育评估中心，电子版发送至××××@ xjtu. edu. cn。如需调整专家进校检查的时间，请于 11 月 10 日前提出正式书面申请。

2. 请有关高校按照《陕西省普通高等学校本科教学工作审核评估整改一年回访检查方案》（同《关于开展第一批高校本科教学工作审核评估整改一年回访检查的通知》发布的方案），做好准备工作。并于专家组进校检查前 10 天将《审核评估整改工作总结报告》报送至西部评估中心，电子版发送至××××@ xjtu. edu. cn。

中国西部高等教育评估中心

2018 年 11 月 5 日

第二部分

省级审核评估经验总结报告

陕西省属普通高校本科教学工作审核评估总结报告

(2013—2018 年)

陆根书[1]　李珍艳[2]　贾小娟[3]　牛梦虎[4]　徐菲[5]

一、陕西省开展本科教学工作审核评估概览

为贯彻落实《国家中长期教育改革和发展规划纲要（2010—2020 年）》，切实推进高等教育内涵发展，提高本科教学水平和人才培养质量，教育部于 2011 年 10 月出台《教育部关于普通高等学校本科教学评估工作的意见》（教高〔2011〕9 号），明确提出要建立与中国特色现代高等教育体系相适应的教学评估制度。2013 年 12 月，教育部下发《教育部关于开展普通高等学校本科教学工作审核评估的通知》（教高〔2013〕10 号），决定从 2014 年至 2018 年开展普通高等学校本科教学工作审核评估。本轮审核评估实行中央和省级政府分级负责，各省、自治区、直辖市教育行政部门应按照《普通高等学校本科教学工作审核评估方案》的规定和需求，结合本地区高等教育发展需要，制定本地区所属高等学校审核评估具体方案和评估计划。陕西省教育厅按照"管办评分离"原则，委托西安交通大学中国西部高等教育评估中心（以下简称"西部评估中心"或"评估中心"）负责陕西省 22 所省属普通高校本科教学工作审核评估的具体组织与实施。

2013 年，西安理工大学参加了教育部审核评估试点。在试点的基础上，从 2016 年下半年开始，陕西省全面开展本科教学工作审核评估，截至 2017 年年底，在全国率先完成了全部 22 所高校的审核评估专家进校检查工作。在推进审核评估过程中，陕西省形成了"整改方案审查—整改中期检查——年回访检查"的三环节整改检查反馈机制，扎实推进审核评估专家进校考察后学校的整改及检查工作，全力督促学校整改提高，促进陕西高校本科教学内涵发展。截至 2018 年 12 月，全省 22 所高校的整改半年中期检查、整改一年回访检查工作也已全部完成，标志着自 2016 年启动的陕西省本轮本科教学工作审核评估圆满落幕。

2016—2018 年，西部评估中心组织评估的 22 所省属高校中，共邀请 198 人次的专家参加了进校评估考察工作；每个学校我们又邀请了 2 名省内专家担任评估组秘书，合计专家

---

[1] 西安交通大学中国西部高等教育评估中心主任，教授。
[2] 西安交通大学中国西部高等教育评估中心助理研究员。
[3] 西安交通大学中国西部高等教育评估中心助理研究员。
[4] 西安交通大学中国西部高等教育评估中心助理研究员。
[5] 西安交通大学中国西部高等教育评估中心副主任。

242人次。按照普通高校本科教学工作审核评估安排，专家组在进校前，认真审阅了学校的《自评报告》《本科教学基本状态数据分析报告》《教学质量年度报告》等有关材料。在进校考察期间，专家组通过校领导访谈、学院和职能部门走访、本科教育教学基础设施考察、随堂听课、试卷和毕业设计与论文查阅、文件和档案调阅、教师和学生座谈、用人单位走访和毕业生座谈等多种形式开展考察工作。据统计，共抽查审阅了49 645份参评高校学生试卷、19 340份毕业论文（设计），听课看课871门次，走访高校教学和行政职能部门545次，深度访谈校领导、行政职能部门负责人、教学单位负责人870人次，召开179次各种类型的座谈会，走访用人单位和实习基地76个。

专家组各位专家在离校一周内，根据查阅资料、进校考察所了解到的学校本科教学工作情况，在全面、客观地判断分析的基础上，根据审核评估"6+1"个审核项目及80个审核要点（陕西省增加了16个审核要点）进行了总结，完成了《普通高校本科教学工作审核评估专家个人审核评估报告》，明确指出了学校本科教学工作中值得肯定、需要改进和必须整改的方面，并就学校本科人才培养和质量保障提出了改进意见和建议。专家组组长在吸纳专家组所有成员的审核意见，并与专家组成员及时沟通的基础上，最终形成了《普通高校本科教学工作审核评估专家组审核评估报告》。

通过审核评估，强化了本科教学的中心地位，推进和深化了学校综合改革，提升了学校的教育教学质量，对扭转高校办学思路功利化、学科设置同质化、管理方式行政化等方面也起到了积极的推动作用。同时，陕西省的一系列做法受到了评估专家和参评高校的高度赞誉和认可。

原长春工业大学校长、教育部审核评估专家张德江评价："陕西省政府对此次审核评估高度重视，西部评估中心组织实施认真严密，是我了解的所有省份中效果最好的。"

原华中师范大学副校长、教育部审核评估专家李向农如此评价："陕西省委省政府和教育厅以及西部评估中心对于审核评估工作高度重视，成效显著。亮点之一是组织22所参评高校省内统一培训，有利于参评高校进一步领会精神，加深认识，明确要求。之二是对工作进度统一规划。之三是审核评估方案在教育部高等教育评估中心的方案基础上因地制宜，形成《陕西省普通高等学校本科教学工作审核评估实施办法》《陕西省普通高等学校本科教学工作审核评估范围》（增加了审核评估范围之后评估要素和评估要点共计16个）等。之四是教育厅提出参评高校审核评估整改方案形成之后，在半年后和一年后安排两次'回头看'，强化了整改的实效性。"

多所参评高校接受评估后总结到："西部评估中心组织的审核评估管理流程合理、顺畅，专家组人员构成学科覆盖面广、水平高，评估专家、秘书和联络员认真负责、工作敬业。""为了让各学校更了解评估方案及评估流程，西部评估中心多次组织培训，解读评估方案、评估流程等，使整个审核评估的过程顺利、有序。""西部评估中心组织的审核评估整改检查工作，高效推动了我校本科教学工作整改落实，切实提高了我校人才培养内涵建设。"

二、陕西省开展审核评估的做法与特点

（一）形成了具有陕西特色的评估范围和指标

根据《教育部关于开展普通高等学校本科教学工作审核评估的通知》等相关文件精神

要求，陕西省教育厅决定全面开展本科教学工作审核评估，并把审核评估作为"十三五"陕西省高等教育的重点工作和"一流大学、一流学科、一流学院、一流专业"建设的重要基础。为此，陕西省教育厅制定了《陕西省普通高等学校本科教学工作审核评估实施办法》《陕西省普通高等学校本科教学工作审核评估范围》《陕西省普通高等学校本科教学工作审核评估引导性问题》等审核评估文件。根据高等教育改革发展趋势和陕西实际，陕西省审核评估实施方案以"以评促建、以评促改、以评促管、评建结合、提高质量"为方针，突出内涵发展，突出特色发展，强化学校办学合理定位，强化人才培养中心地位，强化质量保障体系建设，强化创新创业教育工作，实施方案设计坚持高校办学的主体性原则、办学定位的目标性原则、人才培养的多样性原则、办学质量的发展性原则和审核评估的实证性原则，对高校人才培养目标与培养效果的实现状况进行全面评估。在教育部文件的基础上，陕西省对审核评估范围进行了补充、完善，率先提出了"创新创业教育"要素，并增加了16个审核要点，涉及学校鼓励教师安心、热心从教政策举措、教学名师培养作用发挥、实验室建设及设备改造、在线开放课程建设、教学改革研究项目和教学成果奖培育、学生转专业、选修、小班化教学及分层分类教学制度、创新创业教育等不同方面，为学生自主选择、发展和优秀教师成长提供更大空间。

（二）自主研发了"陕西省普通高校本科教学工作审核评估管理信息系统"

为开展审核评估工作，教育部高等教育教学评估中心研发了审核评估管理系统和高校教学基本状态数据库系统，建立了相应的数据采集网络，利用现代信息技术服务审核评估工作。为进一步推动和提升陕西省普通高校本科教学工作审核评估的信息化水平，西部评估中心联合陕西省高等教育数据中心，结合教育部审核评估范围和陕西省特色审核要素、要点，设计、开发了"陕西省普通高校本科教学工作审核评估管理信息系统"。该系统在教育部本科教学基本状态数据库的基础上，针对陕西省新增的"创新创业教育"审核要素和16个审核要点，补充设计了18张数据表"共96个数据项"，完善了高校教学过程数据的采集和状态数据分析报告的内容，为评估专家提供了更加详尽的数据支撑。在专家进校考察过程中，技术支持人员全程驻扎现场，解决专家在使用过程中遇到的各类问题，并及时总结系统问题，持续进行系统功能及操作体验的升级与改进。经过一年半的试用和不断完善，该系统的稳定性有了很大提升，评估系统界面友好，受到了大多数审核评估专家的好评，为提高审核评估工作效率提供了有力支撑。

（三）组建高水平的审核评估专家队伍

为确保审核评估的客观性、针对性、科学性和权威性，参加陕西高校审核评估的专家全部是从教育部审核评估专家库中遴选的外省专家。遴选的专家队伍具有四个主要特点。一是经验丰富，指导性强。绝大多数专家多次参加审核评估工作，有68%的专家为现任或曾任学校领导，长期负责学校教学等工作，具有丰富的教育、教学管理经验。二是层次高。近47%的专家来自985工程和211工程高校。三是针对性强。结合学校的办学特点，以及强势、优势专业，聘请具有相关专业背景的专家组成专家组。四是注重陕西省后备专家培养和学校之间的交流学习。聘请陕西省属高校高等教育研究所所长和教务处处长担任审核评估专家组秘书，一方面为培养陕西省高等教育评估专家积蓄人才，另一方面也为学校之间的相互借鉴、学习提供了平台。

陕西省根据学校类型、办学定位、办学规模、专业设置、主干院系、办学特色等多种情况综合考量，为参评院校量身打造"最优组合"的高水平专家队伍，为审核评估进校考察提供人力资源保障。高水平、广来源的专家组构成不仅提升了审核评估的权威性、客观性、规范性，而且为陕西省和高校充分汲取外省高等教育改革发展的成功经验和专家的智慧提供了平台，为本科教学的省际交流与相互借鉴学习提供了可能。

（四）坚持专家进校考察校领导、学院、部门全覆盖

为了全面了解、掌握学校的情况，也为了促进学校各单位重视、支持本科教学工作，调动学校各单位参与本科教学工作的主动性与积极性，我们要求专家组进校考察时，对所有校级领导进行深入的访谈，对学校所有职能部门和二级学院进行走访、访谈，以便充分了解学校领导对本科教学工作的认识、思考和重视程度，以及所开展的相关工作；了解各职能部门和学院是如何开展或支持本科教学工作的，在开展相关工作的过程中，有哪些好的做法和措施，有哪些需要改进的地方。

（五）要求专家直面学校问题，讲深、讲透、讲到位，并及时将专家意见反馈学校

发现问题，提出相应的改进意见和建议，是审核评估的重要目的之一。陕西省在组织审核评估过程中，要求专家在审读材料和考察过程中，能够精确把握学校存在的问题，在反馈意见时，除了组长代表专家组宣读总体印象及值得肯定之处外，每位专家个人反馈意见时，不讲客气话，只讲学校存在的问题以及自己的意见与建议，而且对学校的问题要能够讲深、讲透、讲到位，切实达到诊断、改进本科教学工作的目的。学校则要及时整理专家提出的问题与建议，本着求真务实、真抓实干的精神，逐条对照提出整改措施，建立台账，立行立改。

通过"陕西省普通高校本科教学工作审核评估管理信息系统"，每所参评高校可以实时了解专家进校前的个人审读意见、专家进校后的考察计划与调阅材料清单、专家离校后的个人审核评估意见、专家组审核评估报告、每位专家对专家组评估报告的修改意见等。

（六）建立三环节审核评估整改检查反馈机制

专家进校评估不是结束，只是学校持续改进的开始。专家组进行评估之后的整改提高是学校持续改进、提升人才培养质量的重要一环。陕西省为了强化学校整改力度，建立了"整改方案审查—整改中期检查——年回访检查"的三环节整改检查反馈机制，扎实推进审核评估专家进校考察后学校的整改及检查工作，全力督促学校整改提高，促进陕西高校本科教学内涵发展。这一高校本科教学工作审核评估整改模式的创新之举，得到了教育部高等教育教学评估中心、兄弟省市、参评高校和有关专家的高度赞誉和认同。

为了扎实推进整改工作，督促高校切实整改、补齐短板、确保成效，提高整改工作水平和质量，根据陕西省教育厅的总体部署，西部评估中心分别制定了《陕西省高校审核评估整改方案审查工作方案》《陕西省高校审核评估整改中期检查工作方案》《陕西省高校审核评估整改一年回访检查工作方案》，落实"三环节"整改检查反馈机制。

第一，整改方案审查。在学校提交整改方案后，西部评估中心组织专家对学校整改方案的完整性、可行性及合理性进行审查，审查内容包括整改工作思路、组织机构、问题梳理、

任务分解、整改进度计划安排以及整改考核绩效指标等,对照审核评估专家反馈意见及审核评估报告,审核学校整改方案是否完整地反映了专家指出的整改问题,是否切实可行,措施是否有力,是否存在不合理之处或者缺失的内容。对整改方案存在问题的学校,要求根据检查结果修订、完善整改方案,报省教育厅再审核通过后展开相应的整改工作。

第二,整改中期检查。西部评估中心于专家进校考察结束满6个月后,对学校的整改工作进行中期检查。中期检查由西部评估中心聘请3人专家小组进行,专家在查阅学校的《审核评估整改中期进展报告》和相关支撑材料的基础上,进校一天对学校中期整改情况进行检查。专家组从整改方案吻合度、组织机构保障度、查摆问题扎实度、整改措施有效度、整改方案落实度、整体印象等方面对学校整改工作进行综合评议,督促和帮助学校进一步厘清整改思路,按照整改时间表和路线图扎实推进整改工作,切实将评估整改工作落到实处。高校根据专家反馈的问题及建议,进一步采取积极有效措施推进整改工作。

第三,一年回访检查。西部评估中心于审核评估进校考察结束满一年后组织一年回访检查专家组进行进校检查。学校撰写《审核评估整改工作总结报告》,回访检查专家组通过材料审阅、进校考察,从整改目标达成度、必须整改工作的完成度、"评建结合"思想的落实度、本科教学水平的提升度等方面对学校审核评估整改工作进行综合评议,并指导学校进一步持续推进整改工作,确保整改质量,促进学校发展。

(七)学校整改工作绩效与"四个一流"建设项目等挂钩

为了督促学校切实将评估专家组的反馈意见落到实处,促进学校可持续发展,陕西省将学校整改工作绩效与"四个一流"建设等挂钩,对整改效果好的,在"四个一流"建设经费、项目等方面给予政策倾斜和重点支持,充分发挥审核评估对学校本科教学工作和综合改革的推动作用。

经过一年的整改工作,陕西省有关高校在定位与目标、师资队伍、教学资源、培养过程、学生发展、质量保障和特色发展等方面都取得了显著成效。例如,在整改工作的顶层设计与组织实施方面,西安邮电大学的做法让人印象深刻。该校从整改措施、整改内容、整改目标等方面就整改工作进行了全面系统的部署,建立了整改的总台账,制订了详细的整改推进计划,细化了任务分解,落实了责任单位,建立了有效的工作机制。自整改以来,西安邮电大学每个月定期召开审核评估整改工作推进会,并组织学校专家组先后八次深入各单位,对照整改工作计划检查任务完成情况与质量,督促整改进度,解决整改中存在的问题,确保工作不留空档,高效开展。陕西科技大学在一年多的整改过程中,以人才培养为根本,以落实审核评估专家组反馈的意见和建议为导向,将整改工作与学校"四个一流"建设和"三步走"发展战略相结合,围绕"转变教育观念,提升教学理念,深化教育教学改革"的主题,从学校、学院、教师、学生四个层面开展了16个专题的教育思想大讨论,全校上下统一了思想、凝聚了共识,进一步明确了办学定位,加强了学校顶层设计,提出了实施"三步走"的长远发展战略。学校坚持人才强校战略,以师资队伍建设为突破口,在2017年拿出1亿元实施高层次人才工程项目和专任教师队伍增长计划,形成师资队伍建设、学科发展和创新人才培养的良性互动,师资队伍建设取得了明显效果。西安工程大学在整改过程中,根据专家反馈的意见和建议,重新定位了两个校区的功能布局,实施了8个学院和相关专业的整合、优化、调整、新建3个学院,停招3个专业,预警3个专业,将专业总数调整到55

个，优化了专业结构和布局，有效提高了资源利用效率。总体而言，通过整改，各校普遍完善了质量监控组织体系，规范了质量监控管理办法，推进了教学管理的规范化、精细化，实现了本科教学质量保障的持续改进。

三、陕西省本科教学工作值得肯定之处

根据陕西省委、省政府确定的省属高水平大学名单，可以将参与本轮审核评估的22所高校划分为四大类："双一流"建设高校1所，陕西省高水平建设高校11所，普通高校9所，民办高校1所。评估专家对22所省属高校本科教学的评价可见表1。审核评估使学校的办学定位更加科学合理，人才培养目标更加明确，符合国家及区域经济社会发展需求，人才培养中心地位不断得到强化；师资队伍建设成效显著，有力促进了人才培养质量提升；加大教育教学改革力度，提升了学生综合能力的发展；促进了教学质量保障体系不断完善，学生和用人单位满意度高；促进了高等院校的特色发展。

同时，将陕西省22所高校专家组审核评估报告与全国321所高校（含"双一流"高校80所，高水平建设高校143所，普通高校95所，民办高校3所）专家组审核评估报告进行对比，详见表2，以便在比较的基础上更深入地发现陕西省高校自身存在的不足，通过相互借鉴和学习，进一步提升自身发展水平。

表1 评估专家对陕西省22所省属高校本科教学的评价

审核项目	审核要素	高校类别	高校总数	值得肯定的高校		需要改进的高校	
				数量	比例/%	数量	比例/%
1. 定位与目标	1.1 办学定位	"双一流"	1	1	100.00	1	100.00
		高水平	11	11	100.00	5	45.45
		普通	9	9	100.00	2	22.22
		民办	1	1	100.00	1	100.00
		总数	22	22	100.00	9	40.91
	1.2 培养目标	"双一流"	1	1	100.00	0	0.00
		高水平	11	9	81.82	6	54.55
		普通	9	8	88.89	2	22.22
		民办	1	1	100.00	1	100.00
		总数	22	19	86.36	9	40.91
	1.3 人才培养中心地位	"双一流"	1	1	100.00	1	100.00
		高水平	11	9	81.82	2	18.18
		普通	9	6	66.67	0	0.00
		民办	1	1	100.00	1	100.00
		总数	22	17	77.27	4	18.18

续表

审核项目	审核要素	高校类别	高校总数	值得肯定的高校		需要改进的高校	
				数量	比例/%	数量	比例/%
2. 师资队伍	2.1 数量与结构	"双一流"	1	1	100.00	1	100.00
		高水平	11	9	81.82	11	100.00
		普通	9	5	55.56	8	88.89
		民办	1	1	100.00	1	100.00
		总数	22	16	72.73	21	95.45
	2.2 教育教学水平	"双一流"	1	0	0.00	0	0.00
		高水平	11	5	45.45	6	54.55
		普通	9	3	33.33	1	11.11
		民办	1	0	0.00	0	0.00
		总数	22	8	36.36	7	31.82
	2.3 教师教学投入	"双一流"	1	0	0.00	1	100.00
		高水平	11	4	36.36	6	54.55
		普通	9	3	33.33	3	33.33
		民办	1	0	0.00	1	100.00
		总数	22	7	31.82	11	50.00
	2.4 教师发展与服务	"双一流"	1	1	100.00	1	100.00
		高水平	11	7	63.64	6	54.55
		普通	9	1	11.11	5	55.56
		民办	1	1	100.00	0	0.00
		总数	22	10	45.45	12	54.55
3. 教学资源	3.1 教学经费	"双一流"	1	1	100.00	1	100.00
		高水平	11	5	45.45	5	45.45
		普通	9	2	22.22	2	22.22
		民办	1	1	100.00	1	100.00
		总数	22	9	40.91	9	40.91
	3.2 教学设施	"双一流"	1	1	100.00	1	100.00
		高水平	11	4	36.36	7	63.64
		普通	9	7	77.78	3	33.33
		民办	1	0	0.00	0	0.00
		总数	22	12	54.55	11	50.00

续表

审核项目	审核要素	高校类别	高校总数	值得肯定的高校		需要改进的高校	
				数量	比例/%	数量	比例/%
3. 教学资源	3.3 专业设置与培养方案	"双一流"	1	0	0.00	0	0.00
		高水平	11	6	54.55	10	90.91
		普通	9	6	66.67	6	66.67
		民办	1	0	0.00	1	100.00
		总数	22	12	54.55	17	77.27
	3.4 课程资源	"双一流"	1	0	0.00	1	100.00
		高水平	11	5	45.45	9	81.82
		普通	9	3	33.33	6	66.67
		民办	1	1	100.00	1	100.00
		总数	22	9	40.91	17	77.27
	3.5 社会资源	"双一流"	1	0	0.00	0	0.00
		高水平	11	2	18.18	3	27.27
		普通	9	0	0.00	1	11.11
		民办	1	0	0.00	1	100.00
		总数	22	2	9.09	5	22.73
4. 培养过程	4.1 教学改革	"双一流"	1	1	100.00	1	100.00
		高水平	11	9	81.82	6	54.55
		普通	9	6	66.67	5	55.56
		民办	1	0	0.00	0	0.00
		总数	22	16	72.73	12	54.55
	4.2 课堂教学	"双一流"	1	0	0.00	0	0.00
		高水平	11	4	36.36	11	100.00
		普通	9	4	44.44	8	88.89
		民办	1	1	100.00	1	100.00
		总数	22	9	40.91	20	90.91
	4.3 实践教学	"双一流"	1	1	100.00	1	100.00
		高水平	11	4	36.36	9	81.82
		普通	9	8	88.89	5	55.56
		民办	1	1	100.00	1	100.00
		总数	22	14	63.64	16	72.73

续表

审核项目	审核要素	高校类别	高校总数	值得肯定的高校		需要改进的高校	
				数量	比例/%	数量	比例/%
4. 培养过程	4.4 第二课堂	"双一流"	1	1	100.00	1	100.00
		高水平	11	5	45.45	8	72.73
		普通	9	5	55.56	5	55.56
		民办	1	0	0.00	0	0.00
		总数	22	11	50.00	14	63.64
5. 学生发展	5.1 招生及生源情况	"双一流"	1	1	100.00	1	100.00
		高水平	11	6	54.55	3	27.27
		普通	9	1	11.11	1	11.11
		民办	1	0	0.00	0	0.00
		总数	22	8	36.36	5	22.73
	5.2 学生指导与服务	"双一流"	1	0	0.00	1	100.00
		高水平	11	7	63.64	5	45.45
		普通	9	3	33.33	1	11.11
		民办	1	1	100.00	0	0.00
		总数	22	11	50.00	7	31.82
	5.3 学风与学习效果	"双一流"	1	1	100.00	1	100.00
		高水平	11	7	63.64	4	36.36
		普通	9	2	22.22	2	22.22
		民办	1	0	0.00	0	0.00
		总数	22	10	45.45	7	31.82
	5.4 就业与发展	"双一流"	1	0	0.00	1	100.00
		高水平	11	8	72.73	7	63.64
		普通	9	5	55.56	2	22.22
		民办	1	1	100.00	0	0.00
		总数	22	14	63.64	10	45.45
6. 质量保障	6.1 教学质量保障体系	"双一流"	1	1	100.00	1	100.00
		高水平	11	8	72.73	9	81.82
		普通	9	4	44.44	7	77.78
		民办	1	1	100.00	1	100.00
		总数	22	14	63.64	18	81.82

续表

审核项目	审核要素	高校类别	高校总数	值得肯定的高校		需要改进的高校	
				数量	比例/%	数量	比例/%
6. 质量保障	6.2 质量监控	"双一流"	1	1	100.00	0	0.00
		高水平	11	4	36.36	8	72.73
		普通	9	3	33.33	5	55.56
		民办	1	0	0.00	0	0.00
		总数	22	8	36.36	13	59.09
	6.3 质量信息及利用	"双一流"	1	1	100.00	1	100.00
		高水平	11	4	36.36	5	45.45
		普通	9	3	33.33	3	33.33
		民办	1	0	0.00	0	0.00
		总数	22	8	36.36	9	40.91
	6.4 质量改进	"双一流"	1	1	100.00	0	0.00
		高水平	11	0	0.00	4	36.36
		普通	9	1	11.11	0	0.00
		民办	1	0	0.00	0	0.00
		总数	22	2	9.09	4	18.18
7. 自选特色项目	学校可自行选择有特色的补充项目	"双一流"	1	1	100.00	0	0.00
		高水平	11	9	81.82	2	18.18
		普通	9	3	33.33	0	0.00
		民办	1	0	0.00	0	0.00
		总数	22	13	59.09	2	9.09

表2 评估专家对高校本科教学的评价：陕西22所高校与全国321所高校比较

审核项目	审核要素	高校类别	值得肯定的高校		需要改进的高校	
			陕西占比/%	全国占比/%	陕西占比/%	全国占比/%
1. 定位与目标	1.1 办学定位	高水平	100.00	98.60	45.45	46.85
		普通	100.00	98.95	22.22	51.58
		总数	100.00	98.13	40.91	48.29
	1.2 培养目标	高水平	81.82	89.51	54.55	37.06
		普通	88.89	89.47	22.22	49.47
		总数	86.36	79.44	40.91	34.27

续表

审核项目	审核要素	高校类别	值得肯定的高校		需要改进的高校	
			陕西占比/%	全国占比/%	陕西占比/%	全国占比/%
1. 定位与目标	1.3 人才培养中心地位	高水平	81.82	81.82	18.18	31.47
		普通	66.67	75.79	0.00	24.21
		总数	77.27	79.44	18.18	34.27
2. 师资队伍	2.1 数量与结构	高水平	81.82	81.82	100.00	94.41
		普通	55.56	83.16	88.89	96.84
		总数	72.73	83.80	95.45	93.77
	2.2 教育教学水平	高水平	45.45	62.24	54.55	55.24
		普通	33.33	61.05	11.11	43.16
		总数	36.36	58.57	31.82	44.86
	2.3 教师教学投入	高水平	36.36	31.47	54.55	49.65
		普通	33.33	29.47	33.33	46.32
		总数	31.82	34.27	50.00	54.21
	2.4 教师发展与服务	高水平	63.64	46.85	54.55	58.74
		普通	11.11	51.58	55.56	52.63
		总数	45.45	53.27	54.55	54.52
3. 教学资源	3.1 教学经费	高水平	45.45	65.73	45.45	60.84
		普通	22.22	68.42	22.22	54.74
		总数	40.91	70.72	40.91	57.94
	3.2 教学设施	高水平	36.36	68.53	63.64	76.22
		普通	77.78	80.00	33.33	77.89
		总数	54.55	73.21	50.00	77.57
	3.3 专业设置与培养方案	高水平	54.55	55.94	90.91	72.03
		普通	66.67	69.47	66.67	81.05
		总数	54.55	60.44	77.27	77.88
	3.4 课程资源	高水平	45.45	48.95	81.82	65.73
		普通	33.33	45.26	66.67	65.26
		总数	40.91	50.47	77.27	66.98
	3.5 社会资源	高水平	18.18	43.36	27.27	25.17
		普通	0.00	41.05	11.11	34.74
		总数	9.09	41.74	22.73	26.17

续表

审核项目	审核要素	高校类别	值得肯定的高校		需要改进的高校	
			陕西占比/%	全国占比/%	陕西占比/%	全国占比/%
4. 培养过程	4.1 教学改革	高水平	81.82	79.72	54.55	54.55
		普通	66.67	84.21	55.56	61.05
		总数	72.73	83.18	54.55	56.39
	4.2 课堂教学	高水平	36.36	46.15	100.00	76.92
		普通	44.44	42.11	88.89	83.16
		总数	40.91	41.43	90.91	79.44
	4.3 实践教学	高水平	36.36	61.54	81.82	70.63
		普通	88.89	63.16	55.56	69.47
		总数	63.64	62.62	72.73	68.85
	4.4 第二课堂	高水平	45.45	66.43	72.73	44.06
		普通	55.56	63.16	55.56	44.21
		总数	50.00	62.62	68.18	47.98
5. 学生发展	5.1 招生及生源情况	高水平	54.55	39.86	27.27	31.47
		普通	11.11	46.32	11.11	31.58
		总数	36.36	45.17	22.73	29.28
	5.2 学生指导与服务	高水平	63.64	62.24	45.45	33.57
		普通	33.33	57.89	11.11	50.53
		总数	50.00	62.31	31.82	41.43
	5.3 学风与学习效果	高水平	63.64	60.84	36.36	38.46
		普通	22.22	56.84	22.22	46.32
		总数	45.45	62.93	31.82	38.94
	5.4 就业与发展	高水平	72.73	72.73	63.64	34.27
		普通	55.56	78.95	22.22	38.95
		总数	63.64	73.83	45.45	32.71
6. 质量保障	6.1 教学质量保障体系	高水平	72.73	77.62	81.82	81.82
		普通	44.44	88.42	77.78	76.84
		总数	63.64	83.80	81.82	82.87
	6.2 质量监控	高水平	36.36	46.15	72.73	57.34
		普通	33.33	47.37	55.56	65.26
		总数	36.36	46.73	59.09	56.07

续表

审核项目	审核要素	高校类别	值得肯定的高校		需要改进的高校	
			陕西占比/%	全国占比/%	陕西占比/%	全国占比/%
6. 质量保障	6.3 质量信息及利用	高水平	36.36	34.97	45.45	51.75
		普通	33.33	34.74	33.33	49.47
		总数	36.36	35.83	40.91	52.65
	6.4 质量改进	高水平	0.00	26.57	36.36	30.77
		普通	11.11	26.32	0.00	27.37
		总数	9.09	23.68	18.18	25.86
7. 自选特色项目	学校可自行选择有特色的补充项目	高水平	81.82	30.77	18.18	12.59
		普通	33.33	34.74	0.00	14.74
		总数	59.09	29.60	9.09	13.08

注：因为陕西省参评的高校中"双一流"高校只有1所，民办高校只有1所，全国321所高校中民办高校也只有3所，数量太少，所以只是对高水平建设高校和普通高校，及其总体情况进行对比。

（一）学校办学定位更加科学合理，人才培养目标更加明确

审核评估引导高校进一步明确办学定位，明晰发展思路，审视人才培养目标，以更好地适应国家战略和区域经济社会发展需求，引导高校落实人才培养的根本任务，把人才培养质量作为学校办学的生命线，突出人才培养的中心地位。通过对各高校专家组审核评估报告的统计，各专家组对100%的高校提出的办学定位予以肯定，对86.36%的高校提出的人才培养目标予以肯定。

各专家组认为，各学校提出的办学目标定位、类型定位、服务定位、人才培养目标定位既传承了建设陕西的不懈精神追求，又具有长期积累形成的办学实力和办学特色，符合国家统筹推进"双一流"建设和陕西推进"四个一流"建设的战略需求，契合国家西部大开发战略和陕西经济社会发展的需要，适应各高校自身所属的地域、服务面向与办学实际以及经济社会发展的需要，有利于发挥自身学科优势，培养更多的引领和支撑国家与区域经济社会发展的优秀人才，进一步彰显学校在国家特别是西部高等教育体系中的重要地位和作用。

（二）高度重视人才培养工作，坚持本科教学中心地位

各高校高度重视本科人才培养工作，坚持"育人为本、教学优先、质量第一"的理念，牢固树立人才培养中心地位，重视本科教学的顶层设计和统筹规划，从政策、组织、制度、经费、条件等多方面保证本科人才培养需要，巩固人才培养中心地位。特别是在办学经费并不特别宽裕的情况下，各高校近几年大幅提高本科办学经费，改善本科办学基础条件，积极加大对本科教学经费的投入力度，有效巩固了人才培养中心地位。通过对各高校专家组审核评估报告的统计，77.27%的高校对人才培养中心地位的保障得到专家组肯定。

（三）师资队伍建设加强，有力促进人才培养质量提升

各高校紧紧围绕学科专业的整体发展，不断加强师资队伍建设，引进与培养并举，扩大

教师队伍数量，优化教师队伍结构，持续提升教师队伍的综合素质和整体水平，使师资队伍建设呈现出良好的发展态势，较好地满足了学校高素质人才培养要求。通过对各高校专家组审核评估报告的统计，72.73%的高校在师资队伍的数量与结构审核要点方面得到专家肯定。

（四）加大教育教学改革力度，提升学生综合发展能力

一是明确改革思路，系统推进教学改革。各高校坚持以"办人民满意的教育"为宗旨，坚持以"立德树人"为根本任务、以创建一流本科教育为目标，通过审核评估，加大了教学改革立项的范围和支持力度；在人才培养模式、教学内容与课程体系、教学方法与教学手段、现代信息技术与教学深度融合、实践教学与创新创业教育等方面进行系统持续深入改革，形成了纵深推进、多点突破的教学改革新局面。二是优化人才培养方案，着力提高人才培养质量。近年来，在审核评估推动下，各高校以学生中心、成果导向、持续改进等新的教育理念为指导，通过一系列举措，积极推进人才培养方案和教学内容、课程体系和教学方法等改革，努力提高人才培养质量。三是强化实践教学，加强学生能力培养。实践教学是学生获取、掌握知识的重要途径，在全面提高学生综合素质，培养学生创新意识和实践能力等方面具有十分重要的作用。通过审核评估，各高校根据本校的学科专业特点，紧扣人才培养目标，强化基础实践、专业实践、社会实践、综合实践等实践教学环节，努力把实践教学融入本科教育的全过程，着力提升学生的实践能力和创新精神。经统计，72.73%的高校在培养过程的教学改革审核要点方面得到专家肯定，63.64%的高校在培养过程的实践教学审核要点方面得到专家肯定。

例如，西安工程大学积极促进校内教育教学资源的交叉融合，统筹利用校外办学资源，构建了工程训练中心、协同创新中心和时尚文化创意中心三大人才培养和实践教学平台，成为培养"卓越工程师""卓越设计师"和开展大学生创新创业教育的重要基地，初步形成了富有特色的"艺工结合"和"5+X"协同育人的人才培养模式，培养的学生获得了许多学科竞赛奖项，显示出良好的育人效果。

西安邮电大学高度重视创新创业教育，加大"双创"投入力度，构建"通识教育+专业教育+创新创业教育+创新创业实践"四层次创新创业教育体系，形成校院两级"创客文化、创新创业培训、创新创业孵化"三位一体的创新创业教育工作模式，将创新创业教育融入学生培养全过程。学校入选教育部第二批全国高校实践育人创新创业基地，创新创业教育经验在全省高校推广交流，具有良好的示范效应。

西北政法大学高度重视本科教学工作，按照"准确定位、注重内涵、突出优势、强化特色"的思路，深化人才培养模式改革，依托法学学科优势，创设了"法商结合""法文结合""法管结合"等复合型人才培养的专业平台，致力于培养既懂经济、管理，又懂法律的复合型人才；哲学、政治学等专业重视夯实学科基础，加强原典学习训练，实现小规模、精细化培养。多样化人才培养模式，满足了不同学生自主性学习、个性化培养、多元化发展的需求，促进了人才培养质量的不断提高。

（五）教学质量保障体系不断完善，学生和用人单位满意度高

提高质量是高校永恒的主题，建立一套完整的教学质量保障体系是提高教育教学质量的重要手段。各高校普遍重视教学质量保障体系建设，并借助审核评估评建工作，进一步完善质量保障体系中的薄弱环节，绝大多数高校教学质量保障运行的有效度不断增强，追求卓越的质量文化逐步得到推广。经统计，63.64%的高校在质量保障的教学质量保障体系审核要点方面得到专家肯定。

各高校紧紧围绕人才培养的核心任务，坚持"以学生为本，全面发展"的理念，注重对学生的指导与服务，探索构建与专业教育有机结合的大学生思想政治教育体系和思想政治教育工作机制，形成良好的校风、教风和学风；依靠地域和行业优势，开展与企业协同育人和反哺企业的机制，加强人才培养中的实践育人环节；学生对学校的总体满意度高，用人单位对毕业生的综合素质、知识水平、工作能力等都有较高的满意度。经统计，63.64%的高校在学生发展的就业与发展审核要点方面得到专家肯定。

例如，西北大学构建了"教学监控与保障机制—教学质量评估机制—教学激励机制"的"三位一体"教学质量监控与保障体系，在课堂教学质量评估方面有效落实了监控机制，学生评教、同行评教和专家评教结果一致，均评价较高。

西安工业大学教学各项规章制度健全，教学档案完整，教学管理规范，教学秩序良好。学校构建了较为完备的教学质量监控体系，形成了自我约束、评价激励、改进提高的良性运行机制，较好地保障了人才培养质量。学校长期坚持毕业设计/论文末位淘汰制度，对保证学生毕业设计/论文质量起到了积极的促进作用。

西安建筑科技大学构建了以校内教学专项评估为抓手，以外部院校评估及专业评估（认证）为推力的"四头在外、六个子系统"的本科教学质量保障体系，不断完善教学工作持续改进机制。确立了以涵盖理论教学、实践教学和课程考核等主要教学环节的"3+3+X"校内教学专项评估为基础的自我评估制度，搭建了由"四类调研工作、三个教学论坛、四种教学简报、六个信息渠道"构成的教学质量信息网络反馈平台，确立了教学检查反馈、评教专项反馈和教学工作专项评估（检查）反馈等"三大反馈"制度，保证质量监控的有效运行和本科教学工作的持续改进。

（六）推动高校走向特色化发展道路

审核评估范围中专门设立了特色项目，鼓励高校总结、培育教育教学特色，鼓励学校走特色发展之路。可以说，所有参评院校的自评报告中都使用了较多的篇幅对自身教育教学特色进行了总结和提炼。审核评估特色项目的设计，进一步推动了我国高等教育由规模发展向内涵发展的转变，推动了高等学校特色发展。从长远看，这对中国高等教育的健康发展将起到至关重要的作用。经统计，59.09%的高校在自选特色项目方面得到专家肯定。

以西安科技大学（以下简称"西科"）为例。西科以"胡杨精神"为引领，办学特色鲜明。在长期办学过程中逐步形成的"以励志图存，自强不息为核心的胡杨精神"，既是对学校历史和优良传统的继承，又是对新形势下人才培养内涵的诠释，得到了校友和全校师生的广泛认同，并将这种精神作为人才培养的文化根基和对大学生进行社会主义核心价值观教育的重要内容，培养了一代又一代扎根西部、服务煤炭、不畏艰苦、默默奉献的"留得住、用得上、干得好"的优秀人才，为祖国的西部建设和煤炭行业做出了突出贡献。"胡杨精神"目前已经转化为一种校园文化，深入人心，象征着西科人默默奉献、坚韧不拔、不断超越的意志品质，承载了西科人励精图治、求真务实、顽强拼搏和勇于创新的精神基因，成为学校改革发展的不竭动力。

四、审核评估中发现的主要问题

通过对专家组审核评估报告反馈的问题和改进建议进行梳理，同时，将陕西省22所高校专家组审核评估报告与全国321所高校专家组审核评估报告进行对比，发现陕西高校本科教学存在的问题主要集中在以下方面：学校办学定位的内涵与特色，以及人才培养目标的表述需要进一步明晰；师资队伍有待进一步加强；教学资源和课程资源建设力度有待进一步强化；学科专业结构不够合理，专业建设仍需加强；课堂教学改革有待加强，教学方式方法应进一步改进；教学质量保障体系建设还需进一步完善。

（一）学校办学定位的内涵与特色，以及人才培养目标的表述需要进一步明晰

首先，学校办学定位的内涵与特色需要进一步明确。引导高校合理定位，促进高等教育内涵发展和特色发展，为国家产业结构升级和科技创新培养多样化人才，是本轮审核评估的指导思想。从陕西省参加本次审核评估的22所高校看，不少高校的办学定位中都有"国内一流""高水平""特色鲜明"等提法，但其内涵需要进一步明确。在确定办学定位时，对陕西省乃至西北地区社会经济发展需求的反映不充分，对学校办学历史资源的深入挖掘着力不够，对学校面临的现实资源约束条件分析不足。学校对特色项目的挖掘和提炼还有待加强。不少学校在提炼特色项目时经常会出现偏差，要么是将自身的行业优势当作特色，要么是将学校的学科优势或科研优势当作特色，或者将某些二级院系的特色项目当成学校的特色项目。因此，如何进一步提炼学校发展特色，做到在办学定位的顶层设计上各具特色，是本科教学工作审核评估需要进一步解决的一个重要问题。

其次，人才培养目标的表述需要进一步明晰。人才培养目标是本科教学工作中具有先决性的核心问题，直接决定了培养的学生的质量，规定着人才培养的规格和质量标准。目前，不少高校的培养方案对培养目标和专业培养规格的表述比较笼统，对学校培养什么人，毕业生应该具备怎样的知识、技能、能力、品德、价值观、心理素质等比较模糊，缺乏可操作性，这些不仅给课程安排和组织实施带来较大困难，而且不利于对培养目标的达成度进行有效的评价。

（二）师资队伍建设有待进一步加强

第一，师资队伍数量不足，结构有待优化。陕西省几乎所有高校的师资队伍数量与结构存在问题，经统计，审核评估专家对95.45%的高校在师资队伍的数量与结构审核要点方面提出了需要改进或必须整改之处。主要表现在：专任教师数量明显不足，生师比偏高，专任教师总量与学校的人才培养任务仍有差距；院系和学科专业之间教师队伍发展不平衡，此问题在新建专业中尤为严重；博士学历和具有海外教育背景的教师比例不高，学校高层次人才、青年拔尖创新人才的层次和数量不足，而且这些高层次人才的流失问题比较严重；不少高校对实验教师队伍建设的重视程度不够，存在实验教学人员总体不足、队伍老化、学历和职称结构偏低等现象。

第二，教师对本科教学的重视程度和投入力度不足。教师"重科研、轻教学"的现象仍比较明显，教师对教学的重视程度和投入力度总体不足；教授和副教授给本科生上课的比例偏低；广大教师主动投入教学、参加教改和教学研究的积极性不高；学校服务教师发展的机制和措施不健全；学校提升教师教学积极性的激励措施不够完善，提升教师教学质量的培

训有待加强。经统计，审核评估专家对 50% 的高校在师资队伍的教师教学投入审核要点方面提出了需要改进或必须整改之处。

（三）教学资源和课程资源建设力度有待进一步强化

部分学校教学经费和资源相对缺乏，学校的教学行政用房面积、实验室、实践教学场所等教学资源条件相对不足，资源利用率有待提高；学校开设课程门数偏少，学生可自由选修的公共选修课门数不够丰富，距全面满足学生多样化的文化素质及实践能力的成长需求存在一定差距；课程资源建设力度有待进一步加强，尤其是国家级精品视频公开课、国家级资源共享课等优质课程资源不足，引进国内外优质网络在线教学资源较少，需要加大建设和引进力度；不同专业优质课程建设成果不均衡。经统计，审核评估专家对 50% 的高校在教学资源的教学设施审核要点方面提出了需要改进或必须整改之处，对 77.27% 的高校在教学资源的课程资源审核要点方面提出了需要改进或必须整改之处。

（四）学科专业结构不够合理，专业建设仍需加强

随着近年来各高校专业数量和规模迅速增加，专业办学"质"和"量"的矛盾逐步凸显，出现了新设专业论证不充分、专业数量规模过大、结构不合理、同质化现象严重、专业建设投入不足、专业总体水平不高等一系列问题；存在专业培养方案对学校人才培养目标的达成体现得不够充分，专业培养目标描述不够清晰、完整，培养规格泛化，专业核心课程门数偏多、整合度不强的问题；有的专业设置与社会需求脱节，缺乏学科支撑，培养人才跟不上社会发展需求；未建立良好的专业动态调整机制。经统计，审核评估专家对 77.27% 的高校在教学资源的专业设置与培养方案审核要点方面提出了需要改进或必须整改之处。

（五）课堂教学改革有待加强，教学方式方法应进一步改进

根据评估专家听课、看课的情况，课堂教学效果不佳是高校普遍存在的一个问题。多数高校存在教学方法落后、教学模式单一的现象，课堂教学"以教师为中心、以课堂为中心、以教材为中心"的状况依然存在，以教授程序性知识与能力的传统的直接式教学方式还比较普遍，明显影响了学生的学习积极性和学习效果。启发式、研讨式、案例式课堂教学模式运用推广不够，学生的主体地位未能得到强化。教师的教育教学理念需进一步转变，教学方法有待进一步提高，教师的教学和教研能力需进一步提升。经统计，审核评估专家对 90.91% 的高校在培养过程的课堂教学审核要点方面提出了需要改进或必须整改之处。

（六）教学质量保障体系建设还需进一步完善

各学校的质量保障和监督体系还不够健全，仍存在机制体制不够完善，教学质量标准还需进一步完善，教学质量还不能有效地形成闭环，监控结果综合分析不到位、反馈落实力度不够等问题。例如，质量监控信息反馈渠道不顺畅，信息反馈后的跟进监督机制还不完善，整改落实情况与激励机制衔接力度不够；教学质量管理队伍人员偏少，兼职人员多、流动性大，管理能力参差不齐；二级学院（系）教学质量保障的主体意识还不强，教学质量保障的主体作用发挥不够；教学质量文化意识尚未深入人心，教学质量管理和教学规章制度在执行中存在不严不实的情况；部分已有的教学质量监控也仅限于课堂教学，而对其他教学环节以及学生的学习效果监控较少。经统计，审核评估专家对 81.82% 的高校在质量保障的教学质量保障体系审核要点方面提出了需要改进或必须整改之处。

评估专家组提出的这些问题以及一系列改进建议，既可以帮助学校发现本科教学的不足处,又为学校深化本科教学改革指明了方向。

五、审核评估整改及持续改进的主要成效和经验

为了扎实推进学校整改落实和持续改进,西部评估中心在陕西省教育厅的统一领导与部署下,设计并组织实施了"整改方案审查—整改中期检查——年回访检查"的三环节整改提高检查工作,全力督促各校整改提高,促进陕西省高校本科教学内涵发展。整改提高检查工作延续至专家组考察结束后一年的时间。在这一年时间内,各高校高度重视,坚持以评促建、以评促改,成立审核评估整改工作领导小组,认真制定整改方案,明确整改思路与工作目标,分解和细化整改任务、完成时限、责任部门、责任人等,确立整改台账、时间表和路线图,有效推进各项整改任务的深入落实。在此期间,西部评估中心组织专家组两次进校进行整改中期检查和一年回访检查,督促高校切实整改,确保整改成效,提高整改工作水平和质量。陕西省教育厅还将学校的整改工作绩效与"四个一流"建设挂钩,将整改检查结果作为省教育厅指导高校做好人才培养工作、优化资源配置的重要参考,充分发挥了审核评估对学校本科教学工作和综合改革的推动作用和效果。

各高校以此为契机提高人才培养质量,提升治校办学水平,实现以质量提升为核心的内涵式发展,在定位与目标、师资队伍、教学资源、培养过程、学生发展、质量保障和特色发展等方面都取得了显著成效。

(一)进一步加强顶层设计,明晰办学定位和人才培养目标,夯实人才培养中心地位

各高校认真贯彻落实新时代全国高等学校本科教育工作会议精神,坚守本科教学的基础地位与人才培养的中心地位,尊重教育规律,回归教学本质,坚持以人为本,进一步加强顶层设计,明晰办学定位和人才培养目标,夯实人才培养中心地位。

西北大学将坚持人才培养中心地位和本科教学中心地位体现在学校"十三五"规划、中共西北大学第十三次党代会报告和年度工作要点中。其中,西北大学"十三五"规划第三篇第三条(夯实基础、培育一流拔尖人才)、校第十三次党代会报告第三部分(未来五年的主要任务)、学校2017年工作要点第二条(深化教育教学改革)中明确提出,要牢固确立人才培养的中心地位,进一步巩固本科教学核心地位。学校聚焦质量,制订和实施"本科教育质量提升计划"和一流本科教育"1239工程",即"坚持一个中心、推进两项改革、提升三种能力、实施九大工程"。通过计划实施,推动专业发展、课程建设、教师能力、实践教学、第二课堂、教学改革、国际交流、教学保障、质量监控等九大方面的工作,促进人才培养质量进一步提升。

陕西科技大学注重顶层设计,明确学校发展战略目标。落实了反映学校特色的办学定位与人才培养目标,确立了本科教学工作的地位。在《陕西科技大学"十三五"事业发展规划》的基础上,不断巩固本科教学中心地位,把落实本科教学审核评估整改任务、提高人才培养质量融入《陕西科技大学落实追赶超越要求实施方案》和《陕西科技大学"一流学科"建设实施方案》。为确保人才培养的中心地位和本科教学的基础地位,制定了《陕西科技大学一流本科教育振兴计划(2019—2022)(讨论稿)》,通过实施立德树人工程、卓越人才工程、一流教学资源建设工程、质量管理提升工程这四大工程,全力打造一流本科教育。

渭南师范学院主动适应国家战略和区域经济社会发展需求变化,实时调整学校发展定位

和人才培养目标，确立了"建设特色鲜明的高水平地方师范大学"的发展目标定位，"服务基础教育和区域经济社会发展与文化传承创新"的服务面向定位，"以本科教育为主体，积极开展教师教育方向和地方特殊需要专业方向的研究生教育"的办学层次定位，"努力突出教师教育和学科应用"的办学特色，培养"德智体美劳全面发展，具有创新创业精神和实践能力，适应基础教育和区域经济社会发展的高素质应用型人才"。

（二）深入强化人才强校战略，师资队伍建设成效显著

各高校多措并举，完善师资队伍建设整体规划，制定系列政策，积极加大人才引育力度，扩大师资队伍规模，优化师资队伍结构，加强教师培训和提升规划，师资队伍建设成效显著。一是加大高层次人才、高水平学科带头人和专业带头人的引进力度；二是优化师资队伍结构，优化生师比，有效扭转部分专业师资队伍数量与结构不合理现象，促进师资队伍均衡发展；三是不断提高专任教师尤其是青年教师队伍的教育教学能力，以及师资队伍整体水平；四是引导教师教学精力投入，积极落实教授为本科生授课的制度，切实提高教授给本科生授课的比例。

陕西科技大学高度重视师资队伍建设，带动学校全面发展。一是 2017 年学校安排 1 亿元专项经费，引进了各类高端人才共 75 人。首次聘用 2 位外国高端人才，开启了打造国际化高水平师资队伍的新局面。二是加强科研创新团队和教学团队建设。三是着力加强辅导员队伍建设。四是形成师资队伍建设、学科发展和创新人才培养的良性互动。

西北政法大学增量提质，显著提高师资队伍建设水平。一是加强制度建设，做好顶层设计。针对审核评估专家组提出的学校师资队伍总量不足、高层次领军人才数量少等突出问题，学校制定了《加强师资队伍建设的若干规定》，提出 12 条具有针对性的措施，为加快降低生师比、优化师资队伍提供政策依据。二是落实博士招聘计划，优化教师队伍结构。三是完善用人机制，柔性引进高层次人才。四是积极创造条件，培养杰出人才。五是加强教师发展中心建设，加强教师培训工作。加大对教师发展中心的经费投入，规范和加强新入职教师的岗前培训工作，实施青年教师助教（理）制度，完善校院两级协调培训体制。

（三）持续加大本科教学投入保障力度，促进办学质量与水平提升

各高校坚持本科教学基础地位，不断增加本科教学经费投入力度，切实加强教学资源建设，建立健全优质教学资源整合共享机制，提高教学资源对人才培养的保障度。主动对接经济社会发展需求，积极调整专业布局，优化专业结构，加强专业内涵建设，不断提升人才培养质量与办学水平。

西安科技大学坚持把本科教学资源条件建设置于优先地位，建立了以"投入为基础、优化配置为手段、提升效益为目标"的资源保障机制，一是加强教学基础设施建设，加大教学经费投入，2017 年本科教学经费支出 1.6 亿元。二是加强优质教学资源建设，出台了《在线课程建设与应用管理办法》，加大优质课程资源建设和引进力度，获批省级教师教育类 MOOC（大型开放式网络课程，即慕课）课程 1 门，购置优质网络课程 200 余门。获批国家级示范性虚拟仿真实验教学项目 1 项，省属高校仅此一项。

西安外国语大学投入 600 多万元立项建设 100 多门"旅游经济学"等双语课程、"英语新闻报道与写作"等"全英"课程、"中国古代文选"等 MOOC 示范课和"中国近代史纲要"等 SPOC（小规模限制性在线课程）示范课程。引进清华大学、北京大学等国内知名高

校的网络通识课程共354门，使通识课程总数超过460门，信息化课程总数超过420门。学校积极响应国家"中西部高等教育振兴计划"，发起成立西部高校外语教育联盟、中国高校外语慕课联盟、长安五校联盟，推进优质教育教学资源共享。

西安工程大学按照"做强纺织，做靓服装，做优其他学科"的思路，深化供给侧结构性改革，进行了学科专业、院系调整、两校区重新布局。动态调整学位点4个，撤销本科专业2个、停招4个、预警7个；主动布局战略新兴产业发展和民生急需等相关学科专业，形成就业与招生计划、人才培养的联动机制。通过调整，充分发挥学科的集群优势，解决了长期制约学校发展的同质化办学、多学院办同一专业、个别专业归属学院不合理、院系设置不合理等问题，极大地激发了学校的办学活力。

（四）深入推进本科教育教学改革，不断提高人才培养质量

各高校积极应对教育教学改革的深刻要求，从人才培养模式改革、课堂教学改革、学分制改革、大类招生培养改革、创新创业教育改革等方面全面发力，深入推进本科教育教学改革，助力人才培养质量不断取得新成效。

西北大学发布了《西北大学完全学分制综合改革方案》，从2018级新生起开始实施完全学分制。实施完全学分制就是要坚持"以本为本、以生为本"，要建立专业自主选择机制，建立按学年注册、按学分收费、按学分毕业、按绩点授予学位的学籍与学费管理等机制，就是要建立"以选课制、导师制为核心，以重修制、主辅修制、学分互认制等为辅助"的教学管理模式，深化教学、人事、财务、后勤和学生管理制度改革，完善教学管理及教学信息服务体系。

西安建筑科技大学探索和实践专业大类培养模式。学校按照"纵向分段、横向融合"的原则，实施"通识+专业+方向"的教育模式，制定专业大类招生的实施方案。为充分发挥优势特色专业的带动作用，2018年5个学院的26个专业，按照9个专业大类开展大类招生培养工作；2019年学校7个学院的30个专业，按照11个专业大类开展大类招生培养工作，整体生源质量明显提升。

陕西理工大学将2018年确定为"课堂教学质量年"，启动了"陕西理工大学课堂教学质量提升工程"，组织开展了"名师示范课""名师讲堂""教师讲课比赛"等系列活动，设置"课堂教学十佳能手""课堂教学质量奖""课堂教学改革创新创意奖"，以及"优秀教案""优秀多媒体课件"等各类奖项，进一步提高课堂教学质量，充分发挥课堂教学在人才培养中的主渠道和主阵地作用。学校还利用"雨课堂""微助教"等智慧教学工具不断推进课堂教学改革，提升课堂教学质量。

西安建筑科技大学于2017年设置了正处级建制的创新创业教育办公室，统筹协调全校创新创业教育工作，同时明确了创新创业领导小组成员单位工作分工，双创教育真正融入各职能部门日常主体工作。各学院成立了创新创业教育工作领导小组及教育活动指导委员会，具体实施和指导各类创新创业教育工作，制定了创新创业教育学院年度业绩考核办法，进一步完善激励和约束机制，形成了学校、职能处室、学院齐抓共管的协同工作模式。通过构建课程体系，完善训练体系，提升教师创新创业教育能力、打造实践平台等，初步形成了具有一定特色的创新创业教育体系，在培养学生创新意识和创业精神方面进行了有益的探索和实践。

（五）强化本科教学质量保障体系建设，质量保障机制不断完善

各高校以审核评估、专业认证、专业综合水平评估等为抓手，以落实专业类教学质量标准为契机，不断探索健全教学质量标准，完善质量监控组织，充实质量管理队伍，高校质量保障主体意识不断加强，质量文化建设取得明显进步，质量保障机制不断完善，为推动学校本科教育从外延式发展转向内涵式发展、提高本科教育质量积累了丰富的经验。

西安邮电大学构建"大闭环"，强化教学质量保障。不断优化由质量目标、标准、执行、评价、反馈、改进等组成的教学质量监控体系，强化贯通培养目标、过程监控、培养结果等人才培养全过程的质量保障体系。要健全完善以自我评估为基础，以专业评估、课程评估和本科教学基本状态数据常态监测为主要内容，以学校、学院两级本科教学质量年度报告为主要手段的本科教学评估长效机制。

西安石油大学进一步完善校级教学质量标准体系。围绕学校的人才培养目标，制定（修订）各教学活动（环节）的质量标准。制定核心课程、毕业设计（论文）、专业等校内评估的方案和机制（制度），分年度周期性开展教学过程（环节）专项检查和评估。建立管、教、学三方共同参与，校、院、系（教研室）三级共同实施的质量监控体系。加强质量管理队伍建设，进一步充实校级教学督导组成员，强化对本科教学工作的监督、检查与指导，协助和指导各院系完善各类评教指标体系，提高评教的真实性和科学性。协同人事处、教务处等相关职能部门，强化对评教结果的应用。

（六）提前布局，全面开启一流本科教育建设新征程

各高校以习近平新时代中国特色社会主义思想为指导，认真贯彻落实全国教育大会和新时代全国高等学校本科教育工作会议精神，全面落实立德树人根本任务，坚持"以本为本"，推进"四个回归"，提前布局，研制进一步深化本科教育教学改革，提升本科教育质量，建设一流本科教育的计划与举措。

西北大学将围绕"建设一流专业，发展一流教学，培养一流人才"，彰显一流本科底色，为一流大学建设奠定坚实的基础。将坚持"以本为本"，全面推进完全学分制改革；聚焦质量，积极实施教育质量提升计划。

西安石油大学将从创新人才培养模式、优化专业结构、强化课程建设、加强实践教学、加强师资队伍建设、深化教学改革、健全质量监控体系、加强教风学风建设等方面出发，切实提升专业建设水平，提高课堂教学质量，促进学生实践能力和创新能力的提高，提高教师教学能力，提高教育教学质量和人才培养质量。

西安工程大学将坚持立德树人、强化思政教育；深化教育教学改革，促进学生全面发展；强化师德师风，提升教师教书育人能力；坚持内涵发展，推进专业建设；加强教学质量文化建设，营造良好育人环境；完善协同育人机制，打造合作育人新平台；加强教学质量文化建设，提高人才培养质量；加大保障力度，促进本科教学健康发展。

西安建筑科技大学将以一流专业项目为抓手，深化本科教育教学改革；深入推进现代书院制，不断提高大学生可持续发展能力；加强基层教学组织建设，调动教师教学积极性；实施"学业指导+精准督导"模式，提高育人效果。

西安工业大学制定了《一流本科教育行动计划》，旨在贯彻新时代教育理念，构建一流本科教育体系；落实立德树人根本任务，构建一流思政教育体系；提高教师教书育人能力，

培育一流师资队伍；优化专业结构，建设一流专业；推进课堂革命，建设一流课程；加强协同育人，打造一流育人平台；提升管理服务水平，营造一流育人环境；提升管理服务水平，营造一流育人环境。

西安邮电大学提出了培育具有本校特色的教育质量文化，提升本科教育教学水平的重点工作思路，推出了《西安邮电大学振兴本科教育工作实施方案》，提出进一步加强师德师风建设，狠抓"一流专业"建设，提升教师队伍整体水平，深化课堂教学改革，深化创新创业教育改革，强化教学质量保障等六大举措，全面建立新时代"大教育"体系。

陕西科技大学制定了《陕西科技大学一流本科教育振兴计划（2019—2022）（讨论稿）》，以"四个回归"为基本原则，以"抓生源、抓转型、抓双创、抓交流"为重要抓手，坚持内涵式发展，坚持"以本为本"，通过实施立德树人工程、卓越人才工程、一流教学资源建设工程、质量管理提升工程等四大工程，全力打造一流本科教育。

西安财经大学将通过人才培养模式改革、加强一流专业建设等措施，建设一流本科教育。通过深入推进师德师风建设、加强高层次人才队伍建设等措施，建设高水平师资队伍；通过加强大学生思想政治教育、科学引导和促进学生发展等措施服务学生全面发展；通过加强实验室建设、加大图书信息资源建设等措施强化教学资源建设。

西安外国语大学将通过牢固树立人才引领发展的战略地位，完善一流本科人才培养体系，探索外语类院校新文科建设模式，加快一流教育教学资源建设，强化服务国家战略和区域发展能力，发挥国际化优势打造一流师资，多种方式争取资金加大办学投入等举措，全力推进建设一流本科教育。

西安科技大学将坚持立德树人，实施一流思政教育；促进学生全面发展，培养一流人才；强化师德师风建设，培育一流师资队伍；调结构强内涵，做强一流专业；坚持质量优先，建设一流课程；推进教学信息化建设，营造一流育人环境；构建协同育人机制，打造一流育人平台；健全教学质量评价机制，创建一流质量文化。

陕西中医药大学出台了《陕西中医药大学本科教育教学质量提升行动计划2.0（2019—2023）》，着力落实立德树人，创新培养模式，优化专业布局，改革课程体系，强化实践教学，坚持引育并举，培育质量文化，加大经费投入，不断加强教学改革和建设力度，着力打造一流本科教育。

陕西理工大学出台了《陕西理工大学推进高水平本科教育实施方案》等文件，拟通过实施思想政治工作质量提升工程、"一流专业"培育建设计划、课程教学质量提升教学年活动、信息技术与教育教学深度融合、双创教育推进计划、协同育人重点领域改革计划、教师教书育人能力提升计划、严格执行教学管理制度等举措，推进建设一流本科教育。

西安美术学院从优先发展本科教育，强化人才培养核心地位；深化培养模式改革，促进学生个性化和最大化成长；推动一流专业建设，大力提高专业建设水平；加强一流课程建设，激发学生学习兴趣和潜能等方面提出了一系列措施，进一步深化本科教育教学改革，提升本科教育教学质量。

西北政法大学印发了《关于加快建设高水平本科教育的实施意见》，坚定正确的办学方向，传承红色基因，全面落实立德树人根本任务；加强师德师风建设，全面提高教师教书育人能力；优化课程体系，不断完善人才培养方案；聚焦卓越法治人才培养，稳步推进一流专业建设，提升人才培养能力。

延安大学将深化综合改革，为本科教育提供体制机制保障；深化教育教学改革，为本科教育提供强劲动能；规范教学管理，全面加强本科教学质量监控；推进教学基本建设，为本科教育提供条件保障；深化开放办学，为本科教育提供外部支持。全面推进教学改革，进一步提升本科教学质量。

渭南师范学院把加强教学内涵建设摆在首要位置，夯实教学中心地位；以教学质量为导向，切实加强专业内涵建设；深化课堂教学改革，推进一流课堂建设；强化实践教学，推进创新创业教育；建设一流师资队伍，服务学校一流本科教育；完善教学质量保障体系，创建一流本科教育文化。

西安文理学院将坚持育人为本，完善一流人才培养机制；加强专业建设，打造一流本科专业；深入开展课堂教学革命，构建一流课程体系；加大资源条件建设力度，营造一流育人环境。

西安体育学院将通过实施教育教学质量筑基工程、治理体系和治理能力提升工程、学科专业筑峰工程、人才强校工程、校园文化建设工程，加大教学经费投入力度，继续深化创新创业教育改革，进一步拓宽国际交流合作领域和渠道，不断深化教育教学改革，加强内涵建设，促进特色发展，提高办学水平。

西安音乐学院将坚持以立德树人为根本任务，提升人才培养质量；以博士点培育为重点，打造一流学科新高地；加强师资队伍建设，提高教师综合素质；提高社会服务能力，助力文化强国战略；提升开放办学水平，扩大学校办学影响力；深化体制机制改革，充分激活发展动能；加强支撑保障条件建设，持续改善校园民生。

宝鸡文理学院将以专业认证为抓手，促进教育教学改革和一流专业建设；进一步强化师资队伍建设；不断提升服务地方和区域社会经济发展的能力；深化国际化人才培养内涵；多种方式争取资金，持续加大办学投入。

咸阳师范学院将落实全国教育大会精神，深化教育教学改革；全面落实"以本为本、四个回归"，创新人才培养体制机制；优化专业布局，加强专业建设，突显专业特色；深化教学管理改革，为教育教学提供有力保障；健全教学质量评价机制，全面加强教学质量文化建设。

西京学院将继续以审核评估为契机，以习近平新时代中国特色社会主义思想为指引，适应新时代高等教育发展新要求，坚持内涵发展，坚持"四个回归"，坚持立德树人，在专业、课程、队伍建设等人才培养的关键要素上持续发力，构建高水平人才培养体系，打造高质量的本科教育。

六、关于提高陕西省本科教学质量的政策建议

2019年是深入贯彻落实全国、全省教育大会精神的开局之年，是基本实现教育现代化的攻坚之年。全省教育工作总体要求是：高举中国特色社会主义伟大旗帜，以习近平新时代中国特色社会主义思想为指导，认真落实全国、全省教育大会精神和省委十三届四次全会精神决策部署，聚焦"追赶超越"目标，践行"五个扎实"要求，落实"五新战略"任务，助力"三个经济"大发展，深入实施教育"奋进之笔"，加快推进我省教育现代化，建设教育强省，办好人民满意的教育，以优异成绩庆祝中华人民共和国成立70周年。

在此，我们结合2016—2018年省属高校本科教学工作审核评估的具体实践，围绕如何

提高陕西省本科教学质量，提出如下几个方面的工作建议。

（一）解放思想，切实巩固高校本科人才培养的基础地位

随着新时代全国高等学校本科教育工作会议和全国教育大会的召开，狠抓本科教育质量问题，"以本为本，四个回归"的口号逐渐深入人心，但在具体落实层面仍然有待进一步推动。为此，各高校要做到"三个必须坚持"：在办学治校中，必须坚持以人才培养为中心；在"双一流"建设中，必须坚持把人才培养放在基础地位；在服务经济社会发展中，必须坚持把人才培养作为首要职责。

为了切实巩固本科人才培养的基础地位，我们要积极解放思想，主动转变观念，力争做到八个首先：高校领导注意力要首先在本科聚焦，教师精力要首先在本科集中，学校资源要首先在本科配置，教学条件要首先在本科使用，教学方法和激励机制要首先在本科创新，核心竞争力和教学质量要首先在本科显现，发展战略和办学理念要首先在本科实践，核心价值体系要首先在本科确立。

（二）搭建平台，定期开展人才培养目标的研讨和交流会

绝大多数高校的人才培养目标需要进一步明确，不仅需要在学校层面进行深入探讨，也需要在院系和专业层面，开展深入而广泛的交流。从社会用人单位需求到毕业要求，从课程培养目标到专业培养目标，从院系培养目标再到整个学校层面的人才培养目标，都要能够形成一个系统性的、闭环的人才培养目标体系。实践中，不少高校在确定办学定位时，对陕西省乃至西北地区社会经济发展的需求反映不充分，对学校办学历史资源挖掘不够，对学校面临的现实资源约束条件分析不足。为此，需要召开相关专题研讨会，或者以项目立项的方式，深入探讨和研究陕西省乃至西北地区社会经济发展的战略重点和人才需求结构。

针对省内各高校之间的交流仍然存在不够频繁、不够顺畅的问题，高教处和西部评估中心可以搭建平台，促进省内各高校相互交流评估和整改工作中的有益经验，特别是在各高校质量保障体系建设、长效机制建立、督导作用体现等方面发挥更多作用。为此，可以通过建立微信工作群和组织研讨会等方式，搭建各校教务处、评估中心、教发中心等相关职能部门的交流平台。

（三）引育并举，切实做到待遇留人、事业留人、感情留人

陕西省高校专任教师队伍数量不足、结构不合理的问题比较突出，而且面临比较严重的人才流失问题，极大地动摇了我省本科教育的优秀传统和良好根基。因此，在全国各省都在大力引进海内外高层次人才和高水平师资的大背景下，如何进一步挖掘陕西省人才资源竞争力，如何更有效地加大人才队伍建设专项经费投入，如何在有限的资源约束下提高人才专项经费的使用效率，是陕西省必须尽快解决的紧迫问题。为此，可从以下三方面着手。

首先，加大人才专项经费投入，制定具有一定省际竞争力的薪资水平，确保经费使用在人身上，保障每一所高校能够真正做到待遇留人。其次，保持追赶超越的良好发展态势，进一步巩固来之不易的发展成就和良好舆论环境，充分挖掘陕西省高等教育事业的发展优势与发展潜力，让每一所高校都能够真正做到事业留人。最后，以加强党的建设为契机，大力提升领导干部的团队领导力，同时定期开展高校专任教师发展需求调查，真正做到急人之所需，营造重视人才、珍视人才的师资队伍建设氛围，加强感情留人的能力建设水平。

(四) 狠抓落实，不断提升教授为本科生上课比例

"不给本科生上课的教授不是合格的教授"，这个自上而下提出来的理念在各高校的落实情况，需要有相应的制度和机制来督促和保障。各校教授为本科生上课的比例，要能够实时监测。目前，陕西省属高校中，为本科生上课的教授比例仍然很低，还很少有高校能达到80%，这在很大程度上拉低了我省本科教育的教师投入水平和教育教学水平。在参与评估的22所高校中，有50%的高校教师教学投入水平有待提升，这其中包括1所"双一流"建设高校和6所高水平建设大学。与全国其他321所高校相比，评估专家对我省本科教育教学水平的认可程度较低，只肯定了我省36%左右的高校本科教育教学水平较高，而全国范围内这一比例则在58%左右。

为此，我省高校必须认真贯彻新时代全国高等学校本科教育工作会议精神，狠抓落实，不断提高教授走进本科课堂教学的比例，切实提升本科课堂教学水平。建议各高校设立相应的激励制度和专项经费，保证各省属高校充分调动教师投入教学的积极性，真正落实新时代全国高等学校本科教育工作会议精神。与此同时，还要注意人才梯队的形成与培养，特别是要高度重视青年教师的专业发展。高校青年教师的发展水平决定了陕西高等教育发展的潜力，各高校要充分发挥教师教学发展中心、教师工作处等相关职能部门的作用，以开展专题讲座和传帮带等形式，定期或不定期地为青年教师提供从入职初期和职业发展中期的针对性帮扶和培训活动。

(五) 瞄准目标，扎实推进一流专业"双万计划"

根据高教司的部署，2019到2021年，我国将分六个批次建设10 000个国家级一流专业点和10 000个省级一流专业点，其中国家级一流专业点在2019年、2020年和2021年分别完成3 400个、4 000个和2 600个。2019年，在中央高校和地方高校分别建设1 400个和2 000个国家级一流专业点。每年3月面向中央高校遴选，每年9月面向地方高校遴选，在面向地方高校遴选的同时进行省级一流专业建设点遴选。

在这样的大背景下，陕西省要积极制定实施省级一流专业建设实施方案，瞄准目标，把一流专业建设的"双万计划"作为调整和优化专业结构的重要突破口，积极申报国家"六卓越一拔尖"计划2.0项目，鼓励各高校大力发展新工科、新文科、新农科、新医科，充分发挥示范领跑效应。

在专业建设方面，不少高校存在专业培养方案对学校人才培养目标的达成体现得不够充分、专业培养目标描述不够清晰等问题。经统计，审核评估专家对77.27%的高校在教学资源的专业设置与培养方案审核要点方面提出了需要改进或必须整改之处。针对省属高水平大学冲击国内一流遇到"天花板"的突出问题，需要进一步加强高校专业的软硬件建设，确保学校每一个专业达到专业类教学质量国家标准要求，按照面向未来、适应需求、引领发展的要求，积极对接国家"双一流"建设计划和国家一流专业"双万计划"，加快推进"四个一流"建设，在优势特色学科和专业方面加大建设力度，培育突破点。为此，建议各高校要进一步做好一流专业建设的评估和分类指导工作，有步骤有重点地实现省内一流和国家一流专业建设计划。

(六) 降低重心，扎实推进一流课程"双万计划"

根据高教司的部署，未来几年我国将逐步建设和遴选出10 000门国家级一流课程和

10 000 门省级一流课程，2019 年的目标是建设 3 000 门国家级金课和 3 000 门省级金课。其中，3 000 门国家级金课的结构分布为：800 门线上"金课"、300 个国家级虚拟仿真教学实验项目、1 600 门线上线下混合式"金课"和线下"金课"、300 门社会实践"金课"。通过一流课程"双万计划"，不断提升课程的高阶性、创新性和挑战度，强化专业核心课和专业课建设，大力建设信息技术与教育教学深度融合课程，强化提升实验实践能力课程建设。

本轮评估中发现，不少高校的课程资源建设力度有待进一步加强，尤其是国家级精品视频公开课、国家级资源共享课等优质课程资源不足，引进国内外优质网络在线教学资源较少。2015 年，《教育部关于加强高等学校在线开放课程建设应用与管理的意见》出台，建议陕西省以此为契机，加大在线开放课程建设力度，继续推进"互联网+高等教育"走向深入，充分利用 MOOC 等在线课程资源。在将高等教育改革与信息技术深度融合的同时，进一步加强课程体系建设，更加重视面对面的课程教学与氛围熏陶，鼓励小班化教学、混合式教学、翻转课堂等多种课堂教学形式。

（七）释放活力，为高校积极争取社会资源创造条件

参与本轮审核评估的 22 所高校中，80% 以上高校的实践教学环节有待提升。与全国其他 321 所高校相比，第二课堂的资源建设也是我省本科教育的短板，这在一定程度上反映出我省高校在实践教学经费和基础教学设施等方面的不足。与全国其他 321 所高校相比，除了教学经费和教学设施之外，我省高校在主动争取社会资源方面表现不尽如人意，22 所高校中受到专家组肯定的比例不到 10%，从全国范围来看这个比例超过 40%，其中的体制和机制障碍值得深入反思。为此，如何进一步下放管理权，释放高校办学的积极性、主动性和灵活性，是当前我省迫切需要解决的一个突出问题。

（八）扭转方向，绩效评价机制改革向本科教学倾斜

审核评估中发现，很多高校存在教学方法落后、教学模式单一的现象，课堂教学"以教师为中心、以课堂为中心、以教材为中心"的状况依然存在，传统的直接式教学以教授程序性知识与能力为主，不利于学生学习积极性和学习效果的提升。90.91% 的高校在课堂教学的审核要点上需要改进或必须整改。为此，高校要经常性地组织提升高校教师课堂授课能力的相关研讨会，增加教学竞赛项目，不断提高授课教师的课堂教学能力，为淘汰水课和打造金课提供充分的师资队伍保障。

为此，建议参照中央高校教育教学改革专项，设立陕西省属高校教育教学改革专项基金，创造研究和探讨课堂教学能力提升的基本条件，营造积极交流课堂教学技能的良好氛围，为教师课堂授课能力提升提供物质基础和制度保障。同时，以高等教育国家级教学成果奖和省级教学成果奖为风向标和指挥棒，大力扭转目前教育评价"重科研轻教学"的倾向，不断推动高校各类考核与绩效评价向本科教学倾斜。

（九）立德树人，继续做好大学生创新创业和毕业就业工作

在学生就业与发展方面，评估专家对我省 63.64% 的高水平大学提出了改进或必须改进的建议，相比较而言，全国其他 321 所高校中，这一比例只有 34.27% 左右。可见，我省高校在学生就业与发展方面仍有很大的提升空间，以学生发展为中心的理念仍然需要进一步落实。同时，我省高校还存在毕业生就业的整体质量和就业满意度不高的问题。为此，需要不断加强大学生就业创业服务体系建设，深化创新创业教育改革，持续推进"互联网+"大学

生创新创业大赛和"青年红色筑梦之旅"等系列活动。全面实施"高校毕业生就业创业促进计划""大学生创业引领计划",做好大学生征兵、基层就业、校园招聘和网络招聘会组织等工作,以建档立卡的方式确保家庭经济困难毕业生充分就业。

(十)持续改进,建立健全本科教学内部质量保障体系

在教学质量保障体系建设上,陕西省只有63.64%的高校获得评估专家的肯定,而从全国范围来看,这一比例高达83.80%。在质量监控方面,陕西省高校获得肯定的高校比例相对较低,而需要改进的高校比例相对较高,有72.73%的高水平大学存在需要改进之处,而从全国范围来看,在质量监控方面需要改革的高水平高校比例只有57.34%。

为此,可以对标新时代全国高等学校本科教育工作会议中提到的"三个不合格"和"八个首先",结合国家级和省级教学成果奖的申报和获奖情况,在本省范围内选树若干所内部质量保障或质量文化建设示范校,从中挖掘可以体现学生中心、结果导向和持续改进的典型案例和具体举措,逐步推广到其他高校,不断完善陕西省高校本科教学的内部质量保障体系。

第三部分

参评高校工作审核评估经验总结报告

西北大学本科教学工作审核评估经验总结报告

王尧宇[①]　李剑利[②]

一、本科教学工作审核评估组织实施情况

根据陕西省教育厅《关于开展普通高等学校本科教学工作审核评估的通知》（陕教高办〔2016〕32号）和《关于开展第一批高校本科教学工作审核评估的通知》的要求，中国西部高等教育评估中心于2016年10月16日至10月20日组织专家组对我校开展了本科教学工作审核评估。

为做好本科教学工作审核评估准备工作，2016年6月我校发布了《西北大学本科教学工作审核评估工作方案》，成立了以校党委书记和校长为组长，以副校长和纪检书记为副组长，其他全体校领导为成员的审核评估领导小组，领导全校开展本科教学审核评估工作。

2016年7月9日，学校召开本科教学工作审核评估动员大会，省教育厅相关领导出席，校党委书记王亚杰、校长郭立宏及全体校领导参加。教务处在会上介绍了审核评估工作有关情况，对审核评估指标体系进行了说明，对我校审核评估工作方案、工作进度、职责分工等进行了安排。

10月16日至10月20日，审核评估专家组进校，对我校本科教学工作进行了多形式、全方位、立体式的实地考察评估。在高度评价我校本科教学工作的同时，对我校本科教学工作也提出了宝贵的意见和建议。专家组一致认为，我校办学定位准确，重视师资队伍和教学资源条件建设，能不断规范教学管理，扎实推进本科教学基本建设，且学生满意度和社会认可度较高。但同时专家组也认为，我校学科专业发展不平衡，师资队伍建设仍需加强，教育教学改革和教学内涵建设的任务仍然较重，教学资源保障和教学质量保障建设仍需加强。针对这些问题，专家组提出了改进的意见和建议。

专家组离校后，学校对这些意见和建议进行了认真梳理和总结，制定了《西北大学本科教学工作审核评估整改方案》，细化分工，明确责任，将整改工作落到实处。

2017年3月1日，学校召开教学工作会议，针对审核评估整改方案中涉及的各单位的整改任务，逐个征求各单位意见，并要求要力克困难，高质量有实效地完成审核评估整改任务。3月3日，学校召开本科教学工作审核评估总结表彰暨整改动员大会，就审核评估准备工作进行了总结并就下一段整改工作进行了安排部署。6月21日，学校召开本科教学审核

---

① 西北大学原副校长。
② 西北大学原教务处处长。

评估整改中期检查工作安排会议。7月4日，中国西部高等教育评估中心专家组在学校开展审核评估整改中期检查工作。9月5日，学校召开教学工作会议，强调各单位要加强审核评估整改工作，高度重视，对照整改目标与任务，把责任具体到单位和个人，加快整改进程，扎实完成整改方案各项任务，迎接审核评估专家组"回头看"反馈检查工作。11月27日，学校召开本科教学审核评估整改回访工作安排会议，对整改工作进展情况进行了梳理，并围绕撰写审核评估整改工作总结报告、加强审核评估整改宣传工作、做好教学档案的整理归档工作等方面进行了安排部署。

二、本科教学工作审核评估主要做法、特色、成效和经验总结

（一）高度重视，精心准备

为做好本科教学审核评估工作，学校领导先后多次召开专门会议，研究安排本科教学审核评估工作。学校2次召开专项工作会议，5次召开工作会议，研究布置相关工作。各院（系）领导干部、任课教师也能放弃暑假休息时间，加班加点，保证审核评估准备工作顺利完成。学校材料组和数据组在各部门和各院（系）的大力支持下，9易其稿，完成了《自评报告》和《状态数据分析报告》。评建办先后形成了6期《西北大学本科教学工作审核评估工作简报》，及时发布了审核评估相关动态。

（二）以本为本，提升人才培养质量

1. 强化了人才培养中心地位

全面贯彻党的教育方针，落实好立德树人的根本任务，认真学习贯彻中央关于高教发展的新理论新要求；强化人才培养的中心地位，坚持质量立校，学校党政定期召开专题工作会，研究本科教学工作。将坚持人才培养中心地位和本科教学核心地位体现在学校"十三五"规划、中共西北大学第十三次党代会报告和年度工作要点中。其中，西北大学"十三五"规划第三篇第三条（夯实基础、培育一流拔尖人才）、校第十三次党代会报告第三部分（未来五年的主要任务）、学校2017年工作要点第二条（深化教育教学改革）中明确提出，要牢固确立人才培养的中心地位，进一步巩固本科教学核心地位。学校全面落实本科教学质量提升计划各项工作，以制度清理为抓手，不断建立制度进化机制，用制度保障本科教学的核心地位。先后组织召开规章制度审核会15次，审核规章制度200余份。出台了《西北大学重大决策稳定风险评估实施办法》《西北大学本科招生宣传工作实施办法》《中青年教师教学能力提升实施方案》《关于领导干部上讲台开展思想政治教育的通知》等系列文件，在资金、政策和条件保障上保证本科教学的优先地位。

2. 弘扬了"公诚勤朴"校园文化传统

加强舆论宣传，不断弘扬传播校史校情、办学理念、大学精神、优良传统。通过校报、校园广播、"新西大"网站、官方微信、官方微博等校园媒体和新媒体，加强校史校情、办学理念、大学精神和优良传统宣传教育。加强校史、办学传统和大学精神研究，组织撰写校园文化建设成果，编写《西北大学大事记（2002—2017）》，以115周年校庆为契机，增补、完善校史馆内容。加强日常教育，凸显校史校情、办学理念、大学精神、优良传统育人功能。在新生入学教育、毕业季教育、校纪校规教育、精神文明教育等活动中，将西北大学传统、文化与精神宣传教育作为"树魂立德"教育的重要内容。加强大学生文化素质教育

基地建设，将西北大学传统、文化与精神教育作为大学生文化素质教育的重要内容。

3. 加大了师资队伍建设力度

十三五期间，学校积极加大人才引进力度，通过毕业生正常选聘、破格选聘、师资博士后、多级人事代理、高水平人员选调等选聘方式选留人员，解决和满足队伍建设规模的需求。整改工作以来，选聘接收教师173人，专任教师达1 686人。为加强优势学科、重点专业建设，向上级部门协商增加编制525个，学校编制总数达到2 901个，并再次提交增加140个事业编制人员报告。实施人事代理办法，整改工作以来，选留人事代理人员52人，其中管理和专业技术人员27人、教师25人。出台师资博士后办法，2016年以来进站师资博士后19人。设专职科研岗位，制定实施专职科研人员管理办法，出台《西北大学人事调配工作管理办法》，选调外单位具有高级职称教学科研人员。

4. 营造了青年拔尖教学人才成长氛围

针对教学科研一线的青年教师，出台了《西北大学仲英青年学者支持计划实施办法》《西北大学青年学术英才支持计划实施办法》。其中《西北大学仲英青年学者支持计划实施办法》提出，参评教师教学评估必须达到良好，并作为一票否决项，且已拨付教学科研配套经费152.8万元，并按月拨付青年人才现金奖励，仲英青年学者每月1万元，青年学术英才每月3 000元，每月合计18.7万元。

5. 发挥高层次人才在本科人才培养中的引领作用

以推进内涵建设、提升水平为目的，以深化改革、提升管理、培养引进杰出人才为重点，以"奖励高端、调动中坚、扶持青年"为抓手，着力优化人才队伍的整体结构、重点解决高端人才紧缺的矛盾，提高人才队伍的整体素质，为教学工作提供强有力的人才保障。加强政策引导，按照《西北大学高层次人才队伍建设奖励办法》《西北大学高层次人才特殊津贴实施办法》等系列政策，设立高层次人才引育"伯乐奖"，实施高层次人才特殊津贴。

三、本科教学工作审核评估整改及持续改进的主要做法、特色、成效和经验总结

（一）调整优化本科专业结构

学校重视"一流专业"建设与培育，以"专业综合改革试点项目、学科评估排名全国前30%、战略性新兴专业及人文社会科学"等相关专业为重点，加强投入与建设。34个专业入选陕西省"一流专业"建设项目，占学校本科专业总数（85个）的40%，入选数量位居全省第二。同时，"一流专业"建设方案的编制和论证工作已经完成，学校将瞄准"一流本科教育"建设目标，把优势专业继续做强，使培育专业提升层次，整体专业体系到2020年更具竞争实力，实现内涵发展，为一流本科人才培养奠定更为坚实的平台。

（二）修订完善本科专业人才培养方案

基于完全学分制，完成了85个本科专业的人才培养方案修订工作。新方案总修学分限定在150学分左右，课程结构分为通识通修、专业核心、开放选修和其他四个模块。要求开放选修模块课程至少按应修学分的3倍数给出，并设定了16个学分的跨专业选修与公共选修和4个创新创业实践教育学分，将所有教学环节纳入学分制管理体系。

（三）落实"本科教育质量提升计划"

"质量提升计划"以"强化课堂教学，加强实践教学，活跃课外教学"为主线，实施一

流本科教育"1239工程",即"坚持一个中心、推进两项改革、提升三种能力、实施九大工程"。通过计划实施,推动专业发展、课程建设、教师能力、实践教学、第二课堂、教学改革、国际交流、教学保障、质量监控,促进人才培养质量进一步提升。学校以此为抓手,瞄准培养具有人文情怀、社会责任、创新能力和国际视野的高素质创新人才的培养目标,加强顶层设计,加快推进完全学分制改革,已初步形成《西北大学完全学分制实施方案》和系列配套制度。同时,通过启动校级项目的建设与培育,力争在教学成果奖、规划教材、在线开放课程等本科教学核心指标取得突破。"十三五"以来,学校共投入经费2 047万元(2016年度796万元、2017年度1 251万元)支持"本科教学质量提升计划",共立项建设了近200个项目,10个项目获2017年度陕西高等教育教学改革研究项目立项。学校组织开展了校级教学成果奖的评选工作,遴选出了一批特色显著、具有较强示范辐射作用的优秀教学成果,其中9项成果获特等奖,8项成果获一等奖,9项成果获二等奖。遴选推荐14项成果申报2017年度陕西省高等教育教学成果奖,为2018年国家教学成果奖申报工作奠定了良好的基础。任保平教授当选中组部"万人计划"教学名师,连续三届共三人入围"万人计划"教学名师,在全省及全国地方高校中排名第一。

(四)加大优质课程建设力度

坚持以立德树人为根本任务,以人才培养方案为依据,打造精品课程群,改革教学方式,提升教学效果,向课堂教学要质量。以"一流专业"建设为抓手,将课程建设与课堂教学作为考核的核心指标。立项建设了54门校级MOOC课程,其中首批17门MOOC项目已基本建设完成并全部上线运行,10门已培育成省级MOOC课程。当前,学校在线开放课程实际开课53门次,精品视频公开课选课人数每次每门达250人,已有9 000余人选课;MOOC已有93 748人选课。

(五)强化毕业论文(设计)过程管理

利用信息技术手段,深入推进毕业论文(设计)"查重"检测工作,从2017年开始,学校本科生毕业论文(设计)扩大到50%的检测覆盖面。并组织专家深入开展选题审核工作,改善选题存在的"题目大、内容小,理论强、实践弱,研究轻"的现象。

(六)深化创新创业教育改革

学校围绕"十三五"期间以"强化课堂教学,加强实践教学,活跃课外教学"为主线的教育教学综合改革思路,继续深化创新创业教育改革工作,切实增强学生的创新精神、创业意识和创新创业能力,全面提高教育教学水平和人才培养质量。学校入选全国首批深化创新创业教育改革示范高校名单,新闻学院、生命科学学院选陕西省高等学校创新创业教育改革试点学院。各类竞赛项目成绩斐然,"互联网+"大赛成绩大幅进步。

(七)稳步提高学生就业率和就业质量

学校不断健全"三全一化"就业创业服务工作体系,按照"突出主线,强化能力,密切合作,提高内涵"的方针,进一步健全全员参与、全程指导、全方位落实的就业创业工作格局,整合多元化就业创业工作资源,搭建多维度服务保障工作平台,巩固多常态重点发展工作阵地,提升多层次实操实用工作能力,本科毕业生就业率和就业质量显著提升。用人单位对学校毕业生满意度在95%以上,普遍反映学校毕业生思想道德修养和身心素质较高、文化素养和专业基础扎实、工作能力较强、富有团队精神、现职岗位稳定程度较高、具有创新思维和改革精神等。

（八）健全教学质量保障体系

强化教学过程管理，加强领导干部听课、教学督导评估、学生评教"三位一体"的评估机制。结合学校"统筹管理、分类指导""一院一策"和机关各部门"放、管、服"综合改革的要求对教学管理文件进行了全面梳理，先后修订了《西北大学辅修专业教学管理办法》《西北大学领导干部听课制度实施细则》《西北大学教学督导工作管理办法》《西北大学课程教学状态评估实施细则》《西北大学教材选用办法》《西北大学推荐优秀应届本科毕业生免试攻读硕士学位研究生实施办法》《西北大学通识教育选修课程管理办法》《教授为本科生授课的规定》《本科生导师制工作管理办法》《西北大学本科生学籍管理规定》《西北大学本科生考试管理细则》《西北大学教学事故认定及处理办法》《西北大学本科生学科竞赛奖励办法》《西北大学教学院长（副主任）工作试行办法》《本科生毕业论文（设计）工作管理办法》《西北大学本科生学科竞赛管理办法》《西北大学教师本科教学工作规范》等17个教学管理制度。

（九）提升国际化教学水平

制定了《西北大学因公出国管理规定》《西北大学外国专家管理办法》，引进了一批长期外国专家（以下简称"外专"）。鼓励各院系利用教授尤其是学科带头人的海外学术联系，邀请外专来校短期访学交流。

（十）加大实践教学和创新创业教育投入力度

形成了支持本科教学发展的经费持续投入机制和科学合理的经费划拨使用管理方式，更加注重实效。学校积极争取上级部门对学校的教学经费的投入，并与有关部门进行有效沟通，促使各类财政专项按时拨款、拨付足额到位，为学校的本科教学工作提供强有力的保障。

（十一）全面改善教学条件

为改善学校的基础教学环境，对长安校区多媒体教室进行新建和改造，学校的公共多媒体教室可达到182间，2018年3月长安校区新建及改造的全部多媒体教学设备即可投入使用。完成上线了"学生自助服务系统"和"西北大学教务管理软件移动客户端升级改造项目"，教务管理系统移动客户端有效地将学校教学教务管理与移动互联网融为一体，给教师和学生提供更为便捷的教学信息化服务。学校加大了教学实验室建设的支持力度，"教学实验室提升计划"项目预算投入9 300万元，大大提升了我校本科教学实验室硬件条件水平。2011—2017年，学校基础实验室建设专项建设经费共投入14 983.55万元，其中，教学仪器设备及材料经费投入4 443.55万元；"211工程"基础实验室建设项目经费投入1 240万元；提升计划建设经费为9 300万元。

四、进一步深化本科教育教学改革，提升本科教育教学质量，建设一流本科教育的计划与举措

（一）以本为本，全面推进完全学分制改革

全面推进完全学分制改革，是新时代提升本科教育教学质量、培养"一流人才"的积极探索，也是我校体现"以本为本"教育理念的重要举措。2016年，学校实施"本科教育质量提升计划"，正式吹响了完全学分制改革的号角。2017年学校研究发布了《西北大学完全学分制综合改革方案》，并在2018级新生中开始实施完全学分制。

实施完全学分制就是要坚持"以本为本、以生为本"，实施完全学分制就要建立专业自主选择机制，建立按学年注册、按学分收费、按学分毕业、按绩点授予学位的学籍与学费管理等机制，就是要建立"以选课制、导师制为核心，以重修制、主辅修制、学分互认制等为辅助"的教学管理模式，深化教学、人事、财务、后勤和学生管理制度改革，完善教学管理及教学信息服务体系。

围绕完全学分制改革，我校出台了《西北大学关于修订本科专业人才培养方案的指导性意见》，新方案坚持"压缩总修学分、开放课程体系、加强实践教学、丰富选课资源"的基本原则，将所有教学环节纳入学分制管理体系，形成与完全学分制相适应的本科人才培养模式与课程体系。并已初步完成86个本科专业人才培养方案修订工作。同时加快制定以课程模块为核心的《新生学业规划指南》，引导学生做好学分制下的学业规划。试行大学体育课程"学生自主选择课程内容、自主选择任课教师、自主选择上课时间"的"三自主"教学改革；按照"压缩学时、改变教法、提升效果"的原则，开展大学英语、大学数学、大学计算机等公共基础课程分层次教学改革，加强学生学习的选择权。如外国语学院按照学校人才培养方案总体要求，成立教学支持团队，形成了以48门特色课程为核心的全方位立体化大学外语课程与教材体系，使外语教学回归语言学习的本质。同时，学校要逐步引入课程竞争机制，加大教师投入本科教学的力度，促进拔尖创新人才脱颖而出。学校还引导各院（系）制定《西北大学课程学习指南》，构建丰富且具有西北大学培养特色的课程体系。

为做好完全学分制，我校还加快实施与完全学分制相配套的教学管理制度的修订或制定工作。目前已制定《西北大学完全学分制实施方案》《西北大学本科学生学籍管理规定（试行）》《西北大学普通全日制本科生"专业分流、专业准入准出"实施管理办法（试行）》《西北大学学分制选课管理办法（试行）》《西北大学学士学位授予工作实施细则（试行）》等多个教学管理制度；逐步落实《西北大学关于教授为本科生授课的规定》和《西北大学本科生导师制工作实施细则》，依托教授为本科生授课制度和教授、副教授兼做本科生导师制度的实施，促进教师投入本科教学；依托"边家村联盟""长安联盟"，建立学分认定与转换机制，推进校际交流过程中各项标准的制定和工作的开展，构建不同类型教育相互沟通、相互衔接的教育机制。

（二）聚焦质量，积极实施教育质量提升计划

学校坚持人才培养的中心地位和本科教学的基础地位，通过实施《西北大学本科教育质量提升计划》，稳步推进人才培养模式改革和管理方式改革，全面提升学生的通识能力、专业知识运用能力和社会实践能力；实施专业发展与人才培养工程、课程建设与信息技术应用工程、名师引领与教师能力提升工程、实践创新与基础建设工程、活跃课外教育教学活动工程、教学研究与成果培育工程、国际交流与对外合作工程、教学支持与条件保障工程、质量监控与教学评价体系建设工程九大工程。通过以上措施，使我校的本科教学力争实现中国西部一流的目标。

学校每年都要求各院系申报教学质量提升计划项目，确保教学质量提升计划落到实处。目前，我校本科教学质量提升计划共立项148个项目，其中教学研究与成果培育项目104项，课程建设与信息技术应用项目37项，名师引领与教学能力提升项目7项。

"十三五"是学校深化教学改革，提升教学质量的关键时期。学校将认真贯彻落实新时代全国高等学校本科教育工作会议精神，坚守本科教学的基础地位与人才培养的中心地位，尊重教育规律，回归教学本质，坚持以本为本，以审核评估整改为契机，围绕"建设一流专业，发展一流教学，培养一流人才"，彰显一流本科底色，为一流大学建设奠定坚实的基础。

西安石油大学本科教学工作审核评估经验总结报告

陈军斌[①]　牛丽玲[②]

根据《教育部关于开展普通高校本科教学工作审核评估的通知》（教高〔2013〕10号）精神，按照陕西省教育厅《关于开展普通高等学校本科教学工作审核评估的通知》（陕教高办〔2016〕32号）的要求，陕西省22所本科高校于2016—2018年分三批开展审核评估工作，西安石油大学是第一批7所参加审核评估的高校之一。学校高度重视审核评估工作，并以审核评估为契机，坚持"以评促建、以评促改、以评促管、评建结合、重在建设"的方针，健全本科教学质量保障体系，强化人才培养中心地位，推进一流本科教育建设。现将我校本科教学工作审核评估组织实施及三年来的持续整改工作情况总结如下。

一、本科教学工作审核评估组织实施概况

（一）精心组织，有序推进

1. 成立学校本科教学审核评估工作小组

成立了由书记和校长担任组长的审核评估工作领导小组，负责审定学校工作方案、自评报告、教学基本状态数据分析报告、整改报告等，统筹安排审核评估工作。成立了由主管教学的副校长担任组长的审核评估工作小组，负责制定学校审核评估工作实施方案、整改工作方案，组织撰写自评报告、教学基本状态数据分析报告、本科教学质量报告等，组织完成各类支撑材料的收集、整理、编目与归档。同时，二级院系成立由院长（主任）、党委书记、教学副院长（副主任）、副书记组成的审核评估工作小组，制订院系审核评估工作计划，组织梳理院系在人才培养、学科规划、专业建设、实验室建设、师资队伍等方面的资料，并进一步分析本单位在人才培养过程中存在的问题和今后改进的方向，形成学院的自评报告。

2. 成立学校本科教学审核评估整改工作小组

针对审核评估专家小组进校考察发现的问题，学校成立以党委书记、校长为组长，主管教学工作的副校长、主管学生工作的副书记为副组长的本科教学审核评估整改工作领导小组，统一领导、协调监督各项整改工作的开展。下设师资队伍建设小组、专业建设小组、实践教学建设小组、质量保障建设小组等四个工作小组，由相关职能部门组成，负责具体评估指标的整改工作。同时设立督查工作小组，负责监督检查各项整改工作的开展进度和落实情况。

3. 协同合作，狠抓落实

全校上下统一思想，高度重视，认真开展自查自评，积极整改提高，以审核评估为契

[①] 西安石油大学副校长。
[②] 西安石油大学高教研究与评估中心高教研究科科长。

机，以人才培养工作为中心任务，进一步优化办学思路，提高治校能力，全面提升办学水平和人才培养质量。按照学校总体工作思路，各工作小组狠抓工作任务的落实。各单位负责人强化责任意识，细化工作任务，将责任落实到人。加强院系及职能部门之间的协同合作，确保各项工作能够有序推进。

（二）科学制定方案，确保有效实施

1. 印发《西安石油大学本科教学工作审核评估方案》

为全面提升本科教学工作水平，学校以审核评估为契机，紧密结合办学实际，认真开展自评自建工作，在深入调研的基础上，印发了《西安石油大学本科教学工作审核评估方案》。工作方案明确了学校层面和院系层面在本科教学审核评估工作中的组织机构和工作职责，全面部署审核评估工作的进度安排。各个工作小组分工合作，统筹推进。协调组负责对外联络，对内协调；宣传组负责宣传政策，报道动态；自评报告组负责撰写文稿，整理支撑材料，准备专家案头材料。教学基本状态数据组负责数据的收集、整理、统计和分析；自查专家组负责抽查院系教学资料、模拟现场考察并提出整改意见；督察组负责督察各项工作的落实与完成情况。各院系根据学校工作方案，制订本单位的工作计划，做好教师、学生的宣传动员，整理各类教学资料，形成学院自评报告。同时印发《西安石油大学本科教学工作审核评估任务分解表》，要求各单位强化责任意识，加强协同合作，进一步细化工作任务，责任落实到人，切实做到以审核评估促进学校建设。

2. 印发《西安石油大学本科教学工作审核评估整改方案》

2016年10月中下旬，本科教学审核评估专家组对我校本科教学工作进行了实地评估考察。专家组在对我校本科教学工作给予充分肯定的同时，也客观地指出了本科教学工作中存在的问题，提出了十分中肯的意见和建议。学校高度重视专家组提出的意见和建议，经过认真分析和梳理，明确了下一步整改工作的总体思路，并制定了《西安石油大学本科教学工作审核评估整改方案》。整改方案明确了整改工作的内容和措施，一是巩固发展本科教学评估成果，形成"领导重视教学、政策倾斜教学、教师潜心教学、经费保障教学、科研促进教学、全员服务教学"的良好氛围。二是多措并举推进师资队伍建设，全面提高教师队伍素质。坚持培养与引进并重的原则，加大新办专业和实验师资队伍建设力度，深化校内人事分配制度改革，完善教师专业技术职务聘任办法，打造高水平教学和学术团队。三是深化教育教学改革。在修订人才培养方案、调整专业布局、推进课堂教学改革和考核方式改革、增加创新创业教育学分、整合实验资源共享、加强教风学风建设等方面开展教育教学改革。四是强化内部质量保障体系建设，推进专业认证。通过完善校级质量标准体系、建立三级质量监控体系、健全质量管理队伍、推进专业认证等工作，完善内部质量保障体系。五是多渠道开展校企合作，充分发挥合作育人功能。加大校企实验室共建和开放力度，充分利用校企共建资源优势，强化大学生创新创业教育，提高学生双创能力。同时，根据学校整改方案分层分布实施的双向整改路径，制定《审核评估整改计划进度表》，有计划、有重点地逐项落实整改任务。

二、本科教学工作审核评估的主要做法、特色、成效与经验总结

（一）围绕评建方针，准确把握审核评估的内涵和特点

人才培养是大学的根本任务，提高本科教学质量是学校义不容辞的责任。审核评估是国

家"五位一体"评估体系的重要组成部分,是通过内外结合促进学校教学质量提升的有力抓手。根据"以评促建、以评促改、以评促管、评建结合、重在建设"的方针,学校、职能部门、院系认真学习审核评估的目的、范围及重点,重点关注学校办学定位、人才培养目标与国家和区域经济社会发展需求的适应度,教师和教学资源条件对人才培养的保障度,教学和质量保障体系运行的有效度,学生学习效果与培养目标的达成度,学生和社会用人单位的满意度。开展相关人员培训,以平常心态和务实作风,对学校人才培养目标与培养效果的实现状况进行全面梳理。

审核评估的对象是参加过水平评估并获得"合格"及以上结论的高校。深刻理解和准确把握审核评估和水平评估的差异与特点,在思想上将水平评估转变到审核评估上来,是开展审核评估工作的前提和基础。与水平评估相比,审核评估从关注外延硬指标转变为关注内涵软实力,评估标准从同一标准转变为自定标准,评估内容从注重结果转变为注重过程,评估重点从重视效率完成度转变为重视效能达成度,评估方法从指标导向、标准说话转变为目标导向、数据说话,评估方式从专家局部考察、分组判断转变为全面考察、独立判断;评估动力从为荣誉而评转变为改进而评,评估结论从划分等级转变为写实性报告。审核评估重点考察学校"五个度",关注的重点是学校主体、学生发展和质量保障。

(二)统筹分析,确保教学基本状态数据真实准确

学校成立由高教研究与评估中心主任担任组长的教学基本状态数据组,负责本科教学基本状态数据的收集、整理、统计和分析,撰写《教学基本状态数据分析报告》,对照指标要求,指导各院系开展整改工作。基本状态数据采集以校内质量保障系统建立的数据库为基础,根据陕西省评估数据库要求进行补充,以职能部门信息统计为主体,以院系统计为辅,减轻基层院系的负担。

根据陕西省审核评估基本状态数据库要求,此次审核评估共填写数据表格87张,包含数据7 165条,涉及16个职能部门、14个院系近一年半时间跨度的数据。基本状态数据的采集要求真实准确,数据来源均有依据。数据组负责弄清不同采集通道、口径、时段数据的含义。

(三)明确思路,认真撰写自评报告

学校成立由教务处处长担任组长的自评报告撰写小组。首先,明确撰写思路,制订撰写提纲。自评报告撰写小组对每一部分的提纲进行讨论、补充、修订、完善,最后确定总的提纲。其次,将撰写任务根据提纲分解到各相关职能部门负责人,在充分讨论的基础上,每部分内容由一位写作能力强的人执笔,撰写各分项报告的初稿。初稿依据审核评估的要素、要点,全面考虑学校的做法、成就和存在的问题,把各种数据、事例等资料收集起来,同时考虑支撑材料的目录。再次,自评报告撰写小组整合并集体审议各分项报告,综合考虑各分项报告之间的整体性、关联性、准确性和相关支撑材料的支撑度,统一撰写格式,形成自评报告初稿。最后,初稿完成后,由自评报告小组组织集体审议,查找报告存在的主要问题,如存在问题是否准确、分析问题是否透彻、理由是否充分、问题字数是否占三分之一等。在充分修改完善的基础上,形成自评报告征求意见稿,向全校各院系广泛征求意见,修改自评报告。面向校领导征求意见,提交校长办公会审议。

撰写自评报告应注重处理好以下六方面的关系。一是审核评估项目、要素、要点与引导

性问题之间的关系。报告撰写要紧紧围绕达成度、适应度、保障度、有效度、满意度这五个度，以项目、要素、要点为主线，避免问答式报告。若以引导性问题为主线，写出的报告容易平铺直叙，没有详略，缺乏个性，没有特点。二是自评报告内容与基本状态数据、支撑材料之间的对应关系。应以数据为基础，数据必须准确。自评报告建立在教学状态基本数据的基础之上，自评报告中的任何数据均需有支撑材料，按照审核要素分类整理支撑材料，同时准备丰富的电子支撑材料，方便专家网上审核。三是自评报告内容点与面的关系。自评报告撰写是对学校根本任务、定位目标、问题措施等认识深化的过程。撰写过程中注重对存在问题的分析，处理好局部与整体的关系，突出重点，体现特色，详略得当。前后表述要保持一致，防止相互矛盾，切忌将前面的优点写成了后面的问题。四是写实要求与突出自身特色的关系。审核评估就是要查找本科教学客观存在的问题，帮助学校自查自评，提升本科教学质量。自评报告首先要遵循写实的要求，实事求是，不虚张夸大，不妄自菲薄。对自身的特色也要写实，人无我有，人有我优，人优我特。注重凝练特色，避免平铺直叙和千篇一律。五是总结成绩与查找问题的关系。总结成绩要客观、真实、准确、不夸大。查找问题要直接、具体、深入、不回避。问题查找要准确，切中要害；问题分析应着重于内部原因，少写外部原因。避免总结成绩时浓墨重彩，查找问题时却蜻蜓点水、轻描淡写。存在问题的字数要占三分之一。六是分析问题与解决问题之间的关系。分析问题要全面透彻、观点清晰、角度新颖。解决问题要清晰周密，准确把握导致问题出现的各种因素，有措施，有路径，且措施可行，路径可通。

三、本科教学工作审核评估整改及持续改进的主要做法、特色、成效与经验总结

（一）全面梳理问题，科学制定整改方案

2016年10月17日至21日，以张德江教授为组长，张士诚、薛家宝教授为副组长的本科教学工作审核评估专家组一行12人对我校进行了实地考察与评估。专家反馈会结束后，学校高教研究与评估中心对专家反馈意见录音资料进行整理，并结合专家个人和专家组的审核报告，对9位专家的意见和建议按类别逐条梳理，梳理出整改意见共计25类53条。通过全面梳理专家反馈的各种问题，细化和分解不同类型的问题，深刻剖析问题产生的缘由和解决问题的途径及条件保障，多次召开整改工作推进会，广泛征求意见，学校建立了整改问题台账，提出相应的整改措施。通过立行立改和有计划逐步整改两种方式，科学制定整改方案，形成《西安石油大学审核评估整改工作方案》。

（二）强化责任意识，有序推进整改进程

根据学校整改工作方案，全校各单位和各级领导干部要明确任务，落实责任，切实做好各项整改工作。对能够即时解决的问题，给出明确的整改要求和完成整改的时间节点；对短期内无法解决的问题，制订整改计划，明确阶段性工作目标和任务，有序推进整改工作的落实。学校利用广播、报纸、橱窗、网络等方式进行广泛宣传，增强广大师生对整改工作的积极性和主动性。同时，学校将对整改工作情况进行检查和督办，以保证整改工作的进度和质量。

（三）上下联动，全面落实整改工作

全校密切配合，上下联动，形成"自上而下和自下而上"的双向整改路径。在学校层

面，进一步强化学校顶层设计，以 2017 版本科人才培养方案修订为抓手，"自上而下"进行整改部署，确保整改工作既立足当前实际，又符合学校长远战略发展需要，保障各项整改工作的全面落实。在院系层面，以教研室为单位，从抓专业建设入手，客观分析各专业综合竞争力，仔细排查课程和实验设置及教学情况、实验教学场所和设备情况，全面查找本科教学过程中存在的问题，"自下而上"推进整改工作。

（四）巩固评估成果，全面推进本科教学工作

通过审核评估，学校的办学指导思想、学校定位和办学思路更加明确，本科教学工作的中心地位进一步强化，进一步形成了"领导重视教学、政策倾斜教学、教师潜心教学、经费保障教学、科研促进教学、全员服务教学"的良好局面。

深化教育教学改革，提高本科教学质量。以课程改革为切入点，以专业建设为突破口，结合学生双创能力的培养，优化课程体系结构。

推进课堂教学改革，推广启发式、参与式、讨论式、案例教学法，鼓励慕课、翻转课堂、微课等教学手段，在一些特色课程教学中积极探索团队授课模式。积极探索考核方式的改革，完善学生学习过程管理和学习效果考核，加大过程考核的比重，减少试卷中记忆性知识的测试，重在考知识应用能力。增加创新创业教育学分，深入挖掘专业课程的创新创业教育资源，设置不少于 2 学分的创新创业必修学分，设置思想成长、实践实习、志愿公益、创新创业、文体活动、工作履历和技能特长等模块，培养学生的创新意识和实践能力。加强教学实验室建设，更新实验设备，增加实验设备台套数，实现资源共享。

完善校级教学质量标准体系，强化内部质量保障体系建设。在本科专业类教学质量国家标准、行业标准和专业认证标准的基础上，进一步完善校级教学质量标准体系。围绕学校的人才培养目标，制定（修订）各教学活动（环节）的质量标准。制定核心课程、毕业设计（论文）、专业等校内评估的方案和机制（制度），分年度周期性开展教学过程（环节）专项检查和评估。建立管、教、学三方共同参与，校、院、系（教研室）三级共同实施的质量监控体系。加强质量管理队伍建设，进一步充实校级教学督导组成员，强化本科教学工作的监督、检查、指导，协助和指导各院系完善各类评教指标体系，提高评教的真实性和科学性。协同人事处、教务处等相关职能部门，强化对评教结果的应用。

坚持培养与引进并重的原则，全面提高教师队伍素质。重点引进在国内外有影响力的学术带头人和中青年学术骨干，培养学科专业建设、教学、科研的领军人才。加大部分新办专业和实验师资队伍建设力度。深化校内人事分配制度改革和完善教师专业技术职务聘任办法。加强学术梯队建设，打造高水平学术和教学团队。增强科研团队实力和创新能力，加大科研成果反哺教学的力度。鼓励各院系聘请具有工程实践背景和企事业工作经验的高级专家来校讲学，以聘用兼职教授、客座教授等方式引进智力资源。

多渠道开展校企合作，充分发挥校企合作育人功能。加大校企共建校内实验室的力度，鼓励通过专业认证的院系和企业共建实验室，提升校企共建实验室的管理能力，有效发挥校企共建实验室对高校人才培养的促进作用。充分利用校企共建资源优势，强化大学生创新创业教育。增加校外实践教学基地数量，建立创新创业兼职导师库。组建专门的大学生创新创业实验室、校企联合孵化基地，通过项目实习培养创新能力。

四、建设一流本科教育的计划与举措

(一) 创新人才培养模式，提高人才培养质量

1. 建设计划

结合石油石化行业和区域经济社会发展需要，以全面提高人才培养能力为核心，以强化内涵建设为重点，进一步明确学校人才培养目标定位和学科专业目标定位，创新人才培养模式，提高人才培养质量。

2. 建设举措

(1) 完善以"通识教育与专业教育相融合、科学教育与人文艺术教育相融合、理论教学与实践教学相融合、知识传授与能力培养相融合、共性培养与个性发展相融合"的人才培养机制，修订人才培养方案。

(2) 继续实施大类培养、校企联合培养、国内外联合培养模式，创新完善高素质复合型、国际化应用型人才培养模式，注重跨学科、跨专业培养人才，加快人才培养方案与国际的接轨。

(3) 在加大招生宣传力度的同时，继续推进学分制改革，完善实施主辅修制度，以人才培养模式创新实验区为载体，分层次、有重点地实施应用型、创新型人才培养。

(4) 加强对学生学业规划的教育与指导，深入开展成才成功和阶段目标教育，积极引导学生做好学业与职业规划，并对学生的整个学业规划实施过程进行动态跟踪和指导。

(5) 建立和完善毕业生质量跟踪调查工作机制，健全毕业生质量调查机制，科学设定调查内容与评价指标，对毕业生开展连续性的跟踪调查，切实提高人才培养质量。

(二) 优化专业结构，提升专业建设水平

1. 建设计划

按照优化结构、提高质量的原则，推进专业综合改革，积极建立专业动态调整、预警及退出机制，形成以石油、天然气勘探、开发、储运及加工等学科专业为主干，其他相关学科专业有力支撑，布局合理、结构完整的多学科协调发展的专业体系。

2. 建设举措

(1) 按照"固优、强特、扶需"的原则，做强石油勘探、石油工程、石油化工等优势特色专业，做优机械、材料、电子、计算机、经济管理等相关专业，做好数学、物理、外语、人文、艺术、体育等基础专业。

(2) 按照优势突出、特色鲜明、促进交叉、发展新兴、整体提高的原则，建立专业设置动态调整机制，进一步调整专业布局、优化专业结构，努力构建内涵充实、配置优化、特色鲜明的专业结构体系。

(3) 促进学科建设与专业建设的有机融合，充分发挥优势学科资源在专业建设中的作用，不断推进各专业在目标定位、教学条件、师资队伍、办学特色等方面的改革创新，健全专业建设标准。

(4) 继续实施特色品牌专业建设项目，以点带面，促进专业整体建设水平的提高。积极推进本科专业评估认证与工程教育专业认证工作。积极推进工程教育本科专业认证工作。

（三）强化课程建设，切实提高课堂教学质量

1. 建设计划

以坚持知识结构和课程体系整体优化为原则，进一步强化课程建设。优化通识教育必修课、通识教育选修课、专业必修课、专业选修课的比例结构，建设专业核心课程群，构建科学的专业课程体系。

2. 建设举措

（1）积极开发新课程资源，鼓励开设通识教育课程，特别是人文艺术教育课程、学科前沿教育课程和实践创新型教育课程，确保课程数量、结构与质量相统一。

（2）各专业明确核心的知识、能力与素质，系统整合相关知识点，在专业必修课程中设置5门专业核心课程，其中国家级、省级特色专业至少有1门课程为研究性课程。

（3）继续深入实施精品课程建设，推进课程建设的精品化、特色化。推进高水平教材建设，力争推出一批在行业内有重要影响的精品教材。借鉴和引进国外优质教学资源、教材资源，推进双语课程建设，提高双语教学质量。

（4）加强网络课程教学平台建设和课程资源建设，不断完善精品课程资源网，加快建成涵盖全校各专业主干课程的教学资源库，促进优质教学资源共享。

（四）加强实践教学，促进学生实践能力和创新能力提高

1. 建设计划

积极探索实践教学新模式、新途径，加强实践教学基地建设，创新实践教学管理机制，强化实践教学质量监控，持续优化实验（实训）教学、课外实践、科研实践、社会实践、实习见习、毕业设计（论文）相结合的校内外互通交融的实践教学体系。

2. 建设举措

（1）加强实验教学示范中心、实验教学资源共享平台建设，健全实验室开放制度，提高实验教学水平。

（2）进一步加强实践教学基地建设，创新实践教学管理机制，强化实践教学质量监控，切实提高实践教学质量，特别是专业实践教学质量。

（3）充分发挥学校石油石化特色，加强校企合作，特别是与石油石化行业企事业单位以及高新企业的密切合作，建立与专业相适应的专业实验室和实践教学体系。

（4）系统开展大学生创新创业训练项目，认真组织各级各类大学生竞赛活动，进一步完善创新创业教育课程，建立创新创业教育培训基地，丰富创新创业教育形式，强化创业指导和服务。

（5）加强实验技术队伍建设，加强实验室人员技能和管理能力的培训，积极调动高学历和高职称教师参加实验教学工作，出台鼓励青年教师到实验室工作的政策措施。

（五）加强教师队伍建设，提高教师教学能力

1. 建设计划

坚持以全面提高教师教学能力为根本，把教学作为教师考核的首要内容。强化师德修养和教学能力培养，增强广大教师教书育人的责任感和使命感，增强广大教师指导学生全面成长成才的自觉性和主动性。

2. 建设举措

（1）大力实施教师教学能力提升计划，以教学名师培育为引领，表彰长期坚守教学一线、在教育教学和人才培养领域做出突出贡献的教师，切实调动广大教师参与本科教学的积极性。

（2）以教学团队建设为重点，建设一批学术水平高、教学效果优秀、结构合理的教学团队，促进教学研讨和教学经验交流，推进教学工作的老中青结合，发扬传帮带的作用。

（3）大力推行青年教师导师制，不断完善青年教师的培养与培训机制，积极开展青年教师教学能手竞赛和青年教师优秀教研论文评选等活动，促进青年教师快速成长。

（4）实施积极的国际化发展战略，不断拓宽对外合作交流渠道，进一步加强与国外大学的办学合作，学校公派赴海外半年以上的教师人数持续提高。

（六）深化教学改革，培育优秀教学成果

1. 建设计划

有重点、有针对性地开展优秀教改成果培育工作，确保教学规范运行、建设水平不断提高、教学质量不断提升，争取在各级各类教学成果奖评审中获得优异成绩。

2. 建设举措

（1）以国家、省、校级教学工程项目和研究生创新与实践能力项目为依托，不断加强教学研究，持续推进教学改革。

（2）以教改立项形式系统开展人才培养模式创新实验区、特色专业、精品课程、教材建设、实践教学改革、教学管理创新、大学生创新创业等方面的教学改革与实践，培育一批有创新、有突破、有实效、有影响的教改成果。

（3）加大对研讨性教室、开放创新实验室、实践教育基地、大学生创新创业平台等教学基本设施的建设力度，有效解决制约教学质量提升的突出问题。

（4）优化教学内容体系，及时吸纳学科最新理论研究成果，积极吸收行业企业参与课程内容和课程体系改革，促进学科专业内容的交叉和融合。

（5）进一步推进教学方法改革，倡导启发式、研讨式、探究式、讨论式、案例式、参与式教学，初步构建起研究性教学的基本模式，营造独立思考、自由探索、勇于创新的良好环境，切实提高课堂教学效率。

（6）深入考核方式改革。探索非标准答案考试，增加能综合体现学生专业能力与技能的考核方式，变末端考试为过程监控，变知识考试为能力考核，变单一闭卷考试为多元化考核。

（七）健全质量监控体系，提高本科教学质量

1. 建设计划

坚持以全面提高教学质量为目标，进一步加强教学质量监控与保障的时效性、有效性和长效性，构建科学合理、符合不同院系和不同学科专业特点的课程质量标准、专业质量标准以及质量监控评价体系。

2. 建设举措

（1）充分运用现代化的管理和质量监控手段，健全教学质量管理系统、教学质量评价系统、教学质量信息反馈系统，注重教学质量的全过程、全方位监控。

（2）进一步完善教学督导制度、各级领导听课制度、课堂教学评估制度、同行评议制度等，严格教学事故责任追究制度，加强对教师履行岗位职责的考核，健全学校、教师、学生三位一体的综合考核办法。

（3）进一步强化教师评学工作，注重教学信息的反馈，加强学风建设，引导学生以学为主，勤奋刻苦，形成良好的学习风气和意志品质。

（4）建立与完善各项教学质量标准，加强对人才培养的过程化管理，逐步建立保证教学质量不断提高的长效机制。

（5）加强管理队伍建设，优化管理队伍结构，建立健全管理人员培养培训机制，不断提高教学管理人员业务能力，进一步完善教学运行组织与保障体系。

（八）进一步加强教风学风建设，提高教育教学质量

1. 建设计划

加强师德师风建设，营造教书育人氛围。切实推进学风建设，健全管理制度，建立激励机制，充分调动广大学生学习的积极性和主动性，以"积极进取，求真求实"的优良学风促进学生全面成长成才。

2. 建设举措

（1）坚持把立德树人作为中心环节，将师德教育摆在学校教师培养的首位，引导广大教师以德立身、以德立学、以德施教，做有理想信念、有道德情操、有扎实学识、有仁爱之心的好老师。

（2）加强学生思想政治教育，实现全过程育人、全方位育人，引导学生树立正确的世界观、人生观、价值观，把个人的理想追求融入国家和民族的事业之中，并转化为学习知识、锻炼能力、提升素质的自觉性。

（3）强化学生学业教育引导，促进学生成长成才。通过开展学生职业生涯规划、阶段性目标教育，树立学习典型，引导学生专心学习，激励学生立志成才，为优良学习风气的形成创造有利条件。

（4）坚持和完善本科生导师制，强化学生学业辅导，帮助学生解决思想、心理、学业、就业等方面的困难，为学生成长成才营造良好的学习氛围和环境。

西安工程大学本科教学工作审核评估经验总结报告

高岭①

根据陕西省教育厅《关于开展普通高等学校本科教学工作审核评估的通知》（陕教高办〔2016〕32号）的文件精神和工作安排，中国西部高等教育评估中心受陕西省教育厅委托，于2016年10月31日—11月4日对我校实施开展了本科教学工作审核评估（以下简称"审核评估"）。

为顺利完成审核评估，并以此为契机进一步提高本科教学水平和人才培养质量，我校深入研究，充分认识审核评估的意义，积极做好规划筹备与专家进校工作，深刻领会专家的反馈意见与建议，并将专家意见同长期建设任务与发展目标有机结合，通过近三年的建设取得了显著的成效。现将学校审核评估工作经验总结如下。

一、审核评估组织实施概况

2016年3月，接中国西部高等教育评估中心通知，我校作为省内第一批高校开展审核评估工作。学校的审核评估实施主要分为三个阶段进行。

（一）评估准备（2016年4月7日—10月30日）

我校领导高度重视，组织成立由党委书记和校长任组长的迎评工作领导小组。通过梳理评估要求，结合我校实际情况，印发《西安工程大学本科教学工作审核评估评建工作实施方案》（西工程大校字〔2016〕7号）等文件，按照工作方案，各单位各司其职，通力合作，对审核评估组织和实施工作中遇到的困难和问题及时沟通，积极主动协调解决，共同推进审核评估工作任务的落实。

（二）专家进校（2016年10月31日—11月4日）

中国西部高等教育评估中心组织专家组一行9人对我校开展了为期5天的审核评估。专家组通过院系座谈、考察实验室、档案查阅、看课听课、走访学生宿舍、审阅论文试卷等形式，对学校的本科教学工作进行了全面考察。其中，45次走访了职能管理部门，21次走访了学院（部）；对学校领导、教学管理人员、职能处室负责人、教师及学生等351人次进行了深度访谈；调阅了34门课程的1 316份试卷和22个专业的845份毕业设计以及相关管理制度等文件档案；听课、看课31门次；召开教师代表、学生代表和教学督导等专题座谈会10场，实地考察了时尚文化创意产业园、协同创新中心、工程训练中心、校史馆、食堂等基础设施和教学配套设施；走访了1个课外实习基地，与4家用人单位进行了座谈。

---

① 西安工程大学校长。

(三)评估整改（2016年12月—2017年12月）

针对专家组反馈的问题，学校多次组织专题会议认真梳理和归纳整理，最终总结为8个方面的22条问题和建议，并在此基础上制定了《西安工程大学关于本科教学工作审核评估整改工作的安排意见》（西工程大党字〔2017〕1号）、《西安工程大学本科教学工作审核评估整改实施方案》（西工程大校字〔2017〕9号）等文件，明确了整改内容和任务，落实了责任单位，规定了完成时间节点和要求，并于2016年12月起陆续开展评估整改的各项工作。2017年7月6日，学校又邀请了西安交通大学原副校长闫剑群教授等一行4人来校进行整改中期检查，针对中期检查专家的意见，继续完善相关方案，推进全部整改任务的落实与完成，并于2017年12月14日开展了本科教学审核评估整改回访检查工作。

二、审核评估的主要做法、特色、成效与经验总结

（一）明确指导思想，统一提高认识

按照《教育部关于普通高等学校本科教学评估工作的意见》《普通高等学校本科教学工作审核评估实施办法》《陕西省普通高等学校本科教学工作审核评估实施办法》等文件精神，遵循"一坚持、三突出、四强化"的指导思想，牢固树立"质量立校、人才强校、特色兴校"的教育思想观念。通过审核评估评价学校人才培养目标与培养效果的实施状况，合理定位，全面落实人才培养中心地位，健全质量保障体系，办出水平、办出特色，切实提高学校办学水平和人才培养质量。

（二）学校高度重视，强化组织保障

成立由党委书记和校长任组长的审核评估领导小组，全面领导并督促审核评估工作的实施。领导小组下设综合组、评估材料组、接待与会务组、教学运行与监控组、学生工作组、专家考察组、宣传组、网络与医疗服务组、保障组、督促检查组等10个专项小组，分工明确、职责清晰，负责学校审核评估工作的具体组织与实施。学校在迎评工作上，做到了人员到位、资金到位、措施到位。后期领导小组负责学校整改工作的具体组织与实施，整改工作小组由各职能部门、教学单位的党政一把手任组长，抓落实，抓过程，抓成效。各单位通力合作，互相配合，对整改工作中遇到的困难和问题及时沟通，积极主动协调解决，共同推进整改工作任务的落实。

（三）组织开展自评，诊断存在的问题

为学习和借鉴外部经验，学校审核评估领导小组先后派专人到天津工业大学、内蒙古工业大学、中原工学院等学校调研学习，并积极参加教育部审核评估培训工作会议，进一步提高学校及学院（部）审核评估工作水平。

学校组织专题会议，要求各单位根据审核评估范围及审核要素内涵说明进行自评。自评结束后，学校邀请校外同行专家对各单位自评结果进行模拟审核，梳理存在的问题，诊断并分析原因，提出初步整改意见和建议，要求各单位严格按照整改要求，完成自改自查任务。

（四）全校合力而为，做好考察前准备

2016年10月9日，学校印发《西安工程大学本科教学工作评估迎评工作方案》（西工程大党字〔2016〕48号），启动专家组进校考察准备工作。并依据教育部高等教育教学评估

中心印发的《高等教育质量监测国家数据平台数据填报说明》、专家考察学习材料等，拟定具有学校特色的、符合学校实际的学院（部）审核评估系列材料，包括自评报告、状态数据分析报告等各类考察资料15种。

（五）建立长效机制，完善规章制度

经过迎评准备工作，学校、学院修改或补充了部分教学管理制度，完善了教学质量监控体系的建设，为进一步提高教学质量创造条件。先后印发了《西安工程大学课堂教学质量评估办法》（西工程大教字〔2016〕42号）、《西安工程大学大学生创新学分认定与管理办法》（西工程大教字〔2016〕52号）等文件，修订了《西安工程大学关于加强教风学风建设的若干意见》（西工程大教字〔2016〕48号）、《西安工程大学本（专）科生考试管理规程》（西工程大教字〔2016〕50号）等文件。

三、整改及持续改进的主要做法、特色、成效与经验

（一）坚持理念引领，教育教学思想大讨论不断深入

为更新教育教学理念，深化改革，学校以本科教学工作审核评估整改为契机，开展了为期两年的教育教学思想大讨论，一是围绕如何办学、怎样培养人，对教育教学理念、师德师风、教师教学能力、人才培养模式等重要问题进行认真总结和反思。二是结合全国教育大会、新时代全国高等学校本科教育工作会议精神、"新时代高教40条"等开展理论学习和专题研讨。两年来，共举办讨论活动162场，征集论文102篇，出版了《教育教学思想大讨论活动论文集》。

（二）优化顶层设计，办学定位和特色逐步明确

结合学校办学历史和社会经济发展需要，做好顶层设计，进一步明确了学校办学定位：特色鲜明、国内知名的教学研究型大学。根据办学定位，进一步明确了学校的人才培养定位是高级应用型专门人才，学校的特色定位为提升纺织服装学科特色、整合大纺织学科链，学校的服务定位是为区域经济建设和行业发展服务。坚持以内涵建设为主线，以特色发展求突破，把人才培养作为根本使命，把学科建设作为发展引领，把师资队伍作为基本支撑，把科技创新作为战略抓手，不断提升学校核心竞争力。

（三）深化供给侧结构性改革，学科和专业结构更趋合理

按照"做强纺织，做靓服装，做优其他学科"思路，进行了学科专业、院系调整、两校区重新布局。动态调整学位点4个，撤销本科专业2个、停招4个、预警7个；主动布局战略新兴产业发展和民生急需相关学科专业，形成就业与招生计划、人才培养的联动机制。通过调整，充分发挥学科的集群优势，解决了长期制约学校发展的同质化办学、多学院办同一专业、个别专业归属学院不合理、院系设置不合理等问题，极大地激发了学校的办学活力。

（四）优化资源配置，办学条件大幅改善

学校持续改善办学条件，提高资源利用率。一是科研教学用房面积得到极大改善。7、8号楼新增用房面积41 638平方米，进驻机电、计算机、城市和环化四个学院；金花校区纺织学院扩充到7号楼，服装学院增加了3号楼，材料学院布局原环化楼，各学院用房面积都

有不同程度增加。二是图书馆资源条件得到改善。金花校区图书馆进行了改造升级，新增阅览面积1 437平方米，阅览座位500席，研讨室8个，启动VPN远程访问等功能，图书馆信息咨询、文献传递和学科服务等职能凸显。三是专业实验条件得到改善。新建专业实验室5个，改扩建25个，新增省级实验教学示范中心、虚拟仿真实验教学中心各1个。四是配套和校园环境得到改善。以独立建校40周年为契机，对两校区景观环境、金花校区运动场、金花校区食堂进行了全新的改造，极大地提升了学校的大学形象。

（五）夯实人才基础，师资队伍建设量质齐升

继续完善和推进人才强校，人才兴校战略。一是召开了以"凝心聚力、改革创新、激发活力、鼓舞干劲"为主题的人才工作会议。二是大力实施差异化人才引进政策，新增博士181人，博士占比达到43.8%。三是高层次人才引进有突破，新增教育部高等学校教学指导委员会委员1人，工程教育认证专家2人，省特聘专家16人，"三秦学者"特聘教授1人，签约5个院士工作室等。四是制定《教师晋升副教、授教授职务特别评审办法》，首次公开举行了在岗教师职务特别评审，评聘教授、副教授各1人。另有2位省级讲课比赛获奖教师评聘为副教授。通过一系列的人才评聘措施，加强了师资队伍建设，使生师比从审核评估时的20.9∶1降到了现在的19.8∶1，呈现较好的下降态势。

（六）明确目标思路，专业内涵建设不断强化

对标省"一流专业"建设目标，开展了一系列专业内涵建设活动。完成2017版人才培养方案修订。对标专业类教育质量国家标准，融入工程教育认证理念，加强通识教育和实践环节，构建专业核心课程体系，突出学校行业特色（全校范围开设《纺织服装概论》），将外专引智课程纳入专业选修课。加强课程和课堂建设，提升课堂教学质量。深化课堂教学改革，6门慕课上线国家级在线平台。

（七）精心筹划布局，教育教学改革取得突破

多措并举，不断推动教育教学改革全面深入开展。一是人才培养模式有新探索。积极探索六年制本硕贯通培养模式，2018年招生本硕分流培养学生35人。二是教育教学研究和成果有突破。获得国家级教学成果二等奖1项，实现了我校建校以来，国家级教学成果奖零的突破。教学改革项目立项层次和数量有提升，立项教育部新工科项目1项，教育部产学研协同育人项目38项等。三是教师教学创新能力有提升。在陕西省首届高校课堂教学创新大赛中，我校教师获得一等奖、二等奖、优秀奖各1人；在陕西省思政课"大练兵"活动中获得省级教学标兵2人。四是优秀教材建设有成效。出版教材88部，获省级优秀教材一等奖1部、二等奖2部。

（八）坚持开放办学，国际合作与交流不断深入

主动融入国家对外开放战略，提升人才培养国际化水平。一是加大投入力度，积极推进外专引智计划。聘请各类外国专家47人次，开设近30门专业课程和系列讲座，受益面和辐射面扩大，开阔了师生的国际视野。二是积极拓宽渠道，加大师生国际交流访学力度。获批国家公派项目21人、高等教育教学法项目3人、校际公派33人；选派14名教学管理人员赴美国明尼苏达大学进行教学法及教学管理研修；40名教师出国（境）参加学术交流；设立学生出国（境）交流奖学金，选派334名学生参加各类访学和研修。三是积极推动与"一带一路"沿线国家的交流合作。主办"第五届丝绸之路国际电影节2018国际青年导演

学术交流会"，参与"中巴经济走廊文化大篷车项目"系列活动，举办国内首届细密画训练营，成立"中巴经济走廊文化艺术研究所"。

（九）完善体制机制，创新创业教育取得成效

以培养创新精神、创业意识和创新创业能力为宗旨，营造崇尚创新的氛围。一是完善创新创业培养体系。将创新创业教育融入人才培养的全过程，构建双创课程体系。支持学生保留学籍进行创新创业实践。二是打造两个双创孵化基地。依托省级首批众创空间——时尚文化创意产业园和工训中心创客空间，着力打造学校众创空间种子库。三是学科竞赛覆盖面和获奖数明显增加。参与学科竞赛的覆盖面从2012年的5.1%提升到2018年的65.2%。近两年，共获得国家级特等奖2项、一等奖18项、二等奖37项、省级各类奖项523项。四是积极承办国家级和省级赛事。承办"第九届全国大学生纱线设计大赛"等赛事。五是纺织学院和服装学院获批省级创新创业教育改革试点学院。

四、建设一流本科教育的计划与举措

（一）坚持立德树人，强化思政教育

1. 坚持正确的办学方向

加强党委对人才培养工作的领导，推进习近平新时代中国特色社会主义思想进教材、进课堂、进头脑，不断增强学生的"四个自信"。加强学校马克思主义理论一级学科建设，推出一批具有影响力的研究成果。充分利用第二课堂、社会实践等活动，把理想信念教育、社会主义核心价值观教育融入教育教学全过程，打牢师生思想根基，牢固树立"四个意识"，坚决做到"两个维护"，培养德智体美劳全面发展的社会主义建设者和接班人。

2. 构建三全育人格局

全面落实高校思想政治工作会议精神，把思想政治工作贯穿教育教学全过程，实现全员、全过程、全方位育人。统筹推进课程、科研、实践、文化、网络、心理、管理、服务、资助和组织育人等"十大育人体系"建设，推动实现知识教育与价值塑造、能力培养有机结合的一体化育人体系。组织开展理论宣讲团巡讲活动，及时宣传党的最新理论成果。

3. 强化课程思政和专业思政

深入实施高校思想政治工作质量提升工程，落实《西安工程大学思想政治教育实施方案》，全面加强思想政治理论课建设，开展"思政课教师大练兵"主题活动，推动思想政治理论课的创新，建设一批思政教育精品课程。加强马克思主义理论学科骨干教师研修，打造政治素质过硬、业务能力精湛、育人水平高超的高素质思政课教师队伍。推动以"课程思政"为目标的课堂教学改革，在专业课程中有机融入思想政治教育元素，鼓励专业课老师开展"课程思政"教学设计，实现知识传授、能力培养与价值引领的有机统一。

（二）深化教育教学改革，促进学生全面发展

1. 突出学院本科教学工作主体地位

依据《西安工程大学章程》，完善以学校为主导、学院为主体的教学管理机制。学院对本单位本科教学和专业发展要进行统筹规划，确保管理重心下移，保障教学质量。完善绩效分配与考核体系，发挥其指挥棒的作用，逐步扭转"轻教学、重科研"的现象，形成"领导重视教学、师生倾心教学、管理服务教学"的良好局面。

2. 深化创新创业教育改革

整合资源，统筹推进创新创业核心课程的落实和学分认定，增加创新性实验和实验室开放的数量，扶持优秀项目进驻创客空间和创意园，促进创新创业项目成果转化。依托工程训练中心、2011协同创新中心、时尚文化创意中心三大人才培养平台，建立彰显学校办学特色的大学生创新创业基地。完善《西安工程大学学科竞赛管理办法》，深入推进一院一品牌、一院一特色竞赛工作，鼓励学生积极参加高水平省级及国家级竞赛（包括挑战杯、机械创新、数学建模、电子竞赛、互联网+等），促进学生全面发展，努力造就大众创业、万众创新的生力军。

3. 推进课堂教学改革

试点开展六年制本硕贯通培养模式，进行公共基础课试点选课制，探索推进完全学分制。出台《西安工程大学关于全面推进课堂教学改革的实施方案》，推动教学内容、教学方法、考核评价方式等教学环节的改革创新，以"课堂革命、陕西行动"课堂教学创新大赛、青年教师讲课比赛、微课教学比赛为抓手，推进基于在线开放课程、翻转课堂的教学模式改革，构建线上线下结合的教学模式，打造互动式、探究式、以学生为中心的课堂。

4. 加强学生学习过程管理

按照工程教育专业认证模式，完善学生学习过程评价机制，推动多元化考核方式改革，鼓励采用包括作业、测验、小论文、课程设计、课堂报告、读书报告、实践/调研报告、上机、实验、期中及期末考试等多样化课程考核方式，全过程考核学生对知识的掌握和运用能力，实现从以知识考核为主向知识考核与能力考核并重的转变。规范本科教学秩序，加强教学过程管理，重点强化中间实习、毕业实习和毕业设计等实践环节的过程管理，严把毕业出口关，取消"清考"制度。

（三）强化师德师风，提升教师教书育人能力

1. 加强师德师风建设

把师德师风作为教师素质评价的第一标准，严格贯彻落实教育部《新时代高校教师职业行为十项准则》，制定并实施《西安工程大学教师师德师风考核办法》，开展"师德师风宣传月"活动，推动师德建设常态化、长效化。重申教师是第一身份，教书是第一工作，上课是第一责任，严格教师岗位教学考核，规范教师课堂言论，坚守政治底线。

2. 提升教师教学能力

实施教师入职培训和岗前培训计划，促进青年教师熟悉并掌握课堂教学各环节的基本要求，提升教学基本能力和素质。实施青年教师教学骨干支持计划，鼓励教师参加专业课培训、在职攻读博士学位，提高教师教学科研能力和业务素质。实施教学研修计划，鼓励青年教师到企事业单位挂职锻炼、进行国内外访学研修，提升教师工程实践能力、专业研究水平和国际化视野。实施教学团队培育计划，在队伍建设、条件平台、资源投入、薪酬机制、政策与服务支撑保障等方面，给予高水平团队特别支持。实施现代教育技术培训计划，提升教师将现代信息技术与教育教学深度融合的能力。通过开展课堂教学观摩、教学内容和方法改革、课程体系改革、集体备课等方式严格落实教学法活动，提升教师的教学水平。

3. 完善教师分类管理和分类评价体系

围绕教学研究型大学的奋斗目标，结合发展实际，出台《西安工程大学教师队伍分类管理办法》，按照教学型、教学科研型、科研型进行分类管理，进一步完善多元化的教师考

核评价体系。完善《西安工程大学教师职称评审实施办法》，确定教学型、教学科研型、科研型岗位的结构与数量，明确岗位职责要求。

4. 健全教师教学激励与约束机制

开展教学名师、优秀主讲教师、学生心目中的好教师、教学比赛等活动，遴选8名省级教学名师、25名校级教学名师、30名学生心目中的好教师、100名优秀主讲教师，并进行表彰。探索设立课堂教学质量奖，将教学为主型教师职称评审逐步推向全校各专业，激励教师热爱教学、潜心教学。加大教学成果、创新创业在绩效分配中的奖励力度。逐步完善主讲教师惩戒及退出机制，对评教满意度过低、违反教学纪律、行为失范、造成教学事故的相关教师进行惩戒。

（四）坚持内涵发展，推进专业建设

1. 优化专业结构

结合学校办学定位和人才培养目标，按照"注重内涵、凸显特色、扶优扶强、创新管理"的思路，将专业总数稳定在55个左右。完善《西安工程大学本科专业动态调整实施办法》，健全专业动态调整机制，推动形成招生计划、人才培养和就业的联动机制。及时调整与社会需求及学校办学定位不适应的专业，培育特色优势专业，实现人才培养的合理定位、特色发展和精准供给。

2. 加快推进专业认证

对标《华盛顿协议》和工程教育认证标准要求，构建"保合格、上水平、追卓越"三级专业认证体系。不断完善培养目标、课程体系、保障机制，力争5个工科专业通过认证。逐步推进理学、管理学等学科专业开展认证。未在认证受理范围内的专业全面开展专业评估。

3. 建设一流专业

对标国家一流专业建设"双万计划""六卓越一拔尖"计划2.0和学校一流学科建设标准，强化专业质量标准和专业内涵建设，集中优势资源，建设8个新工科专业，力争国家级一流专业有突破。

4. 建设优质课程

完善国家—省级—校级三个层次、线上线下两个维度的精品课程体系，提升课程建设水平。对标国家一流课程建设"双万计划"，在全校范围内打造100门"金课"，重点支持公共基础课、专业基础课和特色专业核心课程，力争国家级精品在线开放课程有突破。

5. 建设优秀教材

坚持"质量优先，扶优扶特"的原则，支持特色专业教材、课堂教学改革新模式下的立体化或数字化教材、国家级规划教材建设。依托校级规划教材、中国纺织服装教育学会规划教材两大建设平台，建设10部高质量、有特色的精品教材。

（五）加强教学条件建设，营造良好育人环境

1. 加强数字化资源建设

基于物联网、云计算和大数据等新兴信息技术，对金花、临潼两个校区教室进行改造，经过三期建设，基本实现智慧教室全覆盖。建设一定数量的以互动为核心、提供个性化师生服务、进行智能化管理、实现多元化交互教学的智能教室。

2. 建设考试综合管理平台

改造现有考场监控系统，建设包括视频监控系统、身份认证系统、作弊防控系统在内的综合性标准化巡考系统，实现与省考试管理中心的无缝对接，实现对考试的统一指挥、实时监控，实现各类考试管理指挥的一体化、可视化和即时化，进一步健全学校考试综合管理体系。

（六）完善协同育人机制，打造合作育人新平台

1. 强化多维度协同育人

深入推进"一强化三突出五融合"的实践育人新模式在人才培养中的应用，利用"5+X"产学研研究院、国家技术创新战略联盟等机构和平台，促进科研与教学良性互动，鼓励教师把最新科研成果融入知识体系和教学内容。培育省级以上校外实践教育基地，促进学校与企业双向交流，提高实践教学水平。不断加强实验室建设，推进虚拟仿真实验教学（平台）项目建设，争取获得更多省级以上虚拟仿真（平台）项目立项，为学生参与科研创造条件。

2. 深化国际合作育人

拓宽对外合作渠道，加速推进我校与国外高水平大学之间的合作，借鉴国外先进课程体系，支持建设全英文授课平台，提升我校专业建设的国际化水平。健全学校与国（境）外大学之间学生互换、学分互认、学位互授等双向交流机制，加大资助力度，提高在校生中具有海外学习经历学生的比例。积极通过外专引智等方式引进国（境）外优秀师资，确保每个专业至少设立1门外专引智课程。

（七）加强教学质量文化建设，提高人才培养质量

1. 健全质量标准

对标教学质量国家标准，建立专业建设标准、课堂教学质量标准、实践环节质量标准、毕业设计（论文）质量标准等，完善质量标准体系建设。推进和实施《本科教育教学质量监测工作方案》，科学评估学校本科教育教学质量的基本状况和总体水平，为各项政策制定提供决策依据。

2. 加强过程质量监控

完善和落实学校、职能部门、学院（部）三级教学质量监控制度，充分发挥学院（部）、系/教研室在质量保障中的主体地位。坚持日常督导与专项督导相结合，重点开展对教与学的过程、课程教学目标和教学效果以及实践教学环节的评价，有针对性地开展毕业论文（设计）、考试试卷、教学竞赛、课程评估、专业评估等的专项检查。

3. 完善教学质量评价机制

完善培养目标合理性评价机制、毕业要求达成评价机制、教学过程质量监控机制、课程质量评价机制、毕业生跟踪反馈机制等五项本科教育教学管理机制，使质量监控和持续改进工作形成完整闭环。发挥校教学委员会、学院（部）教授委员会、专业负责人等组织机构的重要作用，形成以提高人才培养水平为核心的质量文化。

（八）加大保障力度，促进本科教学健康发展

1. 强化组织保障

加强对本科教育的顶层设计，成立由党委书记和校长任组长的领导小组，统筹推进本科

教学工作，确保各项工作落到实处。夯实基层教学组织，各学院（部）成立教授委员会，建立严格的质量保障制度，确保专业（课程）建设和教学质量，各专业成立课程组，落实本科教学工作任务。职能部门围绕人才培养要求各司其职、系统推进，形成一流本科教育的强大合力。

2. 加大经费投入

学校本科教学经费预算逐年递增，用于加强教学条件、专业、课程、教材、师资等本科教学基础建设，推进本科教育教学改革。加大实践教学经费的投入，生均实践教学经费按照100元/生的增幅逐年增加。本科教学工作酬金逐年递增5%～10%。鼓励学院利用各种渠道筹集经费，构建全方位、立体化的教学建设和改革经费来源体系。

西安建筑科技大学本科教学工作审核评估经验总结报告

黄廷林[1]　肖国庆[2]　张恩茹[3]　肖楠[4]　张宇[5]　何廷树[6]　尹洪峰[7]

本科教学工作审核评估是教育部在全国普通高等学校范围内实施的评价本科教学工作水平的一项重要制度，是对学校办学水平和实力的总体检验。同时，对促进学校更新教育观念、明确发展目标和方向、深化教学改革、加强教学管理、完善内部质量保障体系有着重要而深远的意义，也是对学校全面深化改革、着力推进内涵建设成效的一次集中检验。

一、审核评估组织实施情况

学校高度重视此项工作，根据《教育部关于开展普通高等学校本科教学工作审核评估的通知》《陕西省普通高等学校本科教学工作审核评估方案》等文件精神，结合我校本科教学工作实际，制定了《西安建筑科技大学本科教学工作审核评估迎评促建实施方案》，成立迎接审核评估工作领导小组、项目小组及院（系）工作小组等三个小组，分五个阶段（准备阶段、自评自建阶段、预评整改阶段、迎评阶段、整改提高阶段）进行工作安排，通过总体部署、精心安排、广泛动员、全员参与、强化落实，保证了迎评促建工作的顺利开展。

学校坚持"以评促建、以评促改、以评促管、评建结合、重在建设"20字方针，围绕审核评估"五个度"，对照审核评估指标，认真梳理本科教学中的优势、特色及存在问题，完成了自评报告的撰写及支撑材料、案头材料的整理工作，为学校本科教学建设厘清了思路。

为确保专家组进校期间各项工作的顺利开展，学校制定了《迎接本科教学工作审核评估专家进校考察实施方案》。

审核评估专家在审阅了《西安建筑科技大学审核评估自评报告》《2012—2014年本科教学质量报告》《本科教学基本状态数据分析报告》的基础上，于2016年11月13日至11月17日对我校本科教学工作进行了为期4天的现场考察，专家组从办学定位与目标、师资队伍、教学资源、培养过程、学生发展、质量保障及特色项目等方面对我校本科教学工作进行

---

[1] 西安建筑科技大学副校长。
[2] 西安建筑科技大学教务处处长。
[3] 西安建筑科技大学教务处副处长。
[4] 西安建筑科技大学教务处科长。
[5] 西安建筑科技大学教务处科长。
[6] 西安建筑科技大学创新创业教育办公室主任。
[7] 西安建筑科技大学实验室与设备管理处处长。

了全面检验。通过现场考察，专家组对我校本科教学工作给予了充分肯定，同时也反馈了38条必须整改或需要改进的意见。

学校高度重视审核评估整改工作，专家组考察工作结束后，立即部署整改提高工作。专家反馈意见的当天下午，学校就组织人员将专家反馈意见的录音整理成文字稿，并分类整理、反馈至相关单位。专家离校3天后，即2016年11月20日，学校就印发了《关于做好审核评估整改工作的通知》。相关单位按照学校要求，对专家意见和建议进行认真研究分析，制定了整改提高措施，即知即行，立行立改。为了及时做好整改提高工作，学校依据反馈录音整理的专家意见，于2016年12月21日完成了初步的《审核评估整改提高工作方案》。2016年12月22日，陕西省高校本科教学工作审核评估管理信息系统反馈了《专家组审核评估报告》。依据专家组正式反馈意见，学校对初步整改工作方案进一步完善，形成了正式的《审核评估整改提高工作方案》。从加大宣传办学思路力度、优化师资队伍结构、加强青年教师培养、激励教师教学投入等24个方面进行了整改提高工作的全面部署。

2017年1—3月，学校评估办、教务处结合专家反馈意见和学校实际问题，对审核评估整改提高工作任务进行了进一步梳理，明确了各单位职责，形成了整改提高工作清单，逐个与单位对接并落实。

为了深入推进整改提高工作的落实，2017年4月14日，学校召开了整改提高工作推进会。会议通报了整改提高工作进展情况，结合存在的问题，对下阶段各单位的整改工作进行了进一步部署安排。要求各单位以审核评估整改提高工作为契机，结合各单位实际情况，有针对性地细化整改任务，做好各项整改提高工作。

经过半年多的整改，工作初见成效，并形成《审核评估整改中期进展报告》，并于2017年7月7日接受了陕西省专家组对整改工作及阶段性成果的中期检查。

结合中期检查专家组提出的意见和建议，学校进一步完善了整改台账，细化整改工作目标，进一步明确了各项工作的责任单位、责任人、完成时间表、路线图及目标达成，有效推进各项整改任务的深入落实。各单位对照整改任务台账，结合自身实际工作，扎扎实实地做好整改落实工作。

经过一年多的整改，各项工作取得实效，按照《关于开展第一批高校本科教学工作审核评估整改一年回访检查的通知》的要求形成了《审核评估整改提高工作总结报告》，并于2017年12月15日接受了陕西省专家组整改一年回访检查。专家组认为，我校高度重视审核评估整改工作，坚持以评促建，以问题为导向，明确目标，细化职责，即知即行，立行立改，取得了显著成效。

二、审核评估整改及持续改进的主要做法和成效

（一）人才培养方案

2018级培养方案按照"以学生为中心，基于成果导向，持续质量改进"的工程教育认证理念，重构以培养目标达成度为导向的人才培养体系。为全面推进学校创新创业教育进程，将"1+1+X"创新创业教育课程体系单独列入新设立的"创新创业教育及课外素质教育模块"；大力推进大类招生、本硕一体化、拔尖创新人才培养模式改革和专业办学国际化进程；进一步缩减课内学时、学分，降低毕业总学分要求，为学生的自主学习和全面发展提供充足的时间；强调规范办学与特色发展协调统一，要求各专业在按照国家专业类教学质量

标准及专业评估认证标准规范办学的同时，人才培养方案要结合区域经济社会发展的需要和学校实际，充分体现专业优势和特色。

（二）专业建设

学校有国家级特色专业9个，省级特色专业15个，省级名牌专业11个，国家级专业综合改革试点专业4个，省级专业综合改革试点专业11个，省级一流专业21个，战略性新兴产业相关专业4个，"教育部卓越工程师教育培养计划"试点专业10个，通过国家评估认证专业10个。专业建设方面主要开展了以下工作。

1. 一流专业建设

深入贯彻全国教育大会和新时代全国高等学校本科教育工作会议精神，积极落实教育部"新时代高教40条"和陕西省一流专业建设要求。根据专业类教学质量国家标准及专业评估认证标准，学校于2018年制定了《一流专业项目实施办法》，以提升人才培养质量为核心，依照"人才培养过程全贯穿、教学环节全覆盖、教师全参与"的理念，按照四个层次（省一流专业建设、省一流专业培育、校一流专业建设、校一流专业培育）、五个类别（课程建设类、教材建设类、实践教学类、创新创业教育类、综合建设类），每年投入2 350万元对全校62个专业全面实施一流专业建设。

2. 完善专业准入及动态调整机制

学校严格新专业准入标准，按照"优化结构、突出特色、服务社会、面向未来、形成链群、整体提升"的专业设置原则，持续鼓励学院依托优势专业开办新专业，严格控制没有优势特色专业链群支撑的专业的申报。同时，学校将学院现有专业建设水平和人才培养质量以及就业情况作为新增专业的重要依据，对于现有专业建设效果不好的学院，严格控制新增专业，督促学院推进现有专业内涵发展。鼓励学院申报新兴专业，近两年学校新增新能源材料与器件、纳米材料与技术2个专业，新申报数据科学与大数据技术、人工智能、城市管理等3个新专业，承担教育部新工科项目2项，全面推进新工科、新文科专业建设。

3. 探索专业大类培养模式

学校按照"纵向分段、横向融合"的原则，实施"通识+专业+方向"的教育模式，制定专业大类招生的实施方案。为充分发挥优势特色专业的带动作用，2018年的5个学院的26个专业，按照9个专业大类开展大类招生培养工作；2019年学校7个学院的30个专业，按照11个专业大类开展大类招生培养工作，整体生源质量明显提升。

4. 加强科教融合，促进科研反哺教学

建立科学研究反哺教学机制，积极将科研成果和资源优势转化为教学优势，提高人才培养质量。国家级教学名师、学科带头人带头走上本科讲台，讲授学科前沿知识，通过将学生带到科研基地、实验中心、生产车间进行小组讨论、认知体验等多种方式与学生交流互动，激发学生的学习热情与兴趣，引导学生去辨析、发现、求证和创新。以科研项目为载体，鼓励学生早进团队、早进课题、早进实验室，培养科研能力和实践创新能力。将大学生科研训练计划项目与教师科研项目挂钩，使学生能够参与各类国家级、省部级和应用开发课题。建立学业导师制，帮助和指导学生制定学业规划，参与实验项目及科技竞赛项目，培养学生的科研能力。

5. 强化第三方评估，健全专业社会影响力评价机制

学校高度重视并深入推进第三方评价工作，每年邀请中国科学评价研究中心和中国管理

科学研究院对学校人才培养、专业建设和办学情况进行诊断和深度分析，根据诊断结果，制定改进方案。在2019年第三方专业评价排名中，我校位列全国前10%的专业有12个，占学校专业总数的20%。同时，学校根据分析诊断结果开展校内专项评估工作，将学院本科专业排名、等级和百分比位次的变化情况，以及专业评估认证结果纳入本科生培养年度量化考核，激励学院加强专业建设，提升专业社会影响力。

（三）课程建设

学校现有6门国家级精品课程，2门国家级精品视频公开课，1门国家级精品资源共享课，57门省级精品资源共享课，4门省级精品在线开放课程，9门省级创新创业教育课程。校内外平台在线课程660余门。

1. 聚焦课程教学方法改革，着力打造在线"金课"

学校不断扩展网络通识拓展课程资源，组织在线课程学习。学生使用网络通识拓展课程平台由1家拓展为3家，我校教师已在校内课程网络中心平台上建设课程网站663门，上传学习资料33 407件。2019—2020学年第一学期开展混合式教学课程门次达到122门，17门课程已上线开课。开设MOOC课程数量位居陕西省属高校第一，"技术经济学""钢结构""环境工程微生物学""创新思维与发明问题解决方法"MOOC课程入选2019年陕西省精品在线开放课程，其中三门课程被推荐参评国家精品在线开放课程，居于陕西省属高校前列。

2. 全面推行通识核心课程挂牌授课

学校全面推行通识核心课程教师差额挂牌授课及实验项目网上预约。2018年度学生网上选课41.63万人次，较2017学年度增加了1.49万人次，完成了全校1 730名教师共6 364门次课程的教学组织安排，较2017学年分别增加了4.34%和2.38%；各类课程中131门推行挂牌授课，较2017学年增长了95.5%；挂牌授课开设2 055个教学班，较2017学年增长了29.6%；涉及任课教师1 153人次，较2017学年增长了52.5%；淘汰117个教学班，较2017学年增长了3.9倍；淘汰任课教师46人，较2017学年增长了3.5倍；开展实验网上预约学生2 605人次，较2017学年增加了1.2倍。

3. 持续加强课程建设投入，提高课程建设效果

学校继续按照"统筹规划，分类建设，确保重点，促进共享"的思路，积极开展校内课程立项建设工作。学校2018年择优立项课程建设项目86项，其中公共平台课程8项、通识课程8项、专业骨干课程70项。同时开展了2015年度择优立项的83门课程建设项目的结题验收工作，学校在泛雅平台完成了300余门课程的网站建设。

4. 强化课程思政育人作用

2012年颁布《书院-学院（学科）制实施方案》，全面实施现代书院制，凝练形成"正心、明德、励志、笃行"的我校书院理念。2018年学校制定了《教师课堂教学行为规范》，规范教师课堂教学行为；修订了《本科生综合素质教育学分考核认定办法》，全面强化思政课程、课程思政、综合素质和创新创业教育。深化两级听课制度，校、院领导要深入教学一线，思政课教师要相互听课、跨专业跨学院听课，开展全员展示、观摩活动，打造思政教育的优秀范本，专业教师要结合专业特色和需求，勇于创新，把思政课内容入情入理、恰到好处地融入专业课堂。

5. 加快教学信息化设施建设

2019年学校购置了爱课程网"中国大学MOOC（慕课）"平台，建设了校内课程网络中心 SPOC 平台，统一组织招标遴选了四家实力较强的课程制作公司协助教师建设 MOOC 课程；改善教室教学条件，在草堂校区 8、9 号楼 1~2 层教室加装拾音吊麦，学府城 16 号楼建设 50 间新型师生互动多媒体教室，教室内全部安装智能白板、超短焦激光投影仪、智能壁挂一体机，为线上线下教学提供了良好的硬件保障。

6. 积极推进"1+1+X"创新创业课程体系建设

为将创新创业教育贯穿人才培养全过程，学校在修订 2018 级培养方案时，将"1+1+X"创新创业教育类课程单独列入新设立的"创新创业教育及课外素质教育模块"。"1+1+X"创新创业教育课程体系构成为：各专业在学校设置的 1 门"创新创业基础"必修课程基础上，开设至少 1 门与专业紧密相关的创新创业教育必修课程，"X"门全校性创新创业教育通识拓展课及各专业创新创业教育选修课。"创新创业基础"已面向全校学生开课，同时开设了强化创新创业教育的专业必修课 66 门，开设了创新创业通识拓展课及专业选修课 141 门。9 门课程获准陕西高校创新创业教育课程，其中 4 门课程被认定为陕西高校创新创业教育 MOOC 课程，5 门课程被认定为陕西高校创新创业教育线下课程，获准课程数量位居省属高校第一。为推进课程思政、创新创业教育和专业教育"三维融合"育人模式，学校要求从课程教育教学方式改革入手，强化专业课程的创新创业教育工作。

（四）实践教学

1. 积极搭建校内外实践平台

学校借助土木建筑、环境市政、材料冶金等行业的资源优势，在全国各地建立了稳定的实习、实践基地。截至目前，学校共有稳定的实习实训基地 238 个，其中校外 223 个，校内 15 个，涵盖了全部专业，确保每个专业有 3~4 个稳定的实习、实践基地。积极开展校企共建实践基地，学校当选冶金行业、建设领域 2 个卓越工程师教育联盟副理事长单位，获国家级工程实践教育中心 4 个、大学生校外实践教育基地 2 个。

2. 推进实验教学改革

学校在构建由基础实验模块、专业基础实验模块、专业方向实验模块、拓展性实验模块四部分组成的专业实验教学体系基础上，充分发挥科研资源和平台作用，鼓励教师在教学过程中积极引进先进的实验技术和方法，改造和提升传统实验项目，积极开发设计性和综合性实验项目，2018 年设计性和综合性实验项目占总实验项目的比例为 42.3%。为适应学分制改革，对独立设课实验按照实验项目进行编排，由学生自主选择实验时间，积极推进开放实验教学项目建设。

3. 加强虚拟仿真实验教学课程建设

积极推进信息技术与实验教学深度融合，加强优质实验教学资源建设与应用。投入专项资金，立项建设校级虚拟仿真实验教学项目。同时，对标国家虚拟仿真实验教学项目立项规划，结合学科专业门类布局和发展情况，积极准备，精心组织，积极邀请校内外专家"把脉问诊"，精准发力、持续改进。截至目前，我校共建有 1 项国家级、9 项省级虚拟仿真实验教学项目，位居陕西省非"双一流"高校首位。其中，"大型公共建筑中央空调系统控制与节能优化"项目被认定为 2018 年度国家虚拟仿真实验教学项目，该项目是陕西省高校唯一入选的土木类项目，标志着我校虚拟仿真实验教学、实验资源建设与创新再上一个新台阶。

4. 建立健全实验资源开放共享机制

经过多年持续探索实践，建立了"项目驱动、平台支撑、制度保障、全员联动"的实验资源开放共享机制，形成了教学与科研平台全覆盖、学生积极参与、教师主动投入、学院高度重视的开放局面，有效促进了创新型人才的培养。以2016—2018年为例，2016年实施开放项目47项，参与学生207人，累计4 328人时；2017年实施开放项目361项，参与学生4 437人，累计21 813人时；2018年新增756项，总项目3 225项，参与学生8 135人，累计40 825人时。截至2019年7月，学生通过微信和电脑端预约开放项目13 631人次，2018年、2019年分别认定实验开放学分1 966、1 743人次，参与指导教师200余人、实验室管理员38人。实验室开放后，学生参与度大幅提升，全员联动效果显著。

5. 加强实践教学过程管理

每年坚持开展实验教学、实习、课程设计（论文）、毕业设计（论文）专项检查工作。学校一直严把毕业设计（论文）选题质量关，要求题目必须注重培养学生综合分析能力、实践能力和创新精神，必须与工程实际、科学研究等紧密结合。2019届本科毕业设计（论文）79.7%的题目来源于工程实际、科研实践等。严格过程管理，2019届开展了中期检查和试点查重检测，全校有1 852篇毕业设计（论文）进行了查重检测，合格率为95.09%，有效预防了抄袭现象，加强了学术道德和学术规范，保证了毕业设计（论文）质量。针对当前本科实习普遍存在的企业接收积极性不高、现场实习时间严重缩水、实习效果难以保障等难题，学校大力推进实习教学模式改革，鼓励各专业充分利用"互联网+教育"，开展虚拟仿真实习项目建设，在工科专业生产实习中积极开展"模拟实习+现场实习"的互补式实习模式改革，提高了实习效果。

6. 开展联合毕业设计，提高学生创新意识和实践能力

学校多年坚持开展联合毕业设计活动，促进交流合作，提高毕业设计质量。建筑学院各专业连续多年积极参与中国城市规划学会六校联盟、UC4四校联盟、西部四校联盟、四校乡村联盟、城市规划"7+1"联盟、西安三校联盟等多项国内校际联合毕业设计。建筑设备科学与工程学院建筑电气与智能化专业连续五年参加了由全国高等学校建筑电气与智能化学科专业指导委员会主办的多校联合毕业设计，并获得一等奖4项、二等奖2项的优异成绩。艺术学院环境设计专业连续六年参加了由中国建筑学会室内设计分会主办，同济大学、哈尔滨工业大学等高校参与的"室内设计6+1"校企联合毕业设计，我校学生作品在此项活动中多次被评为最高级别的优秀作品。2019年，我校环境工程、土木工程、工程管理专业首次开展了跨专业联合毕业设计。

在2018年度陕西高校土建专业优秀毕业设计评选活动中，我校参评的23个毕业设计方案取得了优异的成绩，荣获一等奖8项、二等奖10项、三等奖5项，我校获一等奖数占全省一等奖总数的50%。

（五）创新创业教育

1. 完善创新创业教育组织机构

2017年学校在创新创业教育领导小组下设置了正处级建制的创新创业教育办公室，统筹协调全校创新创业教育工作，同时明确了创新创业领导小组成员单位工作分工，双创教育真正融入各职能部门日常主体工作。创新创业教育办公室牵头，与小组成员单位建立了联席会议制度，形成了良好的沟通协调机制；各学院成立了创新创业教育工作领导小组及教育活

动指导委员会，具体实施和指导各类创新创业教育工作，制定了创新创业教育学院年度业绩考核办法，进一步完善激励和约束机制，形成了学校、职能处室、学院齐抓共管的协同工作模式。通过构建课程体系，完善训练体系，提升教师创新创业教育能力，打造实践平台等，初步形成了具有一定特色的创新创业教育体系，在培养学生创新意识和创业精神方面进行了有益的探索和实践。

2. 建章立制，落实创新创业组织管理与条件保障

学校修订了《大学生创新创业教育改革实施方案》《创新创业竞赛分类一览表》《大学生创新创业竞赛管理办法》《本科生创新创业竞赛获奖转换课程成绩及学分实施办法》等相关管理制度，采取多种措施落实竞赛组织管理和条件保障，强化指导教师队伍培训工作，落实承办单位主体责任，并取得了较好成绩。近年来入选"全国深化创新创业教育改革示范高校""陕西高等学校创新创业教育研究基地"，获得陕西省创新创业教育改革试点学院3个、陕西省大学生校外创新创业实践教育基地3个、首批全国万名优秀双创导师5人。2018年本科生科研训练计划（SSRT）项目立项258项，较2017年提高了10%，参与学生1 290人，较2017年提高了11%；获批省级"大学生创新创业训练计划"项目105项，较2017年提高了24%；获批国家级"大学生创新创业训练计划"项目63项，较2017年提高了24%。

3. 创新创业竞赛水平明显提升

2018年在我校大学生参加的13类高教学会评估竞赛中，共获国家级奖项23项，一等奖（或金奖）由2017年的零项增加到2项；获二等奖（或银奖）10项，较2017年增长了42.9%；获三等奖（或铜奖）11项，较2017年增长了57.1%；获奖数量与质量均为历史最高。其中，在"创青春"中国大学生创业计划大赛中，获得国家金奖1项、银奖1项、铜奖2项，首次实现我校高层次综合性大赛金奖零的突破，该项赛事获奖综合得分列全国高校第46位；在第五届全国大学生艺术展演中，获得一等奖2项，二等奖2项，位列全省高校第一；在全国大学生机械创新设计大赛中，获得一等奖1项、二等奖2项，获奖综合得分列全国高校第34位，创该赛事历史最好成绩。

2019年，在第五届中国"互联网+"大学生创新创业大赛中，勇夺1金1铜，这是我校首次在该项大赛中斩获金奖，创造了我校历史最好成绩，也是陕西省属高校首次获得金奖。在第十三届全国大学生结构设计竞赛中，我校2支参赛队伍荣获一等奖，一等奖获奖数位列全国高校首位。在全国大学生英语竞赛中，获得国家级特等奖8项、一等奖12项，取得了历史性突破。在第六届全国大学生工程训练综合能力竞赛中，荣获国家级三等奖2项，是该项赛事参赛历史最好成绩。

（六）国际交流与合作

1. 积极实施与境外联合办学

2017年学校与澳大利亚南澳大学合作成立的安德学院获教育部批准（许可证编号：MOE61AUA02DNR20171840N），这是西北首家同时具有本科、硕士培养层次的中外合作办学机构。目前安德学院4个本科专业面向全国招收574人，2个硕士专业共招59人。引进南澳大学先进课程4门、共建课程5门、新开校内课程4门，引进先进教材及参考书目9本，选拔10名教师赴南澳大学进行了为期4周的交流学习，为国（境）外学生来校学习创造条件。2019年8月，58名本科生和27名硕士研究生赴澳大利亚南澳大学学习。

2. 多渠道扩大国际交流范围

2012 年学校在瑞典吕勒欧市设立孔子学院，至今已顺利开办 7 年。2017 年学校成立国际教育学院，是陕西省"三秦留学生奖学金"实施院校、孔子学院总部/国家汉办"孔院奖学金"接收院校。2018 年来校留学生人数增至 87 人，较 2017 增加了 38%。学校不断加强制度建设，进一步规范了本科生赴国（境）外学习课程认定流程，优化了认定方式，细化了认定办法，通过多种渠道提高国际化教育水平，加强与国外大学的交流与合作，建立定期交流及联合培养机制。截至目前，与美国 40 余所大学开展"1+2+1""2+2""3+1"本科双学位联合培养项目，与美国、英国、德国、澳大利亚、日本等国（境）外近 30 所高校建立了学生交换、交流与学习平台。

（七）教学质量保障体系

学校围绕教学全过程，着眼过程控制关键环节，对本科教学质量保障体系建设进行了长期的探索与实践，结合两校区办学实际对体系进行优化，构建了以校内教学专项评估、动态通报为抓手，以外部院校评估及专业评估认证为推力的本科教学质量保障体系。学校以本科教学质量保障体系建设为题目的"划转院校本科教学质量管理体系的重构与实践"教学成果，获得 2009 年国家级教学成果二等奖。

1. 建立了"四头在外、六个子系统"的本科教学质量管理体系

近年来，在不断优化以生源、就业、用人单位及外部院校评估和专业评估认证等方面的信息，以及教学质量管理组织体系、目标体系、规章体系、流程体系、评估体系、反馈整改体系六个子系统（"四头在外、六个子系统"）为特征的开放互动、全程控制的本科教学质量保障体系的基础上，学校进一步完善"3+X"校内教学专项评估指标体系，提高自我评估的科学性与合理性。"3"是指课堂教学、课程考核与管理、本科毕业设计（论文）专项评估，每年开展一次；"X"是指实验教学、实习工作、课程设计（论文）、人才培养方案、专业建设、课程教学大纲、教材选用的专项评估等，每年根据需要动态开展 2～4 项。每年开展 5～7 项专项评估工作，发现问题及时整改，专项评估结果纳入学院年度业绩考核。

2. 建立了"检查—反馈—跟踪落实"的教学质量持续改进机制

学校形成了校、院、系（教研室）三级教学质量监督体系。2000 年，在陕西高校中较早地建立了本科教学督导制度，成立了第一届本科教学督导组。2005 年，建立大学生教育教学信息员队伍，长期参与教学信息反馈和教学专项工作。为充分发挥本科教学督导的作用，结合新时代高等教育发展对本科教育教学的新要求，进一步提高督导组成员掌握现代化教育信息技术的水平，使督导工作更加贴近教学实际，学校于 2018 年修订了《本科教学督导组工作条例》，在聘任新一届本科教学督导组成员时，吸纳了部分学术造诣高、教学及管理理念先进、教学效果好的在职教师，形成了一支专兼结合、老中搭配、充满活力的队伍，更好地发挥了督导组对本科教学的促进作用。

学校搭建了由"四类调研工作、三个教学论坛、四种教学简报、六个信息渠道"构成的教学质量信息网络反馈平台，收集、整理和分析教学质量相关信息，及时将信息反馈至相关单位，针对教学运行中总结的经验和发现的问题，学校通过《教学简报》形式对评价结果和共性问题进行通报。针对个性问题，学校按照"一院一策"的原则对各教学单位存在的具体问题单独进行书面意见反馈，提出改进建议，要求教学单位积极整改并及时反馈整改情况，并实时跟踪问题的整改落实情况，对相关部门的回应及整改效果进行动态通报，有力

地促进了教学工作的动态调整和持续改进。

3. 学校建立了"三方听课，四维评教"的教师课堂教学质量评价制度

采取学生评教、同行评教、督导评教、领导干部评教相结合的方式对教师课堂教学质量进行评价。学生作为对任课教师的课堂教学状况最为直接的见证者，每学期中后期通过教务管理系统对教师的课堂教学状况进行评价，并对教师课堂教学中存在的问题进行反馈；领导干部、教师同行、督导老师经常深入教学一线听课，对教师课堂教学内容、教学方法、教学效果、师德师风等方面进行评价。

（八）教学激励与约束机制

学校按照"以质量特色求生存，以改革创新促发展，以服务奉献谋支持，以精细管理提效率"的思路，加强顶层设计，建立了本科教学工作激励与约束的长效机制。多措并举，调动教师潜心教书育人的积极性。

1. 改革教师考核与评价制度，增加本科教学在教师职务晋升及岗位聘任中的比重

在教师职务评审办法中规定，教师职务晋升须满足"每年至少独立讲授1门本科生课程"的基本要求，同时通过设置教学型职务类型，增加教能培训实践和本科教学评教成绩要求，激励教师增加对本科教学的投入力度。在注重本科教学数量的同时更加注重教师的教学质量。在教师职务晋升办法中，提高对教师课堂教学综合评价结果的要求，将双50%（课堂教学综合评价结果位于该学院前50%的次数不低于总评教次数的50%）作为职称晋升的必备条件。在教师岗位聘任与考核中，增加教师本科课堂教学学时置换科研得分的条件，引导广大教师加大本科教学投入。

2. 突出本科教学在绩效工资和学院年度业绩考核中的地位

学校的《绩效工资暂行实施办法》中，人才培养激励绩效总额占教师奖励绩效总额的3/5。学校新增3 600万元，重点提高教师奖励绩效，并向本科教学倾斜。在学院年度业绩考核的八个一级指标中，本科生培养指标权重33%，占比最大。同时，学校提高了教授、副教授及教学名师上课率在业绩考核中的比重，并于2018年10月开展了教授对本科生授课的专项检查，督促学院落实教授、副教授及教学名师为本科生上课。

三、深化本科教育教学改革、提升本科教育教学质量的举措

（一）以一流专业项目为抓手，深化本科教育教学改革

为深入贯彻全国教育大会和新时代全国高等学校本科教育工作会议精神，积极落实教育部"新时代高教40条"和陕西省一流专业建设要求，学校在多次调研和广泛征求意见的基础上制定了《一流专业项目实施办法》，并在全校范围内召开一流专业项目实施启动会及专题调研会。该实施办法是在新时代高等教育发展新形势下，结合我校本科教育和专业建设当前实际与未来发展，全面深化学校本科教育教学改革、深入推进本科专业建设的重要举措。

学校根据教育部普通高等学校本科专业类教学质量国家标准及专业评估认证标准，以提升人才培养质量为核心，依照"人才培养过程全贯穿、教学环节全覆盖、教师全参与"的理念，针对专业发展中存在的问题和短板，确定建设目标和内容，按照"陕西省一流专业建设项目（国家一流专业培育）、陕西省一流专业培育项目、校一流专业建设项目、校一流专业培育项目"四个层次进行专业建设，覆盖学校全部专业，推进实施专业分类建设，合

理优化资源配置，积极引导各专业明确定位、强化特色、争创一流。

一流专业项目以遴选设置不同类别子项目的方式细化专业建设任务、落实专业建设工作。子项目的设置着眼人才培养的全过程，聚焦各专业建设中的关键问题和薄弱环节，分课程建设类、教材建设类、实践教学类、创新创业教育类、综合建设类五大类进行建设，要求所有教师参与专业建设工作，建设成效纳入学院业绩考核，并与教师岗位考核、职称晋升、考核评优挂钩。

《一流专业项目实施办法》的颁布实施在全校引起了强烈反响，极大地鼓舞了学院加强专业建设、教师投身课程建设和教育教学改革的积极性，建立了促进专业发展的长效机制。一流专业建设的推进实施，必将进一步强化专业内涵建设、提升专业建设水平和人才培养质量。

（二）深入推进现代书院制，不断提高大学生可持续发展能力

学校从2012年起开始在草堂校区的本科生中试行书院-学院（学科）制人才培养模式，建设的书院建筑、成立的书院机构、营造的书院氛围、形成的书院效应，在2016年审核评估时受到了专家组的充分肯定。三年来，学校不断优化完善现代书院制人才培养模式，传承中国传统教育思想精粹，汲取现代大学先进办学思想，凝练形成了"正心、明德、励志、笃行"的我校书院理念。

按照学生综合素质全面、可持续发展新内涵的要求，通过修订本科人才培养方案，实施"10学分通识拓展课+10学分创新创业教育及课外素质教育"的综合素质教育，将以思想政治教育课程、通识拓展课程为主要内容的课内教育和以"基本素质和行为养成教育、社会实践及创新创业教育"为主要内容的课外教育有机结合。实施学业导师、朋辈导师、兴趣导师、心灵导师制度，营造了"亦师亦友，同学同悟"的书院学习氛围。建立南山"四雅"（南山行仁、南山习礼、南山取智、南山恪信）、紫阁"四YUE"（紫阁有曰、紫阁有约、紫阁有阅、紫阁有悦）和南山农场等实践育人平台，开展诗歌会、国学经典诵读、学雷锋志愿服务、劳动教育等活动，全面提高学生综合素质。书院建筑传承"九宫格局"的秦汉风格，设置更多开放共享空间，为教师与学生、校外专家与学生、管理人员与学生、不同专业年级学生之间的互动交流提供了开放环境。书院建筑、活动场所、平台载体相互交融补充，教学单位、管理部门、保障部门相互协同融合，共同对学生形成潜移默化的影响，形成了教书育人、管理育人、服务育人、实践育人和空间育人的书院育人效应场。

（三）加强基层教学组织建设，调动教师教学积极性

基层教学组织在专业建设、课程建设、青年教师培养、教学方法改革等方面发挥着重要的作用，是联系师生、落实教学工作的"最后一公里"，其工作效果直接关系到学校的教学水平和人才培养质量。

针对大多数基层教学组织存在的专业建设和教学改革工作不能有效组织和推动、教学法活动流于形式等问题，2017年学校出台了《基层教学组织工作条例》，投入65万余元用于基层教学组织开展教学法活动；为调动基层教学组织工作的积极性，学校制定了《先进基层教学组织评选办法》，每两年评选10个先进基层教学组织进行表彰。

为广泛宣传基层教学组织的先进做法，2017年主管教学工作的副校长亲自带领教务处同志10余次深入基层教学组织进行观摩和调研，及时解决教学法活动中存在的问题。学校

通过开展专题调研及查阅各基层教学组织教学法活动记录，进一步规范了基层教学组织教学法活动的内容和形式，为全校基层教学组织开展活动奠定了良好基础。

通过多项举措，激发了基层教学组织活力，充分调动了广大教师投身本科教学工作的积极性，更好地发挥了基层教学组织在专业建设、教学组织和人才培养上的重要作用，有效推进了基层教学组织建设。

（四）实施"学业指导+精准督导"模式，提高育人效果

为进一步引导学生刻苦努力学习，提高学习效果，学校制定了学业指导规章制度，推行"学业指导+精准督导"的创新模式，因材施教，帮助各类学生解决学习过程中遇到的困难与问题，促进人才培养质量的整体提升。

学校不断加强学业指导。根据不同学习阶段学生特点，通过开设主题讲座、专业导学课程、集中培训等多种形式，定期开展指导活动。一是对一年级新生，开展专业培养方案、转专业、学籍管理规章制度解读以及学业规划指导，帮助学生快速适应并融入大学的学习和生活，形成良好的学习习惯，提高其对专业的认知度；二是对二年级学生，强化学业预警、选课、学风考风、创新创业竞赛指导，引导学生增强学习内驱力，细化学习环节，打牢学习基础，促进学生德智体美劳全面发展；三是对三年级学生，突出专业方向，如果科研实践类、专业学科竞赛、考研等方面的指导和引导，重在培养学生专业素质和专业技能；四是对四年级及建筑学院五年级学生，督促学生核查学分完成情况，进一步加强选课指导，开展学业发展和就业辅导类指导，为学生考研、出国留学、就业、创业等提供咨询和帮助。

学校在学业指导基础上不断加强精准督导。一是学困生帮辅指导，旨在为学业警示、降级试读等学习有困难的学生提供学业帮辅和排困解惑。各学院按照"领导带头、落实到人；排忧解惑、助力成长"原则，建立健全学业帮辅精准督导机制。对学习存在较大问题的学生，学院及时帮助制订合理的学习计划，跟踪督导学习进展，助力学生顺利完成学业。二是拔尖创新人才指导，旨在为学有潜力、学有余力的拔尖学生提供个性化的指导。各学院根据学生发展规划，结合学生需求和发展目标，为其配备指导教师，加强对其创新创业活动、学科竞赛、社会实践、考研深造等方面的指导，助力拔尖创新人才培养。

自2016年审核评估以来，学校各项工作取得了长足发展，但还存在很多不足。在下一步工作中，学校将认真贯彻全国教育大会和新时代全国高等学校本科教育工作会议精神，积极落实"新时代高教40条"和"质量22条"，紧跟新时代高等教育的步伐，准确把握高等教育发展大势，积极应对教育教学改革的深刻要求，超前识变、积极应变、主动求变，将OBE理念贯穿人才培养全过程，建立一流机制、打造一流平台、创造一流环境、培育一流教师，从而真正让课程优起来、教师强起来、课堂活起来、学生忙起来、制度严起来、教学热起来、效果实起来，使学校本科教育教学质量和人才培养水平再上新台阶。

西安工业大学本科教学工作审核评估经验总结报告

徐光明① 杨国梁②

在陕西省教育厅统一安排下，2016年3月—10月，我校开展了本科教学工作审核评估，2017年12月，完成审核评估整改一年回复检查工作。学校根据审核评估"以评促建、以评促改、以评促管、评建结合、重在建设"的工作方针，按照"问题导向、精准发力、持续改进"原则，圆满完成了审核评估自评自建、整改和专家考察阶段的各项工作任务。

一、本科教学工作审核评估组织实施概况

（一）自评自建阶段

1. 筹备与动员（3月上旬—4月上旬）

主要任务是完成筹备与全校动员工作。主要工作包括参加教育部和西部评估中心培训，召开2016年教育科学研讨会暨审核评估动员会，制定审核评估工作方案，组建评估工作机构、实施各级动员等。

2. 制定并实施建设方案（4月中旬—7月中旬）

主要任务是制定各项目建设方案。主要工作包括采集并核定核心数据，制定并论证教学建设与环境建设项目，编制自评报告和本科教学质量报告，制定支撑材料和案头材料目录，确定专家考察路线与场馆建设方案，制定学风建设方案、宣传工作方案等。

3. 强化建设阶段（7月中旬—8月27日）

主要任务包括五个方面，一是继续推进实践教学条件建设，重点解决招投标环节存在的问题；二是全面开展校园环境改造工作；三是修改自评报告；四是进行支撑材料、专家案头材料建设；五是开展学院评估整改，促进教学档案建设工作。

4. 自评验收阶段（8月28日—10月20日）

主要任务是自评验收和强化建设。主要工作包括提交基本状态数据并形成数据分析报告，完成教学环境建设、职能部门评估、学院评估回头看、教师课堂教学水平检查等重点工作，开展评估知识培训，完成迎评工作方案。

5. 预评估与迎评准备阶段（10月21—29日）

主要任务是开展预评估，强化迎评准备工作。主要工作包括聘请5名省内专家实施预评估，进行实战演练；根据存在问题，进行迎评动员，全校进入良好的状态；各工作组强化准

---

① 西安工业大学高等教育研究与评估中心副主任。
② 西安工业大学高等教育研究与评估中心科长。

备工作，全面落实迎评工作方案。

（二）专家进校考察阶段（10月30日—11月3日）

10月30日—11月3日，专家组一行9人进校，全面考察了我校本科教学工作。在此期间，专家组考察了学校学科特色实验室、基础教学实验室、工业中心、校史馆；听课、看课51门，调阅试卷2 129份，调阅毕业论文751份，调阅实验报告、实习报告、毕业答辩记录等材料191份；访谈全体学校领导17人次，访谈职能处室负责人36人次，访谈教学人员20人次。走访全体学校教学单位17次，走访实习基地1个，走访用人单位1个。召开了教师代表座谈会、学生代表座谈会和毕业生代表座谈会。考察结束后，专家组对我校的评建工作充分进行了充分肯定。

（三）整改阶段（2016年11月—2017年11月）

专家离校后，学校对专家反馈意见进行整理，梳理形成整改思路，各职能部门分别启动整改工作。在此基础上，学校召开评估总结会议，制定整改方案，有计划、有步骤地做好整改阶段工作，并于2017年12月完成专家一年后的回访进校检查工作。

二、本科教学工作审核评估主要做法、特色、成效与经验总结

（一）各级领导高度重视

学校把审核评估作为争创"四个一流"和创建高水平大学的关键性工作，明确提出评建工作的指导思想，即坚持"以评促建、以评促改、以评促管、评建结合、重在建设"的方针，全面提高教学质量和办学效益，建设特色鲜明的高水平大学。

学校成立了以党委书记和校长为组长的审核评估工作领导小组，负责重大事项决策。其他校领导直接负责相关工作组，亲自参与评建工作，保障了各项工作的推进和开展。

（二）全员参与，状态优良

全校师生员工充分认识到本科教学和审核评估的重要意义，对本科教学中心地位和教学质量的认识达到新境界，充分体现了学校的质量主体意识，展现了"忠诚进取，精工博艺"的优良校风。

专家组对我校师生员工优良的状态给予高度评价，认为全校形成了重视教学、关注教学的整体氛围，校领导班子团结进取，配合默契，广大教师忠诚进取，甘于奉献，勤勤恳恳地投身于教书育人工作。专家们深切感受到广大师生对学校具有强烈的归属感和认同感。

（三）建立完善的工作机制

学校审核评估工作领导小组下设教学评建办公室、评建督查办公室。按阶段召开校长办公会，讨论评估重大决策；评建办公室定期召开评建工作例会、评建办主任例会，讨论制订各项工作计划，检查工作落实情况。各工作组和专家进校考察阶段的八个工作小组各司其职，协同配合，高质量地完成了工作任务。这种"工作小组"运行模式打破了部门壁垒，强化了多部门协同配合，形成了良好的工作机制。

（四）分解任务，重在落实

根据学校评建工作指导思想和工作目标要求，学校制定了评建工作总体工作方案，对评建工作内容全面分析，合理分解任务。各工作组、各教学单位根据学校总体工作方案，制定

了本组、本部门方案，明确了建设项目和任务，按时间节点全面开展项目建设。

（五）抓住关键环节，开展自我评估

自评自建要抓住关键环节，突出自评特色。全面梳理办学状态基本数据，集中资金解决重点问题。学校在教学建设和环境建设方面投入1 400余万元，立项37项，最终完成建设资金1 300余万元、项目35个，完成了建设目标，为评估工作顺利开展创造了良好的物质条件。

开展自我评估。学校组织开展了专业评估、学院评估、职能部门评估、学院评估回头看、课堂教学水平专项检查、组织教师开展说课等。聘请了五位省内知名专家进行模拟演练。预评估专家提出了非常中肯的意见和建议，取得非常好的效果。

（六）积极动员，营造良好氛围

学校组织召开全校性动员大会和评估工作推进会，邀请教育部评估中心和西部评估中心专家学者做专题培训，对全校各部门负责人针对自评报告、数据解读和迎接专家评估进行培训；加强评估知识宣传，开发专门评估网络平台，印制审核评估知识手册、更新校园宣传内容、利用微信公众号等多方式、全方位宣传评估知识，营造了良好的迎评氛围。

三、本科教学工作审核评估及整改取得的主要成绩与持续改进方向

（一）取得的主要成绩

通过"以评促建"，本科教学在长期积累的基础上，取得了新的成绩。学校在本科教育教学方面取得不少亮点和成绩，其中较为突出的有以下八个方面。

（1）学校经过60多年的办学积淀，践行"敦德励学，知行相长"的校训，弘扬"忠诚进取，精工博艺"的校风，注重学生军工品格锤炼，强化工程实践能力培养，形成了较为鲜明的人才培养特色。

（2）办学定位明确，人才培养目标符合国防工业以及区域经济社会发展需求。全校教职工忠诚进取，为区域经济和国防工业输送了11万余名高级专门人才。

（3）教学中心地位得到保障。学校从组织、政策、经费等方面对教学工作给予倾斜和保障，为学校培养高质量人才打下了坚实的基础。以平常心、正常态对待本科教学水平审核评估，充分体现了学校的质量主体意识，注重内涵发展，展现出改进和完善人才培养工作的"精工"精神。

（4）师资队伍及教学资源保障不断加强，有力地促进了人才培养质量提升。教师崇尚师德，具有敬业精神，业务水平较高；教师队伍结构不断优化，注重青年教师教学能力的培养，较好地保障了人才培养目标的实现。

（5）构建了"三层次、四平台、多模块"工程实践能力培养体系，将实践教学渗透到培养过程的各环节。在资金紧张的情况下，采取有力措施重点保障教学条件建设，教学设施及公共服务体系基本满足人才培养的需要。

（6）教学管理规范，较好保障了培养目标的达成。规章制度健全，教学档案完整，教学秩序良好。构建了较为完备的教学质量监控体系，形成了自我约束、评价激励、改进提高的运行机制，从而较好地保障了人才质量的提高和培养目标的实现，初步形成了教学质量文化氛围。

（7）积极探索人才培养模式改革实践，教育教学改革成果较为突出。设立教改实验学院，成立创新创业学院，开展多元化人才培养的改革实践，逐步形成了以校企联合为特征的"3+1"培养模式，积极探索应用型人才培养的新模式。学校连续两届获得国家级教学成果奖，位列陕西省属高校第四名。

（8）学风建设卓有成效，毕业生就业率高，用人单位满意度高。坚持"以学生为本，全面发展"的理念，创建并实施了以"四成教育"为核心的大学生目标教育体系，形成了全方位保障的指导与服务体系。学风不断改善，增强了本科生学习动力，学生对自我学习与成长的满意度较高，就业率保持在90%以上，用人单位对毕业生的学习能力、动手能力、创新能力给予一致好评。

总体上，专家组一致认为，经过陕西省的大力支持和学校的不懈努力，学校有条件、有能力建设成陕西省一流本科人才培养高校。

（二）整改方向

通过对专家组评估意见、专家个人反馈意见、专家审读《自评报告》意见、学校《自评报告》自查意见、专家走访各部门反馈意见等的整理，归纳出教学工作中主要存在有以下几个方面的问题。

1. 定位与目标方面

学校办学定位目标在契合区域经济和国防工业发展需要上，表述还不够清晰，应明确提出"建成陕西省一流本科教育高校"的目标。发展规划对契合国家和陕西省"十三五"发展战略体现得不够充分。

2. 师资队伍方面

师资队伍中的高层次人才偏少，青年教师中的国家级人才数量还不多，教学名师和顶尖学术人员偏少。专任教师中，教授比例、具有博士学位教师的比例较低。教师工程实践能力有待加强，教师出国访学、交流的人数偏少。教师从事教学工作的积极性需进一步提升，要把多数教师的精力引导到本科教学上来。

3. 教学资源方面

教学资源对人才培养保障度有待加强。总体办学经费不足，建设资金来源单一。一些专业师资和教学条件不够完备，要进一步调整和优化本科专业布局。课程资源不够充分；课程群未能覆盖大部分课程；学校来华留学生数量少，本科生国际化教育水平不够高。省部共建、省局共建需进一步强化，应积极落实共建的有关协议内容。

4. 培养过程方面

教师教学改革立项资助力度不足以调动教师参与积极性。学生转专业限制多，小班教学班级规模不足，启发性教学相对不够，部分教师运用现代化教学手段的效果不尽如人意。实验室开放程度略显不足，校外实习基地建设有待加强，创新创业教育的师资培养和课程系统设计略显不足，急需加大投入和支持力度。

5. 学生发展方面

学生专业主干课程不及格率较高，毕业设计平均优秀率偏低，学生读研率、英语四六级通过率较低。生源结构不尽合理，部分专业第一志愿报考率较低。学生专业学习和科学研究的指导还有待强化，应实施导师制，配备"高端班主任"。本科生仍有少量合格毕业生不能及时就业，应提高学生就业指导服务水平。

6. 质量保障方面

学校质量监控体系仍需进一步完善，教学质量监控各部门的职能需进一步明晰，同行评教和专家评教的覆盖面较低。《主要教学环节及质量标准》需要进一步修订和完善。校级层面独立督导队伍数量偏少，二级学院尚未聘任本科教学独立的督导员，二级督导未完全落实。教学质量保障体系的有效度需进一步加强。

7. 特色方面

特色总体明显，内涵建设需要持续充实巩固。各专业课程体系和培养过程对特色的支撑不一致，有待进一步统一认识。

（三）整改步骤

学校整改情况及结论将作为陕西省"四个一流"建设的重要参考，整改工作任重而道远。针对审核评估整体进程和整改工作重点工作，具体做出如下改进。

1. 建立整改工作机构

学校评建工作领导小组、评建办公室继续履行其职责，制定整改工作方案，负责整改工作组织和开展；由于工作变动等原因，对各机构人员进行相应优化调整。明确各教学单位、职能部门具体整改任务与职责。

2. 召开审核评估总结会

组织召开全校范围总结会议，肯定成绩，开展表彰，鼓舞士气；分析形势，明确任务，落实整改。

3. 依照建设"陕西一流本科教育"目标，出台相关实施意见

牢固树立人才培养是学校根本任务的教育思想，深入调查研究，明确陕西一流本科教育内涵，将其作为学校本科教育教学发展的战略目标。学校围绕这一目标，探索制定建设一流本科教育的实施意见，将其作为教学工作的总体指导思想，全面提升人才培养质量。

4. 优化顶层设计，构建特色育人体系

将创建陕西一流本科教育目标列入"十三五"规划，在全校形成共识。优化人才培养总目标，体现立德树人，突出军工特色。系统设计和修订2017版培养方案，紧跟国家发展战略，适当降低学分，满足专业认证和学生自主学习需要。

5. 出台相应政策，强化师资队伍建设

落实教授为本科生授课制度，切实提高教授授课比例。以建设一流本科教育为目标，进一步优化师资队伍结构。出台主讲教师准入制度，完善青年教师导师制度、助教制度；提高教师尤其是青年教师的教学水平和工程实践能力，提高教师国际交流水平。

6. 拓宽资金来源渠道，加强教学资源建设

围绕办学目标和定位，优先保障教学经费。逐年增加生均实验实习经费。加强实验室建设，提高教学资源共享水平，提高校园信息化水平，为一流本科教学提供环境保障。

7. 深化本科教学改革，提升人才培养质量

实施质量提升工程，系统开展专业及课程建设，优化专业结构，全面推进专业认证。大力推进导师制、小班化教学等形式；加强考试方式管理和改革，增强学习过程与学习效果的考核；加强第二课堂建设，增加学术讲座，营造良好学术氛围；推进创新创业教育，进一步完善实践教学体系，开展高水平科技创新活动。

8. 加强学生指导与服务，满足学生发展需要

增加辅导员、心理咨询专职人员，建立校院两级心理咨询队伍。加强大学生职业教育课程建设与管理；以学生需求为出发点设立班主任制度；提高对贫困学生帮扶的精准度；进一步提高第一志愿报考率；进一步加强毕业生就业质量跟踪和信息分析工作。

9. 完善质量保障体系，提高运行有效度

进一步完善质量保障体系，厘清各部门质量保障职能，提升质量监控体系运行有效性；进一步落实校院两级质量监控体系，实现工作重心下移；进一步完善人才培养质量评价标准，做好教学质量持续改进。

四、学校实施一流本科教育的计划和举措

为深入贯彻全国教育大会、全国高校思想政治工作会议和新时代全国高等学校本科教育工作会议精神，落实全省教育大会精神，夯实立德树人根本任务，培养德智体美劳全面发展的社会主义建设者和接班人。2019年4月，学校制定了《一流本科教育行动计划》，持续深化学校本科教育教学改革。

（一）指导思想

坚持以习近平新时代中国特色社会主义思想为指导，坚持"以本为本"、推进"四个回归"，牢牢把握高等学校的根本任务和根本标准，按照"新时代高等教育40条"相关要求，结合我校"十三五"规划目标，全面深化本科教育教学改革，努力培养德智体美劳全面发展的社会主义建设者和接班人，为建设社会主义现代化强国和实现中华民族伟大复兴的中国梦提供强有力的人才保障，全面推进兵工特色、区域一流的高水平大学建设。

（二）总体目标

经过不懈努力，"四个回归"全面落实，特色高水平人才培养体系全面建成，专业建设水平和人才培养能力全面提升，学生学习成效和教师育人能力显著增强，协同育人机制更加健全，现代信息技术和教育教学深度融合，质量督导评估制度更加完善，大学质量文化建设取得显著成效，全面形成兵工特色、区域一流的高水平本科教育。

（三）基本原则

1. 坚持立德树人，德育为先

把立德树人内化到学校建设和管理的各领域、各方面、各环节，坚持以文化人、以德育人，不断提高学生思想水平、政治觉悟、道德品质、文化素养，教育学生明大德、守公德、严私德。

2. 坚持学生中心，全面发展

以促进学生全面发展为中心，既注重"教得好"，更注重"学得好"、激发学生学习兴趣和潜能，增强学生的社会责任感、创新精神和实践能力。

3. 坚持服务需求，成效导向

主动对接经济社会发展需求，优化专业结构，完善课程体系、更新教学内容，改进教学方法、切实提高人才培养的目标达成度、社会适应度、条件保障度、质保有效度和结果满意度。

4. 坚持完善机制，持续改进

以创新人才培养机制为重点，形成招生、培养与就业联动机制。完善专业动态调整机制，健全协同育人机制，优化实践育人机制、强化质量评价保障机制，形成人才培养质量持续改进机制。

（四）主要举措

1. 贯彻新时代教育理念，构建一流本科教育体系

贯彻新时代教育理念，明晰人才培养目标定位。坚持党对教育事业的全面领导，把立德树人作为教育的根本任务，把培养德智体美劳全面发展的社会主义建设者和接班人作为人才培养的根本目标。

落实"八个首先"，强化本科人才培养核心地位。坚持"以本为本"，推进"四个回归"，把"培养人"作为学校的根本任务，把本科人才培养放在人才培养的核心地位、教育教学的基础地位、新时代教育发展的前沿地位，做到"八个首先"。

把握高等教育历史方位，构建"学生中心"教育模式。改革传统教育模式，构建以能力培养为核心、信息技术与教育教学深度融合的"学生中心"教育模式，将学生的学习成果作为评价教学质量的根本依据，强化质量保障体系，逐步实现个性化人才培养。

全面推进综合改革，创建一流本科教育体系。以新时代教育理念统一思想，努力创建包含一流思政教育体系、一流师资队伍、一流专业、一流课程、一流育人平台、一流育人环境、一流质量文化在内的一流本科教育体系。

2. 落实立德树人根本任务，构建一流思政教育体系

坚持正确办学方向，全面落实立德树人根本任务。坚持社会主义办学方向，正确引导学生树立"四个自信"，坚持"四个正确认识"。把立德树人根本任务内化到学校建设和管理的各领域、各方面、各环节。

构建三全育人格局，提升思政工作质量。全面落实全国全省高校思想政治工作会议精神，健全三全育人体制机制。深入实施思想政治工作质量提升工程，推进"目标教育"再发展，深入实施"敦德励学三三行动计划"。

挖掘兵工思政资源，强化课程思政和专业思政建设。充分挖掘"把一切献给党"的兵工精神等优秀思政资源，实现思想政治教育与知识体系教育的有机统一，形成专业课教学与思想政治理论课教学紧密结合、同向同行的育人格局。

3. 提高教师教书育人能力，培育一流师资队伍

加强师德师风建设，严格执行教授为本科生上课的制度。坚持把师德师风作为教师素质评价的第一标准，建立教师资格及主讲教师准入制度；完善教授给本科生上课制度，夯实"老师是第一身份、教书是第一工作、上课是第一责任"。

夯实基层教学组织作用，提高教师教学能力。健全校、院、系三级育人体系，实行书记、院长为育人第一责任人制度，推行专业和课程负责人制度。夯实教师国际化工程、博士化工程、实践化工程。

加强创新创业导师队伍建设，提高教师实践育人能力。完善创新创业导师聘用办法，强化创新创业导师培训。开展"工程化"专题培训，选送骨干教师和实验技术人员到行业企业、科研院所挂职锻炼，提升实践教学的创新思维、指导能力、设计能力。

改革教师评价体系，加大本科教学业绩的奖励力度。完善教师分类管理和分类评价办

法，在教师专业技术职务晋升中实行本科教学工作考评一票否决制，在专业技术职务评聘、绩效考核和津贴分配中把教学质量和科研水平作为同等重要的依据。

4. 优化专业结构，建设一流专业

开展专业动态调整，做好大类培养顶层设计。以"招生就业联动、学科专业融合、教学科研协同"为关键指标，开展专业动态调整。加强传统专业升级改造与交叉融合，打造人工智能新工科专业群和兵器特色专业群，优化专业布局。

对标"双万计划"，致力建设一流专业。对标国家一流专业建设点"双万计划"，实施国、省、校三级"一流专业"建设与培育计划，实现"一学科一专业"入选"双万计划"的建设目标，建好人才培养的"四梁八柱"。

加强专业内涵建设，适时调整培养方案。按照"大类专业招生、小专业施教、柔性方向就业"的人才培养模式，重构大类培养"2+X"课程体系；完善"5+X"创新创业教育体系，统筹安排各教学环节，将创新创业教育贯穿人才培养全过程。

5. 推进课堂革命，建设一流课程

推进课堂革命，重构教育目标。出台《西安工业大学课程教学质量通用标准》，通过系统开展教师培训，定期举办面向全体教师的校级"课堂创新大赛"，推动教师以学生发展为中心，因课制宜开展课堂教学改革。

推进现代信息技术与教学深度融合，重塑教育形态。加速建设课程线上资源，规划建设100门校级MOOC，建设100项校级虚拟仿真实验教学项目。建设虚拟仿真实验平台，推动优质课程资源开放共享，鼓励教师多模式应用，鼓励学生多形式学习。

对标"双万计划"，打造三级"金课"。打造具有高阶性、创新性、挑战度的"金课"，实施国、省、校三级"金课"培育计划，打造"线上、线上线下混合、线下、虚拟仿真、社会实践"五类"金课"。

打造社会实践"金课"，促进学生全面发展。以"青年红色筑梦之旅"为示范，建设有温度的国情思政"金课"，带动开展"乡村振兴计划"等社会调查、社会实践、志愿服务活动，深入开展科技发明、勤工助学等社会实践活动。

推动全过程多元化考核评价，严把出口质量。健全能力与知识考核并重的多元化学业考核评价体系。加强考试管理、严格过程考核，加大过程考核成绩的比重，坚决取消清考，逐步取消补考。努力提高毕业设计（论文）质量。

开展优质教材建设与选用，发挥教材育人功能。加大优质教材编写的支持和激励力度，大力支持立体化教材建设。实施"马工程"教材目录清单实时更新和使用制度；校院联动，确保思政课程教材学生拥有率达到100%。

推进基础课振兴计划，夯实人才质量基础。做好通识教育顶层设计，推进基础课振兴计划2.0，夯实人才质量基础。建设通识课考试平台，开展公共英语综合改革，积极推进体育、美育综合改革，促进学生全面发展。

6. 加强协同育人，打造一流育人平台

完善校企协同育人机制，建设校内外实践育人平台。积极推动校企深度合作，统筹国家级、省级实验教学示范中心、省级虚拟仿真实验教学中心等校内优质实践育人平台，构建功能集约、资源共享、运作高效的实验教学平台。

强化科教协同育人机制，促进创新人才培养。制定科研成果向本科课堂教学、实验实践教学、创新创业教育转化的激励办法，进一步加大实践教学活动向本科生开放的力度，鼓励优秀本科生进入教师课题研究，增强创新能力。

实施"国际化教育工程"，提升师生国际化视野。构建顶层设计、部门协作、学院推动、成效显著的国际化运作机制，创新学校、学院、教师、学生"四位一体"的国际化工作模式。积极引进国外优质教育资源，提升国际化育人能力。

7. 提升管理服务水平，营造一流育人环境

推进学分制改革，扩大学生学习自主权与选择权。逐步推进学分制改革，开展大类招生试点，按照大类培养模式，依据"学校统筹管理、学院自主实施"的原则，逐步增加学生自主选择专业和课程的比例，引导学生自主选择专业和课程。

构建多模式学业辅导体系，加强学生学习指导。出台新进教师、研究生和优秀本科生助教制度，进一步完善教师多元化答疑工作机制，全面实现大班授课课程的小班化辅导，建立健全学业导师制度。

建设多样化智慧教学环境，保障"互联网+课程"革命。建设智慧教学环境。采取建设与改造相结合的方式，分阶段、分功能建设录播式、互动式、智能化、开放型智慧教室。到2022年，智慧教室覆盖率将达到100%，为"互联网+课程"革命提供基本保障。

提高教学管理的信息化水平，实现学生学习全过程的实时监测与评价反馈。建设"师生网上服务大厅"，2022年实现80%的师生教学事务网上办理。建设课堂学情实时监测与评价系统、线上考试系统、线上阅卷系统、学习目标达成情况评价系统和教学管理信息大数据平台。

8. 提升管理服务水平，营造一流育人环境

实施分类分级认证，提升专业建设水平。建立对接国家三级认证体系的校内分类分级专业认证与评估机制，实现专业全覆盖。将专业认证与评估结果纳入学校的专业动态调整机制。

重构教学质量保障体系，创建一流质量文化。逐步构建"学院为主，全员参与"的质量保障体系，以专业为基本单元切实建立面向产出的内外部教学质量评价机制。加强质量文化体系研究与建设，形成具有西安工业大学特色的一流质量文化。

（五）保障措施

1. 组织保障

由书记、校长任组长，成立"西安工业大学一流本科教育行动计划"领导小组，形成领导小组总体设计、分管校领导具体负责、责任部门牵头实施、教学单位具体落实、全校师生广泛参与的一流本科教育合力推进机制。通过校、院两级教学委员会，加强对本科教育的顶层设计、统筹规划、整体推进、质量监控，确保本科教育各项工作落到实处。

2. 制度保障

制定保障本科教学中心地位的政策和措施，进一步建立完善并出台相关制度，牢固树立本科教学中心地位不动摇。将本科教学作为学校最基础、最根本、最重要的工作，领导精力、师资力量、资源配置、经费安排和工作评价等都要体现以本科教学为中心。

3. 机制保障

强化校内协同育人，通过科研渗透教学、学科支撑专业、平台建设支撑人才培养、科研实践驱动高质量学习，构建教学与科研、本科生教育与研究生教育、理论教学与实践教学协

同机制，进一步提高课程、师资队伍、教学基地、实验室等要素的共建共享程度。

4. 经费保障

学校本科教学经费预算逐年递增不低于15%，用于加强教学条件和专业、课程、教材、师资等本科教学基本建设，推进本科教育教学改革。生均教学业务费逐年提高，并逐年加大社会实践、实验实习、国际交流学习等方面的投入。本科课堂教学质量奖励标准稳步提高，本科教育工作奖励额度和力度逐年加大。

五、结语

本科教学审核评估工作是对学校教育教学过程的一次全面、客观的检查与评价，也是学校建设的新起点、新征程。今后，学校将在校党委的领导下，聚焦人才培养，强化本科教育核心地位、基础地位和前沿地位，树立"学生中心、产出导向、持续改进"的理念，达成"以本为本""四个回归"的共识，塑造一流质量文化，提高人才培养质量，建设特色鲜明的高水平大学。

西安邮电大学本科教学工作审核评估经验总结报告

卢光跃①

一、本科教学工作审核评估实施概况

在教育部的统一部署下,学校在 2016 年接受了高校本科教育的审核评估。学校坚持"以评促建、以评促改、以评促管、评建结合、重在建设"的评建方针,把审核评估作为一次提升本科教育质量内涵的重要契机。学校从自评阶段开始,就坚持整改工作与常规教学工作相结合、短期整改与长期建设相结合、重点整改与全面提升相结合、深化改革与巩固成效相结合,遵循本科教育教学规律,注重整改工作的整体性、长效性、实效性,不断健全完善本科教育的科学体系,以实际行动贯彻"以评促建、以评促改、以评促管"的要求。同时,对照上一轮本科教学工作水平评估经验和做法,进一步加强学校教学质量保障体系建设,逐步培育具有特色的教育质量文化,全面提高人才培养质量。

二、本科教学工作审核评估的主要做法、特色、成效和经验总结

学校以习近平新时代中国特色社会主义思想为指导,学习贯彻全国教育大会和新时代全国高等学校本科教育工作会议精神,全面落实立德树人根本任务,坚持"以本为本"、推进"四个回归",把本科教育放在人才培养的核心地位、教育教学的基础地位、学校未来发展的前沿地位,切实做到校领导注意力首先在本科聚焦,教师精力首先在本科集中,学校资源首先在本科配置,教学方法和激励机制首先在本科创新,核心竞争力和教学质量首先在本科显现,发展战略和办学理念首先在本科实践,核心价值体系首先在本科确立。在推进审核评估工作时,学校坚持踏石留痕,注重统筹协调,扎实做好各项工作。

(一)强化组织,扎实推进工作

学校重视本科教学审核评估工作,成立了以校党委书记、校长为组长的"本科教学工作审核评估领导小组",全面领导审核评估及整改工作。领导小组下设评估协调组、条件保障组、质量监控组、宣传组、学风组、信息化建设组及专家组等多个专题小组协同开展工作。学校制定了《西安邮电大学本科教学工作审核评估工作安排》,明确了学校审核评估总体思路和工作目标;研制了《西安邮电大学本科教学工作审核评估指标体系引导性目录》,目录中根据评估方案的指标内涵,分解和细化各项任务的具体目标、实施措施、完成时限、责任部门、责任人、督办校领导、考核时间等内容,确定了所有任务的时间表与路线图,确

---

① 西安邮电大学副校长。

保规划任务的贯彻落实。

（二）全员参与，营造评估氛围

学校以审核评估为契机，加强学校内涵建设，强化本科教学工作的基础地位，以深化教育教学创新改革、加强学校内涵建设、提升教育教学与人才培养质量为目标，完善本科教育培养体系，推动学科专业优化调整，健全教学质量保障长效机制。学校2016年年初召开"本科教学工作会议"，将本科审核评估工作作为当年的重点工作，要求全校教职工统一思想，提高认识，充分认识审核评估的重要意义；各学院组织召开教职工大会，传达审核评估文件精神和要求；评估专题工作小组积极开展各项工作，准备评估相关资料、采集教学基本数据、解读审核评估指标体系和内涵范围、印发审核评估应知应会手册等，营造一个"人人关心评估、人人重视评估、人人参与评估"的良好氛围。

学校成立校专家组对学校本科教学评估实施情况先后三次进行校内检查。专家组采取深度访谈、听课看课、考察走访、文卷审阅、问题诊断、沟通交流等多种形式的考察方法对学校整体的教学工作进行了检查。针对发现的问题，评估办下发整改专项任务书，要求持续改进；学校召开本科教学工作审核评估准备工作经验交流会，针对前期审核评估材料准备经验与大家进行交流；全校教职工利用假期时间，拾遗补漏，做到数量完善和质量提升，用精心准备和努力工作弥补短板，做好评估准备工作。

（三）自我评估，做好以评促建

学校按照教育部要求的"用自己的尺子量自己"，依据审核评估指标体系，聘请校外专家组进行自我评估，对学校定位、培养目标、师资队伍、教学资源、学生发展和质量保障进行全面审查。评估专家组的专家都是各学科领域富有管理经验的资深专家，他们从校际比较的视角，更加准确地为学校把清脉络，看清、捕捉学校办学的优势和存在问题的实质。自评时，专家组提前进校，审读学校的自评报告和状态数据，专家和学校组一起讨论报告的要点，就人才培养的核心能力素养结构表述的准确性、存在问题的梳理、特色项目的凝练，并提出宝贵的意见及建议。学校在自评环节和专家组充分沟通，在自我评估和教学基本状态数据采集工作的基础上，综合研判各专业现状，查找问题，制订改进计划，进行持续改进，真正达到以评促建的目的。

（四）过程管理，规范材料整理

在评建过程中，学校制定了《西安邮电大学课程评估标准》《西安邮电大学本科教学主要环节质量标准》《西安邮电大学试卷归档评分标准》《西安邮电大学实习报告归档评分标准》等系列教学质量标准，进一步明确了教学工作程序和方法。这些标准的出台，对教师而言，规范结束了教学过程，明确了考核考评机制要求和规定；对教学管理人员而言，规范了教学过程管理、教学制度文件管理，明确了教学文档规范化、标准化。学校通过监控教育教学过程，实施教育教学过程保障管理，指导阶段性成果总结，规范教学文件、教学管理制度、课表、师生档案、实验室条件、实习基地和毕业论文等支撑材料，为迎评奠定了坚实基础。

三、本科教学工作审核评估整改及持续改进的主要做法、特色、成效和经验总结

专家离校后，学校结合审核评估专家组的反馈意见和建议，坚持"以评促建、以评促

改、以评促管、评建结合、重在建设"的评建方针，召开本科教学工作审核评估整改动员大会，就审核评估工作进行了总结，并将整改工作作为2017年党政工作要点之一进行了安排部署。2017年年初，学校召开本科教学工作会议，针对审核评估整改任务，采用"当下改"和"长久改"相结合的方式，逐条落实，要求克服困难，保质按时完成整改任务。5月底，学校召开本科教学审核评估整改中期检查工作安排会议，督促整改工作，7月份顺利通过了西部评估中心组织的中期检查。随后，学校组织召开了审核评估整改专题会议，针对中期检查后专家反馈的问题，认真研究、立行立改。自整改以来，学校每个月定期召开审核评估整改工作推进会，坚持问题导向，精准施策，着力解决教育教学首要矛盾，督促整改进度，解决整改中存在的问题，并取得了阶段性成果。

（一）引培并举，强化师资队伍

结合审核评估师资整改要求及"追赶超越"目标任务，校党委和行政部门多次召开人才工作专题会议，研究解决人才引进工作中的难点问题。按照"扩大规模、优化结构、提高质量"的人才工作思路，着眼于"用好现有人才、稳定关键人才、培育高端人才、引进紧缺人才"，深化人才体制机制改革和政策创新，统筹各类人才队伍建设，促进各类人才协调可持续发展，努力建设结构合理、业务精湛、充满活力和富有创新精神的高素质人才队伍。同时，学校加大教师培养力度，建立了多维度培训体系，通过夯实基础、骨干培养、拔尖培养三个阶段的系统培训，帮助教师更新教育理念，丰富专业知识，提升教学能力，提高专业水平。

（二）优化结构，提升专业水平

学校坚持特色发展，坚持差异化发展，制定了《西安邮电大学"十三五"专业建设规划》。根据学院现有的学科布局、专业设置和学生就业情况，做好符合自身实际的专业建设计划，明确专业发展目标。学校结合教育部三级认证，遵循全面启动、分步推进原则，对所有专业开展专业自评、专业评估、专业认证工作。学校抓住陕西省实施"四个一流"建设计划的机遇，适时制定专业结构优化与动态调整管理办法，实施专业预警与退出机制，通过整合、拆并或者统筹等方式，优化学科和专业结构。根据国家发展战略要求、陕西省经济发展需求和学校现实需要，学校新增7个专业，撤销3个专业，通信工程、光电信息科学与工程专业通过工程教育认证，学校特色专业群逐步形成，专业内涵进一步得到提升。

（三）更新理念，深化教学改革

学校不断突破传统观念，深度融合现代信息技术，构建智慧校园，以教育大数据指导教育模式改革。学校建立激励机制，加大投入力度，提高一线教师参与教育教学改革的积极性，支持教师开展MOOC、SPOC等试点教学。课堂教学中，教师充分利用超星学习通、学堂在线雨课堂、蓝墨云班课等现代化教学工具平台，提高课堂信息量；依托校内实践教学平台和科研平台，实施项目驱动式教学，推进教学和科研融合，引导学生深刻理解课程教学内容，提升学生的创新意识和实践能力。学校基于教育部"爱课程"等网络教育平台，自主开发上线课程16门，试点SPOC课程教学改革80门次，均取得了良好的教学效果。通过探索新型教学模式，加强过程管理，利用大数据技术对采集到的上课数据进行分析、挖掘，改善教学方式、方法，丰富课堂形式，学生自主学习能力和积极主动性得到了提高。在2019年陕西省精品在线开放课程认定工作当中，我校立项数量居12所省属非211高水平大学的第一位；自主开发的"智慧学工"平台用户人数已经突破22万人。

（四）完善机制，提升保障能力

学校坚持将"学生中心、产出导向、持续改进"的教育理念融入日常工作，构建了由管理决策系统、目标与标准系统、质量支持系统、质量监控系统、质量评估系统、信息反馈与改进系统构成的教学质量保障体系。大力推进教学工作规范化和制度化建设，确保教学工作实施和开展，先后修订《西安邮电大学教学质量保障体系及实施办法》《西安邮电大学教师教学工作规范》《西安邮电大学本科教学督导工作实施办法》《西安邮电大学专业评估（认证）管理办法》等，形成了"有标准可依、有标准必依、有标准必严"的良好质量意识，为教学质量提高提供了制度保障。

（五）搭建平台，彰显创新创业优势

学校深入落实《西安邮电大学关于深化创新创业教育改革的实施方案》，构建"职能部门主导、学院推动、全员参与"的创新创业教育体系，严格实施"通识教育+专业教育+创新创业教育+创新创业实践"，将创新创业教育融入人才培养全过程。学校成立创新创业学院，统筹协调全校大学生创新创业工作，负责大学生创新创业平台建设、赛事组织、项目培育和活动举办等相关工作。学校加大创新创业资金投入，加强校院两级创新创业基地与平台建设，发挥"西安邮电大学大学生创新创业孵化基地"的示范引领作用，营造浓厚的创新创业氛围，激发学生的创新创业兴趣；培养指导教师队伍，强化创新创业实践和交流，积极面向学生开放专业实验室、创客空间等创新创业资源平台，为学生创新创业提供更多更好的条件保障。学校成功入选教育部"全国高校典型经验高校50强"，被中国高校创新创业教育联盟授予全国首批"百城千校"试点院校称号，学生互联网+、挑战杯、电子设计、数学建模等科技竞赛成绩创历史新高。2019年3月，中国高等教育学会正式发布2014—2018年中国高校创新人才培养暨学科竞赛评估结果，我校以83个奖项数量、55.6分的总成绩进入"2014—2018年全国普通高校竞赛评估结果（本科）TOP300"榜，位列全国第230名、陕西省高校第12名、省属高校第6名。

四、进一步深化本科教育教学改革，提升本科教育教学质量，建设一流本科教育的计划与举措

学校以贯彻全国教育大会、新时代全国高等学校本科教育工作会议精神为统领，紧紧围绕"坚持以本为本、推进四个回归"，培育质量文化，不断深化教育教学综合改革，全面提升本科教育教学水平。2018年12月24日，我校召开本科教育工作会议，校长范九伦作题为"肩负立德树人使命着力培育质量文化全面提升本科教育教学水平"的工作报告，提出了培育具有西安邮电大学特色的教育质量文化，提升本科教育教学水平的重点工作思路。同时推出了《西安邮电大学振兴本科教育工作实施方案》，进一步强化师德师风建设，狠抓"一流专业"建设，提升教师队伍整体水平，深化课堂教学改革，深化创新创业教育改革，强化教学质量保障等六大举措，全面建立新时代"大教育"体系。

（一）建设目标

坚持"以本为本"，推进"四个回归"，使"学生中心、产出导向、持续改进"的教育理念融入日常工作，深入师生头脑，自觉践行落实。构建具有西安邮电大学特色的本科教育

质量文化体系，形成"有标准可依、有标准必依、有标准必严"的良好质量意识。构建学科引领教学、科研支撑教学、领导重视教学、教师潜心教学、部门服务教学、经费保障教学、政策倾斜教学、学生勤奋好学的可持续健康发展的高水平人才培养体系，全面提升人才培养能力和培养成效。

（二）基本原则

坚持立德树人，德育为先。坚持社会主义办学方向，把立德树人内化到学校建设和管理各领域、各方面、各环节，坚持以文化人、以德育人，不断提高全体师生的思想水平、政治觉悟、道德品质、文化素养，教育教职员工明初心、守师德、育英才，教育学生明大德、守公德、严私德。

坚持学生中心，全面发展。以促进学生全面发展为中心，既注重教师"教得好"，更注重学生"学得好"，还要注重学校"服务好"和"支撑好"，激发学生学习兴趣和潜能，为学生勤奋向学创造良好条件，从而激励学生爱国、励志、求真、力行，增强学生的社会责任感、创新精神和实践能力。

坚持服务需求，成果导向。主动对接地方经济社会和行业发展需求，优化构建特色专业群，完善课程体系，更新教学内容，改进教学方法，切实提高人才培养质量的目标达成度、社会适应度、条件保障度、质保有效度和结果满意度。

坚持完善机制，持续改进。以培育本科教育质量文化为重点，以国家标准、工程专业认证通用标准等为指导，形成较为系统的质量标准，完善和建立质量评价保障体系，强化人才培养质量持续改进机制，培育具有西安邮电大学特色的本科教育质量文化。

坚持分类指导，特色发展。引导各学院发挥各自优势，探索创新产教融合型及国际化的实验班人才培养模式，推动专业分类发展，建设优势特色专业群，形成"百花齐放"的良好发展局面。

（三）全面建立新时代"大教育"体系

1. 营造"大环境"，强化师德师风建设

坚持以师德师风作为教师素质评价的第一标准，建立完善党委统一领导、党政齐抓、各部门分工合作、学院直接领导、教师自我约束的师德师风建设长效工作机制，形成教育、宣传、考核、监督、激励、惩处"六位一体"师德师风建设体系。

将师德师风专题教育作为新教职工入职培训和教师教学能力提升培训的必修内容，根据《西安邮电大学师德师风负面清单及一票否决实施办法》，把师德师风考核贯穿于每一位教师的日常教育教学、科学研究、社会服务和对外交流的全过程，将师德师风作为教师考核的重要内容，在教师选聘、教师职业准入、职称评审、人才计划项目申报、岗位聘用、评优奖励等环节全面落实师德"一票否决制"。

2. 树立"大格局"，狠抓"一流专业"建设

主动将"一流专业"建设融入国家发展战略需求大格局。2019年，教育部提出本科层面要实施一流专业建设的"双万计划"，即建设1万个国家级一流专业点和1万个省级一流专业点。学校已经入选省级"一流专业"建设（培育）项目的13个专业，要在"保合格、上水平、求卓越"的三级认证要求下，对照《普通高等学校本科专业类教学质量国家标准》和《陕西高校一流专业建设标准（本科）》，集中精力，补足短板，全面提升专业内涵建

设,力争1个专业入选国家梯队。

主动将专业结构调整优化融入服务行业和经济社会发展大局。现有专业要以教育部实施"六卓越一拔尖"计划2.0为契机,深入思考各专业的创新发展、特色发展路径,不断优化专业结构,打造特色优势专业群。要紧密结合国家发展战略和经济社会发展需求,根据《西安邮电大学专业结构优化与专业调整管理办法》,努力建设战略性新兴产业发展和民生急需的相关新专业,做强增量。同时注重信息通信新技术与传统工业技术的紧密结合,升级改造现有专业,盘活存量。积极加强与国际高水平大学的交流和合作,引进国际优质教育资源,提升专业建设国际化水平。

3. 深化"大培训",提升教师队伍整体水平

建设政治素质过硬、业务能力精湛、育人水平高超的高素质教师队伍是一项长期的基础性工作。在遵循教师成长规律的基础上,学校要不断优化校院两级,形成"基础、骨干、拔尖"三阶段分层递进的教师培育培训体系,帮助广大教师更新教育教学理念,丰富专业知识,提升教师教学组织、教学评价、教学研究、教学创新能力,不断提高教学水平。

充分发挥政策制度的导向和激励作用,按照《西安邮电大学教师专业技术职务评审教学质量考核实施细则》,把教学质量作为教师专业技术职务评聘、绩效考核的重要依据,严格落实教学质量考核,尽快落实教学型高级职称评审方案,充分调动教师投入教学、研究教学的积极性、主动性和创造性,着力提升教师的教学能力与专业水平。

4. 探索"大创新",深化课堂教学改革

重塑教育教学形态,持续推进现代信息技术与教育教学深度融合,打造"金课",加快淘汰"水课"。要大力推进基于MOOC/SPOC的混合教学模式改革试点工作,充分利用中国大学MOOC平台等现代化教学工具,让学生在听课中主动"坐到前排来、把头抬起来、提出问题来",增强课程吸引力,激发学生自主学习的动力和专业志趣。

加大专业思政和课程思政建设的融合创新,不断完善提升"专题+实践+创新"三位一体思政课教学模式,大力推进思政课专题式教学改革,增加启发性、研究性教学,激发学生的创造力、学习兴趣和对课程学习的成就感和获得感。全面推进课程思政建设,进一步明确所有课程的育人要素和责任,增加"课程思政"教学设计,做到课程门门有思政,教师人人讲育人。要大力推动以"思政课程+课程思政"为目标的课堂教学改革,使各类课程、资源、力量与思想政治理论课同向同行,形成协同效应。

5. 推进"大协作",深化创新创业教育改革

不断健全完善以学校为主体、政府为主导、行业为指导、企业共参与的协同育人模式,进一步理顺创新创业管理机制,优化"通识教育+专业教育+创新创业实践"的三层次课程体系,加强校院两级创新创业平台建设和创新创业教育师资队伍建设,加大对孵化项目转化推广的支持力度,推动学校、社会和政府资源共享,营造浓郁的创新创业氛围。

强化实验实习实训,加强过程管理。创新毕业论文(设计)模式,探索学生创新创业成果替代毕业论文的新途径。以"互联网+""创青春"等大学生创新创业大赛为抓手,加强指导教师队伍建设,加大支持力度,不断激发学生参与热情,不断提升西安邮电大学创新创业教育的品牌影响力。

6. 构建"大闭环",强化教学质量保障

不断优化由质量目标、标准、执行、评价、反馈、改进等组成的教学质量监控体系,强

化贯通培养目标、过程监控、培养结果等人才培养全过程的质量保障体系。要健全完善以自我评估为基础，以专业评估、课程评估和本科教学基本状态数据常态监测为主要内容，以学校、学院两级本科教学质量年度报告为主要手段的本科教学评估长效机制。

始终树立质量是高等教育生命线的观念，坚持把提高教育教学质量作为教学工作的核心任务，强化质量督导，努力将质量意识渗透到每个师生员工的意识和行动中，逐步形成人人有教育教学质量的自觉意识，人人有为质量负责的自觉行为。

陕西科技大学本科教学工作审核评估经验总结报告

王学川① 费贵强② 王海刚③ 周芬④

陕西科技大学全体师生员工秉承"至诚至博"的校训，以强大的凝聚力和高度负责的敬业精神顺利完成了审核评估专家进校检查、整改半年中期检查、整改一年回访检查工作，取得了令人满意的成绩。现根据陕西省教育厅《关于开展普通高等学校本科教学工作审核评估的通知》（陕教高办〔2016〕32号）的要求，对陕西科技大学在本科教学工作审核评估组织部署、围绕本科教学中存在的问题进行整改与持续改进、提升本科教学质量等方面的经验、亮点及特色做法等，形成如下总结报告。

一、陕西科技大学本科教学工作审核评估概况

2016年11—12月，以厦门大学原副校长邬大光教授为组长的专家组9位专家，受陕西省教育厅和中国西部高等教育评估中心的委托，对陕西科技大学本科教学工作进行审核评估。审核评估工作分进校前审读材料、进校实地考察、离校后形成审核报告三个阶段。

专家组认真审读了学校的《自评报告》《教学基本状态数据分析报告》《教学质量年度报告》等有关材料，了解了学校基本情况，撰写了包括总体印象、主要问题、拟考察计划等在内的专家个人审读报告。2016年12月4日至8日，专家组对陕西科技大学本科教学工作开展进校实地考察评估，专家组通过走访座谈，档案查阅，听课看课，试卷论文审阅，召开教师代表、学生代表等专题座谈会，走访校内外实习基地和用人单位等形式，对学校本科教学工作进行了全面考察，并向学校反馈了专家组的总体印象和初步意见。

2017年7月13日，受陕西省教育厅和中国西部高等教育评估中心委托，由西安交通大学原副校长闫剑群教授任组长，西安电子科技大学原教务处处长曾兴雯教授、西北工业大学原高教研究所所长支希哲教授、中国西部高等教育评估中心项目管理员史媛媛等组成的专家组来我校开展整改中期检查工作。

专家组在认真审阅学校自评报告、审核评估专家组审核评估报告、学校整改方案、中期进展报告等的基础上，结合与校领导及相关职能部门负责人的深度访谈，并调阅相关支撑材料等，对我校审核评估整改工作中期进展情况进行了全面检查。专家组对审核评估整改中期检查工作进行了全面总结，并反馈了对我校审核评估中期检查工作的初步意见。

---

① 陕西科技大学副校长。
② 陕西科技大学教务处处长。
③ 陕西科技大学教务处原副处长。
④ 陕西科技大学教务处质量监控科科长。

2017年12月19日，受陕西省教育厅和中国西部高等教育评估中心委托，由西北工业大学原副校长王润孝教授任组长、西安电子科技大学原数学与统计学院院长刘三阳教授、西北农林科技大学原教务处处长王国栋教授、西安邮电大学高教研究所所长王得忠教授、中国西部高等教育评估中心主任陆根书教授和中国西部高等教育评估中心秘书李珍艳等组成的专家组完成了对我校审核评估的一年回访工作。

专家组严格按照工作计划，通过前期审阅材料、深度访谈校领导、实地考察访谈部分职能部门及学院、召开教师座谈会、听课看课、调阅教学资料等，深入了解我校审核评估整改进展情况，并对我校审核评估整改工作回访检查的初步意见进行了反馈。

二、陕西科技大学本科教学工作审核评估经验总结

（一）审核评估工作取得的成效

学校始终坚持"以评促建、以评促改、以评促管、评建结合、重在建设"的方针，以审核评估为契机，以国际工程教育认证和大学生创新创业教育为重点突破，对照评估指标体系，结合我校的实际，找问题，找差距，积极创造条件，提升教学工作水平，促进教学质量提高，培养优秀人才。主要取得了以下成果：①学校定位符合实际，培养目标明确；②轻工特色鲜明，办学成绩显著；③重视本科教学工作，人才培养中心地位突出；④探索教育教学改革，成效初步显现；⑤教学管理规范化，教学质量稳步提升；⑥坚持全面育人理念，促进学生全面发展；⑦国际工程教育认证和大学生创新创业教育工作成效突出。

（二）审核评估工作经验总结

1. 领导重视，全面安排布置各项准备工作

本科教学审核性评估工作是学校的核心工作，学校领导高度重视，在各种会议上反复强调评估的重要意义，不断增强每位教职工在思想意识上对迎评工作的紧迫感和责任感，最大限度地调动了广大教职工的积极性和创造性，使其以饱满的热情、认真负责的态度参加到迎评的各项准备工作中去。学校成立了以校党委书记和校长为组长的迎评工作领导小组和本科教学审核评估工作办公室。在学校领导和评估工作办公室的筹划与指导下，学校各项迎评工作扎实有序地推进，为按时完成迎评准备工作创造了必要条件。

2. 统一思想认识，充分调动全校师生员工的积极性

迎评工作涉及每位教职工和学生，学校和各二级学院（部）通过召开审核评估动员大会、全院教职工大会、党员干部大会、学生干部大会和各年级各班学生班会等，就本科教学审核评估工作的目的、意义、内容进行了广泛深入的宣传和动员，号召人人关心迎评，人人为迎评作贡献。学校在校园网主页开通评估专栏，营造重视本科教学评估工作的氛围，高质量地完成了全校教职工和学生的思想动员工作，达到了提高思想认识、统一行动纲领、坚决贯彻落实、注意工作实效的目的，有效激发了参与人员的工作劲头和内生动力。思想上的统一，为评估工作的顺利开展创造了有利条件。

3. 合理分解任务，责任落实到位

审核评估指标体系涵盖6个项目、25个要素和80个要点，环环相扣，逻辑严密，依据支撑要求翔实，涉及全校工作的方方面面，师生参与面广。学校根据评估工作需要分解评估任务，要求各职能部门要通力协作，相互配合，层层落实责任，加强协调督查，确保各项评

建任务保质保量完成；各教学单位"一把手"要率先垂范，带头学习、领会、吃透评估精神，动员全体教职员工以强烈的事业心和责任感投入评建工作当中；学工系统要切实做好学生的动员工作，发挥班干部的积极作用，让他们真正成为带动学风、调动同学们参与评估积极性的最基层的推手。同时，要求各部门的准备工作要充分认识审核评估工作的"五个度"（即人才培养目标与培养效果达成度，学校办学定位、人才培养目标与社会需求的适应度，教师和教学资源对学校人才培养的保障度，教学与质量保障体系的运行有效度，学生与社会用人单位的满意度）。

4. 精心提炼，反复修改完善本科教学审核评估工作自评报告

学校的办学定位与人才培养目标、教学方法和手段以及各方面所取得的成绩等内容主要通过自评报告体现出来，自评报告是对学校总体教学科研情况作的一个完整全面的总结。因此，学校对自评报告撰写十分重视，专门成立了撰写小组，由专人执笔撰写，广泛征求学校各方面的意见，并且多次召开专家组会议，对学校的办学定位与人才培养目标、办学特色及存在的问题等展开了一系列讨论，落实了反映学校特色的办学定位与人才培养目标，确立了本科教学工作的地位，全面总结了我校的师资队伍建设、教学基本设施、教学建设与改革、教学管理、学风建设、教学效果等基本情况，科学地凝练了学校的办学特色，客观地指出了目前学校存在的问题并提出了相应的改进措施。自评报告历时几个月，先后经过多次修改。特别是自评报告初稿形成后，组织专人多次逐字逐句逐标点修改，力求把报告写成精品。

5. 开展专题报告

在我校迎接本科教学审核评估工作进入冲刺阶段的重要时刻，为扎实推进本科教学审核评估各项工作，促进评建工作的落实，学校先后邀请了教育部审核评估方案课题专家组组长、工作组组长、沈阳化工大学原校长、国家级教学名师、博士生导师李志义教授，教育部评估中心院校评估处处长刘振天研究员，中国西部高等教育评估中心主任、西安交通大学高等教育研究所所长陆根书教授，国家级教师教学发展示范中心主任、大连理工大学的刘志军教授等多名专家来校作专题报告。多场报告会对学校进一步理解和把握审核评估的精神，扎实做好迎评工作，推动内涵发展，具有很强的借鉴性和操作性。

三、陕西科技大学本科教学工作审核评估整改和持续改进的经验总结

根据专家反馈意见，学校对存在问题进行认真梳理，确定要加强什么、改进什么、解决什么。重点方面有：师资队伍建设；进一步整合教育教学资源；积极推进探究式、启发式、互动式教学试点工作；彻底破解"信息孤岛"现象，实现全校数据在各个工作体系和层面上的互联互通、信息共享和业务协同合作；积极培育并争取省级乃至国家级的标志性教育教学成果。

学校根据审核评估专家的意见，完成本科教学工作审核评估整改报告，各部门按照整改方案完成整改任务，学校最终全面完成本科教学审核评估整改工作。

（一）学校审核评估整改工作的主要措施和成效

1. 注重顶层设计，明确学校发展战略目标

学校注重顶层设计，在《陕西科技大学"十三五"事业发展规划》的基础上，不断巩固本科教学中心地位，把落实本科教学审核评估整改任务、提高人才培养质量融入《陕西科技大学落实追赶超越要求实施方案》和《陕西科技大学"一流学科"建设实施方案》。

学校第二次党代会做出了学校已处于从教学型大学向教学研究型大学转变、从服务行业向服务地方需求转变、从传统轻工学科向新轻工学科转变等相互叠加、相互影响的多重转型期的重要研判，提出了实现转型发展是学校内涵建设、追赶超越的客观要求和必由之路，确定了奠基、复兴、腾飞"三步走"发展战略。

学校历时9个月，经过多次征求意见和反复斟酌酝酿，总结凝练出以"自强不息、艰苦奋斗的创业精神，求实创新、锐意进取的科学精神和扎根西部、服务社会的奉献精神"为内涵的"三创两迁"精神，作为我校大学精神，并使其成为培育和践行社会主义核心价值观，引导学生坚守理想价值追求。

2. 注重师资队伍建设，带动学校全面发展

学校始终坚定不移走好人才强校之路，高度重视师资队伍建设，带动学校全面发展。

2017年，学校安排1亿元专项经费，引进了包括国家千人计划特聘专家、英国皇家化学学会会士、中科院百人计划入选者在内的学科领军人才、特聘教授等75人。首次聘用2位外国高端人才，开启了打造国际化高水平师资队伍的新局面。

加强科研创新团队和教学团队建设。新建3个院士工作室，充分发挥院士在师资队伍建设和高水平科研成果上的高端引领作用。加强"教学名师工作室"建设，重点支持以取得国家级教学成果奖、国家科技奖项等国家级标志性成果为目标的教学团队和科研团队。

着力加强辅导员队伍建设。制定思政系列职称评审和学历提升办法，推进学生工作课题研究。我校辅导员队伍建设从获评全国高校辅导员年度人物，到获批全国高校辅导员工作精品项目，再到登顶职业能力大赛，全揽了教育部学生工作队伍建设三大平台的最高荣誉，这在全国高校中也绝无仅有。

形成师资队伍建设、学科发展和创新人才培养的共生互动。我校27人入选陕西省第九批"百人计划"，入选人数位居全省高校第三位；6人入选陕西省首批"青年杰出人才"资助计划，入选人数位居省属高校第二位。材料科学学科进入ESI全球排名前1%，实现历史性突破；获批国家自然科学基金项目50项，国家重点研发计划项目9项，1名教师进入国家"万人计划"教学名师候选人公示名单，1项科研成果拟授国家科学技术进步奖二等奖。

3. 注重资源整合，服务教育教学工作

学校重视教学条件改善，优先保证教学资源配置。一是加强预算管理，保证本科教学经费稳步增长。2017年，学校直接投入本科教学经费2 000余万元，确保每个专业各类实习经费总计1 500元/生。学校对实施工程教育专业认证的专业分别投入300万元~500万元的专项建设经费，同时，投入近600万元改造工程实训中心、购置轻化工程国家级实验教学示范中心所需仪器设备。二是积极推动教改项目和教学成果的培育。制定《标志性教学成果与项目奖励办法（试行）》和《精准培育教学成果的实施办法》，充分调动教师积极性，对有潜力的教学成果实施精准培育，获批省级教改项目9项。三是推动信息技术与教育教学的融合，促进优质教育资源的开放与共享。充分利用MOOC网络信息技术平台，将知名高校课程等校外优质教学资源引入学校教学内容，加强"课程中心"建设，两门课程获批陕西高校在线开放课程建设项目。四是持续改善办学基本条件。馨园餐厅、新校医院、二期教学楼投入使用，完成图书馆空调安装工程，校园环境不断美化提升。

4. 深化教学改革，推动教育教学水平提升

学校把改革人才培养机制作为综合改革的重要组成部分，坚持体制改革与教学改革并

举。一是把立德树人作为全面深化本科教育教学改革的基本导向，全面落实"以学生为中心"的教育思想，修订了《学生管理规定》及相关配套制度。二是以招生制度改革为契机，全面推进大类招生，增加本硕分流培养招生计划，从根本上突破制约本科教育教学质量提升的体制机制瓶颈。三是强化专业动态调整，持续压缩招生规模，主动停招部分专业，压缩艺术类招生比例和总体招生规模，在连续两年共计减少招生603人的基础上，2017年再次缩减150人。四是抓住人才培养关键领域和关键环节实现重点突破。一方面，通过扩大学生转专业范围、增加选修课比例和范围、实行弹性学制等举措，为学生提供更广阔的发展空间和选择自由；另一方面，加强课堂教学模式改革，积极推进信息技术与教育教学的融合，实施小班化教学。五是坚持问题导向，在弥补短板上狠下功夫。数维教务综合管理信息系统、财务网上申报查询系统、办公自动化系统等陆续投入运行，进一步消除"信息孤岛"现象，实现信息共享。二级学院在本科教学质量保障工作中的主体责任进一步明确，扭转了质量监控"校强院弱"的局面，建立起规范有效的闭环运行保障机制。

5. 注重开放办学，推进对内对外交流

学校制定了《国际化战略发展规划（2017—2025）》，明确了国际化发展的办学思路，出台了《陕西科技大学教学科研人员因公临时出国管理办法》《陕西科技大学学生出国（境）留学资助办法》等规定，有效推动了学校开放办学和国际化水平；积极构筑国际化开放平台，申报创建陕西科技大学阿尔斯特学院，获批教育部"中英高水平应用型高校建设项目"，采取2+2本科双学位培养模式的会计学国际实验班已经开班；启动"留学科大"工程，首批招收来自荷兰等国的12名留学生。2017年，学校共获批国家留学申请项目18项，被陕西省外国专家局列入第一批省级引智工作重点联系服务单位。

（二）学校本科教学审核评估整改的亮点

1. 工程教育专业认证扎实推进

学校以工程教育专业认证为抓手，大力推行"以学生为中心、以产出为导向、持续改进"的专业教育理念，加快专业内涵建设。目前，我校13个专业入选陕西高校一流专业名单；3个专业通过中国工程教育专业认证，1个专业已完成工程教育专业认证专家组进校审核；材料物理等6个专业的认证申请获得批准，无机非金属材料专业进入第二轮工程教育专业认证。预计2018年年底，我校通过工程教育专业认证专业将达到10个，认证专业数量将在陕西省高校中排名并列第三、在省属高校中排名第二、在全国轻工类高校中排名第一。

2. 创新创业教育成绩突出

学校全面推进创新创业教育改革，设立创新创业教育改革专项，将创新创业教育纳入教学体系，继材料学院之后，我校电信学院再次获批陕西省高等学校创新创业教育改革试点学院；不断加大经费投入力度，推进创新创业实践平台建设，创客空间、阳光创业实践平台也已建成并投入使用；积极构建创新创业教育联动体系，不断提升学生创新创业能力，获得全国"互联网+"大学生创新创业大赛银奖2项（成绩名列省属高校第一）、"挑战杯"全国大学生课外学术科技作品竞赛全国二等奖（并获"累进创新专项奖"银奖）、全国大学生电子设计竞赛国家一等奖，入选团中央2017年度大学生"小平科技创新团队"（全国50个，陕西仅2个），学生创业事迹多次受到各级领导的肯定。2017年12月14日，中国高等教育学会发布的《中国高校创新人才培养暨学科竞赛评估结果》显示，2012—2016年我校竞赛评估结果居全国第128位，陕西高校第五位，省属高校第五位。

3. 协同育人机制日趋完善

学校注重打造"耦合型"的育人机制，有效衔接第一课堂（课堂教学）、第二课堂（课外活动）、第三课堂（网络教育）的教育内容。一方面，引进来，邀请知名专家学者举办"未央导师论坛"、名师论坛、博学讲堂、"我的科大观"等各类讲座140余场，开阔学生视野、激发学习兴趣、培养科学精神；另一方面，教育引导学生走出校门、走向社会，在暑期社会实践、志愿服务等形式多样的社会实践中增长才干、磨练意志、砥砺品格，并获得第四届中国青年志愿服务项目大赛银奖、2017全国大学生"一带一路"暑期实践专项行动"优秀团队"2个；此外，不断创新网络思想政治教育，"萌哥有话说""借阅"等多个网络思政教育平台深受学生喜爱，陕西省高校易班发展中心依托我校设立，学校荣获2017年度全国高校"十佳易班工作站"第一名。

4. 教育思想大讨论广泛深入

自2017年9月份开始，历时近4个月，在全校范围内开展了以"转变教育观念，提升教学理念，深化教育教学改革"为主题的教育思想大讨论，邀请了知名专家学者来校做专题报告，累计编印学习材料5本，先后发放9 000余册，开展专题讨论45场（校领导参加讨论13场）。师生员工提出的好意见或建议也陆续落实到教学工作中。通过教育思想大讨论，全校上下进一步统一思想、凝聚共识，切实增强了提高教育教学水平和人才培养质量的思想自觉和行动自觉。

（三）学校本科审核评估整改工作总结

1. 对整改工作高度重视

为进一步落实本科教学审核评估整改方案，陕西科技大学原校长姚书志亲自召集了整改工作小组会议，党委副书记温锋、副校长王学川参加了会议，会上姚书志做了重要讲话并对学校审核评估整改工作提出了具体要求。姚书志结合陕西省有关教育教学会议精神指出，审核评估整改工作关系到学校"四个一流"建设与发展，本科教学审核评估整改既是省教育厅对我校的要求，也是学校内涵发展和提升人才培养质量的内在要求。

2. 更新教育教学理念

学校转型发展要以师资队伍建设为突破口，实现学校全面发展，审核评估整改工作也应寻求突破口，以点带面提升学校人才培养质量，办好人民满意的教育。提升人才培养质量的关键是要有先进的教育教学理念，学校应结合审核评估整改，适时开展全校范围的教育思想大讨论，进一步明确办学定位，转变教育观念，统一认识，提升教学理念，深化教育教学改革，更加明晰转型发展的思路和方向。

3. 整改措施落实到位

结合审核评估专家组反馈意见和学校发展实际，以及学校"十三五"事业发展规划及第二次党代会提出的发展战略目标，学校针对审核评估专家组提出的反馈意见逐一落实整改，对影响学校发展的六个方面进行了重点整改。一年来，学校制定了相应的规章制度，采取了针对性的措施，取得了较为满意的效果，有力推动了学校内涵发展和人才培养质量的提升。

四、陕西科技大学建设一流本科教育的计划与举措

为深入贯彻落实全国教育大会、新时代全国高等学校本科教育工作会议、《教育部关于

加快建设高水平本科教育 全面提高人才培养能力的意见》、《中共陕西省委陕西省人民政府关于全面深化新时代教师队伍建设改革的实施意见》、陕西省教育大会、陕西省高等教育工作大会的精神，确保人才培养的中心地位和本科教学的基础地位，特制定了《陕西科技大学一流本科教育振兴计划（2019—2022）（讨论稿）》。

（一）总体目标

学校全面落实立德树人根本任务，以"回归常识、回归本分、回归初心、回归梦想"为基本遵循，以"抓生源、抓转型、抓双创、抓交流"为重要抓手，坚持内涵式发展，坚持以本为本，加快建设一流本科教育。通过实施立德树人工程、卓越人才工程、一流教学资源建设工程、质量管理提升工程等四大工程，全力打造一流本科教育。

（二）实施立德树人工程，将思想政治教育融入本科教育全过程

1. 加大建设力度，深化思政课程教学改革

开展教学重点问题研究，建立教学热点难点定期搜集解答制度，提高思政理论课教学针对性和实效性。制定《陕西科技大学思政课实践教学实施细则》，促进理论知识向理想信念转化。

2. 加强课程思政建设，提升各类课程协同育人效果

以马克思主义学院为依托，探索思想政治教育与专业教育有机融合的课程思政教学改革，在全校范围内开展课程思政培训和示范课程建设，使各类课程、资源与思想政治理论课同向同行，形成协同效应。

3. 引进与培养并举，切实提高思政教师整体素质

引进高职称教师和高水平博士，在我校符合条件的学生工作教师队伍中选拔思政课兼职教师承担思政课教学任务。聘请符合条件的专家学者、党政领导干部和先进人物等兼任思政课教师，定期为学生作报告或指导实践。同时采取多种形式加强思政课教师培训。

4. 加强辅导员队伍建设，切实提升思想政治工作育人质量

激励辅导员开展学历提升，重点实施辅导员专业技术职务提升计划。聚焦辅导员专业化发展，深入推进学生工作队伍内涵式转型发展。

5. 丰富校园文化内涵，提升文化育人效果

结合学校"双一流"建设，引导全体学生主动学习校史校情，了解学校"三创两迁"精神。调动全体学生的参与积极性和文化建设热情，以"健康第一"的思想为指导，打造特色精品体育竞赛项目。

（三）实施卓越人才工程，深化人才培养全过程改革

1. 深化招生改革，持续提高生源质量

适时调整本科招生专业，纵深推进大类招生，提升生源质量，为学校聚焦"一流"建设，深入实施"复兴计划"奠定基础。

2. 改革教学管理机制，稳步推进学分制改革

修订《陕西科技大学本科生学业预警与帮扶实施办法》《陕西科技大学转专业实施办法》，以完善学业四级预警与处理机制，放宽学生转专业限制，逐步建立专业自主选择机制。

3. 修订人才培养方案，强化学生基础教育和个性化培养

参照普通高等学校本科专业类教学质量国家标准和专业认证标准，修订人才培养方案。修订《陕西科技大学本科生选修课实施办法》，形成学科交叉融合的复合型创新创业人才的个性化培养。

4. 注重学习成效，加强课程过程考核评价

制定《陕西科技大学关于加强课程过程考核评价实施方案》，通过多样化的考核方式激发学生自主学习的热情，分步实施课程过程考核评价改革，逐步实现课程过程考核评价全覆盖。

5. 创新教学形式与手段，推进教学信息化建设

以信息化教学平台为技术支撑，充分调动学生的学习主动性和积极性。到2020年年末，拟建设8~10间研讨型智慧教室、15~20间互动智慧教室、50~60间常态录播教室。

6. 多措并举，进一步强化创新创业教育

制定《陕西科技大学本科生创新创业管理办法》，修订学籍管理规定，建立创新创业学分积累与转换制度，完善转专业和大类招生专业分流制度。深入开展"互联网+"大学生创新创业大赛，适时开通校友通道。实施"陕西科技大学创新创业专长学生赋能计划"，助力学生成长成才。

7. 探索国际化办学新模式，推进人才培养国际化进程

以陕西科技大学阿尔斯特学院的建设与实施为契机，选择优势学科专业，对接国外合作高校，成立中外"双学位"校际合作国际班。努力营造"留学科大"氛围，建立教育质量标准，不断提高培养质量。

8. 严把学生毕业出口关，坚决取消清考

修订《陕西科技大学补考及重修制度管理办法》，严把毕业出口关，坚决取消清考。

（四）实施一流教学资源建设工程，推进本科教育内涵发展

1. 加强投入，大力推进一流专业建设

以国家一流专业"双万计划"为契机，持续专项经费投入，深入推进国际工程教育专业认证工作，到2022年年末，力争实现我校30%的专业通过国际工程教育专业认证。对专业进行必要的动态调整，重点建设一批新工科专业，适时撤销、停招、减招部分与经济社会发展不适应的专业。

2. 坚持质量优先，积极推进一流教材建设

设立重点教材建设专项资金，鼓励教师出版高水平有特色的教材。引导教师出版和使用新形态教材。到2022年年末，力争出版教材60~100本，入选中国轻工业联合会"十三五"规划教材40~60本，入选省级优秀教材5~8本，入选国家级规划教材1~3本。

3. 对标金课标准，建设一流课程

杜绝"水课"，采用线上线下混合式教学模式，提高学生学习成效。各学院和各专业推进"理实一体化"教学改革，每年立项建设20~25门校级示范课程、每年立项4~6项虚拟仿真实验教学项目。到2022年末，力争建设校级一流课程80~100门，获批"双万计划"省级一流课程10~15门，国家级一流课程2~4门，校级在线课程资源覆盖所有开课课程的50%以上。

4. 发挥特色专业优势，加强一流教学平台建设

整合资源，加强各级众创空间建设。内外联动，推进各类校外教育基地建设。到2022年年末，新增省部级实验教学示范中心和虚拟仿真实验教学项目3~5个、国家级虚拟仿真实验教学项目1~2个。

5. 引进与培养并举，打造一流师资队伍

制定《陕西科技大学教师师德负面清单及失范行为处理办法》，严格执行"一票否决制"。修订《陕西科技大学教学事故认定及处理暂行办法》，建立教学事故校院两级处理机制。制定《陕西科技大学教学事故责任人处理办法》。建立分类指导的博士招聘及人才引进政策和"能上能下"的竞聘机制。组织骨干教师赴国内知名大学集中培训，提升教师的教学水平。

（五）实施质量管理提升工程，健全本科教学质量监控体系

1. 强化质量监督和督导评价，健全校、院（部）两级质量监控体系

完善质量监控体系建设，完善学校、院（部）两级督导制，确保质量监控体系校、院（部）两级高效联动，并建立校院两级的质量监控循环体系。

2. 引入同行评价机制，完善本科教学质量评价体系建设

与西安工业大学建立跨校教学督导制，推动跨校资源共享，实施同行评价。完善自我评价、同行评价和第三方评价制度，建立自律、自查、自纠的教学质量评价体系。

3. 加强分工协作，完善教风学风联动机制

教务处、学生处不定期召开教风学风建设工作联席会议，商讨教风学风建设联动工作开展情况。各二级学院成立联动机制工作组，教学系统和学工系统应及时对教风学风问题进行整改，教务处应及时进行检查督查。

（六）加强组织保障，确保一流本科教育四大工程顺利实施

优化顶层设计，保障教学中心地位。明确责任，强化对教学工作的领导和管理。加强建设和管理，发挥教学指导委员会的指导和监督作用。加大宣传、树立典型，构建良好的教学工作环境和氛围。

西安财经大学本科教学工作审核评估经验总结报告

方明①

2017年4月16日到20日、2017年12月5日、2018年5月28日,学校分别接受了专家组进校实地考察评估、整改中期检查、整改回访检查。专家组离校后,学校进行了认真总结,全面梳理了专家组提出的意见和建议,进行了整改和持续改进,并取得了明显的成效。2018年12月,经教育部同意,西安财经学院更名为西安财经大学。

一、本科教学工作审核评估组织实施概况

(一)精心领导与组织

学校成立由校党政主要负责人担任组长的审核评估领导小组,负责全校的评估与建设工作,具体组织结构分三个层面。审核评估领导小组下设办公室,负责学校层面的评估工作。

成立办学定位工作组、培养目标与师资队伍工作组、教学经费工作组、教学设施工作组、培养过程工作组、社会资源工作组、学生发展工作组、质量保障工作组等8个专项工作组和1个督察工作组。专项工作组负责审核项目和审核要素的自评自建;督察工作组负责对学校评建工作全过程进行检查与督促。

各学院(部)成立由院长(主任)、分党委书记、教学副院长、副书记和有关人员组成的工作小组,负责本教学单位的各项评建工作。

(二)分阶段开展工作

学校审核评估工作分为组织准备、自评自建、检查改进、专家进校、整改等工作阶段展开。

在组织准备阶段,学校采取请专家作报告、外出调研、印制审核评估学习手册、手机APP等多种形式组织全校师生学习领会审核评估的要求,制定工作方案和任务分解表。在自评自建阶段,审核评估领导小组办公室、各专项工作组、各学院(部)充分动员全校师生,围绕审核项目、审核要素和审核要点查找存在问题、进行建设和改进,建立支撑材料、填报教学基本状态数据、撰写自评报告和年度质量报告。在检查改进阶段,审核评估领导小组办公室定期召开专门会议,具体讨论、安排审核评估的具体工作,审核评估领导小组办公室下发了三次任务单,对各专项工作组、各学院(部)审核评估工作方案和实施情况进行检查和督促,对审核评估范围的支撑材料和主要管理制度的补充完善等提出建议,对专家案头材料目录清单等工作进行了具体要求和安排。在专家进校阶段,制定迎评工作方案,上传

---

① 西安财经大学校长。

评估材料，根据评估专家进校提出的问题补充相关资料，整治校园环境，配合评估专家组和西部评估中心做好专家进校实地考察的相关工作。

二、本科教学工作审核评估的主要做法、特色、成效与经验总结

（一）审核评估的主要做法

1. 科学制定工作方案，扎实推进各项工作

审核评估领导小组专门召开两次全体会议（扩大会议）具体审定和部署审核评估工作，审定学校审核评估工作方案、迎评工作方案、自评报告、审核评估预评估整改方案等。审核评估领导小组办公室先后召开16次专门会议，具体讨论、安排审核评估的具体工作。学校组织了两次由主要校领导带队的检查组对各学院（部）审核评估进展情况进行全面检查和督促。审核评估领导小组办公室联合督察工作组，组织专家对各评建专项工作组审核评估工作进展情况和支撑材料的建设情况等进行了多次检查。

2. 认真学习领会审核评估的范围和要求，全面深入自查

学校党委召开扩大会议，邀请专家做辅导报告；学校相关部门和学院（部）邀请校内外专家解读审核评估方案、介绍评估经验；审核评估领导小组办公室组织相关部门到相关院校进行调研学习；教学质量评估中心编写审核评估知识手册，组织全校认真学习。

在深入学习审核评估的范围和要求基础上，学校制定了《本科教学工作审核评估范围及任务分解表》，并针对每个审核要素和特色项目具体确定责任部门和协作部门。各审核要素的责任部门针对审核要素中的每一个审核要点，从学校（部门）具体工作计划、实施情况、实施效果、具体存在问题、针对存在问题的改进措施等5个方面展开全面深入自查。

3. 积极开展自评自建，强化本科教学中心地位

学校将审核评估作为年度重要工作进行落实。各学院（部）组织教师从自身做起，检查备课、上课情况，检查试卷论文情况；各系（教研室）认真讨论专业建设和课程建设，找出不足、提出改进的对策。教务处、学生处等部门，提出了10余项需要完善和补充的制度，并积极制定出台具体文件进行落实。学校所有部门都从本部门如何服务本科教学展开讨论，提出服务本科教学的具体措施并积极落实。

4. 适时开展预评估，加强薄弱环节工作

专家组进校前，学校邀请由相关高校专家、教授组成的审核评估预评估专家组，开展了为期3天的预评估工作。通过预评估，找出了学校在审核评估过程中的不足，并进行了进一步的建设。

5. 精心准备，迎接评估专家组进校考察

学校制定迎评工作方案，成立迎评领导小组办公室（指挥部办公室）和10个迎评工作小组，配合审核评估专家组开展工作。校领导认真督促、检查各迎评工作组的工作进展情况；校党政主要领导带队对各教学单位、各主要责任单位的迎评工作进行了重点检查。学校召开审核评估工作汇报观摩交流会，校长就学校《自评报告》观摩汇报、各学院（部）分别就各自的审核评估汇报情况进行了演练。

（二）审核评估的特色与成效

1. 审核评估的特色

学校的审核评估工作是在校党政直接领导、全校师生共同努力下展开的，表现出分工合

作、广泛参与、团结一心、共同为学校本科教育发展而努力工作的精神。

审核评估正式启动阶段,学校确定了各部门分工合作的工作方式。在审核评估工作方案中成立了学校审核评估领导小组、下设办公室,成立8个专项工作组和督察工作组。全校各部门在工作组的领导下,围绕审核项目、审核要素、审核要点展开问题梳理、自评自建。在专家进校前,成立11个迎评工作组,进行了任务分工,扎实推进评估工作,迎接专家组进校考察。

在审核评估期间,全校师生广泛参与。各学院(部)认真组织全体教师学习审核评估的要求,展开专业建设、课程建设和课堂教学质量提升等工作;学生处、各学院积极组织学生学习审核评估的相关要求,加强对学生纪律和学习的要求,广大学生都能够以学校的发展为己任,认真学习;各部门都能学习审核评估的基本要求,积极为本科教学服务;离退休管理处,召开专门会议,向离退休人员介绍学校审核评估工作进展情况,认真听取离退休人员对学校发展的建议。

在审核评估专家组进校期间,广大教师更是日夜坚守在工作第一线,表现出团结一心、共同为学校发展而努力奉献的精神,离退休人员也表现出关心学校发展、积极为学校发展出谋划策的精神,这些工作和精神受到审核评估专家组的充分肯定。

2. 审核评估的成效

2017年4月,审核评估专家组进校实地考察评估后一致认为:西安财经学院的本科教学工作较好地实现了自己的定位和目标。

办学定位与培养目标进一步明确。学校根据自身特色提出"整体办学实力位居西部地区同类型高校前列,建设以经济和管理学科专业为主的特色鲜明的高水平财经大学"的目标定位和"立足陕西,服务行业"的服务面向定位;根据国家和地方经济社会发展对财经类人才的需要,确立了培养应用型创新人才培养总目标。办学思路清晰,定位与培养目标明确,符合国家、地区经济社会发展的战略需求,也符合高等教育发展规律和学校自身发展实际。学校始终坚持以人才培养为根本,一切服务于学生的成长,教学中心地位非常突出。

学校坚持"立足陕西、侧重服务经管行业、培养应用型创新人才"的办学特色鲜明。学校几经合并调整,但始终以服务陕西省为己任,每年在陕西省招收的本科生稳定在70%以上,培养的学生也主要在陕西省就业。由于学校源于经贸和统计两大学科主脉,因而服务地方经贸、财政、统计行业的办学特色非常突出。据跟踪调查,陕西省金融、财政、税务、统计系统四分之一的业务骨干均毕业于西安财经大学。学校重视培养学生的应用能力,设有经济类综合实验实训平台、管理类综合实验实训平台、创新创业类综合实训平台等3类校级综合实验实训平台。全校开设了证券投资分析、外贸单证实务、ERP实训、企业会计实务等92门独立实验实训课程,为培养动手能力强、实践水平高、就业创业能力强的高素质应用型人才提供了保障。

加强本科教学内涵建设,确保教学质量稳步提高。学校高度重视本科教学工作,通过政策激励、制度保障、经费支持、领导重视、全员参与等措施,确保本科教学工作中心地位,不断提高人才培养质量。近年来,先后制定了《关于加强本科教学改革与建设的指导意见》《关于进一步加强本科应用型创新人才培养工作的原则意见》《关于进一步加强本科实践教学工作的若干意见》和《深化创新创业教育改革实施方案》等一系列重要文件,为加强教学内涵建设,以及稳步提升教学质量提供了体制机制保证。

重视人才培养过程改革，探索与实践富有成效。①学校不断深化应用型创新人才培养模式改革，淡化专业，人才培养以人为本。一方面加强通识教育和专业教育的整合设计，另一方面积极实施"2+2"大类培养改革，融传授知识、培养能力、提高素质为一体。②"一专一证"或"一专多证"改革。学校积极探索"财税+会计""金融+理财""金融+统计"应用型人才培养，让学生在修读专业的同时获得税务咨询师、资产评估师、注册会计师、理财规划师、金融分析师等职业资格证书，增强毕业生的就业竞争力。③为满足学生在通过大学英语四级考试后的专业发展需求，学校主动开办 ESP 方向、TOEFL 或 IELTS 方向、考研方向等的小班个性化培养。④重视创新创业教育。学校将信息学院、统计学院、经济学院列为校级创新创业教育改革试点学院；2017 年信息学院又获批陕西省首批创新创业教育改革试点。⑤学校对如何深化实践教学改革有思路、有想法，通过坚持开展双周实践教学活动，学生理论联系实际的能力明显提高，学生毕业论文质量和服务社会能力明显提高。

加强人才培养过程管理，措施得力，效果明显。学校始终把抓教学质量摆在突出位置，强化过程管理，给专家留下深刻印象。①实施教考分离。学校确定对高等数学等 25 门课程实行校院两级教考分离，确保课程质量考核评价公平公正。②开展教案评比评优活动。督促激励教师及时更新教案，保障课堂教学效果。③实行课堂教学质量综合评价。每年对课堂教学效果好的前 20 名授课教师进行奖励，2016 年共奖励 17 万元，并与当年评优、职称晋升和聘期考核直接挂钩。④严肃对教学问题的处理。2016 年对 8 名校内在岗教师进行了教学事故处理，解聘 2 名外聘教师。⑤狠抓考风考纪。2016 年处理考试违纪学生 104 人，处理考试作弊学生 38 人。⑥严格学籍管理。对必修课和专业选修课正常考试卷面低于或等于 35 分者，不得参加该门课程补考，必须重修。以上一系列有力措施，保障了各教学环节质量和效果，促使教风和学风明显好转。

（三）审核评估的经验总结

1. 注重本科教学制度建设，不断完善教学管理制度

针对审核评估的具体要求和本科人才培养的要求，反复讨论制度建设问题，提出了具体制度制定和完善的具体要求并限期完成。学校相关部门积极完善和修订管理制度，同时按本部门的工作职责编印了制度汇编。各学院（部）围绕学校的宏观管理制度，制定并完善了本单位的相应制度或实施细则，编印了本单位的最新制度汇编。学校围绕本科教学的校院二级制度相对完善，为确保教学中心地位、确保教学运行和质量提升奠定了基础。

2. 注重管理规范化，教学运行状态良好

全体教职员工都能认真学习学校的各项管理制度，积极落实和自觉遵守学校的各项管理规定。各职能部门的工作作风进一步改善、管理工作进一步规范，教师的教学积极性有所提高，学生的自律行为有所加强。通过审核评估，全校上下精神面貌焕然一新，工作状态明显好转，教风和学风进一步好转，教学运行状态良好，为进一步提高教学质量，特别是课堂教学质量奠定了坚实的基础。

3. 强化实践教学，培养学生的社会认知和实践能力

学校自 2012 年起，组织开展本科生双周社会实践活动。自评自建以来，学校进一步加大对实践周的组织和领导，校党委同时要求广大教师利用实践周积极参与社会实践到企业和基层开展调研，提升自身的实践能力、教学能力、科研能力和服务社会能力。在实践周，学生通过"亲身经历、亲眼所见、亲耳聆听"的方式获得第一手素材并撰写成调查报告，调

查报告描述城市、乡村、企业的人们的生活和工作情况以及所思所想，体现学生的观察和思考，并对有关问题提出建议。学校以社会调查为牵引，构建了"理论课堂—实验实训中心—科研基地—现场实践"四位一体的学生创新能力培养模式。

4. 做实教师教学质量评价工作，促进教师课堂教学水平不断提升

学校出台本科教学任课教师学年度教学质量综合评价等相关文件，对从事本科教学的任课教师的课堂教学情况进行全面检查和评价。教师的教学质量评价结果由学生评价、学校督导评价和教师互评的结果综合平均得出。近两学年的学生评教综合统计结果显示，学生对教师的教学工作满意度高，其中优秀率达到了72.48%。学校每年对综合评价结果前20名的教师给以5 000~30 000元的奖励，极大激励了教师从事教学工作的热情和积极性。

三、本科教学工作审核评估整改及持续改进的主要做法、特色、成效与经验总结

（一）整改及持续改进的主要做法

1. 加强组织领导，部署整改工作

学校成立"加强审核评估整改工作领导小组和办公室"，印发审核评估整改方案，针对具体整改内容成立师资队伍建设、教学改革与教材建设、学生就业、质量保障体系、办学特色建设等5个整改工作组。为迎接审核评估中期检查和一年回访检查，学校分别制定了工作方案，总结整改工作，迎接专家组检查。

2. 认真梳理问题，制定整改方案

学校分别召开各层次专题会议等，在认真梳理和学习领会专家组的审核评估意见的基础上，制定了整改方案。提出进一步加强师资队伍建设，提升教师的教学能力与水平；加大教学改革力度，提高教学质量；加强教材建设；加强以就业为导向的人才培养质量管理；加强教学质量保障体系建设；进一步做强学校办学特色等6方面整改内容和21条具体措施。

中期检查结束后，为落实专家组审核评估意见和中期检查意见，学校进一步完善整改方案和工作计划，在原有整改内容的基础上，增加了有关高层次人才引进与培养、加强教学团队建设、加强学校科研基地和项目对学生开放、加强一流专业建设与培育等措施，同时将部分措施进一步细化，形成34条整改任务。

3. 扎实推进工作，完成整改任务

学校整改工作分研究部署、整改实施、整改提升等3个阶段进行。研究部署阶段的重点是制定整改方案，同时依据整改任务，制定《本科教学工作审核评估整改任务完成情况表》台账，加强对具体整改工作落实情况的检查。

整改实施阶段的重点是各部门和各学院（部）根据学校整改工作方案和单位的整改任务，逐项落实整改工作。学校召开审核评估整改安排专门会议，主管校领导对整改实施阶段的工作做了进一步要求；学校召开2017年教学工作会议，对培养方案、夏季短学期、教师全要素评价等评估整改中的重要内容进行了深入研究与讨论；各单位都能结合本单位日常工作深入展开评估整改；各学院（部）都能够按审核评估的要求开展各项教学活动。

整改提升阶段的重点是结合中期检查专家组的意见，对存在的问题进行进一步整改，全面完成整改任务。学校召开审核评估工作进程推进会，召开新办专业提升建设水平推进会等；教务处、学生处、人事处、教学质量评估中心等部门在制度建设方面做了大量的工作；各学院（部）积极开展青年教师讲课竞赛、优秀课件评选、优秀讲义评选、观摩教学等

工作。

4. 明确责任划分，加强监督检查

学校采用整改工作组的形式划分整改任务、落实整改责任，要求牵头单位全面负责本工作组整改任务的落实，主要完成单位负责具体措施的整改与落实。学校要求各职能部门建立目标责任制，结合与本部门相关的整改任务与措施，把工作落到实处；要求各学院（部）结合实际，找准问题，明确责任与任务，提出整改方案并认真整改；要求领导小组办公室适时组织整改工作任务完成情况的检查。

学校审核评估领导小组办公室多次深入各整改工作组、各单位，检查整改任务的完成情况与质量，并对存在的问题提出建议。学校领导召开3次推进会，检查整改工作进展情况，督促整改进度，解决存在困难。

（二）整改及持续改进的特色与成效

1. 整改及持续改进的特色

学校在长期的办学历程中形成了"立足陕西、服务行业、厚德强能，培养应用型创新人才"的鲜明办学特色。在整改和持续改进过程中，学校鼓励教师积极参与社会实践、到企业和基层开展调研，采取多样化的教学模式培养学生创新能力，加快校外实习基地建设，采取多种形式积极服务地方经济和行业，通过这些有效措施，彰显立足陕西、服务行业的特色。学校形成的教学成果《财经类高校大学生诚信精神养成教育的探索与实践》，获2017年陕西省高等教育优秀教学成果二等奖。学校通过进一步完善诚信教育课堂教学体系和诚信教育课堂教学评价，开展丰富的诚信教育第二课堂教学实践活动，加强大学生诚信精神养成教育，成效显著。

在整改和持续改进期间，学校采取多种措施，筹措资金，不断改善办学条件，服务本科教学。长安校区基础建设顺利进行，建成的学生活动中心、3号教学楼、体育馆分别在2018年1月、9月、12月投入使用，教学基础设施得到有效改善。

2. 整改及持续改进的成效

审核评估整改回访检查专家组认为：学校通过一年整改，取得了显著成效。评估所要求的"五个度"得到了明显的提升。

高层次人才引进和培养取得新进展，师资队伍整体水平有所提升。学校建立柔性引才机制，持续增加高层次人才数量，创建博士后创新基地，为高层次人才的培养和使用搭建了平台。

建构了特色鲜明的诚信教育体系，促进学生诚信精神的养成。学校将诚信教育融入人才培养方案，建构了"三位一体，五个结合，三级联动"的诚信教育实践体系，以强化学生诚信意识和行为，形成"重信、知信、守信"的良好风气。

根据《普通高等学校本科专业类教学质量国家标准》要求并结合学校实际，进一步明确各专业人才培养目标和培养规格要求，重新梳理设计了各专业课程体系，修订了人才培养方案，重视将人文教育融入人才培养过程。

学校在对教学质量综合评价实施两年后，对任课教师教学工作实施全要素评价，把学校整体评价扩展为学校和二级学院相结合的多要素、多层次评价。

（三）整改及持续改进的经验总结

1. 加大教学改革力度，增设夏季短学期

在持续改进阶段，学校完成本科人才培养方案（2018版）修订工作，增设夏季短学期。夏季短学期是在总结本科生双周社会实践活动经验的基础上设置的，在学生第一、二、三学年的春季学期后进行，时间为4周。夏季短学期不安排理论课教学，重点安排实践教学，开展社会调查、专业实习、创新创业教育，开设前沿性、探索性的研讨课程，组织学生国内外交流访学活动等。

2. 推动一流专业建设，开展校内专业评估

2017年，学校对统计学、财政学等14个本科专业进行了校内专业评估，向全校公布2017年专业评估结果，同时要求各专业依据专家组评估意见和学校专业评估总结等意见进行整改；2019年，学校又对税收学、保险学等19个本科专业进行第二轮校内专业评估。第二轮校内本科专业评估以陕西普通高等学校一流专业建设标准（本科）为标准展开。通过校内专业评估，促进了学校一流专业的建设。学校目前有12个陕西省"一流专业"建设和培育专业，有9个专业通过省教育厅专业遴选工作，同意申报2019年国家级一流本科专业建设点。

3. 加强实践教学条件建设，完善实践教学平台

实验教学条件建设坚持以学生为本，以实验教学体系构建为主导。学校创建跨专业共建、多学科协同创新的一体化综合性实验实训课程，构建了"课程基础实验、专业综合实验、跨专业综合设计实验"的多层次实验教学体系，形成了教学模式一体化、培养体系立体化、培养路径全程化、教学平台统一化、实验教学层次化、实验内容综合化、实验环境真实化、学习资源共享化、教学管理信息化的立体开放创新实验教学体系。学校坚持以先进实验内容带动实验室建设，重点建设内容先进、受益面大的项目，创建设备先进、管理规范、与时俱进的信息化开放式管理的现代实验教学环境。

4. 强化学风建设，完善诚信教育体系

大学生诚信教育已成为学校应用型创新人才培养的重要组成部分，学校出台了一系列诚信教育和实践的管理制度、政策，不断完善诚信教育体系。建立《大学生诚信档案》，如实记录学生的政治诚信、学习科研诚信、交往诚信、经济诚信、就业诚信等基本情况，学生毕业时，《大学生诚信档案》随学生人事档案一并寄送用人单位，将学生在校期间的信用记录延伸到社会。不断完善专业教育诚信教育和诚信教育第二课堂活动，将诚信教育贯穿于培养学生的全过程，使学生在潜移默化中提高诚信品质。学校开展诚信教育促还贷、诚信教育促就业等专项工作，毕业生贷款违约率持续保持在较低水平、贷款回收呈现出良好的发展势头，用人单位对学校学生的满意度越来越高。

5. 做好教学质量评价，制定教师教学工作全要素评价方案

学校制定《本科教学任课教师教学工作全要素评价方案（试行）》。该方案提出对教师教学工作评价由原来的课堂教学评价扩展为课堂教学、教案、讲义或课件、非基础课程教师的实践教学、教师参与教学业务活动等五部分相结合的评价，将以前的从学校整体进行评价扩展为学校评价和二级单位评价相结合的多层次评价。同时，在方案中对教案、讲义、课件、实践教学环节、教师参与教学业务活动等制定了质量标准，对二级教学单位的教学管理提出了新要求。

四、进一步深化本科教育教学改革,提升本科教育教学质量

虽然学校在评估和整改工作中取得了一定的成绩,但评估和整改作为学校加强本科教学工作和提高教育教学质量的重要举措将持续进行。

学校将以习近平新时代中国特色社会主义思想和党的十九大精神为指导,继续按照"以评促建、以评促改、以评促管、评建结合、重在建设"的方针,坚持把"提高质量"和"深化改革"贯穿于提升本科教育教学质量、建设一流本科教育的全过程。

学校将通过人才培养模式改革、加强一流专业建设、加大课程建设力度、完善实践教学体系、强化教学质量监督保障、培育优秀教学成果等措施,建设一流本科教育。通过深入推进师德师风建设、加强高层次人才队伍建设、大力培养中青年骨干教师、注重实验教师队伍建设、增强教师素质能力培养等措施,建设高水平师资队伍。通过加强大学生思想政治教育、科学引导和促进学生发展、扎实推进优良学风建设、加强职业规划与就业指导、完善学生事务管理服务、强化第二课堂育人功能等措施,服务学生全面发展。通过加强实验室建设、加大图书信息资源建设、推进校园信息化建设等措施,强化教学资源建设。

学校将坚持"面向需求,创新机制,强化实践,协同育人"理念,着力推动各专业根据学科专业特点与行业和企事业单位开展多种形式的合作培养,试点卓越人才培养实验班,创新人才培养模式。依据《普通高等学校本科专业类教学质量国家标准》(2018),基于OBE理念、结合专业认证要求,按照"就业能称职、创业有能力、深造有基础、发展有后劲"的应用型创新人才培养定位,进一步科学合理地修订完善各专业人才培养方案。厘清各门课程在人才培养中的作用,认真梳理课程和知识点间的关系,建立能支持毕业要求达成和符合认证要求的课程体系,反向设计课程体系。坚持通识教育与创新创业教育相结合,提高通识教育课程设置的有效性和课程教学质量,努力培养"厚基础、强能力、重应用、高素质"的应用型创新人才。

西安外国语大学本科教学工作审核评估经验总结报告

王军哲[①]

一、审核评估组织实施概况

（一）自评自建阶段

1. 高度重视，加强组织领导

自 2015 年年底接到审核评估通知以来，学校高度重视审核评估工作，成立由校党委书记、校长担任组长，分管教学科研工作的副校长担任副组长，由其他校领导和相关职能处室负责人参与的审核评估工作领导小组。

2. 制定方案，明确目标

学校制定《西安外国语大学本科教学工作审核评估实施方案》，明确以提高"学校人才培养目标与培养效果的达成度，办学定位和人才培养目标与社会需求的适应度，教师和教学资源对学校人才培养的保障度，教学和质量保障体系运行的有效度，学生和用人单位的满意度"为目标。通过审核评估，深化人才培养模式改革，创新人才培养体制机制，促进学校教学工作的协同发展、内涵发展、特色发展、人本发展，提高人才培养质量。

3. 贯彻方针，狠抓落实

学校按照教育部"以评促建、以评促改、以评促管、评建结合、重在建设"的方针，提高认识、转变观念、深入自评、切实整改、讲求实效。通过分解任务，责任到人，深入检查本科教学各个环节的情况，认真总结经验做法，深入剖析原因与症结，坚持问题导向，积极开展自评自建工作。

（二）整改阶段

2017 年 4 月 17 日至 21 日，教育部专家组对西安外国语大学本科教学工作开展进校实地考察评估。通过全面考察，专家组充分肯定学校的办学成绩和特色，针对存在的问题提出中肯的意见和建议，并形成西安外国语大学本科教学工作审核评估专家组报告，从五个方面对学校教学工作提出问题和建议，并提出六项必须整改的问题。

学校高度重视评估专家组提出的问题和建议，召开专题会议，在全面剖析、认真总结、科学规划的基础上，制定《西安外国语大学本科教学工作审核评估整改方案》，成立本科教学工作审核评估整改工作领导小组，统筹部署、扎实推进整改工作。围绕评估专家组提出的问题和建议，学校从以下六个方面积极开展整改落实，一是坚持以学生为中心理念，强化本

[①] 西安外国语大学原校长。

科教学基础地位；二是加强师资队伍建设，提高师资队伍水平；三是加强教学资源建设，不断改进教学条件；四是坚持问题导向，统筹推进教育教学改革；五是加强质量标准建设，完善教学质量保障体系；六是加快多元化平台建设，提升国际化培养的广度和深度。

2017年12月6日，审核评估中期检查专家组对学校本科教学工作审核评估整改情况进行进校中期检查。专家组认真阅读审核评估专家组审核评估报告、学校的整改方案、整改进展报告和其他相关材料，深度访谈校领导及相关部门负责人，调阅文件、档案等相关资料，进行了一系列全面考察。专家组充分肯定学校的整改工作和成效，认为学校以问题为导向制定的整改方案和提出的一系列整改措施得到了认真贯彻落实，学校开展的整改工作取得了阶段性的成效。

根据专家组中期检查反馈的进一步整改意见和建议，学校深入领会审核评估专家组的整改意见，细化整改方案，加大高水平人才引进力度、引育力度，提高师资队伍整体水平；加强优质教学资源建设，不断优化人才培养环境；以人才培养方案修订为抓手，以"一流专业"建设为抓手，加强专业建设；以提高教育教学质量为核心，强化内涵建设，完善教学质量监控与保障体系，持续深入地开展整改工作，取得了丰富的建设成果，实现"以评促建、以评促改、以评促管、评建结合、重在建设"的工作目标，本科教学工作水平和人才培养质量不断提高。

二、审核评估的主要做法、经验与成效

（一）明确目标

学校坚持"以评促建、以评促改、以评促管、评建结合、重在建设"的方针，坚持问题导向和发展导向，坚持审核评估工作与常规教学工作相结合、短期整改与长期建设相结合、重点整改与全面提升相结合、改革与巩固成效相结合，着力落实学校办学指导思想和办学定位，彰显办学特色，以专业建设为核心、课程建设为基础，加大教学投入，加强队伍建设，强化教学管理，深化教学改革；以完善教学质量保障长效机制、巩固审核评估各项成果为抓手，以落实解决自评和审核评估专家组反馈的意见为重点，注重审核评估工作的整体性、长效性、实效性。通过明确目标，进一步凝心聚力，把全校上下思想和行动统一到学校审核评估工作安排部署上来，不断深化学校教育教学改革，提高人才培养质量。

（二）统筹推进

学校审核评估工作领导小组负责领导全校审核评估工作，研究部署和积极协调全校评估总体工作；研究决定评估工作中的重大事项；审定审核评估工作阶段任务和自评报告等相关材料。领导小组下设学校评建工作办公室，办公室落实学校审核评估工作领导小组的工作部署，协调各专门工作组及职能部门之间的工作；制订审核评估工作方案及工作计划，分解评估任务，落实目标责任，细化工作安排；布置、检查各学院（部）、各部门的评估工作，组织开展校内专项评估、自评自建及预评估工作；研究提出需要审核评估工作领导小组、校长办公会或党委常委会讨论决定的重要问题；及时汇总评建情况，研究和协调解决评估过程中发现的各种问题；及时了解、发布评建动态，主动向教育主管部门汇报学校评建工作进展，加强与其他院校的工作联系；负责对各单位评建工作进行考核与评价，推介工作亮点。领导小组通过对审核评估工作统筹推进，围绕七个评估重点，落实三个核心任务，对审核评估实

行全方位、全过程管理，确保扎实、优质、高效完成审核评估工作。

成立学院评建工作组，负责落实学校评估任务；制订本学院评建工作方案及阶段工作计划、落实措施，及时检查评估任务落实情况；负责本学院教学基本建设、各教学环节规范和评估工作的开展，及时向学校评建办公室反馈各类评估信息；负责学院教学档案及支撑材料的收集、整理及文字撰写工作，向学校提供所需资料；负责组织本学院教育教学研究与改革、学科专业建设特色与亮点培育与凝练工作。学院评建工作组明确分工、团结协作，保质保量完成了数据上报、学院自评报告、支撑材料、教学档案管理等工作。

（三）细分任务

学校将评估工作过程分为宣传发动、自评自建、预评改进、迎接评估、专家评估、整改落实六个阶段。宣传发动阶段，组织学习审核评估相关文件，统一思想，提高认识，使全校师生员工积极投入教学和审核评估工作之中。自评自建阶段，依据审核评估的审核项目、要素和要点，学校、学院、各相关单位梳理规章制度、基础数据和材料。预评改进阶段，学校组成专家组，对学院和相关单位进行预评估；各单位根据预评估的意见和建议，加强对存在的问题进行整改，对存在的差距进行针对性建设。迎接评估阶段，确定自评报告、校长报告、视频、支撑材料、专家组到校工作方案、接待方案和专家评估案头材料。专家评估阶段，以饱满的热情和良好的精神风貌接受审核评估，确保学校本科教学审核评估工作顺利进行，达到预期目标。整改落实阶段，根据审核评估专家组提出的评估意见，制定切实可行的整改方案，开展整改和提高工作。确保评估工作各阶段重点突出、任务明确、推进有序，进而实现高质量、高效率地完成评估的各项工作。

（四）落实责任

学校要求各职能部门和教学单位根据学校总体方案，制订本单位具体工作计划和落实措施，确保工作抓落实，抓过程，抓成效。要求主要职能部门建立目标责任制，突出重点，把工作落到实处。要求各学院结合追赶超越任务，找准差距，明确责任和任务，深化各项教学改革。各职能部门、各教学单位根据学校的总体方案和整改内容，制订切实可行的工作计划，分解指标，安排具体的时间进度，层层落实，责任到人。学校依托审核评估整改工作办公室开展对整改工作的监督与检查工作，校领导多次带队检查各职能处室、各学院整改情况，指导工作。学校在开展审核评估工作中通过落实责任、任务到人，确保审核评估各项工作顺利完成。

三、整改及持续改进的主要做法、经验与成效

学校按照《西安外国语大学审核评估整改工作方案》，制定了措施，明确了职责，落实了任务，全面开展整改工作。到目前为止，学校对照整改方案，已全面完成各项任务，取得了一些工作亮点。

（一）加强师资队伍建设

学校以"西外学者"特聘岗位"柔性"引进国内外高层次人才，以"校级高层次人才引进"为着力点，多层次延揽各类人才，新增特聘教授、讲座教授19人，引进高层次人才和紧缺人才31人。强化现有师资队伍培养力度，促进优秀人才快速成长，组织62名教师赴美国鲍林格林州立大学、蒙特雷国际研究院开展专业研修。除了各种渠道出国攻读学位、进

修、工作和交流的项目外，学校还设立专项，组织骨干教师赴美国多所大学集体研修。2018年，我校公派访学交流教师 189 人次，占专职教师的 24%。

（二）加强教学资源建设

学校坚持立德树人的根本任务，不断加大师资和教学资源建设力度，以课程改革为突破口，投入 600 多万元立项建设 100 多门课程，其中包括"旅游经济学"等双语课程、"英语新闻报道与写作"等全英课程、"中国古代文选"等 MOOC 示范课和"中国近代史纲要"等 SPOC 示范课程。引进 354 门清华大学、北京大学等国内知名高校的网络通识课程，使通识课程总数超过 460 门，信息化课程总数超过 420 门。积极响应国家"中西部高等教育振兴计划"，学校发起成立"西部高校外语教育联盟""中国高校外语慕课联盟""长安五校联盟"，推进优质教育教学资源共享。

（三）强化专业内涵建设

学校依照办学定位和人才培养目标，积极推进专业分类管理，出台本科专业建设方案，设定一流专业、一般专业、新设专业建设标准，并给予各专业专项经费支持。2017 年，学校共获批建设 17 个省级一流专业。2018 年，学校与 17 个省级一流专业签订《一流专业建设目标责任书》，推进一流专业建设。2019 年，学校 16 个专业获得申报国家级一流专业建设点推荐。同时学校积极培育新的一流专业建设点，使校级一流专业建设点增加到 12 个。

学校根据《"一带一路"沿线国家非通用语种专业建设规划》，加大"一带一路"沿线国家非通用语种专业建设力度，2017 年申报白俄罗斯语、捷克语、罗马尼亚语、希腊语、匈牙利语和菲律宾语等 6 个非通用语专业。2019 年学校再次申报豪萨语、斯瓦希里语，将成为我国西部地区最大的非通用语专业人才培养基地。

学校积极探索改革"外语+""+外语"的人才培养模式，从 2018 年开始，先后开设"外交学+俄语+英语""新闻学+英语+西班牙语""国际经济与贸易+日语+英语"等卓越人才实验班和英语拔尖人才实验班，培养"一精多会、一专多能"的国家急需的高层次国际化人才。

（四）积极推进教育教学改革

积极整合校内外教育教学改革研究资源，优化跨校、校内跨部门合作机制，不断加大对教育教学改革研究的支持力度。组建以教学名师为核心的教学团队，组建跨学校、跨学科、跨专业的教改研究队伍，建立专题讲座、合作研究、"一对一"指导等多种形式的教育教学改革研究专家指导机制，有效提升学校教育教学改革研究水平。2017 年，学校获批陕西省教育教学改革项目 5 项，其中跨院校联合申报项目获批重大攻关项目 1 项，跨学院联合申报项目获批重点项目 1 项；获批陕西省高等教育教学成果奖 5 项，其中特等奖和一等奖各 1 项。2018 年，《翻译专业人才协同培养体系创新与实践》获得高等教育国家级教学成果奖二等奖，取得历史性突破。学校从 2018 年起，加大教育教学改革研究的支持力度，每年立项支持 30 项教学改革研究项目，设置教学成果奖培育项目，积极培育高层次成果。

（五）提升国际化办学水平

学校积极开展与世界高水平大学，尤其是"一带一路"沿线国家高校的教学科研究实合作，扎实高效推进学校国际化办学总体水平和竞争力。先后与波兰卢布林天主教大学、德国明斯特大学、阿联酋沙迦大学等世界高水平大学签署合作协议 51 份。2018 年 2 月，与阿联酋沙迦大学合作举办的阿拉伯语专业本科教育项目顺利获教育部批准。积极推进"一带一路"沿线国家智库建设，成立阿拉伯文化研究中心、波兰研究中心、哈萨克斯坦研究中心、东北亚研究中心、拉丁美洲研究中心、伊朗研究中心等6个国别和区域研究中心。其中，波兰研究中心和东北亚研究中心成功获得教育部2017年度国别和区域研究中心备案，波兰研究中心和阿拉伯文化研究中心被纳入《陕西省"一带一路"建设2017年行动计划》并给予重点资助和支持。

四、深化改革，建设一流本科教育的计划与举措

（一）牢固确立人才引领发展的战略地位

坚持党管人才，"四个突出"构筑人才聚集发展新高地。一是突出政治引领凝聚人才。牢固树立"人才是第一资源"理念，始终坚持党管人才原则，注重强化政治引领和政治吸纳，充分发挥桥梁纽带作用，把各类优秀人才凝聚到学校和谐稳定发展建设事业中来。二是突出深化改革激活人才。围绕全面深化改革，坚持问题导向，解决人才发展不平衡不充分的问题，不断完善人才发展体制机制，激发人才创新活力。三是突出平台建设用好人才。学校紧紧围绕"四个一流"建设和服务国家"一带一路"，充分发挥语言和专业优势，以高层次人才为龙头，搭建"三大平台"助力人才建功立业。四是突出用心用情服务人才。学校坚持以人为本的理念，努力创造有利于人才引进和干事创业的良好环境，使高层次人才引得进、留得住、能出彩。

（二）完善一流本科人才培养体系

坚持人才培养的中心地位和本科教育的基础地位，实施《本科教学质量提升计划》，对标《本科教学质量国家标准》，不断完善人才培养方案；实施《一流专业建设方案》《思想政治工作质量提升工程》，深入推进教师发展"3+1"工程；全面启动优质教学资源建设、教师能力提升、信息化建设等综合改革项目，持续推动师资队伍、课程资源、质量保障体系等建设，完善一流本科人才培养体系。

（三）探索外语类院校新文科建设模式

立足学校学科优势和专业特色，推进"外语+""+外语"人才培养模式创新，推进新文科建设。在外语类专业中推行"外语+专业"和"外语+外语"的复合型培养模式，即外语类专业学生辅修一门非外语类专业学位，或辅修另外一门外语。在非外语类专业中推行"专业+外语"模式。持续推进全外语授课专业建设，总结和推广国际经济与贸易专业全日文讲授专业课的经验，加快其他非外语类专业的全外语授课率。

（四）加快一流教育教学资源建设

发挥学校是西北地区重要的国际化、复合型外语人才培养基地的优势，依托现有英语、翻译、俄语等5个国家级特色专业，英语等7个国家级、省级专业综合改革试点专业，翻译等11个国家级、省级人才培养模式创新实验区，"英语写作"等24门国家级、省级精品课程，以及10个省级实践育人平台的良好基础，继续聚焦国际化和信息化，发挥外语优势，支持双语和全外语课程建设，打造国际化特色"金课"。全力打造智慧校园，持续加大信息化课程和远程教育实验室支持力度，接入国外大学优质课程，实现国际优质课程实时共享。优化学校与外研社合作设立的"西部外语教学资源研发中心"运行机制，加大特色教学资

源的研发。

（五）强化服务国家战略和区域发展能力

聚焦地方和区域社会经济发展对国际化人才的需求，依托学校建成的国家级"'一带一路'语言服务及大数据平台"和省级"丝绸之路语言服务协同创新中心"等平台，不断推进人才协同培养体系创新与实践。聚焦国家战略，加快非通用语种专业和国别与区域研究智库建设，总结和推广阿拉伯语国际合作办学项目的经验，加大学校国际合作办学与国际化人才培养力度。

（六）发挥国际化优势，打造一流师资

深入落实教师能力提升计划，将教师"派出去"。除以各种渠道出国攻读学位、进修、工作和交流的项目外，加大骨干教师赴国外高水平大学集体研修项目支持力度，开发更广泛的教师国际合作交流项目。积极推进国际专家教师引进计划，将国外优秀教师"请进来"，完善国际专家教师的管理制度，增强国际专家教师的荣誉感和归属感。积极开发中外合作办学项目，把国外优质教育资源整体"接进来"。充分利用省级高层次人才平台，为学校引育拔尖人才，推进和落实"西外学者特聘岗位"，通过"柔性"引进，广泛吸引国内外学术界有影响力的学科和学术带头人来校工作，积极引进和培养省级、校级重点学科和学校优势、特色专业发展急需的高层次人才。积极推进教师分类管理，深化职称制度改革，推动绩效工资改革，完善分配激励机制，实现学校人才引进、师资培养、职称评审等工作稳步推进。

（七）多种方式争取资金，加大办学投入

加大对本科教学工作和改革的政策资金支持力度，形成系统化、持续性的投入保障机制。积极争取财政和各类专项建设经费的支持；探索产教融合新模式，通过共建合作育人平台、校友捐赠等多种途径、多种方式争取更多办学资金。

西安科技大学本科教学工作审核评估经验总结报告

王贵荣[①]

根据《教育部关于开展普通高等学校本科教学工作审核评估的通知》（教高〔2013〕10号）以及陕西省教育厅《关于开展普通高等学校本科教学工作审核评估的通知》（陕教高办〔2016〕32号）的精神，我校于2017年5月7日至11日接受了本科教学工作审核评估专家组进校考察。现将我校本科教学工作审核评估（以下简称"审核评估"）经验总结如下。

一、审核评估组织实施概况

2016年7月5日，学校召开审核评估工作动员会，正式启动我校评估工作。我校审核评估工作分6个阶段进行：宣传动员、自评、预评估、查缺补漏、专家进校考察、整改落实。各相关职能部门统筹协调、积极配合，审核评估工作取得了一定成效。学校层面共组织召开专家报告会、培训会等7次；召开动员大会、工作部署会等26次，开展校内自评工作2轮，组织校内专家现场考察17次，编辑汇总专家案头材料27份。各教学单位在学校总体安排部署下，扎实开展评估工作，形成了学院自评报告、系统化支撑材料和教学管理制度体系。

2017年5月7日至11日，受陕西省教育厅和中国西部高等教育评估中心的委托，审核评估专家组一行9人对我校本科教学工作进行了实地考察，集体考察了图书馆、体育馆、工程训练中心、实验教学示范中心等公共教学设施；先后走访了临潼、雁塔两个校区、19个学院（部）和26个职能部门，深度访谈校领导15人次、师生85人次；听课看课42门次；调阅36门课程试卷4 603份、24个专业毕业论文（设计）1 228份，以及其他各类文件资料；召开教师、学生、辅导员、教学督导等座谈会5次；走访校外实习实训基地和用人单位3个，对学校本科教学工作进行了全方位多层次的考察。

2018年5月30日，受陕西省教育厅委托，中国西部高等教育评估中心专家组采取访谈、召开教师座谈会、听课看课、查阅毕业设计、课程试卷、综合性开放性实验报告等多种方式，对我校审核评估整改情况进行了全面检查。我校以第二排序通过陕西省属高校本科教学工作审核评估整改提高检查。

二、审核评估的主要做法、特色、成效与经验总结

（一）统一思想，提高认识

学校高度重视本科教学审核评估工作，并以此作为推动我校提高教育教学质量、加强内

[①] 西安科技大学副校长。

涵建设的良好机遇。及时召开全校动员大会，对本科教学审核评估工作进行全面安排和部署；广泛宣传、深入动员，提高广大师生对开展审核评估工作重要性、必要性的认识，深刻领会、准确把握指标体系内涵实质，以审核评估工作为契机，认真开展评建工作，尤其是整改落实工作，促进人才培养质量的全面提升。

（二）精心组织，落实责任

为全力做好审核评估评建工作，学校制定了《西安科技大学本科教学工作审核评估评建工作方案》，成立了由党委书记、校长任组长的审核评估工作领导小组、审核评估办公室、自评专家组。同时，成立条件保障组、师资队伍组、教学管理组、学生发展组、自评报告组、教学状态数据分析组等6个项目组。各学院（部）也成立了相应工作机构，确保评估工作目标明确、责任明晰、措施有效、落实有力。

（三）开展自评，查漏补缺

学校按照审核评估指标体系，完成了摸底自查工作，并根据自查问题，及时下达整改任务，开展整改。组织校内外预评估专家进行全方位评估、考察，发现审核评估各方面准备工作中存在的问题，并针对预评估专家提出的问题和意见进行细致梳理和全面研判，特别是对重点问题、难点问题和突出问题进行专题研讨，修改完善自评报告、教学基本状态数据分析报告及支撑材料，完成专家进校考察各项准备工作。

（四）精心组织、迎接专家

召开迎接本科教学工作审核评估专家进校考察动员会，安排部署迎接本科教学工作审核评估专家进校考察工作。要求各工作小组、各职能部门和各学院（部）要以高度责任感有组织、有计划地做好各项准备工作，根据学校总体工作安排制定本单位、本部门工作方案，细化工作任务，明确时间节点，落实责任人。

（五）强化督查检查，全面完成整改工作目标

学校积极开展整改工作的督查工作，要求各工作小组填写整改工作台账，对整改工作的进展情况进行检查。学校开展了学院（部）教学质量管理、实践教学、创新创业教育改革、课堂教学方法与考试考核方式改革等工作的全面督查工作。多次召开审核评估专项工作推进会，督查落实整改任务。通过定期督查，学校全面掌握了整改工作的现状，总结了经验、发现了问题，明确了下一步工作重点，确保了各阶段整改工作目标的实现。

三、整改及持续改进的主要做法、特色、成效与经验总结

（一）完善顶层设计，本科教学中心地位进一步确立

学校把"强化本科教学、培育一流人才"作为推进事业改革发展的出发点和落脚点，围绕建设国内一流、特色鲜明的高水平教学研究型大学的总体目标，坚持高处着眼、多方联动、统筹施策，促进本科教学顶层设计进一步完善。

1. 广泛研讨，深化教育理念

围绕"破解发展难题、共谋学校发展"主题，组织全校干部师生开展了教育思想大讨论，以打造一流本科教育为目标，对学科建设、人才队伍、资源条件等建设目标和阶段任务进行了统筹规划。"全员服务教学、全方位保障教学、全过程管理教学"的理念进一步成为

全校师生员工的共识。

2. 突出特色，明确培养目标

结合学校办学定位、学科特色和服务面向，进一步明确了为陕西省经济社会和煤炭行业培养"基础厚实、作风朴实、工作扎实、为人诚实、勇于创新的应用型高级专门人才和创新型人才"的培养类型定位。

3. 聚焦短板，解决瓶颈问题

针对人才短板，学校将2018年定为高层次人才队伍建设年，专门成立了高层次人才工作办公室，修订了人才引进办法，确立了"四青"人才攻坚方向；针对资源短板，学校大幅提升本科教学工作预算，加快推进校际资源整合、新校区征地和建设工作；为进一步巩固本科教学中心地位，通过修订职称评审条件、完善学院（部）考核评价机制、加大教学奖励力度等手段，多管齐下，激励教师投身本科教学的积极性。

（二）打造一流师资，本科教学基础不断夯实

学校将师资队伍建设作为培育一流人才的基础性工程，坚持"高端引领、引培并举、优化结构、整体提升"的方针，多措并举推动人才队伍质量显著提高。

1. 广纳贤才，促进教师队伍总量稳步提升

学校出台了《高层次人才引进管理办法》，大幅度提升引进人才待遇，人才竞争力进一步增强。加大招聘和宣传力度，充分利用"丝绸之路青年学者论坛"学校分论坛、赴美人才招聘团等平台，积极延揽海内外英才。

2. 调整结构，促进非煤炭主体专业人才队伍协调发展

学校通盘考虑各专业发展需求，坚持"内培"和"外引"双管齐下，着力解决教师分布不均衡，特别是非煤炭主体专业和新专业领军人才不足的问题。在"胡杨人才工程"和"菁英人才工程"遴选工作中，向非煤炭主体专业教师适度倾斜。

3. 加强培养，促进青年教师教学水平进一步提升

一年来，学校充分发挥教师教学发展中心的作用，培训青年教师3 000余人次，教师观摩名师课程50余人次。老教师指导青年教师52人，"传帮带"作用更加明显。选送15名青年教师到企业挂职锻炼，促进青年教师工程实践和教学能力不断增强。

4. 强化激励，教师教学积极性显著提高

制定了《本科课堂教学质量评价实施办法》《学院（部）本科教学工作业绩绩效分配办法》等制度，进一步完善课堂教学质量评价机制，提升本科教学业绩在考核分配中的比重。下调教学工作量定额、设立"课堂教学质量奖""教学新秀奖"，增设"纯教学型"副教授职称类别，单设指标，单独评审，引导和激励教师积极投身本科教学，主动参与教学改革、提升教学质量，有效确保了教师教学精力投入。

（三）加大投入保障，本科教学资源显著优化

坚持把本科教学资源建设置于优先地位，建立了以"投入为基础、优化配置为手段、提升效益为目标"的资源保障机制。

1. 加强教学基础设施建设

加大教学经费投入，2017年本科教学经费支出1.6亿元。新图书馆建成投入使用，新增阅览座位2 700席、图书90 000余册、数据库3个，图书资源保障水平显著提高。新增

2 700 平方米用于学生创新创业教育实践的平台建设。提升综合性、设计性、创新性实验项目比重，新增项目 355 个。完成与原陕西省理工学校的资源整合，为教学基础设施条件的持续改善拓宽了空间。

2. 加强专业内涵建设

按照"扬优、支特、改老、扶新"的建设思路，支持优势特色专业引领式发展，鼓励传统专业拓宽改造，着力强化专业特色，加大新办专业投入力度，切实加强专业内涵建设，提升综合竞争实力。全力打造"一流专业"，投入 1 100 万元支持 14 个陕西省"一流专业"建设。积极推进工程教育专业认证，整改期间有 1 个专业通过认证，6 个专业认证申请通过评审，其中 4 个专业为首次参加。对受理认证的每个专业投入 300 万元，用于实验、课程等教学资源建设。以"新工科"建设为抓手，以企业需求为导向，积极推动传统专业升级改造，采矿工程、安全工程等两个专业获批国家级"新工科"建设项目。

3. 加强优质教学资源建设

积极开展教学名师培育工作，设立名师工作室，着力打造以教学名师为核心的高水平教学团队，共遴选"胡杨名师" 8 人，获批陕西省"特支计划"教学名师 2 人。按"三三配置"原则构建了专业核心课程教学团队，启动了 2018 年校级课程教学团队评选工作。出台了《在线课程建设与应用管理办法》，加大优质课程资源建设和引进力度，获批省级教师教育类 MOOC 课程 1 门，购置优质网络课程 200 余门。获批国家级示范性虚拟仿真实验教学项目 1 项，省属高校仅此一项。

（四）深化教学改革，本科教学管理更加规范

1. 强化课堂教学管理

制定了《课堂教学质量评价实施办法》，构建了以学评教为主，同行评教、管理评教为辅的课堂教学质量综合评价机制，促进课堂育人主渠道作用不断发挥。

2. 强化第二课堂管理

将"第二课堂"作为提升人才培养质量的重要途径，充分发挥其在提升学生综合素质、实践能力等方面的积极作用。修订了《大学生科技竞赛、创新创业工作管理办法》，推动"第二课堂"覆盖面不断扩大。

3. 推进实验室共享开放

出台了《大型仪器设备共享开放绩效考核办法》，实验室共享机制逐步形成。稳步推进以项目制为驱动的实验室开放，学生参与实验实训的积极性不断提升。

4. 深化教学方法与考核方式改革

强调"以学生为主体、以教师为主导"的理念，以课堂教学改革为着力点，引导教师开展教学方法和教学手段改革。一年来，学校获批省级教改项目 9 项、教育部产学研合作项目 65 项，获批教育部在线教育研究中心"2017 年混合式教学试点单位"（省属高校仅 2 所获批），426 门次课程进行了课堂教学改革，44 门次课程实施了"翻转课堂"或"混合式教学"改革实践。改革课程考核方法，加大过程考核力度。

5. 推进创新创业教育改革

推动人才培养机制改革，积极构建实习实训、科研合作、创新竞赛、创业孵化等协同育人实践平台，不断完善高水平学科竞赛与创新创业训练体系，促进创新创业教育质量不断提高。"西安科技大学智慧矿山"众创空间获批省级众创空间，入选第三批"陕西省高校实践育人创新创业基地",创新创业教育学院获批"陕西省高等学校创新创业教育改革试点学院"。加强大学生创业孵化及扶持项目管理。

(五)健全管理机制,本科教学质量保障更加有力

1. 进一步完善质量标准

制定了《西安科技大学本科课程通用质量标准》,形成了由专业标准、课程标准以及各教学环节质量标准构成的标准体系。

2. 建好教学质量管理队伍

新增校级教学管理人员7名,校级教学督导2名,院级教学督导110名。积极开展教学管理人员培训,教学质量管理队伍数量进一步充实,素质明显提升。

3. 夯实学院(部)教学质量保障的主体地位

出台了《本科教学业绩绩效分配办法》和《本科教学工作年终考核办法》,规范了学院(部)教学质量过程管理,将本科教学工作开展情况、标志性成果与学院业绩挂钩,有效调动各教学单位加强教学质量管理的积极性和主动性。

(六)拓宽交流渠道,本科教学国际化水平不断提升

学校明确把国际化办学纳入推进"一流大学、一流学科"建设战略布局,坚持"送出去、引进来"的国际化办学理念,着力培育熟悉国际规则、掌握世界语言、能参与国际竞争的现代化人才。

1. 加大学生出国(境)交流学习支持力度

新增学生国际交流项目13项,资助金额较2017年增加42%,2018年学生交流预计达到230人次。

2. 推进师资队伍国际化进程

构建了多层次教师出国访学体系,加大了经费支持和国际人才引进力度。

3. 发展留学生教育

成立了国际教育学院,首批招收国际留学生41名。

四、建设一流本科教育的计划与措施

(一)坚持立德树人,实施一流思政教育

1. 实施铸魂育人工程

大力推进习近平新时代中国特色社会主义思想进教材、进课堂、进头脑,引导学生增强中国特色社会主义道路自信、理论自信、制度自信、文化自信。依托学校马克思主义理论一级学科博士点和习近平新时代中国特色社会主义思想研究中心,推出一批具有影响力的研究成果。充分利用重大活动、重要节日契机,把理想信念教育、社会主义核心价值观教育融入教育教学全过程,打牢师生思想根基,牢固"四个意识",坚决做到"两个维护",努力培养担当民族复兴大任的时代新人,培养德智体美劳全面发展的社会主义建设者和接班人。

2. 构建三全育人格局

全面落实全国、全省高校思想政治工作会议精神,把思想政治工作贯穿于教育教学全过程,实现全员、全过程、全方位育人。统筹推进课程、科研、实践、文化、网络、心理、管理、服务、资助和组织育人等"十大育人"体系建设,推动实现知识教育与价值塑造、能力培养有机结合，构建一体化育人体系。组织开展优秀辅导员、大学生骨干理论宣讲团"线上巡礼、线下巡讲"活动，及时学习宣传党的最新理论成果。实施"胡杨精神传承项目""师德师风建设项目""学院（部）文化打造项目"等文化项目的建设，以文育人，以文化人。

3. 强化思政课程和课程思政建设

深入实施高校思想政治工作质量提升工程，按照"八个相统一"的要求，全面加强思想政治理论课建设，以"思政课教师大练兵"主题活动为抓手，推动思想政治理论课创新，深化教学方法改革，建设一批思政教育精品课程。不断增强思想政治理论课的思想性、理论性、针对性和亲和力，加强马克思主义理论学科骨干教师研修，打造政治强、情怀深、思维新、视野广、自律严、人格正的高素质思政课教师队伍。挖掘陕西省红色文化资源、行业文化资源和学校特色资源，开设采煤概论、西安科技大学发展史等课程。大力推动以"课程思政"为目标的课堂教学改革，充分挖掘其他课程和教学方式中蕴含的思想政治教育资源，培育选树一批"学科育人示范课程"，实现思想政治教育与知识体系教育的有机统一。

（二）促进学生全面发展，培养一流人才

1. 加强体育美育劳动教育

促进学生全面发展，制定《促进学生德智体美劳全面发展的实施意见》，进一步推进体育、美育、劳育教学改革，全面实施对体美劳工作的考核、评估和督导。加强体育美育场地场馆建设和设施器材配备，完善学校体育美育办学条件，开展大学生艺术展演、高雅艺术进校园等活动。坚持教育教学与生产劳动、社会实践相结合，广泛开展"红色筑梦之旅"等学生社会调查、社会实践、志愿服务活动，教育引导学生崇尚劳动、尊重劳动。

2. 推行完全学分制试点改革

不断扩大学生学习自主权、选择权，为学生自主学习、主动学习提供更好的条件。坚决取消"清考"制度，实施课程重修制度。在试点改革学院试点先行按学年注册、按学分收费、按需求选课、按学分毕业、按绩点授予学位的教学管理模式。

3. 实行本科生导师制

制定本科生导师制管理办法，设立专项工作经费，将本科生导师工作纳入学校教师考核和激励体系。着力培养学生的创新精神和实践能力，全方位指导学生的思想、学习、生活，直至学生顺利完成学业，从而推动学生综合素质提升，实现专业培养目标。

4. 深化创新创业教育改革

深化创新创业教育改革，将创新创业教育与专业教育深度融合，按照"创新创业意识培养—创新技能训练—创新创业能力实训—创业项目孵化"一体化教育理念，加强创新创业教育课程和教材建设。允许在校学生休学创业，鼓励学生积极参加"互联网+"大学生创新创业大赛、数学建模竞赛等赛事，促进学生全面发展，努力造就大众创业、万众创新的生力军。

（三）强化师德师风建设，培育一流师资队伍

1. 加强师德师风建设

深化教师思政工作，充分发挥教师党支部的战斗堡垒作用和党员先锋模范作用，健全"把骨干教师培养成党员，把党员教师培养成教学、科研、管理骨干"的"双培养"机制。

健全师德师风教育体系，将师德师风教育贯穿于教师职业生涯发展全过程。坚持将师德师风作为评价教师素质的第一标准，在教师选聘、职称评审、考核评价、奖励表彰等方面实行"一票否决制"。完善师德师风问责机制、舆情快速反应和重大问题报告机制，形成各级各部门齐抓共管的师德师风建设责任体系。

2. 提升教师教育教学能力

多形式、多途径实施教师教学能力提升和职业规划。实行新入职教师的教学准入制度，通过集中教学培训、拟授课程全程助课、完整学期授课能力考察等环节，提高本科课堂教学能力，取得教师资格证和教师教学发展中心颁发的培训结业证书后，方可取得本科教学资格。强化教授名师的传帮带作用，对课堂教学评价连续两年排名在最后10%的教师，暂停本科教学工作，要通过实施帮扶、进修或培训，由教师教学发展中心考核合格后方可继续为本科生授课。遴选200名教师分批参加现代教育技术轮训，逐步提高教师现代信息技术与教育教学深度融合的能力。鼓励青年教师到企事业单位挂职锻炼、进行国内外访学研修，提升教师的工程实践能力、专业研究水平，增强教师的国际化视野。

3. 建立健全教师奖励激励长效机制

健全教师荣誉表彰制度，加大教学新秀、胡杨名师、省级教学名师、国家级教学名师的示范引领作用，逐步向前开展教学能手奖评选，向后设立教学终身成就奖。持续扩大本科教学奖励力度和覆盖面，逐年增加课堂教学质量奖资助力度，激励教师热爱教学、潜心教学。提高教育教学工作在岗位聘任、职称评审、薪酬体系中的比重，优化教师岗位设置结构，完善教师职称评审制度，将教学为主型教师职称评审逐步推向全校各专业。

（四）调结构强内涵，做强一流专业

1. 建设一流专业

加强顶层设计，进一步强化专业质量标准和专业内涵建设，集中优势资源，培养卓越创新人才，建设一流本科专业。对标专业建设"双万计划"，将本科专业与学科设置统筹谋划，每个有本科专业的一级学科博士点对应建设1个国家一流专业，有本科专业的一级学科硕士点至少建设1个省级一流专业，建成3个以上国家级新工科专业，引领支撑高水平本科教育。

2. 优化专业结构

按照"控数量、调结构、强特色、提水平"的总体要求，完善专业动态调整机制，促进传统工科专业转型升级，适时撤减生源质量差和就业前景不好的专业。启动人工智能、大数据、智能制造、新能源等战略新型专业、新工科改革项目建设，每年遴选5个专业进行试点，提高传统专业服务社会的能力和水平。结合毕业生就业质量，完善人才需求预测预警机制，推动形成招生计划、人才培养与就业联动机制。

3. 加强专业内涵建设

根据《普通高等学校本科专业类教学质量国家标准》，深入落实学生中心、产出导向和持续改进的工程教育认证理念，结合专业特色和优势，研究制定全校各专业教学质量标准，设置人才培养目标，完善人才培养方案，优化课程设置，更新教学大纲，丰富教学内容，切实提高人才培养的目标达成度、社会适应度、条件保障度、质保有效度和结果满意度。激发学生的学习兴趣和潜能，推动本科教学从"教得好"向"学得好"转变，促进人才培养质量不断提升。

4. 建立专业负责人制度

加强专业建设与管理，完善本科教学基层组织体系，建立责、权、利对等的专业负责人机制。充分给予专业负责人在专业建设、教师培养、课程建设、教材建设、实践教学建设以及教研教改活动等方面的话语权，在教师职称评聘、薪酬体系中予以倾斜，切实起到引领专业发展、拓宽专业内涵、制定专业发展规划、树立专业品牌的作用。

（五）坚持质量优先，建设一流课程

1. 建设一流课程

对标课程建设"双万计划"，推动"互联网+教育"和"智能+教育"新态势，合理增加课程难度，拓宽课程深度。建设100门MOOC课程，推出1门以上国家精品在线开放课程，重点支持公共基础课、专业基础课和特色专业核心课程建设，逐步建立"三层次（国家级、省级、校级），两维度（线上、线下）"的精品课程体系，示范带动课程建设水平的整体提升。建设2项以上国家虚拟仿真实验教学项目，提高实验教学质量和水平，有效支撑一流本科人才培养。

2. 加强课程标准建设

结合学校办学定位和人才培养目标，按照人才培养方案科学制定每门课程的质量标准，包括理论教学课程、实验课程、课程设计、实习实训课程和非单独开设的实验课程等。明确课程性质、课程目标、课程内容、教学方法和考核方式，为开展课程教学质量评估提供参考依据。

3. 推动多元化考核

鼓励采用包括作业、测验、小论文、课程设计、课堂报告、读书报告、实践/调研报告、上机、期中及期末考试在内的多样化课程考核方式，改革和优化课程考试评价体系，综合应用笔试、口试、非标准答案考试等多种形式，全过程考核学生对知识的掌握和运用能力。公共基础课程全面推行教考分离，提高考试管理规范性、公平性。

4. 打造"金课"

创新教学方法与手段，形成以学生为中心、教师为主导、师生有效互动的良好课堂氛围。以智慧教室等教学信息化建设为基础，以"课堂革命、陕西行动"课堂教学创新大赛、青年教师讲课比赛、微课教学比赛为抓手，倡导开展启发式、探究式、参与式、合作式课堂教学，推广混合式教学、翻转课堂。建成100个翻转示范课堂，全面打造"金课"，激发学生的求知欲，提升自主学习的能力。

5. 推动精品教材建设

坚持"注重导向、确保质量、打造精品"的建设原则，优先支持特色专业以及战略新型专业教材、课堂教学改革新模式下的立体化/数字化教材、国家级规划教材。依托校级教材立项、煤炭教育协会规划教材立项两大建设平台，建设20部高质量、有特色的精品教材。

6. 建立助课制度

全面推行"大班授课、小班辅导"教学改革，建立由新进教师、研究生组成的助教队伍，协助课程主讲教师完成课前准备、课堂教学辅助、答疑与辅导、实验、实践辅助指导以及网络教学辅助等工作，确保全校小班辅导率达100%，促进课堂教学有效进行。

（六）推进教学信息化建设，营造一流育人环境

1. 推进智慧教室建设

积极推进以适应学生自主学习、自主管理、自主服务需求的智慧教室建设，构建线上、线下相结合的教学模式。创建互动式、智能化、开放型、多样化的智慧教学环境，使录播教室和智慧教室覆盖率达60%，实现教学视频同步、录制、回放、网上签到、系统分析课堂抬头率等功能，促进硬件设施与教师现代信息技术手段相结合，满足多元化的课堂教学模式改革和优质教学资源的有效应用与共享。

2. 制定在线课程学分认定制度

推进现代信息技术与教学深度融合，开展以创新思维、跨学科融合、合作探究为特征的课程教学新模式。变革教学传播的表达方式，利用多媒体、虚拟现实、增强现实等新兴技术，推进场景式、体验式、沉浸式学习资源的建设与应用。加强优质课程资源开放共享，大力推广MOOC/SPOC等在线开放课程，出台学生"线上自主学习，线下集中考核"的在线课程学分认定办法，推动形成人人皆学、处处能学、时时可学的新模式。

3. 加快教育管理信息化建设

利用人工智能等技术为师生提供多元教学评价、全面学习诊断及精准学习服务，推进智能教学助手和评测系统的应用。建成统一教学资源数据库，完善多部门、多校区协作的教学信息化共建共享机制，建立学校教学运行管理、学籍管理、课堂管理、实验管理、教学项目管理、教师管理、学生管理，以及专业和课程评估系统等协调优化的教育管理信息化平台。

（七）构建协同育人机制，打造一流育人平台

1. 建设校内外精品实践教育基地

发挥学校特色专业优势，充分利用公共基础实训平台（工程训练中心）、行业特色实训平台（煤炭主体实习实训中心）、创新创业平台（创新创业实践基地）、虚拟仿真平台（国家虚拟仿真实验中心和项目）四大平台，深化创新创业教育改革，促进创新创业教育与专业教育深度融合。积极推动校企深度合作，每个专业至少建立1个校外特色教学实习基地和课外科技创新活动基地，建成10门以上校企合作特色课程，为学生实习实践提供真实的生产情境，为教师搭建校企科研联合攻关的平台。

2. 强化科教协同育人

充分利用榆林研究院、西部煤炭创新创业雁塔联盟、大学研究院等机构和平台，促进科研与教学良性互动，鼓励教师把最新科研成果转化为知识体系和教学内容，建立教研协同、教学相长的科教协同育人机制。为本科生参与科研创造条件，搭建学生科学实践和创新创业平台，推动高质量师生共创，增强学生创新精神和科研能力，以高水平科学研究支撑高质量本科人才培养。

3. 深化国际合作育人

加强学生国际联合培养、实践交流，引进国外名校网络课程资源，试点推出2门以上海外名校异地实时课程。加强建设双语/全英文课程，设立专项奖励基金，重点建设10门优势特色专业的双语/全英语授课课程，试点建设1个双语/全英语授课专业。加大教师前往世界名校（排名前100位）访学的支持力度，拓宽师资队伍国际化视野。搭建"四个梯队"的人才培养国际化体系，加强学生出国（境）交流学习。积极引入外国专家来校授课，开展

学术交流。积极举办或承办高层次学术会议，提高学校的国际影响力。

（八）健全教学质量评价机制，创建一流质量文化

1. 建立教学质量评价机制

建立健全本科教学质量评价机制，继续优化教学质量保障体系，加强各教学环节质量管理。建立与完善专业形成性评价机制、培养目标合理性评价机制、毕业要求达成评价机制、教学过程质量监控机制、专业课程质量评价机制、毕业生跟踪反馈机制等6项本科教育教学管理机制，使质量监控和持续改进工作形成完整闭环。

2. 开展课程评估

依据课程教学质量标准，从教学思想与态度、教学基本要求、教学内容、教学方法与评价等方面入手，建立基于学生学习效果的课程教学质量评估指标体系和实施办法，率先在公共基础课和学科基础课中试点实施，逐步推广到本科人才培养方案中开设的所有课程，形成四年一轮次的课程教学质量评估与持续改进机制。

3. 加快推进专业认证与评估

积极推进专业认证与评估工作，确保50%的工科专业通过认证，实现工科学院专业认证全覆盖。对标《华盛顿协议》和中国工程教育认证标准要求，修订培养目标、重组课程体系、深化课堂改革、明晰教师责任、健全评价机制、完善条件保障，带动专业内涵建设和教学管理的规范化运行，切实提高人才培养质量，提升专业综合实力和影响力，为学生走向世界提供国际互认质量标准的通行证。制定专业评估标准及评估办法，对未通过认证的专业全面开展专业评估，精准引导专业进行建设，依据专业认证和评估的结果，建立专业"预警—调整—淘汰"机制。

4. 完善质量保障体系

把人才培养水平和质量作为评价大学的首要指标，强化质量保障主体意识，基于OBE理念建立教学质量监控机制，形成"审核评估—专业评估（认证）—课程评估"三级评估体系，强化结果应用，充分发挥校教学委员会—学院（部）教学分委员会、专业教研室（系）等教学组织的重要作用，形成以提高人才培养水平为核心的质量文化。

陕西中医药大学本科教学工作审核评估经验总结报告

刘力[①] 孙振霖[②]

根据《关于开展陕西省本科教学工作审核评估经验总结的通知》（西交评估〔2019〕5号）精神，我校回顾总结了本科教学工作审核评估、整改及持续改进、提升本科教学质量等方面的经验及特色做法，形成了本科教学工作审核评估经验总结，现总结如下。

一、本科教学工作审核评估组织实施概况

根据陕西省教育厅《关于开展普通高等学校本科教学工作审核评估的通知》（陕教高办〔2016〕32号）和《中国西部高等教育评估中心关于开展第二批、第三批高校本科教学工作审核评估的通知》（西交评估〔2017〕1号），中国西部高等教育评估中心于2017年5月8日—12日对我校进行本科教学工作审核评估。学校对此高度重视，第一时间成立了评建工作领导小组，由校党委书记、校长任组长，全面领导、组织此项工作；下设评建工作办公室和各专项小组，具体负责审核评估相关各项工作。

按照"以评促建、以评促改、以评促管、评建结合、重在建设"二十字方针制定了《陕西中医药大学迎接本科教学审核评估工作实施方案》，将任务分解至各单位，把审核评估分为培训自查、整改建设、学校自评、整改提高、现场考察和改进提升6个阶段，明确了各阶段时间进度。评建工作办公室编印了《普通高等学校本科教学工作审核评估知识手册》，邀请国内知名专家进行专题报告，组织处级以上干部、一线教师及学生开展评估知识宣讲学习，并定期督查各部门、各单位工作进展情况。经过第一轮、第二轮及中期检查，各方面准备工作逐项落实，稳步推进，形成了《本科教学工作审核评估自评报告》。在正式评估之前，于2017年4月16—18日组织了模拟预评估，邀请校外专家全面审视我校审核评估各项工作，根据预评估专家组提出的反馈意见，制定了整改方案，并逐级传导压力，夯实责任。

2017年5月8—12日，以梁繁荣教授为组长的本科教学审核评估专家组一行通过实地考察、深度访谈、走访座谈、听课看课、调阅毕业论文及试卷、查阅有关资料等形式，对我校本科教学工作进行了全面考察。评估专家组充分肯定了我校本科教学工作取得的成绩和鲜明的办学特色，集中体现为"八个重视"，即重视顶层设计，明确目标定位；重视本科教学，确保中心地位；重视队伍建设，结构不断优化；重视教学投入，满足教学需要；重视教

---

① 陕西中医药大学党委书记。
② 陕西中医药大学校长。

学改革，质量持续提高；重视学生为本，管理服务并重；重视质量监控，构建评估体系；重视立德树人，彰显办学特色。同时，也指出我校在师资队伍建设、资源保障、教学改革、实践教学、质量保障体系建设和创新创业教育等方面存在的问题与不足，并提出了改进建议。

学校根据审核评估专家组提出的宝贵意见和建议，召开了评建工作领导小组会议，制订整改工作计划，同时召开了全校评建整改安排部署大会，要求各部门、各院系认真学习和分析专家组的反馈意见，结合自身工作实际积极开展评建工作总结，制定各单位整改方案。最终在全面总结各单位初步整改方案的基础上，根据专家组意见并结合学校自评中发现的实际问题，制定了《陕西中医药大学本科教学工作审核评估整改方案》。

经过一年的针对性整改，学校逐项落实了全部整改任务，在强化教学中心地位、优化师资队伍结构、深化教育教学改革、改善教学基础条件、健全教育质量保障体系、完善创新创业教育体系、开展国际交流与合作等7个方面取得了一系列成效。2017年12月7日、2018年6月4日，本科教学工作审核评估整改回访检查专家组对我校评估整改情况分别进行了中期及一年回访检查，充分肯定了我校整改工作，给予了高度评价。

二、本科教学工作审核评估的主要做法、特色、成效与经验总结

（一）审核评估工作的主要做法及特色

学校坚持"以评促建、以评促改、以评促管、评建结合、重在建设"的方针，以本科教学工作审核评估为抓手，采取一系列措施，突出内涵建设，突出特色发展，强化办学合理定位，强化人才培养中心地位，强化内部质量保障体系建设，不断提高人才培养质量，人才培养的核心地位和本科教学的基础地位得到进一步加强，形成了特色鲜明的人才培养体系和机制。

1. 强化顶层设计，明晰教学改革思路

为切实加强教育教学改革，促进教育教学全面发展，2016年学校出台了《陕西中医药大学教育教学质量提升行动计划》，把本科教育作为最基础、最根本的工作，强调以更强的人力、更多的精力、更大的财力不断提高人才培养质量，提出了建设和完善精品课程工程、青年教师教学能力提升工程、教学名师工程、学风建设提升工程、素质教育工程等十大提升工程，突出内涵式发展，并将其分解细化为52项具体工作，制定相应实施细则进行落实。

2. 调整人才培养目标，修订人才培养方案

根据教育方针政策，面向行业和区域经济社会发展需求，2016年学校全面启动新一轮本科专业人才培养方案修订工作，以培养学生自主学习和终身学习能力、实践能力、创新能力为核心，提出"厚基础、重创新、高素质、强能力"的人才培养要求。经过广泛调研，周密论证，修订完成了《2017年版本科人才培养方案》《2017年版本科人才培养方案》基于社会需求和职业胜任能力提升，充分征求了用人单位、行业主管、学生、教师、家长、专家等广泛利益方的意见，注重立德树人和学生全面发展，将创新创业教育纳入课程体系和第二课堂、强化通识教育平台、突出思想政治教育，明晰了知识、能力、素质的实现路径，对接国家资格准入考试要求，突出实训环节，实行课程考试与学业水平分阶段测试相结合的考核评价方式，强化了学生学习过程管理。

3. 优化专业结构，强化专业建设

制定了《陕西中医药大学"十三五"专业建设规划》，明确了专业建设目标与任务：坚

持产学研紧密结合的办学方向和医教协同的临床人才培养模式，采取全面建设和分类指导相结合的方针，改造传统专业、扶持新兴专业、发展优势专业、支持重点专业、创建一流专业、适时申报特需专业。按此原则停招英语专业，申报了3个行业发展急需的新专业。获批8个省级"一流专业"（其中建设项目3个，培育项目5个），制定了《陕西中医药大学"一流专业"建设方案》和分专业建设方案，着重在卓越人才培养、高水平师资队伍建设、教学平台建设等方面做好功课，打造优势特色。

4. 完善课程体系，加强课程建设

制定了《陕西中医药大学"十三五"课程建设规划》和《陕西中医药大学精品示范课程建设实施方案》，以优化课程体系、改革教学内容、更新教学方法为主线，以校级精品课程建设为先导，建设高质量课程体系。提出了"十三五"期间课程、教材建设的具体任务。引入了"清华在线"系统，全面构建在线教育综合平台，支持教师建设混合课程和MOOC课程，开展混合式教学，创新教学模式，提升教学质量。

5. 深化创新创业教育改革，提高学生综合素质

学校把创新创业教育改革作为"十三五"期间教育教学综合改革的突破口。完善人才培养质量标准，将创新思维、创新精神、创业意识和创新创业能力作为评价医药类专业人才培养目标的重要指标，并纳入2017年版本科人才培养方案，把创新创业融入人才培养的全过程。设置创新创业教育课程模块，将创新创业课程纳入必修课，构建了以创业基础课程、创业培训课程、创业实践课程为主体的创新创业课程体系。聘请各行各业优秀人才担任指导教师，打造专兼结合、校内外结合的创业导师团队。整合资源，搭建创新创业平台，建设省级创新创业教育改革试点学院2个、校级试点学院5个，并制定了建设方案，在组织、平台、经费、师资和创新创业训练等方面进行了一系列的改革和建设。

6. 凝练特色项目，提升办学内涵

我校在长期的办学历史中，积累了一些对教学工作的独特认识和长期坚持的良好做法，一是在全国中医药院校中较早实施院系合一、开展"3+2"教学模式改革，二是开展自建校之初延续至今的延安精神和大医精诚风范教育。将这些长期集聚的优势，总结凝练再提升，推动人才培养工作再上新台阶，促进学校内涵式发展。

学校开展"模式、方法、结构、机制"四位一体的后期临床教学改革，一是创新人才培养模式，将师承教育融入院校教育，实行本科生"双导师制"；二是改革教学方法，实施"中医经典理论等级考试"，采取"集中+自主"见习模式，实行"三站六段式"临床技能考核；三是调整课程结构，采取先中后西的课程开设顺序，强化中医经典学习，加大实践课程比例；四是强化医教协同，对教学机构进行改革调整，推行"院系合一"的运行机制，教研室和临床科室实行一体化考核。通过改革，学生中医思维能力和实践动手能力明显提升。

学校将"自力更生，艰苦奋斗"的延安精神、精诚仁朴的大师楷模和邵小利烈士风范有机融合，渗透到"三全育人"体系。始终将培养学生"艰苦奋斗、甘于奉献、至诚至精"的精神作为大学生思想政治教育的核心理念，贯穿于人才培养的全过程。建立了多处校内外大学生思想政治教育和人文素质教育基地，坚持发动校内师生加入邵小利青年志愿者服务队等。先后为社会培养输送了一大批扎根基层，品学兼优，能够"下得去、留得住、用得上、干得好"的毕业生，取得了很好的育人效果。

(二) 审核评估工作的主要成效及经验

经过本次审核评估，学校对本科教学工作的成就、存在问题进行了全面的自评总结，并推出实施了一系列有针对性的改进措施，各职能部门、各院系对教学工作的现状有了清醒的认识，对提高人才培养质量乃至推进学校各方面工作都产生了积极的影响。

（1）对学校及专业的办学定位和人才培养目标进行全面的研讨，形成了更适应当前高等教育发展规律和社会需求的建设思路。明确学校"到2020年建成西部一流、特色鲜明、文明和谐的中医药大学，到2028年建成国内一流的高水平中医药大学"的办学目标定位。在本科人才培养目标方面，明确了培养"厚基础、重创新、高素质、强能力"的高级复合型、应用型人才，经过多轮次讨论和修改，形成了新版《陕西中医药大学本科人才培养方案》。

（2）人才培养工作的中心地位进一步强化，全员育人与各方面全力支持本科教学工作的局面基本形成。评建期间，学校党委和行政部门多次召开专题会议，研究部署审核评估工作，校领导班子带头深入教学一线调研本科教学工作，积极参与学校评估检查；各院系党政一把手抓落实，实施系列整改措施；各职能部门对支持人才培养工作做了全面总结，并进行了相应的改进。从审核评估启动开始，全校上下心往一处想、劲往一处使，各方力量均全力投入到人才培养和审核评估自评自建工作中，形成了围绕审核评估中心任务全员育人的大好局面。

（3）全面修订、完善和整理了本科教学制度和教学文档，教学质量保证体系日趋健全，教学工作管理日趋规范。对学校本科教学工作各环节的标准、规范和制定的系列制度文件进行了全面梳理，新制定或修订教学制度文件30余项，形成《陕西中医药大学教学规章制度汇编》；全面修订课程教学大纲及教学设计；对学校教学质量保障模式、体系结构及质量监控、质量信息利用和质量改进进行了全面总结研究，建立了6类教学质量标准和8项质量评估指标体系。

（4）新的教育教学理念深入人心，推动教师教学从以教为中心到以学为中心的转变。通过审核评估，以学生为中心的教育教学新理念得到普及。在评建过程中，学校始终强调教学理念的更新、教学方法的改革，研讨式教学、翻转课堂、混合式教学等新的教学方式在学校逐渐普及。课堂教学改革已成为教师的关注话题，必将对今后的教育教学改革特别是课堂教学革命产生积极而深远的影响。

（5）促进学校加大教学经费投入力度，教学资源条件有所改善，资源保障水平提高。针对本科人才培养工作的新变化和教学资源条件保障中的短板，学校加强和加快实施了一系列教学资源建设工作。除审核评估专项经费外，在校园环境美化、教学设施改善、校园文化建设等方面也投入了大量人力物力，提高了本科教学环境及资源条件。

三、审核评估整改及持续改进的主要做法、特色、成效与经验总结

(一) 审核评估整改的主要做法及特色

根据教育部、陕西省教育厅文件精神和评估专家组反馈意见，结合我校"十三五"发展规划和"四个一流"建设目标要求，学校及时对专家反馈的问题进行了梳理，对原因进行了具体分析，形成了《陕西中医药大学本科教学工作审核评估整改方案》，奠定了全面提

高人才培养质量的基础。

1. 提高认识，转变观念，强化教学中心地位

学校通过举办"学校发展与管理论坛"，集思广益，凝聚共识，加强对学校办学定位、培养目标内涵的解读与研讨；积极开展教育思想大讨论，促进广大教职工将办学定位和人才培养目标内化于心、外化于行；制定了《陕西中医药大学领导干部随机听课制度》，强化领导干部重视教学、服务教学的意识。以启用2017年版本科人才培养方案为契机，以全面推进《陕西中医药大学教育教学质量提升行动计划》为抓手，重点做好专业、课程、教学团队、实践平台、题库、教材等"六大建设"，优化教育教学顶层设计，夯实人才培养基础，确保人才培养质量。

2. 优化师资队伍结构，提高教师队伍整体素质水平

重新梳理和明确了教师队伍的数量、结构、素质目标，设立了教师发展培训和人才引进专项资金，保证人才工作顺利开展。2018年3月召开了人才工作会议，出台了《中共陕西中医药大学委员会关于新时代加强和改进人才工作的意见》等一系列文件，提出了人才工作的4项主要任务和10个重要举措。

印发了《教师岗位分类管理及考核评价办法》，将教师分为教学型、教学科研型、科研型三种类别，尊重不同学科、不同层次、不同类别人才工作岗位的差异性，建立教师分类考核评价体系，实现"以人为本，人尽其才"；制定了《陕西中医药大学教师教学优秀奖评选及奖励办法》，加大教学业绩突出教师奖励力度，给予"教学优秀奖"教师一次性奖励一等奖10万元、二等奖5万元、三等奖3万元，"青年教师奖"教师一次性奖励一等奖3万元、二等奖2万元、三等奖1万元，有效提高教师参与教学的积极性。

改革人才考核评价机制，注重对教育教学质量、学术声誉、创新潜力、科研成果和管理能力的综合评价，探索建立团队考核评价新模式，提出了人才团队引进和创新团队建设计划，在绩效分配和人才引进中赋予团队更大的自主权。改革职称评审办法，加大教学工作量、教育教学改革和教改成果的计分比例，激发和释放各类人才活力。

将原挂靠在人事处的教师发展中心设置为独立建制的处级单位，明确了其在促进教师职业化、专业化发展中的主要职责和重要作用。已建成教师研讨室、名师工作室、心理访谈室、微课录播室、教师沙龙及教师阅读室等，同时积极开展各类教师培训，开阔学术视野，提高教学水平；实施中青年教师教学水平提升计划，整改一年来累计组织358名新进及中青年教师参加国内外各类培训，教师整体素质得到提升。

引育并举，建设高素质教师队伍，优化师资队伍结构。出台了《陕西中医药大学高层次人才引进与管理工作暂行办法》，成立海外引智工作站，搭建人才引育平台，实施了"百名人才工程""思邈人才工程""百名教师海外留学计划"等人才项目。大幅提高人才待遇，每年高层次人才引进经费预算不低于1 000万元；强化二级学院人才培养引进的责任要求，将学科建设规划、优化内部环境、二级学院绩效考核与人才培养和引进相结合，形成全员出力、齐抓共管的良好局面。汇聚一批具有较大影响力的学科和专业带头人，培养一批有发展潜力的青年学术骨干，培育一批结构合理、优势互补、创新能力强的教学科研团队。

3. 加强教学改革顶层设计，提高教育教学质量和教学成果水平

坚持问题和目标导向，针对性设立了学校"十三五教育教学重大专项"；完善教学成果培育体系，强化成果的前期理论研究和实践检验；加大经费支持力度，增加校级教改课题资

助额度。制定了《陕西中医药大学教学法研究及集体备课制度》，规定每周三下午专题开展教学研究活动，建立健全教研室集体备课制度和教学改革定期研讨制度。

改革课程考核方式，推行过程性与终结性相结合的考核方式；修订《陕西中医药大学考试结束后试卷管理工作规范》，完善试题质量分析，严格信息反馈；着手建设基于互联网的新型题库；引入毕业论文管理系统，强化过程管理，完善答辩流程；利用信息化教学手段，引入"爱课程""智慧树"等平台，加快优质课程资源建设，丰富课程资源。

出台《陕西中医药大学学风建设提升工程》，形成以立德树人为中心，以学生为主体、以质量为根本、以创新为动力、以学风促教风的学风建设模式，实施从新生入学教育到毕业生文明离校的全过程育人，促进学生良好学习习惯的养成。

4. 充分利用校内外办学资源，改善办学基本条件

统筹整合内部资源，对原有行政办公用房进行压缩调整，新增实验室40个，增加实验室面积2100平方米，用以改善各专业实验场所条件；完成多功能计算机中心项目建设，可供300余名学生同时进行计算机实验教学；积极争取外部支持，争取中央财政支持地方高校改革发展资金项目，着力建设高水平专业基础实践教学中心；加快教学信息化建设，完成校园无线网络的安装和配置，数字化校园的三大基础平台（统一数据库平台、统一身份认证平台、统一门户平台）建设完成，实现校内教务、科研、人事、学生管理等各类信息系统互联互通和信息资源共建共享；扩散改造学生1号食堂，启动陕西中医药博物馆、实验动物和动物实验中心、科技创新大楼、思邈大学生活动中心等项目建设。

5. 健全教学质量保障体系，培育全员质量文化

一是加强对本科教育教学工作组织保障。由校党委常委任教务处处长，成立党委教育教学督导委员会，由党委常委任专职办公室主任。每学期教学准备会和教学例会由原来的主管副校长召集，上升为由书记、校长共同召集，相关校领导及全体院系党政负责人、相关职能处室参加。每次党委会、校长办公会优先研究本科教育教学工作已经成为制度。

二是实施学生学业水平分阶段测试制度，实行课程考试与分阶段考核相结合的考核评价方式。学校从2016年开始实施学生学业水平分阶段测试，经过3年试行，2019年开始在医药类专业率先正式实施。该考试对接国家资格准入考试要求，旨在加强学习过程管理，实行5%末位淘汰，作为学生留降级和毕业依据。每次考试全体校领导集体到场检查和巡考。目前学业水平分阶段测试已经成为学校规格最高、涉考人员最多、执考最严的考试，有效发挥了以考促学、以考促改的作用。

三是引进教学质量数据平台，建立教学基本状态数据库，实现教学全过程实时监控。建立教学质量信息实时反馈制度，由教学质量监控与评价中心及时形成调控意见及时反馈，并跟踪整改效果，强化监管力度和整改时效；调整了校院两级教学督导队伍结构，出台了《陕西中医药大学教育教学督导工作管理办法》，成立了专职督导队伍，实现督导工作专业化，二级院系也相应调整了督导队伍；按照分工合作，各有侧重，齐抓共管，避免重复的原则，重构校院两级督导体系，创新性构建"三督一导一评"的质量监控与评价体系，强化对二级院系教学督导工作的业务指导，实现教学督导工作全覆盖。

6. 完善创新创业教育体系，深化"双创"教育改革

成立了创新创业教育工作专职管理机构；依托教师发展中心，开办创新创业教学能力提升训练班，全面提升教师创新创业教学指导水平；选派专职教师，参加各类创新创业教育培

训。整改以来，共有 17 人获得相应资格认证，3 人入选首批全国万名优秀创新创业导师人才库；聘请 13 位企业家担任我校双创导师；积极营造人人参与创新创业的文化氛围，加大对创新创业训练计划项目扶持力度，引入大学生创新创业综合管理平台，强化项目管理。

7. 加强国际交流与合作，提升国际影响力

结合学校"十三五"发展规划，通过中外合作办学提升学校核心竞争力，在美国华盛顿、俄罗斯圣彼得堡和罗马尼亚锡比乌分别设立工作站，加强宣传推广，增强国际合作交流；提高师生对外合作交流力度，选派教师赴美国、新加坡、俄罗斯、匈牙利等国开展教育教学法研究和学术交流活动；争取国际合作交流项目，积极推进"丝绸之路中医药国际合作基地（陕西）"建设，筹备天然药物和中医药标准国际联合实验室或研究中心，在俄罗斯、瑞士等国设立海外医疗点和示范门诊，扩大学校的国际影响力。

（二）审核评估整改的主要成效及经验

在一年的整改工作中，基本做到了任务、目标、措施、成效、时限、责任"六明确"，通过优化学校发展的顶层设计，深化教育教学综合改革，建立健全管理机制和制度体系，完善办学软硬件条件建设，助推内涵提升和特色发展，提升教育教学质量，取得了显著的整改工作成效。

（1）成立了以校党委书记、校长为组长的整改工作领导小组，按照"短期整改与长期建设相结合、重点整改与全面提升相结合、改革发展与巩固成效相结合"的工作思路，统一部署，整体推进，将整改工作作为推动学校发展和本科教学质量提升的有效抓手，将整改成效作为部门考核的主要指标，使整改工作与日常工作有机结合、相互促进，取得了良好的成效，在 22 所省属高校本科教学工作审核评估整改提高检查中位列第六。

（2）师资队伍建设成效显著，全校入选省特支计划 5 人，引进陕西省百人计划 4 人，全职引进高层次人才 7 名、博士 96 名，柔性引进人才 13 名。截至 2017 年年底，学校有专任教师 910 人，其中具有高级专业技术职称 504 人，具有博士学位教师 273 人，生师比从 15.73∶1 降为 14.74∶1，师资队伍数量明显增加，结构不断优化，呈现明显年轻化趋势。

（3）以全面推进《陕西中医药大学教育教学质量提升行动计划》为抓手，2017 年获批中医学等 8 个省级"一流专业"，增设中医康复学等 2 个行业紧缺本科专业；在全国中医执业医师分阶段考试中取得佳绩，考试通过率 3 年来一直名列全国前 3 名；在 2018 年全国中医和针灸推拿专业大学生临床能力大赛中均获得二等奖，人才培养质量明显提升。

（4）教学质量监控体系日臻完善。成立了完全由退休专家和一线高年资教授组成的新一届教育教学督导组，提高待遇，强化职责；完善校院两级督导体系，构建了"三督一导一评"的质量监控与评价体系，强化对二级院系教学督导工作的业务指导，初步实现教学督评工作一盘棋全覆盖。搭建了教学质量管理平台，强化教学过程监控与评价，教学质量监控工作成效显著。

四、持续改进和今后努力方向

我校经过一年的整改工作，有效解决了本科教学工作审核评估中发现的一些问题，取得了阶段性成绩。但我们深知，评估没有终点，建设永远在路上，全面深化本科教育教学改革、提升本科教育教学质量任重而道远。2019 年，学校召开了本科教育教学工作会议，提出"不忘初心、牢记使命，努力打造具有陕中特色、国内一流的中医药本科教育"的目标

任务。会议出台了《陕西中医药大学本科教育教学质量提升行动计划2.0（2019—2023）》，系统谋划了2019—2023年学校本科教育教学发展的思路和举措，并制定了明确的目标任务及实现措施。下一步，学校将在巩固整改成效的基础上不断加强教学改革和建设力度，着力打造一流本科教育。

（一）落实立德树人

实施铸魂育人工程，强化课程思政和专业思政建设，持续推进"三全"育人。

（二）创新培养模式

构建新型的"政府搭台、医教协同、校院合作、开放共享"的大师承中医人才培养体系。

（三）优化专业布局

对标国家发展战略和经济社会发展需求，建立健全专业动态调整机制，逐步增设助产学、中医儿科学、中医骨伤科学、妇幼保健医学、老年服务与管理等符合学校发展定位的相关专业。以一流专业引领支撑学校高水平本科教育教学。

（四）改革课程体系

构建"价值引领、知识传授、能力培养、素质提高"四位一体，"线上与线下、课内与课外、显性与隐性"三结合的课程体系。

（五）强化实践教学

以创建国家中医临床教学示范中心为抓手，加强"附属医院、教学医院、实习医院、社区医院"四个层级、"综合医院、专科医院"两个类别的实践教学基地建设。

（六）坚持引育并举

以"思邈人才工程""高层次人才引进计划""教师教学能力提升计划"为牵引，打造一流师资队伍。

（七）培育质量文化

坚持分阶段学业水平测试，开展核心主干课程全校统测，营造人人重视质量、人人齐抓质量的良好氛围。

（八）加大经费投入

学校在现有投入的基础上，将积极主动作为，努力抓住战略机遇，争取陕西省对学校基本建设、学科专业建设和人才引育的大力支持，助力学校再引育5~10名省级以上教学名师，新建100间智慧教室，新增2 000万元教学设备。

陕西理工大学本科教学工作审核评估经验总结报告

张社民① 冯小明② 希成孝③

根据陕西省教育厅《关于开展普通高等学校本科教学工作审核评估的通知》（陕教高办〔2016〕32号）的要求，陕西理工大学校于2016—2018年开展了普通高等学校本科教学审核评估工作。学校经过自评自建、专家进校考察、整改提高等阶段，不仅顺利完成了审核评估的工作任务，本科教学工作也有了新突破，本科人才培养质量得到提升。

一、本科教学工作审核评估组织实施概况

学校启动本科教学审核评估工作后，根据相关文件精神，将审核评估工作分为学习动员、自评建设、预评整改、接受评估、整改提高五个阶段予以组织实施，并确定了每个阶段的工作目标以及必须完成的工作任务。

2016年9月12日，学校下发了《陕西理工大学本科教学审核评估工作方案》，进一步明确了学校审核评估的指导思想、工作目标，成立了由校党委书记、校长为组长，其他校领导为副组长，相关职能部门负责人为成员的"陕西理工大学本科教学审核评估领导小组"，统一组织、指导学校的审核评估工作。9月16日，学校召开了审核评估工作启动大会，对学校审核评估各阶段的工作目标、工作任务以及完成责任人，进行了安排部署。会后，学校以及各教学单位组织干部教师，认真学习《普通高等学校本科教学工作审核评估实施办法（试行）》及相关文件，统一认识，细化工作任务，明确职责，落实到人，严格按照审核评估的要求规范指导日常教育教学工作。

2017年3月22—25日，学校邀请省内审核评估专家，开展了本科教学工作审核评估预评估工作，全面检阅学校审核评估工作准备情况，查找在自评建设工作中存在的问题与差距。根据预评估专家的反馈意见，学校印发了《陕西理工大学本科教学工作审核评估（预评）整改方案》，要求以审核评估（预评）专家组提出的意见为切入点，坚持整改工作与常规工作相结合、短期整改与长期建设相结合、重点整改与全面提升相结合，做到即行即改，确保整改工作取得实效。4月29日—5月1日，学校审核评估工作领导小组对各职能部门和教学单位的审核评估整改工作开展情况，再次进行了专项检查，为省教育厅、西部评估中心组织的审核评估专家组进校实地考察，做好了必要的准备。

2017年5月15日—19日，学校接受了省教育厅、西部高等教育评估中心委派的审核评

---

① 陕西理工大学校长。
② 陕西理工大学副校长。
③ 陕西理工大学教育研究与评估中心主任。

估专家组的进校实地考察。在 5 月 19 日召开的专家进校考察情况反馈会上，考察组既肯定了学校的办学成绩，又指出了存在的问题，并提出了切实可行的整改建议。学校依据开展审核评估的目的，按照专家提出的意见，结合学校发展实际，建立台账式清单，扎实整改，不断提高教育教学质量，为陕西省实现"追赶超越"贡献力量。

学校高度重视审核评估专家组的意见建议，组织专题会议，对专家提出的意见和建议逐条进行研究，在深刻领会专家提出的意见建议的基础上，周密部署整改工作。6 月 13 日，学校召开教学工作专题会议，对审核评估整改工作进行了动员和初步安排。7 月 14 日，学校再次召开工作会议，具体安排部署审核评估整改工作。9 月 5 日，学校印发了《陕西理工大学本科教学工作审核评估整改方案》，对整改工作的总体思路、基本原则、整改要求、整改举措进行了具体的安排部署。《陕西理工大学审核评估整改任务分解表》以台账式清单的形式，对整改任务、整改措施、责任人、完成时限等作出明确要求。

2017 年 12 月 10—11 日，学校接受了省教育厅、西部评估中心派出的审核评估整改工作中期检查组的检查。检查组充分肯定了学校审核评估整改工作取得的成绩，同时也指出了学校在整改工作过程中存在的问题和不足。

2018 年 6 月 6—7 日，学校再次接受了省教育厅和西部评估中心组织的本科教学工作审核评估整改一年回访检查。检查组认为，学校"以审核评估为契机，全面加强内涵建设。整改工作做到任务、目标、责任、时限'四明确'。经过持续整改提高，各项整改工作取得明显实效"。

二、本科教学工作审核评估及整改的主要做法和取得的成效

（一）主要做法

1. 高度重视，成立机构，切实保障审核评估工作和整改工作的有序开展

根据陕西省教育厅《关于开展普通高等学校本科教学工作审核评估的通知》的要求，为加强对审核评估工作的统一领导，扎实、优质、高效地完成好审核评估工作，学校成立了以校党委书记、校长为组长，其他党政领导为副组长（主管教学的副校长为常务副组长），相关部门负责人为成员的本科教学审核评估工作领导小组、审核评估整改工作领导小组，全面负责统筹指导评建工作和整改工作。校属各单位也成立了本单位的审核评估工作小组、整改工作小组，明确了工作职责，夯实了工作责任，为审核评估及其整改工作的组织领导、顶层设计和高效推进提供了组织保障。

2. 制定审核评估工作方案和整改工作方案，系统谋划本科教学审核评估及整改工作

按照教育部及陕西省教育厅关于本科教学工作审核评估的有关精神，学校制定了《陕西理工大学本科教学工作审核评估工作方案》，对审核评估工作的学习动员、自评建设、预评整改、接受评估、整改提高五个阶段的时间进程和主要任务，进行了科学合理、全面系统的安排部署，确保了本科教学审核评估工作的有序开展。《陕西理工大学本科教学工作审核评估整改实施方案》对审核评估整改的工作任务、整改措施、整改责任人、整改任务完成时限等做出了明确要求，保证了审核评估整改工作的有效落实和整改任务的顺利完成。

3. 深入动员，加强学习，着力提高全体教职员工对审核评估工作的思想认识

为统一思想，提高认识，强化广大教职工对审核评估重要意义的理解，学校于 2016 年 9 月 12 日召开了本科教学审核评估工作动员会。校长张社民作了"以审核评估为契机，全

面推进内涵建设，努力把学校办成人民满意的高水平大学"的动员报告，向全体教职员工发出了全力做好本科教学审核评估工作的动员令；副校长冯小明解读了审核评估的意义、内涵和要求，讲解了审核评估的程序和任务，并详细安排部署了审核评估的工作任务。学校还根据审核评估工作的进展，多次召开党委会议、校长办公会、期末总结会、开学工作会、审核评估推进会、检查通报会等，进一步提高思想认识，为审核评估工作的有效推进奠定了思想认识基础。

4. 精心设计，分步实施，稳步推进审核评估及其整改的各项工作

按照本科教学审核评估的相关精神和要求，学校在逐一对照审核评估的范围、项目、要素及要点的基础上，结合实际，下发了《关于进一步分解下达本科教学审核评估工作任务的通知》，将各项任务详细分解，责任到人，并严格按照时间节点，高质量地开展了自评自查自建等工作。在此基础上，组织专门人员撰写《陕西理工大学本科教学工作审核评估自评报告》《陕西理工大学本科教学状态数据分析报告》。与此同时，评建办和各单位按照两个报告的内容要求，实事求是地做好支撑材料的收集与编制工作。

审核评估专家进校考察结束后，依据专家的意见和建议，结合"十三五"发展规划，围绕学校内涵发展与质量提升，合理地规划出27项审核评估整改任务和76条整改措施，要求校内各单位扎实落实整改，并按时间节点保质保量完成。

5. 积极开展预评估，扎实整改提高

为全面检查学校审核评估工作推进情况，查找自评自建中存在的问题与差距，全力做好迎接正式评估的各项准备工作。2017年3月22日—25日，学校聘请省内部分高校著名学者专家组成审核评估预评专家组，按照正式评估的程序和要求，开展了审核评估预评估。根据预评估专家反馈的意见和建议，学校制定了《陕西理工大学本科教学工作审核评估（预评）整改方案》，梳理出9个方面35项具体整改任务，提出了具体的整改措施和要求。

6. 积极做好与省教育厅、西部评估中心的联络沟通工作

学校领导和相关工作人员采取多种方式，积极与省教育厅、西部评估中心进行联系沟通，汇报审核评估工作进展情况，请示工作中出现的重大问题，保证了学校审核评估工作的有效开展。

7. 持续改进提高，推动学校内涵发展

在本科教学审核评估专家组进行现场考察结束后，学校准确把握审核评估专家提出的意见和建议的深刻内涵，结合我国高等教育改革发展趋势以及学校面临内涵发展的新形势，制定了《陕西理工大学本科教学工作审核评估整改实施方案》，对审核评估整改工作的总体思路、组织机构、整改进度、整改措施、整改任务及其完成的责任人、时间节点等做出具体安排，要求承担整改任务的责任人将审核评估整改工作与学校"十三五"发展规划有机统一起来，围绕学校建设高水平应用型大学和"双一流建设"目标，不断提升人才培养质量，努力实现教育教学内涵发展。

（二）取得的成效

1. 进一步坚定了学校的办学定位和办学思路，人才培养中心地位得到巩固和落实

在本科教学工作审核评估过程中，进一步明确了学校党政一把手是教学质量第一责任人、各教学单位负责人是本单位教学质量第一责任人，建立了校领导联系教学单位和师生制度、校领导听课制度，同时定期召开教学工作会议或专题工作会，专题研究教学工作，并采

取经费投入优先保障教学、师资队伍充分保证教学、学校管理和后勤保障服务教学等行之有效的措施，牢固地确立起"坚持本科人才培养工作在全校各项工作中的中心地位""坚持本科教学在学校教育事业发展中的基础地位""坚持本科教学改革在学校各项改革中的核心地位"的办学理念，为学校教育事业的持续发展奠定了可靠的基础。

2. 学校教育教学改革不断深化

一是积极探索应用型人才培养新途径，实现人才培养的多样性。学校积极推进"主专业+辅专业"的复合交叉型人才培养模式，开展国际注册会计师试点班、新工科教育实验班、创新创业教育试点学院等多种人才培养模式改革试点工作，探索"卓越人才"培养、校企合作培养、国内外联合培养等人才培养机制。

二是专业内涵建设进一步强化。在本科教学审核评估及其整改中，学校深刻认识到工程教育认证和师范类专业认证的重要性和紧迫性，积极推进专业认证工作。各专业依据认证标准，进一步明确了人才培养目标和毕业要求，强化过程管理，提高了专业建设的水平，专业内涵建设明显加强。

三是课程建设全面推进，课堂教学质量稳步提升。学校修订了《陕西理工大学本科课程建设项目管理办法》，持续推进课堂教学改革。2018年，学校遴选108门课程进行重点建设，其中精品在线课程47门，教学方式方法改革类课程43门，考核与评价方式改革类课程9门，创新创业类课程9门；引进优质MOOC课程33门，14 000余名学生报名在线学习，12 000余名学生在线参加考试，并获得学分。学校投入120余万元建设MOOC课程平台，为学校课程建设和课堂改革提供基础平台；设立教材建设基金，鼓励教师开展校本教材建设，近两年立项建设教材41部，主（参）编教材100余部，获省级优秀教材奖4部，校级优秀教材奖18部。2018年，学校启动了"陕西理工大学课堂教学质量提升工程"，组织开展了名师示范课、名师讲堂、教师讲课比赛等系列活动，设置"课堂教学十佳能手""课堂教学质量奖""课堂教学改革创新创意奖"，以及"优秀教案""优秀多媒体课件"等各类奖项，进一步提高课堂教学质量，充分发挥课堂教学在人才培养中的主渠道和主阵地作用。

四是设立创新创业试点学院，以创新创业竞赛为抓手，培养学生的创新精神和实践能力。2016年以来，学校设立5个创新创业试点学院，推进创新创业教育与专业教育的融合，提高创新性人才培养质量。组织学生参加学科竞赛60余种，组织参与或举办各类大学生校内外创新实践300余次。在全国互联网+大赛、全国大学生机械创新设计大赛、全国大学生数学建模竞赛、全国大学生电子设计竞赛、全国大学生"飞思卡尔杯"智能汽车竞赛、"挑战杯"大学生课外学术科技作品竞赛、全国师范生教学技能竞赛、全国大学生工程综合能力竞赛等重大赛事中，获得省部级及以上奖励1 530项；学生获国家专利208项，发表论文1 250篇。

3. 教学管理制度建设不断强化，教学质量保障与监控体系不断完善

学校全面修订《陕西理工大学本科教学管理条例》《陕西理工大学教学单位教学工作考核办法》《陕西理工大学实验（实训）教学质量标准》《陕西理工大学实习教学质量标准》《陕西理工大学课程设计（学年论文）教学质量标准》等教学管理制度50余种，教学管理标准化进一步提高。从2018年开始，学校实行教学工作月例会制度，定期通报教学运行及整改情况，定期研究和推进教学重点工作，开展教学院长谈教学活动，有力促进教学工作的深入开展。

学校在继续与麦可思公司合作持续开展毕业生跟踪调查评估的基础上，成立校内评估机构——陕西理工大学教育研究与评估中心，积极开展校内评估，计划用三年时间完成65个专业的校内评估。2018年已完成21个专业的校内评估。

4. 有效促进了学校教风、学风建设

在本科教学工作审核评估及整改过程中，学校始终坚持从严治校，依法依规加强教学管理，严格规范本科教学秩序，不断促进教风、学风的转变。按照《教育部关于加快建设高水平本科教育全面提高培养能力的意见》精神，学校一方面要求老师要执着于教书育人，有热爱教育的定力、淡泊名利的坚守；另一方面通过加大教学奖励和惩处力度，激励和促使广大教师参与本科教学，关爱学生的全面成长，弘扬良好的师德师风。

牢固树立以学生为本的工作理念，强化"以学生发展为第一导向、以学生需要为第一目标、以学生满意为第一标准"的工作原则，形成全员、全过程、全方位育人的工作格局。以制度建设为保障，抓好"五个阵地建设"，积极开展学院、班级、宿舍之间的学习研究和学习方法交流，加强学业和职业生涯规划引导，强化优良学习习惯培养和文明素质养成教育，有效促进学风建设。

三、本科教学工作审核评估及整改经验总结

（一）统一认识是先导

本次审核评估是我校升大学成功后，首次接受省教育厅对学校教育教学工作的全面检查。能否搞好本次审核评估及整改工作，对学校的声誉和今后的发展将产生重大影响。而能否搞好审核评估及整改，有效促进学校内涵发展，提高办学水平，关键在于各级领导干部和师生员工的思想认识、精神状态及在此基础上迸发出来的积极性、创造性。因此，加强对师生员工的动员，把全校师生员工的认识统一到本科教学工作审核评估提出的"以评促改、以评促建、以评促管、评建结合、重在建设"方针上来，不断增强全校上下的凝聚力和战斗力，成为搞好审核评估工作的前提条件。为此，学校采取多种措施，把各级领导干部、每位师生员工发动起来，不断强化对审核评估文件精神及其指标体系的学习，统一认识，促使广大教师全身心地投入到本科教学工作审核评估中去，为顺利完成本次审核评估工作奠定了基础。

（二）领导重视是关键

人才培养是学校的根本任务，本科教学工作是学校的中心工作。本科教学工作审核评估，检查评估的是教学，涉及的是学校的方方面面。因此，要搞好审核评估及其整改工作，必须依靠学校领导和各级干部的高度重视。我校审核评估工作启动以来，各级领导干部高度重视，不仅确立了学校党政一把手以及各单位党政一把手是审核评估及整改工作的第一责任人，而且要求各级领导班子都要把审核评估及整改工作作为这一时期的中心工作和核心任务。为此，在进行审核评估工作准备及整改的两年多时间里，学校党委会议和校长办公会议先后10余次研究并解决本科人才培养与审核评估及整改工作中的问题，校党委书记、校长以及其他校领导经常到校内各单位检查指导审核评估及整改工作。各单位一把手也亲自挂帅及时研究和解决评估工作中的问题，保证了本科教学审核评估工作的开展和实施。

（三）健全组织是保障

在本次审核评估及整改工作过程中，学校先后成立了由党委书记、校长任组长的审核评

估工作领导小组和审核评估整改工作领导小组,统一领导组织审核评估及整改工作;学校还成立了审核评估评建办公室,以及审核评估宣传组、条件保障组、自评报告组、自评督察组等机构,按照分工负责、相互配合、分步实施的原则,不断推进学校审核评估及整改工作。校内各单位也成立了相应的组织机构,保证各项工作有条不紊地进行。

(四) 认真自查自评是基础

自查自评材料是审核评估专家进行评价的基础,在一定程度上也是学校教育教学工作质量和水平的体现。学校高度重视自查自评工作,尽量提供原始材料供审核评估专家查阅,做到背景材料客观、翔实、可靠;自评报告和校长补充报告均采用数据、图片和已经开展的工作事实,做客观真实的描述。学校在审核评估自评阶段工作严格、认真、实事求是,为专家组进校实地考察、开展评估奠定了良好的基础。

(五) 强化内涵建设提升质量是目标

在本次审核评估及整改工作过程中,学校遵循省教育厅、西部评估中心开展本科教学审核评估及整改工作的指导方针,始终坚持"以评促建、以评促改、以评促管、评建结合、重在建设"的原则,坚决按照"五个度"的要求,真实客观地评估自己,查找学校在本科人才培养中的问题与不足,通过持续改进,达到提升质量、实现内涵发展的目的。

科学明确的工作目标,不仅为学校本科教学审核评估工作的顺利开展指明了方向,也激发了广大师生员工的积极性和创造性,为学校教育教学事业的发展提供了动力。

四、进一步深化本科教育教学改革,提升本科教育质量,建设一流本科教育的计划与举措

学校根据审核评估专家的意见和建议,结合近年来我国高等教育发展新趋势和学校"十三五"发展规划,围绕着力提升本科人才培养水平的发展目标,出台了《陕西理工大学推进高水平本科教育实施方案》《陕西理工大学"一流专业"建设方案》等文件,提出了进一步深化本科教育教学改革,提升本科教育质量,建设一流本科教育的目标与举措。

(一) 建设目标

经过几年的努力,学校进一步巩固了本科教育在人才培养中的核心地位,形成了领导重视教学、教师潜心教学、政策倾斜教学、经费保障教学、部门服务教学、科研反哺教学、学科支撑教学、学生勤奋向学的有效机制体制,全面落实"四个回归";建立专业发展长效机制,引导各专业明确定位、强化特色、争创一流,力争建设国家级一流专业1~2个,省级一流专业10~12个,通过国家专业认证(评估)专业10个左右,引领带动专业建设水平和人才培养能力全面提升,初步形成高水平的人才培养体系;协同育人机制更加健全,质量督导评估制度更加完善,现代信息技术与教育教学深度融合,大学质量文化建设取得显著成效。

(二) 建设举措

1. 实施思想政治工作质量提升工程,构建三全育人格局

一是深入学习习近平新时代中国特色社会主义思想,贯彻全国教育大会和新时代全国高等学校本科教育工作会议精神,把思想政治教育贯穿高水平本科教育全过程。

二是加强学校思想政治工作体系建设,建立健全系统化育人长效机制,构建内容完善、标准健全、运行科学、保障有力、成效显著的思想政治工作质量体系。

三是强化课程思政和专业思政，根据不同专业人才培养特点和专业能力素质要求，科学合理地设计思想政治教育内容。强化每一位教师的立德树人意识，在每一门课程中有机融入思想政治教育元素。

2. 实施"一流专业"培育建设计划，提升专业建设整体水平

一是根据《陕西理工大学"一流专业"建设方案》，按照国家级一流、省级一流专业建设目标，对现有专业进行分类建设。

二是创新人才培养模式，构建通识教育与专业教育、创新创业教育与专业教育相结合的培养模式，为学生的成长成才创造更为宽广的空间；积极推进学科大类招生的人才培养机制，开展"主专业+辅专业"的复合交叉型人才培养模式；推进实施卓越教师培养计划2.0、新工科实施卓越工程师教育培养计划2.0。

三是深化本科专业供给侧结构性改革，建立健全专业动态调整机制，做好存量升级、增量优化、余量消减。建立健全校内专业评估机制，3年内实现所有专业校内评估全覆盖。建立人才需求预测预警及退出机制，形成就业与招生计划、人才培养的联动机制。

四是结合一流专业建设，对标各类专业认证标准，制订专业认证工作计划和实施方案，积极开展专业认证的组织、论证和建设工作。

3. 继续实施课程教学质量提升教学年活动，推动课堂教学革命

一是以国家一流课程"双万计划"为抓手，围绕通识教育课程建设、跨学科课程建设、实践课程建设等几方面进行精品课程布局与建设。每个专业建设3~5门省级优质课程，10门左右校级精品课程。学校培育建设10门左右国家级优质课程，建成70门左右开展翻转课堂的在线课程，建成20门左右优质在线MOOC课程。

二是扩大课程建设项目立项，以项目建设促进教学方式方法改革，实现以教为主向以学为主转变、以课堂教学为主向课堂教学与课外教学相结合转变、以结果评价为主向以结果评价与过程评价相结合转变。

三是依托信息技术，建立陕西理工大学MOOC在线平台，引进优质在线课程50~100门。

4. 推进信息技术与教育教学的深度融合，打造智慧教学生态

一是构建学校智慧教学平台，打造适应学生自主学习、自主管理、自主服务需求的智慧教室、智慧实验室，形成"互联网+高等教育"新形态。

二是推进在线课程资源建设，打造国家级精品在线开放课程、视频公开课、资源共享课程，建设2~3门国家精品在线开放课程，建设10~20项国家虚拟仿真实验教学项目。

三是以国家级、省级一流线上线下精品课程建设为牵引，推动学校优质课程资源开放共享，促进慕课等优质资源平台的建设和发展，推动形成人人皆学、处处能学、时时可学的泛在化学习新环境。

5. 实施"双创"教育推进计划，促进学生全面发展

一是把深化创新创业教育改革作为推进学校综合改革的突破口，面向全体、分类施教、强化实践，促进学生全面发展。

二是探索建立需求导向的学科专业结构和创业就业导向的人才培养类型结构调整新机制，促进人才培养与经济社会发展、创业就业需求紧密对接，探索建立跨院系、跨学科、跨专业交叉培养创新创业人才的新机制。

三是根据人才培养定位和创新创业教育目标要求，促进专业教育与创新创业教育有机融

合，在传授专业知识过程中加强创新创业教育。

四是建设学生创业能力训练平台，加强专业实验室、虚拟仿真实验室、创业实验室和训练中心建设，促进实验教学平台共享。

五是明确全体教师创新创业教育责任，完善专业技术职务评聘和绩效考核标准，加强创新创业教育的考核评价，大力推进创新创业竞赛。积极参与科技创新、创意设计、创业计划、电子设计竞赛、"互联网+"大学生创新创业大赛等竞赛活动，促进技能竞赛活动与日常教学工作紧密结合、良性互动。

6. 实施协同育人重点领域改革计划，构建协同育人机制

一是建立与社会用人部门合作更加紧密的人才培养机制，与用人部门联合制定人才培养标准，修订人才培养方案；健全教师队伍协同机制，统筹专兼职教师队伍建设，促进双向交流，提高教学水平；健全资源共享机制，将社会优质教育资源转化为人才培养资源；健全管理协同机制，推动用人单位与高校搭建对接平台，对人才培养过程进行监督和协同管理，提高人才培养水平。

二是推进校企深度融合，加快发展新工科，探索以推动创新与产业发展为导向的工程教育新模式；深化农科教结合，协同推进学校与地方、院所、企业育人资源互动共享，建设农科教合作人才培养基地，加强校企联合共建实践平台建设工作；完善高校与地方政府、中小学"三位一体"协同育人机制，创建教师教育创新实验区；深化科教结合，加强高校与各类科研院所协作，提高基础学科拔尖人才培养能力。

7. 实施教师教书育人能力提升计划，建设一流师资队伍

一是根据学科专业现状，制订分类人才引进计划，出台相应政策，采取必要措施，使专业教师数在10人及以下的专业、公共基础课师资队伍得到有效补充，满足专业发展和专业认证需要。

二是坚持把师德师风作为教师素质评价的第一标准，建立健全师德考核制度，建立教师个人信用记录，完善诚信承诺和失信惩戒机制，推动师德建设常态化、长效化。

三是发挥名师引领作用，积极开展名师观摩、名师讲堂活动，开展试讲、示范课、学生评教、同行评教等教学活动，不断提升教师教学能力。

四是推进教师考核评价体系改革。突出教师的思想政治素质和师德表现，将其作为教师考核评价的首要标准；按照人文社科、理工等不同学科特点确定不同的评价标准，以产生最佳业绩为导向，实行以个人或以团队为单位的差异化考核评价方式；加强教育教学业绩考核，建立健全教师教学业绩考核办法，在教师专业技术职务晋升中施行本科教学工作考评一票否决制；加大对教学业绩突出教师的奖励力度，在专业技术职务评聘、绩效考核和津贴分配中把教学质量和科研水平作为同等重要的依据，提高主要从事教学工作人员的基础性绩效工资额度，保证合理的工资水平。

8. 以严格执行教学管理制度为抓手，加强学校质量监控体系建设

一是按照《中共教育部党组关于加强高校课堂教学建设 提高教学质量的指导意见》的要求，修订完善课堂教学建设和管理的相关规定，把从严管理的规矩立起来，把课堂教学建设强起来，把课堂教学质量提起来。

二是进一步完善课堂教学质量标准和实践教学环节质量标准建设，进一步加强教学过程管理，不断完善学生学习过程监测。

西安美术学院本科教学工作审核评估经验总结报告

李云集[①]　王彬羽[②]　张乐[③]

一、本科教学工作审核评估组织实施概况

按照《教育部关于开展普通高等学校本科教学工作审核评估的通知》（教高〔2013〕10号）和陕西省教育厅相关工作部署，2017年上半年，我校接受教育部组织的普通高等学校本科教学工作审核评估。这既是对我校2007年本科教学工作水平评估以来教学工作的一次全面检验，也是总结我校办学经验、查找存在问题的良好契机，更是凝心聚力、推动学校事业发展的强大引擎。

（一）指导思想

把握审核评估这一全面提高教学质量、提升学校办学声誉和社会影响力的历史性机遇，持续贯彻教育部"以评促建、以评促改、以评促管、评建结合、重在建设"的方针，提高认识、转变观念、深入自评、切实整改、讲求实效；突出以学生为本，使评建成果惠及广大学生；强化办学合理定位，强化教学中心地位，强化质量保障体系建设，切实提高人才培养质量，为建设特色鲜明的高水平教学研究型大学奠定坚实基础。

（二）工作目标

全面总结2007年本科教学水平评估以来学校在本科教学师资队伍、教学资源、培养过程、学生发展和质量保障等各方面所取得的成绩和经验，深入查找在本科人才培养方面存在的问题和薄弱环节，深度剖析在体制、机制和政策层面不利于人才培养质量提高的各种制约因素。在2014年巡视诊断整改进程的基础上，进一步把握本科人才培养目标定位，以学校办学定位和人才培养目标为导向，确立明确的办学目标；强化人才培养的多样化和自身特色；以事实为根据，用数据说话，以教学质量标准和质量保障体系及其长效机制的建立为抓手，进一步深化内涵发展和质量的持续提高；努力实现学校本科人才培养质量的新一轮整体提升。

（三）主要任务和工作进程

为高效完成评建的各项工作，做到重点突出、任务明确、推进有序，迎评促建工作划分为宣传发动与部署、自评自建、迎评、整改4个环节和7个具体阶段进行。

[①] 西安美术学院教务处处长。
[②] 西安美术学院教务处副处长。
[③] 西安美术学院教务处教学科科长。

根据陕西省教育厅《关于开展普通高等学校本科教学工作审核评估的通知》（陕教高办〔2016〕32号）、《关于开展第二批、第三批高校本科教学工作审核评估整改工作中期检查的通知》（西交评估〔2017〕16号）、《关于开展第二批高校本科教学工作审核评估整改一年回访检查的通知》（西交评估〔2018〕2号）和教育厅的总体部署。为落实"以评促建、以评促改、以评促管、评建结合、重在建设"二十字方针，推进学院深化改革、办出特色、内涵发展，以实施评估整改工作为抓手，实现"追赶超越""四个一流"的总目标，提升人才培养质量。学院围绕专家组的意见和建议，全面展开各项整改推进工作，并进行梳理总结。

2017年5月评估专家组离校后，学院对专家组反馈的意见和建议进行了系统、认真地梳理。2017年9月4日，学院召开党政联席会扩大会，根据"西安美术学院本科教学工作审核评估整改任务表"对各职能部门进行责任划分，并形成"西安美术学院本科教学审核评估整改方案"；面向全院下发《中共西安美术学院委员会西安美术学院关于印发〈西安美术学院本科教学工作审核评估整改方案〉的通知》（西美党字〔2017〕36号）。2017年12月13日，中期检查工作小组进行进校检查。

2018年3月2日，学院召开全院审核评估整改工作总结动员会，对全院整改工作进行进一步推进和动员。

2018年4月28日，由副院长召开评估走访工作安排会议，由评估办主任带队走访各单位。全院整改总结工作有序开展。

二、本科教学工作审核评估整改及持续改进的主要做法、特色、成效与经验总结

（一）修订西安美术学院"十三五"改革与发展规划纲要

2018年学院在"西安美术学院'十三五'期间节能目标责任评价考核工作协调会"上，修订了《西安美术学院"十三五"改革与发展规划纲要》第四章第一条，补充有关"十三五"节能减排内容，并上报院领导审核。

根据学院数据统计情况，修订人才队伍建设规划，逐步推进教师流动机制；结合学院本部校区的教学功能修订了校园建设规划基本方案；根据专业设置、生源质量修订"十三五"招生规划；依据专业普查数据统计工作情况，就专业普查工作中的数据反馈问题查找原因，并商议专业设置改革与规划方案。

（二）全面梳理并加强制度建设

学院在《西安美术学院关于建设"国内一流"美术学院实现追赶超越发展的实施方案》中，把教学工作摆在突出位置，明确了"确保本科教学审核评估成果位居全国高等专业美术学院前列；以传统强势、优势和特色专业为核心，以具有社会热点需求性质的专业群为重点，完善具有西部特色的本科艺术专业教学体系；通过评估，统筹推进学科梯队建设、专业建设、课程建设、教材建设等各项工作"的主要任务，并通过专项工作的逐季度深入，推动整改工作不断取得新成效。

学院在《关于印发〈西安美术学院2018年党政工作要点〉的通知》（西美党〔2018〕1号）中强调："要推进本科教学评估整改，提升教学质量和生源质量。坚持以评促建，深入推进

本科教学评估反馈意见整改落实工作。强化人才培养中心地位，加强优势特色专业建设，继续推进教学资源共建共享。加强教学管理制度建设，完善教学质量监控体系。"将本科教学审核评估反馈意见整改工作作为年度重要工作部署，纳入处级单位和处科级干部目标责任考核。

（三）提升数据治校能力

完成西安美术学院2016—2017学年专业普查基础数据工作、2017—2018学年高等教育事业信息统计工作，开展学院高等学校本科教学基本状态数据采集工作。

制定了《西安美术学院数据统计管理办法（试行）》，拟定了《关于建设学院数据库系统的建议报告》《西安美术学院信息公开管理办法（暂行）》，完成《西安美术学院关于2017年度信息公开工作的情况报告》。西安美术学院数据库系统建设，目前专项经费已经落实，正在筹建中。

（四）合作办学、协同创新

学院成立"西安'一带一路'文化艺术发展中心""西安工艺美术产业研发中心"，进一步推动我院文化艺术事业发展与文化交流。

进一步加强与社会和企业协同创新、共同办学的工作，新增校级大学生实践教学基地3个；与西北工业大学联合举办本科优秀毕业生作品展并在产品设计专业、环境艺术设计专业教学展开进一步合作；与教育厅、省知识产权局开展合作，联合举办知识产权杯工业设计大赛，举办省内高校工业设计教学研讨会；各教学单位校企合作方面，项目共计21项。

（五）进一步提升专业教学水平

2017年开展校级教学成果奖评选工作，促进各教学单位进一步明确办学思路，鼓舞了教师教学热情；在校级教学成果奖基础上，培养并取得省级教学成果特等奖一项，省级教学成果一等奖一项，省级教学成果二等奖两项。2018年整合学院优质教学研究成果，集中打造"五位一体、贯通融合的复合型美术类创新创业人才培养体系构建与实践"项目，推送国家级教学成果奖。

制定《西安美术学院"一流专业"建设方案》，按照《西安美术学院本科专业设置与管理实施办法》，以"适应、调整、建设、发展"的思路，以专业人才培养方案建设为核心，分阶段调整专业布局。将美术教育系更名为实验艺术系，将实验艺术专业纳入实验艺术系；将工艺系更名为公共艺术系；同时，逐渐缩减绘画专业的招生规模。

成立了校级教学指导委员会，制定《西安美术学院教学指导委员会章程》。于2018年举办教学指导委员会会议，集中研究专业结构调整、课程结构及公共课建设等议题；首次开展校级教学成果奖的评选活动，促进各教学单位进一步明确办学思路，鼓舞了教师教学热情；制定《西安美术学院模特质量提升计划》《西安美术学院教学模特分级聘用方案》，优化模特年龄结构，进一步提升课堂教学质量；制定《西安美术学院大学生创新创业训练计划项目管理办法（暂行）》，落实经费，明确了项目中期检查、审核验收、经费管理、指导教师激励政策等细则。

课程建设方面，搭建了网络课程平台，已开通泛雅在线课程平台（试用），网络课程正在建设中，基础部英语课程建设（ACHIEVE 3000资源）1项，慕课（微课）拍摄19门等。进一步加强专业人才培养方案中的"双创型"课程体系建设，制定《西安美术学院大学生创新创业管理办法》《创新创业试点学院建设方案》，深化创新创业教育。在各专业人才培养方案中，创新创业型课程共计 43 门。将创新创业教育与各教学单位的特点相结合，与专业课结合，形成具有西安美术学院特色的"双创型"专业课程群。

（六）进一步完善教学质量保障体系

学院完成 2017—2018 学年校级督导的聘任工作，对一级教学督导进行了调整，并同建立教学单位二级督导制。在教务处成立教学质量管理科，进一步加强质量管理。全面修订教学管理制度，并根据教育部 41 号令，逐步完善各项学籍管理制度，制定转专业相关政策。

学院开展 2017 本科教学质量月活动。内容包括讲课比赛、校领导听课、专业课程结课作业汇看、"教风学风"专项检查、教师调停课、研究生和博士生代课专项检查、系部本科教学大讨论、教师和学生代表座谈会、教学档案建设管理检查等。

（七）招生工作提升与优化

学院初步形成"走出去，请进来"的招生工作发展思路。2017 年 10 月中旬，学院赴郑州市第 106 中学、无锡市湖滨中学和广州市美术中学，开展了"优质生源基地"挂牌活动。开展 2017 年 "优质生源跟踪分析研究工程"，并已完成 2013 级各专业和 2012 级雕塑专业（五年制）学生成绩的数据核对、收集、分类整理和处理。

积极开展新生专业复查工作，进一步加强招生工作的公正性、公平性和透明性。根据最新《普通高等学校学生管理规定》和《教育部办公厅关于做好 2017 年普通高等学校部分特殊类型招生工作的通知》（教学厅〔2016〕10 号）文件精神，学院起草并通过了《西安美术学院新生入学资格复查办法》。按照该办法，组织相关教学单位于 2017 年 10 月中旬在西安校区和临潼校区同时对 2017 级本科新生（文化产业管理专业除外）开展了入学资格专业复查工作。

（八）加强学生学习指导与创业服务

制定《西安美术学院大学生创新创业管理办法》，深化创新创业教育。举办第三届艺术类大学生创新创业训练营活动，对教师和学生进行"双创"培训。学院结合文件下发《关于做好 2017 年毕业生就业创业工作的通知》《关于做好 2017 届家庭经济困难毕业生就业工作的通知》，拟定《西安美术学院学生档案管理办法》。

2017 届本科毕业生工作与专业相关度为 83%，比 2016 届（73%）高 10 个百分点；2017 届硕士毕业生的工作与专业相关度为 83%，比 2016 届（76%）高 7 个百分点。2017 届本科毕业生的工作与职业期待吻合度为 56%，与 2016 届（55%）基本持平；2017 届硕士毕业生的职业期待吻合度为 68%，比 2016 届（52%）高 16 个百分点。

（九）优化学院师资结构，为争创"双一流"打下基础

完成未来 3~5 年公开招聘需求计划调研工作，修订"十三五规划"师资建设部分，制定《教师发展中心 2018 年工作计划》和《近三年师资建设方案》，制定实施《西安美术学院教师师资再平衡方案》《西安美术学院 2018 年招聘专业技术人员实施方案》《西安美术学院 2018 年招聘计划》《西安美术学院 2018 年拟引进计划》，制定《第五轮全员聘任方案（讨论稿）》，进一步推动校内教师的合理流动和可持续发展。

制定《关于建设师德师风长效机制的实施意见》，下发《关于进一步加强和改进教师师德师风建设的通知》，并与每一位教师签订《师德师风承诺书》。组织参加 2018 年"加强师德师风建设，做新时代党和人民满意的好老师"网络培训5人。组织推荐2018年陕西省最美教师1人，最美教师团队1个；推荐2018年陕西省师德先进1人，师德建设先进集体1个。因学术不端问题辞退1人，对于违反师德师风的问题，绝不姑息。

（十）加大人员投入，保障教学工作的顺利开展

结合第五轮干部聘任工作，制定了第五轮干部聘任方案。机构设置和干部岗位设置向教学一线倾斜，加强教学管理。配齐配强教学单位的处科级干部，包括辅导员配备；教学单位党政领导实行交叉任职；体育部独立设置；成立教师工作部；设立教学质量管理科并配备专职教师干部。

建立健全教师选聘机制，优化师资队伍结构。提高教师选聘质量，制订2018年教师招聘计划；制定《西安美术学院2018年招聘专业技术人员实施方案》；2017年招聘专项招聘辅导员4名，辅导员生师比已基本达到教育部要求（235：1）。2018年计划招聘专任教师16名，引进3名。重点做好本校教师学历提升，2017年至今，我院教师取得博士学位4人，考取博士研究生6人，2018年毕业的本校博士生3人，学院现有专任教师博士44人，硕士343人。

设立高层次人才引进专项资金，申请高层次人才引进项目，项目建设周期为3年。预计每年投入300万元，三年共计投入900万元。其中每年人才引进项目200万元，智力引进项目100万元，主要用于人才引进费、预留专用房指标、科研启动费。

（十一）重视教师发展工作，进一步加强师资队伍梯队建设

学院制订教师分类指导计划。为使教师进修培训工作进一步规范化、制度化，讨论实施《西安美术学院青年教师专项培训计划管理办法（试行）》和《西安美术学院青年教师2018年专项培训》，以更好地支持开展人才培养工作。举办师德师风教育系列讲座，与造型基础部合作开展青年教师专业基础造型培训项目，举办"教练型教师"青年教师师资培训项目，选派骨干教师参加教育部建设发展中心师资培训项目。2018年继续加大各教学单位的专题培训力度，下发《关于组织申报2018年青年教师专项培训计划的通知》，总计支持12个教学单位的31个培训项目，培训对象近200人次。

明确了教师考核、评优及奖励向教学一线工作教师倾斜的基本原则，制定《关于2017年度教师系列专业技术职务评审工作安排的通知》，完成2017年职称评审工作，评定教授9名，副教授14名，讲师16名，学院现有教授62人，副教授164人；完成了2018年专业技术四级及以下岗位人员分级工作。制定并实施了《关于西安美术学院目标责任制年度考核绩效工资分配方案的通知》，进一步完善了教师表彰与教学奖励办法；加快研究制定《教授、副教授为本科生上课的管理办法》，提高教师，尤其是教授、副教授为本科生授课的比例。

（十二）进一步打造宣传平台

学院正在积极进行英文网站建设工作，根据建设要求，调研了国内重点美术院校的英文网站建设情况，以此更好地确立我院英文网站的设计风格、板块内容和网站特色。制定西安美术学院宣传册（中英文版）。

加强校内各二级网站建设和规范化管理，结合十九大期间网络安全稳定工作要求，进行排查、整改和检查工作。结合教育部、省厅各项网络安全稳定工作的文件要求，对全院各二级网站进行全面排查，详细梳理各单位系统网站的建设情况，确保信息系统有专人管理维护，确保系统账户、密码的安全性和保密性。对网站服务器久未维护、自行开发网站导致网页非法跳转、服务器未在校内托管等网站关停，并发整改通知。整改工作全部完成后，信息中心及时开展了专项检查。

（十三）加大教学经费投入，保障学院高水平发展

结合 2017 年学院工作要点和审核评估要求，2017 年 11 月底，学院筹措经费 1 103 万元，全部用于教学设施设备建设、教学活动与研讨、课程建设等各项专业教学提升方面。其中，教学设施设备、专业工作台等项目投入共计 668 万元，现已完成项目包括：理论课教室多媒体设备升级项目、建筑环境艺术系教室一体化项目、服装系教室一体化项目、美术史论系多媒体设备购置、艺术教育学院电子钢琴设备购置等。教学活动 120 万元，现已完成项目包括："一带一路"传统工艺教学研讨会、八大美术学院艺术与交互教学研讨会、教育部高等学校动画、2017 年度数字媒体专业教学指导委员会暨"一流专业与一流学科建设"教育论坛、第六届金拴马桩奖大学生影像艺术节、2017 大学生原创动漫大赛、十年一见"曾竹韶雕塑艺术奖学金"获奖作品全国巡展西安站、第四届互联网+大赛西安美术学院校内选拔赛等。课程建设、教材建设共计 315 万元。

（十四）按照专业发展规划和结构调整，提高教学用地面积

按照专业发展规划和专业结构调整，提高教学用地面积。在我院"十三五"规划中，推进长安校区建设工作是重中之重。长安校区总规划校园占地面积为 627 336.47 平方米，建筑面积为 745 180 平方米。

国家投资的特教楼项目（我院特殊教育学院为中国重点美术院校中唯一一所特殊教育艺术教学单位）已于 2017 年 10 月开工，建筑面积 14 781 平方米，2018 年 1 月主体封顶，进入安装阶段。运动场项目也已经进入设计和招标实施阶段，建筑面积 16 000 平方米。在长安校区下一步的建设整体规划中，用于教学使用的面积为 40.7 万平方米，我院的教学条件及规模因此得到极大提升。

根据实际使用情况，统计各教学单位实际用的教室（含实验室）、办公室、会议室、库房的面积，并根据使用情况，规范办公室和会议室的使用标准，进一步优化教学面积。学院于 2016 年全面梳理核查房产数据，深挖究底现有房源，确保教学需求，尽最大能力增大教学用房面积。

三、进一步深化本科教育教学改革，提升本科教育教学质量，建设一流本科教育

（一）优先发展本科教育，强化人才培养核心地位

1. 强化本科教育领导责任

牢固树立"人才培养为本，本科教育是根"的办学理念，确保领导注意力首先聚焦本科教育。确立以本科教学为中心的观念，把教学工作列为党委会和院长办公会的主要议程。从 2000 年起实行学院领导接待日制度、领导干部听课制度和联系教学单位制度等，坚持教学调研，听取教学一线意见，并及时解决其中存在的各类问题。学院的各教学单位、机关职能部门历来把服务教学、保障教学作为本部门的第一工作要务，确保了学院教学工作健康稳

定地发展。

2. 实施本科教育优先发展战略

在组织领导、发展规划、资源保障等方面将本科教育放在优先发展地位，做到学校资源首先在本科配置，教学条件首先在本科使用，教学方法和激励机制首先在本科创新。持续加大本科教育经费投入，保证教学基本建设、生均教学经费、教学改革和教学奖励等各类经费稳定增长。

3. 解决制约本科教育发展的关键问题

围绕领导精力投入、教师精力投入、学生精力投入、资源投入等工作全面开展自查工作，重点查找师德师风建设、教授投入本科教学、课堂教学秩序、考试秩序、实习实践、毕业设计等本科教育教学领域的关键问题，制定专项整改措施，明确工作时间节点，逐级逐项落实整改任务。

4. 加强本科教育薄弱环节建设

根据不同专业培养目标与毕业要求，优化公共课程分层分类教学体系，夯实学生知识基础；及时更新课程教学内容，充分融合信息技术，完善课程教学资源，激发学生学习兴趣，提高课堂教学效果；加强课程教学团队建设，提升课程团队教学与学术水平；在课程、教材、项目、奖励等方面全面突破。

（二）深化培养模式改革，促进学生个性化和最大化成长

以"五位一体、贯通融合的复合型美术类创新创业人才培养体系"为统领，坚持"厚基础、宽口径、国际化"的培养理念，以提升学生解决问题能力为导向，深化校企合作，做好专业内涵提升和全面推广工作。学院把提升本科教学质量作为"十三五"期间的主要工作任务，每年《西安美术学院党政工作要点》都将人才培养工作作为重中之重。2015年制定《西安美术学院章程》，对学院教育教学工作的依据、理念、内涵、构架、形式进行了法理规定。2016年，《中共西安美术学院第七届委员会工作报告》对此后五年的教学工作提出了明确要求，按照陕西省"四个一流"建设要求，积极稳妥地提升办学水平。

（三）推动一流专业建设，大力提高专业建设水平

1. 凝练学科专业发展方向

统筹制定学科专业发展规划，通过内涵建设、资源配置、责权管理、质量控制、学科专业负责人等一体化设计与建设，促进教学与科研融通，确保一流科研优势转化为一流教学优势，一流科研成果转化为一流本科教育内容，切实提升人才培养质量。

2. 做精美术学科，做强做大设计学科，提升艺术理论学科，发展前沿、新兴、交叉学科

创新艺术人才培养模式。设立人才培养模式改革、课程体系重构、校企协同育人、评价制度改革等方面的研究与实践项目，以项目研究带动学科专业建设与改革工作。做好新形势下的人才培养方案制定、课程建设、教材建设、教学方法与模式改革等工作，促进专业持续改进。

3. 实施专业动态调控

积极应对国家、行业和区域经济发展需求以及高考改革新形势，招生、培养、就业、评估多方协同联动，加强专业动态调控。以"适应、调整、建设、发展"的思路，布局数字媒体艺术、实验艺术、艺术管理等新兴专业，重点培育中国画、绘画、雕塑、视觉传达设

计、环境设计、美术学等老牌特色、名牌专业，对于建设水平不高、竞争力不强的专业减少招生计划、预警整改，直至停止招生。当前，学校本科招生专业总数稳定在 25 个左右，已申报和建成国家级和省级一流专业 5 个，逐步形成结构合理、特色鲜明、水平一流的本科专业体系。

（四）加强一流课程建设，激发学生学习兴趣和潜能

1. 合理规划课程数量，加强课程管理

学院本科课程包含公共课程、通识基础课程、专业课程和实践教学课程四大模块。学院共为本科生开设课程 988 门，其中公共必修课程 21 门，公共选修课程 165 门，通识基础课程 6 门，专业必修课程 674 门，专业选修课程 98 门，就业指导、创新创业类课程 24 门。新开课程须由教务处及专业教研室（工作室）组织课程论证会，聘请校内外专家对课程大纲、计划进行论证，并通过阶段性的课程总结及教学成果展览，确保课程质量和专业课程更新率。

2. 注重优质课程资源建设，发挥示范性作用

截至目前，学院在已建成的国家级精品课程和省级精品课程的基础上，每年建设 2 门以上精品课。同时，引进优质网络选修课程资源 17 门，内容包含美学、哲学、人文、历史、自然科学、宗教等，这些课程已成为学院重要的优质公共学习资源。

3. 在线开放课程建设

学院重视利用现代信息技术整合优质教育资源，改革课程教学方式。结合美术类专业教学特点，努力实现优质教育资源的公开和共享，着力加强在线开放课程的建设与应用。当前共建有 14 门校级精品资源共享课程，12 门省级精品（资源共享）课程，3 门国家级精品课程。"十三五"伊始，依托专业通识基础课程优势，结合国内慕课（MOOC）发展趋势，启动了慕课课程建设专项工作。2019 年"素描与体验——原理与形式研究"课程获得省级慕课（MOOC）认证。

4. 鼓励广大青年教师转变教学观念

改革教学内容与教学方法，积极参加省微课比赛、课堂教学创新大赛。积极探索在线课程平台建设在教学实际应用中的可行性，率先在部分设计类专业试行网络教学、翻转课堂模式，汇总师生反馈意见，为下一步在线课程平台建设做好准备，为学生搭建良好的学习平台。

（五）第一课堂和第二课堂有机融合，培养学生创新能力

1. 发挥课堂教学主渠道作用

加强专业课程与"双创"教育有机融合，在教学过程中融入学科前沿、科研成果、复杂工程问题等，培养学生的批判性和创造性思维。完善创新创业课程体系，建设数量充足、结构合理的创新创业教育课程资源。

2. 丰富第二课堂活动

深入实施"大创计划"，利用专业优势，打造创新训练项目库，以项目支撑创新训练；充分发挥"挑战杯""互联网+"和高水平学科竞赛的引领作用，以赛带练，提升学生探索创新能力。

3. 深化实践教学改革

开展探究性实验项目建设，继续推进实验室开放共享，开展虚拟仿真实践教学改革，建

设虚拟仿真资源、模拟实训系统和虚拟仿真教学平台，实施校内外协同互补的实践实训教学模式，积极建设申报虚拟仿真实验项目。

（六）加快本科教育国际化，增强人才国际竞争力

1. 丰富学生境外学习途径

加强与境外高校交流合作，积极推进中外合作办学，推广"2+2""3+1"等联合培养项目，建立师资、课程、实验室、实习基地等优质教育资源共享机制，推进教师互派、学生互换、课程对接、学分互认等合作项目。

2. 推进中外合作办学

充分发挥学院作为国际化办学主体的积极性，依托优势学科、专业、师资、平台等力量，与国外高水平高校开展多模式、多层次的国际合作办学，推动学校国际化办学，走特色发展之路，提升国际化人才培养水平和国际影响力。与法国国立巴黎美术学院、比利时布鲁塞尔皇家美术学院、英国伦敦艺术大学、加拿大魁北克大学美术学院等26所国际一流的美术学院和艺术机构建立了正式的校际合作关系。同时邀请校外艺术家进行短期或长期的艺术创作教学交流活动，近年来相继举办的"西安·国际版画工作室""中外美术学院院长论坛""西安国际数码艺术周""西安亚洲民间影像年度展"等丰富多元的国际国内大型活动，为我院迈向国际化起到了极大的助推作用。

（七）强化教师主体责任，提高教师教书育人能力

1. 加强师德师风建设

弘扬严谨治学、从严执教、教书育人的优良传统，认真贯彻落实《中共中央组织部 中共中央宣传部 中共教育部党组关于加强和改进高校青年教师思想政治工作的若干意见》和《教育部关于建立健全高校师德建设长效机制的意见》，健全师德师风建设长效机制，努力拓宽宣传教育的渠道和载体，不断完善师德考核评价体系，学院坚持树立"优秀教师""师德先进个人""青年科技新星"等先进典型，教师队伍逐渐形成为人师表、严谨治学、从严治教、自觉遵守学术道德的良好风气。

2. 提升教师教学素养和能力

完善教师教学素养提升、教学能力培养，全面加强教师职业道德、教学素养、教学能力和教学学术能力培养。重视发挥教学名师的引领作用，鼓励教学名师承担教学改革、资源共享课、示范课、教学观摩、专题讲座等任务，形成优质课程、优秀教材、优秀教学成果等优质资源体系，从而发挥教学名师在教学单位中的传帮带作用。学院以现有校级教学团队为基础，逐一打造由名师领衔的名师工作室，工作室推行"名师+团队"模式，鼓励吸引国内外知名学者参与。

3. 确保教授精心投入本科教学

严格执行学校教授为本科生上课的基本规定，强化制度约束，引导教师投入教学。为了认真贯彻加强高等学院本科教学工作的相关文件要求，学院制定了《西安美术学院教师教学工作量管理条例》，把教授、副教授为本科学生上课作为一项基本制度，通过制度性规定，强化教师对"教书育人是教师的天职，教学是教师的首要工作"的认识。目前，教授、副教授为本科生上课的总体情况较好。

（八）严格教学过程管理，完善教学质量保障体系

在教学工作中坚持全面质量管理，重视教学过程管理，通过建立教学质量标准，完善教学质量监控体系的组织机构及其职能、教学质量监控体系运行方式和教学质量监控体系的保障制度等初步形成一套较为科学、符合学院教学实际的教学质量保障长效机制。教学质量监控与保障机制包括领导干部听课机制、检查机制、学籍预警机制、评教评学制度、教学督导制度、教学事故的认定与处理制度、质量跟踪机制、信息公开制度等；教学质量监控体系的保障制度包括信息集中、信息反馈、跟踪监控；教学激励机制则主要包括青年教师讲课比赛、教学成果奖、教学名师奖等奖励评选机制。

（九）建立健全配套机制，确保人才培养质量持续提升

1. 完善本科教学激励机制

对积极投身教学工作、教学效果优秀、贡献突出的教师进行奖励。结合本科教育教学改革重点工作，设立《西安美术学院本科教学奖励实施管理办法》，奖励一线教师在人才培养模式改革、课堂教学方法与模式改革、信息技术与教学融合、创新创业教育、产学研协同育人等方面取得的教学成果。

2. 选树典型及时推广

激发一线教师改革首创精神，及时总结提炼教学成果奖、教学名师、课堂教学创新大赛、思政大练兵等方面的获奖教师及团队的先进经验和典型做法，通过"走出去、请进来"等形式，利用网络宣传、基层教学组织学习等多种方式加大宣传推广，充分发挥先进典型的示范带动作用。

西北政法大学本科教学工作审核评估经验总结报告

王健①

一、本科教学工作审核评估组织实施概况

2017年5月下旬，根据陕西省教育厅《关于开展普通高等学校本科教学工作审核评估的通知》（陕教高办〔2016〕32号），受省教育厅委托，西部评估中心组织专家组对我校本科教学工作进行了全面考察与评估。学校高度重视，成立了由校长任组长，主管教学副校长任副组长，其他校领导、各学院院长和职能部门负责人组成的审核评估领导小组，全面负责组织、协调、布置和落实审核评估迎评建设工作。学校对照专家组反馈意见，发动全校师生结合本单位的人才培养任务和工作职责，开展大学习、大调研、大讨论，在此基础上制定科学可行的整改方案，并及时召开本科教学审核评估整改任务分解工作会，要求各学院、各职能部门坚持"理念导向、目标导向、问题导向、责任导向、指标导向"，狠抓整改任务的落实。

2017年12月，学校接受西部评估中心组织的中期检查。针对中期检查专家组的反馈意见，学校召开专题会议完善整改措施，并多次召开本科教学审核评估整改工作推进会，监督各项整改任务的工作进度，按期分段逐项落实整改任务，确保整改工作落实到位。

2018年6月5日，西部评估中心组织专家组来我校开展审核评估整改回访检查工作，专家组充分肯定了学校的整改工作，并提出了进一步提升的意见和建议。之后，根据《教育部关于加快建设高水平本科教育全面提高人才培养能力的意见》（教高〔2018〕2号）、《中共教育部党组关于认真学习贯彻全国教育大会精神的通知》（教党〔2018〕50号）、《教育部关于狠抓新时代全国高等学校本科教育工作会议精神落实的通知》（教高函〔2018〕8号），学校聚焦"以本为本、四个回归"的贯彻落实，制定了《西北政法大学关于加快建设高水平本科教育的实施意见》，全面深化本科教学审核评估整改工作。

二、本科教学工作审核评估的主要做法、特色、成效与经验总结

学校对标审核评估专家组提出的意见与建议，全面梳理存在的问题，坚持目标牵引和问题导向相结合、统筹推进和重点突破相结合、理念管理和指标管理相结合，以整改为契机，深入推进校院两级管理体制改革，充分调动二级学院办学主体的积极性、创造性，不断强化职能部门服务意识，夯实本科教学中心地位。

---

① 西北政法大学副校长。

(一) 整改工作以落实立德树人根本任务为主线

深入学习贯彻习近平新时代中国特色社会主义思想和党的十九大精神，以习近平总书记在中国政法大学考察时的重要讲话精神为指引，在整改工作中全面落实立德树人根本任务，积极探索培养德法兼修的高素质法治人才的新路径、新模式。

(二) 整改工作以"四个一流"建设为目标

全面结合国家"双一流"和陕西省"四个一流"建设，深刻反思审核评估中发现的问题的深层次原因，紧紧抓住本科教学主要环节、关键部位，深化人才培养模式改革，加强教学基本建设，强化优势，突出特色，全面提升本科教学水平和人才培养质量。经过两年多的整改，师资队伍建设取得可喜成效，专任教师突破千人大关，生师比压缩到16∶1以下；本科教学投入大幅度提高，年度一流专业建设专项经费超过1 000万元，投资3 000余万元建设实验室和智慧教室；成立教学质量监测与评价中心，强化教师发展中心建设，推进二级学院督导队伍建设，形成了较为完备的质量保障体系。学校积极推进校院二级管理体制改革，充分发挥各单位的积极性。不仅将整改工作列为学校年度重点工作，而且将整改任务纳入各职能部门、各二级学院的年度考核范围，实现了整改任务落实与年度目标责任考核的无缝对接。学校领导高度重视，持续加强对各学院及职能部门的监督与检查力度，定期深入各单位开展调研，对照整改任务督办，及时解决整改工作中存在的问题和困难，保障整改工作的顺利开展。

(三) 整改工作与高水平大学建设一体化推进

紧密围绕学校第三次党代会确定的高水平大学建设"三步走"的战略设想，强化指标意识和问题意识，补齐短板、缩小差距，奋力实现追赶超越。学校进一步明确了加快建设高水平本科教育的奋斗目标，经过3年努力，推动"回归常识、回归本分、回归初心、回归梦想"全面落实，内涵式发展和课堂教学革命取得显著成效，影响人才培养水平和培养质量的关键条件得到切实保障，基本形成高水平人才培养体系。再经过5年的努力，一流专业建设取得突破，高水平人才培养体系建设取得标志性成果，人才培养能力明显提高，为到2035年建成特色鲜明、国内一流、具有国际影响的高水平教学研究型大学奠定坚实的基础。

本科教学工作审核评估整改回访检查专家组认为，学校高度重视本科教学工作审核评估的整改工作，以建设"法学特色鲜明、多学科协调发展的教学研究型高水平大学"为目标，围绕审核评估专家组提出的六个方面的问题和建议，结合"四个一流"建设，强化组织领导，紧扣本科教学主要环节和关键要素，制定专项整改任务清单，责任到人，统筹推进整改工作。学校注重传承红色基因，落实立德树人根本任务；不断提高师资队伍建设水平；大力推进校院两级管理；加大对本科的教学投入，修订人才培养方案，积极推进本科教育教学改革，扎实推动创新创业教育；成立教学质量监测与评价机构；积极开展国际合作与交流。整改工作取得了显著成效。

三、审核评估整改及持续改进的主要做法、特色、成效与经验总结

(一) 突出立德树人，构建德法兼修大思政育人体系

学校坚持立德树人根本任务，着力把正确的政治方向和价值导向贯穿到立校办学、育人育才全过程。

1. 充分发挥思想政治教育课堂主渠道作用

制定重点马克思主义学院建设方案，按照重点马克思主义学院建设标准，打造马克思主义理论教学、研究、宣传和人才培养的坚强阵地。制定《习近平新时代中国特色社会主义思想"三进"工作实施方案》《"四好"思政课创优行动方案》等，多措并举，提高思想政治理论课质量。推动"思政课程"向"课程思政"转变，让所有课程同向同行、协同育人。我校相凯宇、赵金莎、岳国芳三位教师荣获"思政课程教学标兵"称号，获奖人数与西北大学并列全省第一。

2. 积极拓宽思想政治教育途径

注重以文化人、以文育人，充分发挥学校艺术教育中心作用，举办"黄河大合唱"专场音乐会等高雅艺术活动，共谱"法律"与"音律"和谐乐章；注重运用新媒体新技术，通过微信公众号、微博平台、微课比赛培养"新媒体达人"，通过通俗易懂的内容让网络思想政治教育更接地气、更深入人心，切实增强思想政治教育的吸引力、感染力；注重学生日常养成和道德实践，营造良好的校园文化环境。

3. 将红色基因教育融入思想政治教育过程

学校自觉传承从陕北公学一路赓续的红色基因，积极实施"红色传统育人行动计划"。成立了红色文化研究会、中华优秀传统文化教育教研指导中心，将红色文化教育纳入人才培养方案和教学计划，为开展红色文化教育提供了重要依托和坚强阵地。加强校史教育，每年组织新生和新入职教师参观校史馆、重走校史路，接受红色校史教育。充分发挥少数骨干在学生中的领头效应，积极组织青年学生干部到延安革命纪念馆、照金革命纪念馆等红色文化教育基地开展实地教学，追寻革命先辈的足迹，让红色基因入眼入耳、入脑入心。将红色文化与社会实践相结合，开展"传承红色基因、践行司法为民"实践教育活动，广泛组织学生参与国情调研，持续带领学生到新疆调研。通过实施以上措施，将学校的红色文化传统转化为提升思想政治教育效果的独特资源，形成独特的办学优势和品牌，构建融社会主义核心价值观教育、红色基因教育、优秀传统文化教育、法治文化教育于一体的思想政治教育新模式。

（二）增量提质，显著提高师资队伍建设水平

1. 加强制度建设，做好顶层设计

针对审核评估专家组提出的我校师资队伍总量不足、高层次领军人才数量少等突出问题，学校制定《加强师资队伍建设的若干规定》，提出 12 条具有针对性的措施，为加快降低生师比、优化师资队伍提供政策依据。

2. 落实博士招聘计划，优化教师队伍结构

为充实教师队伍，提升博士化率，学校强力推进博士招聘计划的落实，效果显著。2017 年以来，招聘博士 200 余人，截至 2019 年 9 月底，学校专任教师博士化率达到 47.5%。

3. 完善用人机制，柔性引进高层次人才

学校设立特聘教授岗位 30 个，实行"不为我有、但为我用"的灵活用人机制。同时，提高引进待遇（含住房），加大高层次人才引进力度，近两年已引进三级教授 3 名。

4. 积极创造条件，培养杰出人才

学校有计划地构建起长安学者 15 人、长安青年学者 25 人、长安青年学术骨干 35 人的人才梯队，建全多层次、全覆盖的优秀青年教师培养资助体系。2017 年选聘了 6 名长安学

者和 8 名长安青年学者，2018 年选拔了 13 名长安青年学术骨干。近两年，人才梯队建设有力地促进了杰出人才的培养。2017 年，我校 3 名青年教师入选省教工委"青年杰出人才"支持计划和培育计划，位居省属高校前列；2018 年，8 人（团队）入选陕西省人才工程项目，创我校历年来获批省级人才项目及资助金额之最。2019 年，刘进田教授荣获全国模范教师荣誉称号；韩松教授入选 2019 年度"长江学者奖励计划"，实现我校高端人才的突破。

5. 加强教师发展中心建设，教师培训工作得到加强

加大对教师发展中心的经费投入，规范和加强新入职教师的岗前培训工作，青年教师助教（理）制度得到实施，校院两级协调培训体制得到完善。

（三）聚焦一流专业建设，深入推进本科教育教学改革

1. 修改专业建设规划，明确一流专业建设目标

学校认真研究审核评估专家组的意见和建议，根据办学定位与战略目标，决定将在招本科专业保持在 30 个以内，并加强专业的动态调整，2018 年对朝鲜语专业暂停招生；遵循分类指导原则编制完成"一流专业"建设方案，明确将法学专业按照中国法学教育"立格联盟"倡议的标准建设成为国家一流专业，将哲学、侦查学等专业打造成为特色鲜明的国家一流专业的建设目标。2019 年，法学、哲学、侦查学等 10 个专业参评国家级一流专业。学校先后成立纪检监察学院、国家安全学院、军民融合发展研究院、人工智能与智慧法治研究院，召开"强化协同创新育人、助推法学一流建设"工作推进会，助推法学一流学科和一流专业建设。

2. 修订人才培养方案，推进本科教学改革

学校针对专家组提出的学分过高的问题，遵循教育教学改革的走向，完成人才培养方案修订工作。所有专业的总学分限定在 160 学分以内，恢复每节课 50 分钟时长，同时进一步优化课程体系，突出专业特色，强化实践教学，深化创新创业教育。

3. 强化教师主体责任意识，积极推进课堂教学改革

全校开展"强化教师教学主体责任"大讨论，增强主体责任意识；邀请全国知名教师分享课堂教学经验；各学院组织教学观摩、教学竞赛、公开教学课等活动；加强青年教师培训，提升教学技能；组织 PPT 大赛，提高课件制作水平。通过整改，课堂教学改革创新已经成为广大教师的共识和行动。

4. 加强实习基地建设，提高集中实习比例

审核评估以来，新增校外实习基地 40 余处，实习基地总数达到 182 个；扎实推进集中实习工作，2017 年集中实习比例明显提升，达到 27%，实习效果总体良好。2019 年将集中实习比例保持在 30% 以上，2020 年力争达到 50%。

5. 改进课程学习效果评价方法，强化过程管理

学校实行随机抽取部分课程进行期中考试的制度，效果良好；根据课程特点，积极探索多样化的考核方式；组织督导专家加大对命题和阅卷质量的检查力度，开展"命题能手评选活动"；引进"中国知网"毕业论文云服务管理系统，实现毕业论文的选题、指导、检测等环节的全程网络化过程管理。

6. 加强课程和教材建设，改善实践育人条件

2017 年以来，围绕新专业主干课、实验（技能）课和专门用途英语课立项建设两批共 135 门课程；在严格执行"马工程"重点教材使用的同时，支持自编特色系列教材建设。

2018 年，立项建设特色教材 50 部。

学校持续加强实验室建设，建成新闻类、艺术类专业"虚拟演播实训室"，完成经管类虚拟仿真实验室、法学实验实训中心升级改造建设任务，极大地改善了各专业，尤其是新建专业的实践育人条件。

7. 加强教育教学改革研究，精心培育教学成果

改进教学改革项目和成果的立项培育机制，成效显著。审核评估以来共有 5 个项目获得陕西高等教育教学改革研究立项；共有 5 项成果获省级教学成果奖，其中特等奖 1 项，一等奖 1 项，二等奖 3 项，实现了获奖数量和层次的双升。2019 年，学校共立项教育教学改革研究项目 35 项，其中重点项目 3 项，一般项目 32 项。评选出 2018 年校级教学成果奖励 20 项，其中特等奖 4 项、一等奖 7 项、二等奖 9 项，创历史新高。

8. 构建高水平、有特色的第二课堂体系

为了进一步提高第二课堂活动的整体水平和覆盖面，学校制定了《构建"德法兼修、理实并重"高水平有特色第二课堂活动体系方案》，建立起涵盖"法治文化活动""学生学术活动""红色基因传承与人文艺术活动""创新创业和就业指导活动""社会实践和公益活动""国际学术交流活动" 6 个板块的第二课堂体系。近两年"法治文化活动季"共举办丰富多彩的活动 300 余场次，参与学生 5 万余人次，直接参与指导的教师 1 000 余人次，营造了特色鲜明的校园法治文化育人氛围。

（四）增设教学质量监测与评价中心，完善教学质量保障体系

1. 成立教学质量监测与评价中心，实现管办评分离

成立教学质量监测与评价中心为正处级单位，负责本科教学工作主要环节的常态监测、过程评价、质量分析、信息反馈、整改监督和专业评估等工作。中心的成立实现了教学管理与质量监测、评价的分离，为完善质量保障体系，强化质量监控和专业评估工作打下良好的基础。

2. 完善制度建设，推进校院两级管理体制改革

学校制定《校院两级管理办法》和《学院年度目标责任考核办法》，推动校院两级管理，落实二级学院办学主体责任，激发二级学院在专业建设和人才培养工作上的积极性。

3. 加强信息收集，强化质量监控

学校加大对课堂教学秩序的检查力度；各学院实行对所有任课教师听课的"全覆盖"；优化学生评教；吸收我校 13 位教学名师加入督导专家队伍，进一步强化对课堂教学质量的监控。

（五）加大对本科教学的投入，全力以赴改善办学条件

1. 加大对本科教学的经费投入

2018 年，陕西省教育厅下拨 500 万元"一流专业"建设专项资金，学校在已有教学投入的基础上，配套投入"一流专业"建设专项资金 800 万元，2019 年专业建设经费投入继续提高；对学生创新创业教育实践活动的投入资金已超过本年度预算的 150 万元；本科生毕业实习经费增加到 300 元/生。

2. 多方筹措资金，改善办学条件

2017 年以来，学校申请 8 000 万元教育类地方政府债券，用于法律实务实训基地建设项

目；争取到省财政专项资金1 833万元建设实验室和智慧教室，并投入使用，省内外近60所高校来校参观；长安校区大学生综合创业区项目第一批1 000万元经费已划拨到校；投入700万元完成南北校区图书馆升级改造。

（六）完善工作机制，扎实推动就业与创新创业教育

1. 多措并举，提高毕业生就业率

学校适应经济社会发展需求，积极引导陕西籍学生去外省就业、各专业学生去企业就业，鼓励学生到边疆基层就业创业。按照"月月有大型，天天有专场"的思路精心组织各类校园招聘活动。2017届毕业生初次就业率比2016届提升10%以上，2018届毕业生的同期就业率也比2017届有所上升。

2. 系统推进，深化创新创业教育

学校制定《创新创业学分管理办法》，增设创新创业基础通识必修课，组建"双创"专兼职教师队伍，加强"双创"试点学院建设，主动对接校外创业孵化基地，为学生提供广阔的发展空间。

（七）推进开放办学，加强国际合作交流

学校高度重视国际交流与合作，积极拓宽对外交流渠道，积极推动学校与"一带一路"沿线国家的教育务实合作。2017年至今已同11个国家及地区的23所高校或教育科研机构签订合作协议34份，其中与"一带一路"沿线6个国家9所大学签署11份协议，内容涉及学生长短期交流、教师互访、科研合作等。学校开展教师海外研修计划，设立专项资金支持教师出国（境）访学，自评估以来共有82位教职工公派赴外访学，包括国家公派项目43人，单位公派项目35人，共有354名学生出国（境）交流学习，数量较审核评估前有明显提升。同时，学校积极开展留学生教育，完善来华留学生管理体制、培养体系及课程开发，自评估至今共招收来自乌兹别克斯坦、哈萨克斯坦、俄罗斯、蒙古、法国、韩国等国家的留学生125人。

四、进一步深化本科教育教学改革，提升本科教育教学质量

为深入贯彻落实全国教育大会和教育部新时代全国高等学校本科教育工作会议精神，深入推进高水平大学建设，全面提升人才培养能力和培养质量，2018年11月30日学校组织召开本科教育工作会议，党委书记宋觉作了题为"准确把握'九个坚持'要求着力打造高水平本科教育"的辅导报告，校长杨宗科作了题为"牢记使命 追求卓越 以课堂教学革命为突破口 全面推进人才培养体系改革 奋力建设新时代高水平本科教育"的报告，并印发了《关于加快建设高水平本科教育实施意见》，就加快建设高水平本科教育、全面提升人才培养能力和培养质量，提出了一系列计划和举措。

（一）坚定正确的办学方向，传承红色基因，全面落实立德树人根本任务

把立德树人的成效作为检验学校工作的根本标准，传承从陕北公学一路延续的红色基因，积极实施"红色传统育人行动计划"，构建融爱国主义教育、社会主义核心价值观教育、红色基因教育、优秀传统文化教育、法治文化教育于一体的思想政治教育新模式，充分发挥红色育人功能。

制定实施方案，推进陕西省重点马克思主义学院建设，计划经过3年努力，将马克思主

义学院建设成马克思主义理论教学、研究、宣传和人才培养的重要基地。

强化课程思政和专业思政建设。在构建全员、全过程、全方位"三全育人"大格局的过程中，做好整体设计，根据不同专业人才培养特点和专业能力素质要求，科学合理设计思想政治教育内容。强化每一位教师的立德树人意识，在每一门课程中有机融入思想政治教育元素，推出一批育人效果显著的精品专业课程，打造一批课程思政示范课堂，选树一批课程思政优秀教师，形成专业课教学与思想政治理论课教学紧密结合、同向同行的育人格局。

（二）加强师德师风建设，全面提高教师教书育人能力

坚持将师德师风作为教师素质评价的第一标准，把师德师风建设作为教师队伍的"一号工程"，落实《新时代高校教师职业行为十项准则》，建立师德师风负面清单和责任清单，高标准严要求推动师德师风建设，坚决实施师德失范一票否决。

规范新任教师入职培训制度，建立教师年度培训和考核工作机制；广泛开展课改，引导教师积极实施课堂教学革命，提高教师将现代信息技术与教育教学深度融合的能力；坚持教授给本科生上课制度，倡导院长、教授为本科新生上第一课；通过讲听评、传帮带活动，提升教师教学能力。完善教师职称评审和学校绩效考核制度，在专业技术职务评聘、绩效考核和津贴分配中将教书育人能力作为首要标准，政策向倾心育人的教师倾斜。

（三）优化课程体系，不断完善人才培养方案

启动"百门金课行动计划"。根据各专业教学质量国家标准和学校人才培养实际情况，进一步修订完善各专业人才培养方案；把军事理论课、中华优秀传统文化、中华民族多元一体、中国特色社会主义法治理论、国家安全、生态文明教育等课程融入课程体系。高度重视人工智能与法学、经济学、管理学、新闻学、社会学等专业的交叉融合。吸纳各专业优质资源，凝练、提升选修课的开设，并严格淘汰"水课"；进一步规范完善实践技能课，处理好知识教学与实践教学的关系；理顺本科课程与法律硕士课程的衔接机制。

（四）聚焦卓越法治人才培养，稳步推进一流专业建设

深入实施"卓越法治人才教育培养计划2.0"，推进内涵式发展；严控专业规模，优化专业结构，建立和完善专业准入和退出的动态调整机制；加强省级一流专业建设，争创5个以上国家级一流专业。

（五）稳步推进教学资源建设，提升本科教学基本条件

共享校外优质课程资源，丰富学校通识教育课程体系，为学生提供更多选择；在专业课程学习中大力加强慕课的推广使用，鼓励教师多模式应用，鼓励学生多形式学习。

加大投入，努力改善图书馆硬件设施，强化特色馆藏和专业数据库建设，打造高素质的学科馆员队伍，加强师生专业检索能力的培训，为师生的教学科研活动提供高效的文献信息保障。

（六）持续加大教学经费投入，不断改善教学条件

经费投入向本科教学倾斜，加大智慧校园建设力度，3年内完成所有教学楼智慧教室建设，为推动课堂教学革命、打造"金课"、深入推进现代信息技术与教育教学的深度融合奠定良好的基础。

（七）加强过程考核，改革学生考核方式

进一步深化课程考试考核改革，加大过程化考核力度，通过平时作业、小测试、期中考试、课堂讨论、阶段性小论文等方式对学生平时学习过程进行考核。根据课程性质和特点，采用应用答辩、论文、调研报告、开卷考试、实验测试、竞赛等形式，对学生进行期末考核。调整试题结构，减少记忆性试题的比例，加大应用性、综合性试题的占比，注重考查学生的应用能力、创新能力，提高学生分析问题及解决问题的能力，增强学生的职业素养与专业技能。

（八）积极开展教育教学改革研究，培育优秀教学成果

鼓励教师开展形式多样的课改，倡导启发式、探究式、讨论式、参与式教学；构建线上线下相结合的教学模式，推广混合式教学、翻转课堂等新型教学方法；积极引导、鼓励、支持教师开展教学改革，潜心培育教学成果。

（九）全面构建深度融合的协同育人机制，深化实践教学和创新创业教育

强化人员互派，深化协同育人。与实务部门携手，积极开展"共建法学院""共建新闻学院"工作；进一步规范专业实习，提升实习的规范化建设水平；扎实推进创新创业教育，将"互联网+"大赛报名参赛情况和创新创业训练计划申报立项情况纳入院校二级管理考核指标体系，实施创新创业学分认定，组建由校内专职教师和校外专家组成的、专兼职结合的创新创业教师团队，大幅增加创新创业教育专项经费投入。

（十）服务"一带一路"倡议，不断提升国际化办学水平

创造条件，助力师生国（境）外研修。充分利用各类访学项目，选派和推荐中青年骨干教师出国出境进修访学，提高专任教师中具有留学背景的教师比例；完善学生访学制度，为学生接受国（境）外优质教育提供支持。服务"一带一路"倡议，积极与沿线国家开展教育合作，组建"一带一路"法学教育联盟，实施法律教育、法律文化交流计划；按照扩大规模、提高质量、优化结构、规范管理的原则，积极发展留学生教育。

（十一）完善校院两级监督体系，持续加强质量文化建设

完善质量评价保障体系，培育高水平质量文化。加强教学质量监测与评价中心建设，进一步完善校院两级监督体系，全方位实施本科教学质量监控工作。充分发挥学校本科教学指导委员会、本科教学督导专家委员会在质量评价中的作用。完善学生评教，扩大专家评教和同行互评覆盖范围，提高评教的科学性。利用信息化手段，依托先进教学管理平台，改革现有评价体系，建立灵活高效的质量评价模式。建立高效的评教结果反馈机制，使评价结果及时送达教师和相关管理部门，作为改进工作的重要依据。将质量文化内化为全校师生的共同价值追求和自觉行为，形成以提高人才培养水平为核心的质量文化。

有计划地开展校内评估，积极参加国家专业认证评估。认真落实《西北政法大学本科教学工作审核评估整改方案》；按照《普通高等学校本科专业类教学质量国家标准》和《立格联盟院校法学专业教学质量标准》，结合专业实际和建设目标，明确各专业教学质量标准，确立人才培养要求。建立并完善自我评估制度，加快形成自律、自查、自纠的教学质量评价体系；积极参加和认真做好各专业评估认证工作。

（十二）加强思想、组织和经费保障，营造良好舆论氛围

夯实思想保障。 学校和各学院、各职能部门都要组织开展建设高水平本科教育的大学习、大讨论，通过座谈会、研讨会、专题报告会、网站校刊宣传等形式和途径，深入认识和领会新时代坚持德才兼修、立德树人、以本为本、"四个回归"的深刻内涵和重要意义，使干部、教师和学生在思想上和行动上统一到全国教育大会、新时代全国高等学校本科教育工作会议精神上来，为建设高水平本科教育提供有力思想支撑。

强化组织保障。 加强对本科教育工作的领导，学校党委会和校长办公会定期研究本科教育教学工作；学校本科教学指导委员会每学期召开至少4次会议；各部门要牢固树立为教学服务的思想，重视教学、关心教学、支持教学，把支持帮助本科教学工作列入重要工作日程，结合学习讨论，制定服务建设高水平本科教育工作的具体任务和措施，及时分析解决本科教学工作的新情况、新问题；各学院党政班子特别是院长作为教学质量的第一责任人，要亲自抓教学质量，院领导应经常研究本科教育教学问题，每学期召开至少一次本科教学工作会议；要把服务本科教育的工作成效纳入部门和学院工作绩效考核指标体系，明确责任，严格考核。

加强经费保障。 全力争取中央和地方财政专项拨款，拓宽资金来源渠道，提高创收能力，为建设高水平本科教育提供必要的经费支持；梳理现有支持本科教育的经费投入和使用管理办法，不断提高经费使用效益；筹措资金，建设学生活动中心，进一步美化校园，为学生活动提供良好的环境。

加大宣传力度。 设立"贯彻落实新时代全国高等学校本科教育工作会议精神"专栏，鼓励干部、教师发表体会文章，凝练教育改革中的典型案例，强化示范效应。

延安大学本科教学工作审核评估经验总结报告

王文东[①]

根据陕西省教育厅《关于开展普通高等学校本科教学工作审核评估的通知》(陕教高办〔2016〕32号)的文件精神,延安大学认真学习有关文件精神和审核评估范围,深刻理解审核评估的目的与意义,经过精心组织和认真准备,于2017年5月30日至6月3日接受本科教学审核评估专家组一行12人进校考察。专家组通过实地考察、走访座谈、档案查阅、课堂听课、试卷论文审阅等形式,对我校本科教学工作的整体状况进行了考察,最终形成审核评估报告。学校对照专家组提出的意见和建议,制定整改方案,扎实开展整改工作,并于2017年12月接受整改中期检查。2018年5月31日至6月1日,专家组对我校一年来的审核评估整改工作进行了回访检查。

在审核评估的整个过程中,学校积极谋划、主动作为,创造性地开展了一系列工作,在组织领导、完善制度、规范管理、队伍建设、条件保障、资源建设、教学改革、质量保障、人才培养、学生管理等方面成效显著,保证了审核评估各项工作的顺利进行。现将我校审核评估工作总结如下,共同交流学习。

一、本科教学工作审核评估组织实施概况

第一,学校先后制定了《"十三五"事业发展规划》《追赶超越实施方案》,确立了"建设特色鲜明、国内知名的高水平教学研究型大学"的战略发展目标,明确了追赶超越"三步走"的战略任务,凝练了"延安精神特质"的人才培养目标定位,设计了"十大工程、七项计划"的战略举措。

第二,为了迎接本科教学审核评估工作,学校及时成立了以党委书记和校长为组长,主管教学工作、人事工作、学生工作的副书记和副校长为副组长,教学单位、行政部门负责人为成员的审核评估工作领导小组,全面负责我校审核评估工作,研究审核评估重大事项,制定决策方案。教学院(系)同时成立了审核评估工作领导小组,由院(系)领导和有关人员组成。

第三,学校在行政职能部门和院系两个层面组织召开了审核评估动员大会,校领导亲自组织召开12次评估布置会、推进会、安排会和协调会,着力推进全校的审核评估工作。学校领导深入教学单位,解读评估政策和评估指标,对教学单位的评估准备工作进行辅导。

第四,学校邀请审核评估专家通过讲座、报告、培训等方式进行了5次专题辅导,指导

---

① 延安大学教学质量监控与评估处副处长。

我校开展评估准备工作。教务处、评估处组织专家组对教学管理档案、试卷档案、毕业论文（设计）档案进行了6次专项检查。学校选派部分教务管理干部和院系教学管理人员参加教育部评估中心组织的专项培训，组织了部分管理人员到其他学校观摩学习和培训交流。

第五，学校邀请省内专家进行了审核评估预评估工作，专家组围绕学校发展目标、人才培养目标、学科专业建设、师资队伍建设、教学资源建设与整合、学生发展、创新创业教育、教学管理与质量监控运行机制等方面对我校评估工作提出了中肯的意见和建议，为正式专家进校奠定了基础。

第六，在校内考察期间，专家组先后走访了18个教学单位、21个职能部门和教辅单位；深度访谈学校领导19人次、校职能部门负责人22人次；召开教师、学生以及学院管理干部等座谈会17次，实习和就业基地校友座谈会2次，共计约200人与会；听课看课45门次，调阅24个专业的毕业论文（设计）1 436份，调阅35门（次）1 750份课程试卷，调阅了图书馆学生借阅图书信息统计、校领导听课记录、校督导团听课记录等其他相关支撑材料。实地考察了化工原理实验室、陕西省化学反应工程重点实验室、中国共产党革命精神与文化资源研究中心、中兴ICT产教融合实验室、延安大学校史馆、路遥文学馆、附属医院、新校区建设工地以及学生宿舍、食堂等教学设施和公共基础设施，走访了校内外相关实习基地和用人单位，较为全面地考察了学校本科教学工作的整体状况。

二、本科教学工作审核评估的主要做法与经验总结

（一）充分理解审核评估的重要意义，做到认识到位

本科教学工作审核评估，既是对学校教学工作的一次全面检验，又是对学校工作水平的整体检验，也是促进学校发展建设的难得历史机遇和挑战。通过集中学习、印发资料、网站宣传、专家培训、交流讨论等方式，全校上下统一思想，提高认识，充分理解到高等学校的根本任务是人才培养，教学工作是学校的中心工作，培养质量是学校生存与发展的生命线。通过学习，全校师生认识到审核评估是监督、保证和促进培养质量提高的有效措施，是推动高等教育内涵式发展的需要。

（二）认真部署审核评估的各项工作，做到责任到位

学校领导高度重视审核评估工作，及时召开启动会，多次召开动员会、推进会，多次强调"审核评估，评的是本科教学，检验的是整个学校，也是对学校各级干部、各级组织的凝聚力、战斗力以及能否发挥优势的检验"。

第一，学校发布实施《延安大学本科教学工作审核评估工作方案》，成立了以党委书记和校长为组长，教学、行政部门领导为成员的审核评估工作领导小组，全面负责审核评估工作，研究审核评估重大事项，制定审核评估工作方案，审核自评报告、教学基本状态数据分析报告、整改报告，统筹协调审核评估工作的开展。

第二，在整个评建工作中，学校严格执行"一把手"负责制，各教学单位、各部门主要负责人为评建工作的第一责任人，在评建工作中起核心作用和表率作用，应带头学习、领会、吃透评估精神和审核范围，以强烈的事业心和责任感投入到评建工作中。

第三，各部门、各院系层层发动，人人参与，把任务和责任落实到人，并将审核评估工作纳入领导班子和党政主要干部的年终考核。

第四，教学院（系）也成立了审核评估工作领导小组，负责组织、领导和开展自评工作，加强本院（系）教风、学风、管风建设工作，收集整理试卷、毕业设计（论文）、专业建设规划、师资队伍建设规划、课程建设规划、人才培养方案、课程教学大纲、实验教学大纲、实习大纲、课程设计大纲、授课计划等教学建设、教学改革、教学运行的管理资料，收集整理实验室、实践教学基地的使用记录、使用效果分析等资料，组织开展听课、教学观摩、教学检查等活动，进一步提高教师讲课能力和水平，收集整理反映学生学风、学习效果、人才培养效果的相关资料，撰写自查报告。

（三）高效完成审核评估的具体任务，做到工作到位

学校成立了评建办公室、报告撰写组、教学管理组、资源建设组、后勤保障组、学生工作组、宣传组、督导检查组等多个工作组，并同时展开工作，分别负责审核评估的具体工作任务和落实检查工作。

第一，评建办公室认真做好顶层设计，做好任务分解，制订科学合理的时间安排，按照重在建设的基本原则，有组织、有计划、有步骤地推进评建各项工作。

第二，教务部门严格规范日常教学行为，注重平时教学过程管理，注重挖掘教学亮点，注重凝练办学特色，注重深化教育教学改革，注重总结人才培养经验，把评建工作和日常教学管理工作有机结合起来。

第三，各院系组织广大学生和广大教师学习评估文件、吃透精神、理解含义，带领广大教师积极投身到教育教学改革和提升教育教学质量的事业中。从每个教学环节做起，做到制度化管理、精细化控制、规范化运行，严格要求学生，严格管理学生，严格教育学生，不断激发学生探索问题的主观能动性、学习主动性、创新积极性，使学生学会学习，学会思考，学会探索。

第四，组织全校教学副院长、教学秘书、教务员等教学管理人员召开院系档案建设现场交流会，发布院系教学档案目录，规范教学档案管理，增强教学单位档案管理意识，并组织专家组进行专项检查，提出管理要求。

（四）对标审核要素总结本科教学工作，形成自评报告

学校在认真研究审核评估要素的基础上，认真总结人才培养目标定位，全校达成广泛共识，认真梳理办学经验，凝练办学成果，深入查找问题与不足，制定整改措施，确定发展方向，提出具体要求。

第一，学校成立自评报告撰写小组，指定执笔人员，明确撰写思路，制定撰写提纲，对标审核要素，统一撰写体例，分工撰写初稿，最后集中进行统稿。

第二，自评报告初稿形成后，在校内广泛征求意见，自下而上不断修改完善，不断提交校领导，传阅征求意见，最后提交校长办公会审定。

第三，自评报告撰写过程中需要处理好项目、要素、要点与引导性问题之间的关系，需要确定自评报告与基本状态数据及支撑材料之间的对应关系，需要厘清整体结论与局部描述之间的关系，确保表述一致，需要分清总结成绩与查找问题的关系。

第四，自评报告要注重顶层设计，形成整体构思，总结成绩必须信息全面、真实准确，用数据说话，进行写实描述；问题分析一定要找准症结、剖析原因、措施可行。

（五）全面部署专家进校准备工作，迎接现场考察

专家进校考察是审核评估最重要的环节，也是学校最重视的环节，是专家组对学校本科教学工作进行客观评价的直接依据，学校要认真准备和精心安排。

第一，评估专家组进校前，学校已经完成各类数据上报，评估中心会给学校反馈一份《审核评估教学状态数据分析报告》，真实反映学校的教学状态和数据分析。学校要组织人员认真学习和研究数据，理解各类数据的计算办法，分析各类数据的真实情况，准备与数据有关的说明材料。

第二，专家进校前，学校会制定《迎接专家进校工作方案》，成立调度指挥中心和各种工作组，明确任务分工，细化工作职责，做好接送专家、住宿安排、餐饮接待、会务组织等各项准备工作，为专家准备好《审核评估自评报告》《本科教学质量报告》《审核评估专家工作手册》《审核评估专家进校工作手册》《审核评估专家案头材料》、课表等各种支撑材料和办公设备。

第三，认真设计专家考察路线，展示学校的亮点工作，做好专家进校的服务保障工作。配合专家开展走访教学单位和职能部门、访谈学校领导和职能部门负责人、召开教师学生以及学院管理干部座谈会、听课看课、调阅毕业论文（设计）和课程试卷等相关支撑材料、考察教学设施和公共基础设施、走访校内外实习基地和用人单位等考察活动，较为全面地了解学校本科教学工作的整体状况和工作水平。

三、本科教学工作审核评估整改及持续改进的主要做法与经验总结

（一）加强管理，着力推进审核评估整改工作

审核评估专家组通过查看学校教学状态数据分析报告、审阅自评报告、开展进校考察等工作，形成专家组审核评估报告。专家组在肯定学校本科教学工作优势的同时，指出了存在的问题，提出意见和建议。

第一，针对专家组审核评估报告中指出的学校存在的问题，学校通过认真研究，归类梳理，整合同类问题，确定了7个方面26项整改任务，并在学校党政高度重视和主管校领导的指导下，制定了详细的整改实施方案，明确了每项任务落实的主管校领导、牵头部门负责人和责任单位。

第二，学校将审核评估整改工作列为学校年度重点工作，坚持"以评促建、以评促改、以评促管、评建结合、重在建设"的方针，坚持整改工作与新校区建设及日常教学管理、教学改革、教学建设相结合，坚持整改工作与学校长期建设任务和落实学校"十三五"事业发展规划相结合，坚持整改工作与贯彻落实习近平总书记的重要批示精神和《中共陕西省委陕西省人民政府关于支持延安大学加快建设发展的意见》相结合，将整改工作视作实现学校发展目标的重要途径，将整改工作变成全校上下持续改进教学工作、提升教学质量的自觉行动。

第三，结合审核评估整改中期检查和整改回访检查，组织召开师生座谈会和整改落实推进会，进一步加大工作力度，逐一对照检查，对标整改措施，梳理工作进度，制订整改工作时间表和路线图，确保整改任务按时按要求完成。

（二）以整改为契机，持续提升本科教学质量

第一，以审核评估整改为契机，组织实施"一流专业建设工程""课堂教学改革工程""创新创业教育工程""资政育人工程""卓越人才培养计划"，扎实开展人才培养基础工作。

第二，坚持"延安精神特质"的人才培养目标定位，探索构建延安精神育人体系并推进实施，人才培养特色进一步凸显。完善大学生延安精神教育和延安精神进课堂的教育教学制度，构建以课堂教学为主体、以体验教学和践行活动为两翼的"一体两翼"延安精神育人体系。

第三，强化教学管理，教学质量监控体系基本形成，质量文化建设取得积极进展。专设了教学质量监控管理机构，严格教学过程管理，探索构建了"四环两翼一体"教学质量监控与保障制度机制。

第四，召开全校思想政治工作会议，制定了《进一步加强和改进思想政治工作的实施意见》《进一步贯彻落实高校思想政治理论课建设标准的实施意见》，深入推进习近平新时代中国特色社会主义思想"三进"，启动实施思政课教学改革，组织开展思政课教师大练兵活动。

第五，坚持以学生为主体，坚持学生自主管理与自主学习深度融合，制定了《关于深化学生体制管理改革加强学生自主管理工作的实施方案》《第二课堂成绩单制度》《学生自主管理任务清单》，构建了"校—院—班—公寓"四级自主管理体系，各院系结合专业特色，打造了"红色卓越""明德工程""兴趣早操"等一批学生自主管理品牌，把学生自主管理的优势转化为助推学生成长成才的效能。

第六，坚持把教师队伍建设作为提升本科教育质量的基础工作，组织实施"高层次人才引育计划""教师能力提升计划"。先后制定了《关于引进高层次人才的暂行规定》等近20项制度。加强教师专业化发展，注重能力提升培训，加强师德师风建设，坚持把延安精神教育融入师德师风建设，注重严格制度规定和日常教育督导相结合，突出全员全方位全过程师德养成。

（三）全面服务本科教学，推进学校开放发展

第一，学校制定了《"一流学科"建设中长期发展规划》和博士点培育学科建设规划，坚持以科研反哺教学，推动提升教师教学能力，完善科研管理制度机制，组织实施"科学研究攀登计划""科研创新团队建设工程""科研平台建设工程"，以"一流学科"和"一流专业"建设支撑本科教育，统筹学校各项工作，全面服务本科教学工作。

第二，紧紧围绕制约本科教育质量提升的体制机制障碍，深入推进综合改革，不断推进后勤管理制度改革，启动实施了医教协同发展体制机制改革，制定了《关于深化医教协同进一步推进医学教育改革与发展的实施意见》《医学教育管理体制改革方案》。

第三，发挥开放办学改革试点单位建设效应，组织实施"一校一院"和"校友资源"工程建设，不断扩大对外合作交流，加强对口支援合作，加快推进教育国际化进程。

第四，在各级政府及社会各界的关心支持下，在全校师生员工的共同努力下，新校区基本建成并逐步完成搬迁，长期困扰学校发展的办学条件问题，实现根本性改变，不断加大本科教育经费投入，全面改善师生教学生活条件。

四、深化本科教育教学改革，加强一流本科教育，不断提升本科教学质量

随着新校区建成投入使用，学校办学治校的重心由内涵发展与外延发展并重，转移到内涵式发展的轨道上来，更加注重以提升人才培养质量为核心的内涵发展，同时根据政策要求和办学实际，加快重点领域外延发展，为实现内涵式发展奠定坚实物质基础。2019年6月

21日，学校召开本科教育工作大会，明确提出坚持教学工作的中心地位，全面推进教学改革，进一步提升本科教学质量。

（一）深化综合改革，为本科教育提供体制机制保障

第一，深化人事分配制度改革，系统总结岗位设置、聘用、考核、绩效分配实施工作经验，进一步完善相关制度机制，把改革的红利充分释放到高水平本科教育建设中；组织实施职称评审制度改革办法，切实激发广大教师投身本科教育教学的内生动力。

第二，深化校院两级管理体制改革，逐步推开，引导二级学院切实增强办好本科教育的主体性、创造性；进一步优化"校—院—系"管理模式，为本科教育提供高效教学管理保障。

第三，组织实施后勤管理体制改革，坚持公益性服务和市场化运作相结合，充分发挥市场机制在后勤资源配置中的基础性作用，依规开放校内后勤服务市场，逐步剥离后勤服务经营职能，健全后勤监管制度机制，真正建立起适应高水平本科教育建设的新型后勤管理模式。

第四，组织实施医教协同体制机制改革，实化大医学院职能，厘清权责边界，理顺管理机制，切实增强大学、医学院、附属医院共同提升医学人才培养质量的合力。

第五，深化现代大学制度建设，以"一章八制"建设为基本遵循，持续开展制度"废改立释"工作，进一步健全财务、国资、审计、后勤、基建、统计等方面的制度机制，为高水平本科教育建设提供坚强制度保障。

（二）深化教育教学改革，为本科教育提供强劲动能

学校坚持筑牢本科教育在立德树人中的基础地位，以深化教学改革创新激发本科教育新动能，全面提升本科教学质量。

第一，严格执行本科专业国家标准和相关专业认证标准，修订完善人才培养方案，把"六个下功夫"贯穿其中，进一步明确美育、劳动教育的实施路径，形成体系化的本科教育制度安排。

第二，主动对标教育部"六卓越一拔尖"计划2.0，落实好"新时代延大本科教学30条"，打造本科教学"四工程一计划"升级版，推动本科教育进行质量革命，实现高质量发展。

第三，进一步完善延安精神"一体两翼"育人体系，把育人实践固化为制度规范，在全校推行实施，形成高水平本科教育的"延大模式"，凸显人才培养特色。

第四，着力推动思想政治理论课改革创新，全面梳理总结我校思政课教学工作，创新延安精神与思政课深度融合的教育教学模式；优化和完善"小红专"运行机制，实现实质性应用并推广，真正把我校思政课建成立德树人的关键课程、特色课程。

第五，积极推进"新工科、新医科、新农科、新文科"建设，着力调整专业设置和优化专业结构，引领人才培养方向。

第六，创新人才培养机制，积极推进协同育人，完善与政府部门、科研院所、行业企业联合培养人才的制度机制，增强人才培养的系统性、整体性、协同性。

（三）规范教学管理，全面加强本科教学质量监控

第一，进一步完善"四环两翼一体"教学质量监控与保障体系，建立本科教学环节质量标准，发布《延安大学本科教学质量监控和保障体系建设与实施方案》，推动教学质量监控和保障体系有效实施。

第二，健全教师教学能力考核与评价制度，相继出台《延安大学教师晋升专业技术职务教学质量考核规定》《延安大学教师教学质量考核暂行办法》《延安大学学生评教指标修订方案》等相关配套制度。

第三，加强本科教学环节检查督查调查听课工作，扎实开展课堂教学秩序等各类教学检查，毕业论文（设计）、试题试卷等各类专项督查，学情调查、学生满意度调查等教学调查活动，定期召开教师代表座谈会、学生代表座谈会、信息员反馈会，了解教学运行过程，梳理存在的问题，反馈相关单位并及时整改落实，营造人人重视质量的良好氛围，逐步形成具有延安大学特色的质量文化。

第四，开展教学质量监控专项检查和调查研究工作，改进工作方法，提高工作效率。进一步加强教学信息反馈落实工作，对教学督导、学生信息员、教学管理干部及教师所反馈的教学过程中存在的问题，及时予以解决，形成信息反馈落实长效机制。

第五，组织实施校内专业评估工作，适时启动临床医学专业认证、工程教育专业认证、师范专业认证工作，加强专业建设，制定实施方案，持续推进认证各项准备工作。

（四）推进教学基本建设，为本科教育提供条件保障

学校坚持把教学基本建设作为建设高水平本科教育的基础保障，按照新时代本科教育的新标准，结合办学实际，持续加强高质量建设，着力增强保障支持能力，切实把优质高效的服务转化为人才培养的效能。

第一，全面建成新校区并完成校区搬迁，继续争取各级政府和社会各界的政策和资金支持，统筹协调参建各方，如期全面建成新校区。认真总结前期搬迁工作经验，进一步优化校区搬迁工作方案，有序、有力、安全完成搬迁工作。

第二，按照政策要求和办学实际，分阶段推进老校区改造提升，重点完成医学实验室等基础设施以及学生公寓、教室、餐厅的改造，推动老校区服务本科教育功能转型升级。

第三，坚持信息技术与教育教学深度融合，以智慧校园建设为抓手，加快推进新校区信息化和智慧后勤建设，完成老校区信息化升级改造，建成统一数据平台；要加快推进重点学科导航系统及数字资源建设，做强特色馆藏建设，建成延安时期红色文献数据库平台，为本科教育提供更加便捷、高效的服务。

第四，增强财务保障能力，坚持经费优先投入本科教育，坚持厉行节约，强化预算执行，注重开源节流，把有限的资金最大限度地投入实验室建设、教师队伍建设、学生学习生活条件改善等本科教育最需要的领域。

（五）深化开放办学，为本科教育提供外部支持

坚持把开放办学作为培育高水平本科教育合作和竞争新优势的突破口，以高水平开放带动人才培养能力的提升。

第一，深化"一院一校对口支援工程""校友资源建设工程"建设，主动寻求国内"双一流"大学对口支援教学科研、师资队伍、学科建设等新的增长点，培育打造一批有针对性、实质性的共建成果，并转化到本科教育教学全过程。

第二，深化与北京理工大学、中国人民大学等高校的对口支援合作，落实好延河高校人才培养联盟、红医联盟的框架协议，形成若干实体合作项目，助推人才培养质量提升。

第三，发挥乡村发展研究院建设效应，深入挖掘合作潜能，将高水平合作优势转化为本科教育工作效能。

第四，加快国际化教育进程，有序扩大留学生培养规模，做实并积极开发与国外高校联合开展人才培养的项目，组织实施中外合作办学项目，进一步提升本科教育国际化水平。

第五，全力推进校友工作，改革校友会体制机制，完善校友走访联谊工作制度，引导各地校友分会发挥功能作用，推动校友资源转化为本科教育资源。

渭南师范学院本科教学工作审核评估经验总结报告

王菊霞①

依据《关于开展陕西省本科教学工作审核评估经验总结的通知》（西交评估〔2019〕5号）的精神要求，现将渭南师范学院本科教学工作审核评估经验总结报告如下。

一、本科教学工作审核评估组织实施概况

（一）高度重视本科教学审核评估工作

根据《教育部关于普通高等学校本科教学评估工作的意见》（教高〔2011〕9号）、《教育部关于开展普通高等学校本科教学工作审核评估的通知》（教高〔2013〕10号）、陕西省教育厅《关于开展普通高等学校本科教学工作审核评估的通知》（陕教高办〔2016〕32号）的安排，为全面推进学校"迎评促建"工作，经广泛调研与交流，制定了《渭南师范学院迎接本科教学审核评估工作实施方案》。方案明确了指导思想、工作目标，成立了以校党委书记、校长为组长，学校副职领导为副组长，相关职能处室和二级学院行政负责人为成员的学校本科教学审核评估工作领导小组，全面领导、组织和实施学校评建工作；成立了以主管教学工作的校领导牵头的领导小组办公室，具体组织实施学校审核评估工作；成立了8个专项工作组，由相关校领导牵头负责。各二级学院也相应成立了审核评估工作小组，组织实施本单位的评建工作。根据教育部、省教育厅审核评估提示引导性问题，制定了我校"迎评促建"工作目标任务分解书，明确了"6+1"个一级审核项目、25个审核要素、81个审核要点，为本科教学工作审核评估组织实施打下了坚实基础。

（二）组织开展了校内自评和预评估工作

为了切实推进我校评建工作，本着高效、务实的精神，着眼找问题、补漏洞的工作理念，2016年9月至2017年1月，我校扎实开展了校内自评工作。2017年8月30日至9月1日，邀请省内已通过审核评估的高校专家组成预评估专家组来校进行预评估，为我校开出了进一步完善迎评工作的"药方"。

（三）教育部本科教学工作审核评估顺利进行

2017年10月9日到13日，教育部专家组一行12人，对我校本科教学工作进行了审核评估。专家组通过访谈、走访、调阅教学资料、听课、走课、召开座谈会、走访实习基地等，对我校办学目标和定位、师资队伍建设、教学资源条件、人才培养过程、学生工作、质

---

① 渭南师范学院副院长。

量保障体系等方面进行了系统全面的评估。

（四）陕西省评估整改中期检查和回访验收工作如期进行

2018年5月29日—30日、2018年12月5日—6日，陕西省本科教学工作审核评估中期检查专家组、整改回访专家组先后来我校进行整改中期检查和回访检查验收工作。两个专家组通过实地走访查看，对我校整改工作取得的成绩给予了充分肯定，同时也指出了持续改进的意见与建议。

（五）持续整改不放松

依据评估整改回访专家组意见，我校立即召开了落实回访专家反馈意见工作会议，对需要持续改进的10大类主要问题进行了系统梳理，牢固树立整改工作永远在路上的思想，趁热打铁，不等不靠，以钉钉子的精神推进整改工作进一步深入。自评估整改以来，我校以专家组的意见建议为指导，持续深化学校各方面改革，着力强优势、补短板，学校的发展站在新的起点上。

从2016年启动本科教学工作审核评估以来，我校认真贯彻教育部、省教育厅关于审核评估工作的要求，积极配合西部评估中心工作安排，按照时间节点顺利完成了本科教学审核评估各环节的工作任务。

二、本科教学工作审核评估的主要做法、特色、成效与经验总结

（一）高度重视本科教学工作审核评估，组织有力

从2016年年初启动本科教学工作审核评估至2017年10月教育部专家组进校正式评估的近两年时间里，全校上下紧密围绕本科教学工作审核评估指导性的"五个度"的意见，通过部署动员、学习文件、工作培训、制定工作方案等，使全校师生员工对本科教学工作审核评估的意义、工作要求、工作内容、工作方法熟稔于心，凝聚起了全员参与评估的积极性和主动性。学校党政领导高度重视审核评估工作，组织专门的工作班子，明确任务，责任到人，层层传导压力，做到了工作任务、工作目标、时间节点、责任单位、责任人五落实。为了不断强化评估导引，以评促建，以评促改，我校先后开展了自评估、预评估等自查自纠工作，为迎接教育部本科教学工作审核评估打下了良好基础。

（二）重视办学定位，明确人才培养目标

我校主动适应国家发展战略和区域经济社会发展需求变化，实时调整学校发展定位和人才培养目标。确立了"建设特色鲜明的高水平地方师范大学"的办学目标定位，"服务基础教育和区域经济社会发展与文化传承创新"的服务面向定位，"以本科教育为主体，积极开展教师教育方向和地方特殊需要专业方向的研究生教育"的办学层次定位，"努力突出教师教育和学科应用"的办学特色。办学定位与目标符合国家引导地方本科高校转型发展的政策方针，适应区域经济社会发展需求。

（三）重视本科教学，确保教学中心地位

学校领导班子高度重视本科教学，党委会、院长办公会定期研究教学工作，着力解决教育教学方面的重大问题；学校领导定期深入二级学院进行调研；分管校领导每学期初安排教学工作，每月主持召开教学例会，协调解决教学工作中的问题。先后制定了《渭南师范学

院章程》《关于加强专业建设的若干意见》等规章制度,通过制度促进教学;政策措施倾斜激励教学;科研反哺教学;管理服务教学等一系列措施,确保了本科教学的基础地位和人才培养的中心地位。三年间教学经费支出达 24 824 万元,占学校经费总支出的 24.09%。制定《关于内涵发展平台与条件保障建设计划的实施意见(2013—2015)》,立项投资 1.5 亿元,大力建设基础学科实验室和专业技能实训平台等内涵发展项目。在职称评审、津贴分配等方面向一线教师倾斜,重奖在本科课程教学与建设、教学改革与研究等方面成绩突出的教师。大力加强专业、课程、实验教学中心等教学基本建设,建设有 1 个国家级专业综合改革试点项目、1 个国家级特色专业、1 门国家级精品资源共享课程、58 个省级本科教学工程项目、7 个省级"一流专业"项目。

(四)重视队伍建设,师资结构不断优化

我校不断加大教师队伍和教学资源建设力度,改革分配制度,提高教学奖励,鼓励教师热心、安心从教。每年派出 100 多名中青年教师到国内知名师范大学进行学习进修,也通过定期组织教师教学技能竞赛、微课竞赛,组织校内外优秀教师示范教学等活动,促进教师的专业成长。并积极引进高学历博士人才,使教师队伍结构不断得到优化。

(五)重视教学改革,促进培养质量提高

积极响应国家引导地方本科高校转型发展的政策导向,通过定期举办教育思想与教育观念专题讨论会,引导全校教师不断更新教育思想、教育观念。各学院及时修订人才培养方案,明确专业培养目标和培养规格,优化课程和实践教学体系,加大实践教学环节学分比重;采取培训提升理论、基层挂职实践、设立教育科研项目等措施,提升教育类教师队伍的师范生培养能力。积极探索教师教学方法、学生学习方法和课程考试方法的改革。学校获批陕西省首批深化创新创业教育改革示范高校、教育部科学工作能力提升计划首批试点院校。学校重视对学生就业能力的培养和提升,毕业生初次就业率保持在 89% 以上,众多毕业生扎根基层,奔赴边疆,投身基础教育和地方经济社会发展。

(六)重视协同育人,不断增强办学实力

我校继承教师教育传统,重视师范生的通识教育,强化、活化教育类的课程开设。创新师范生培养模式,构建学校与地方政府、中小学协同培养卓越基础教育教师的"三位一体"机制,建设教师教育协同创新实验区,设立卓越教师培养计划项目。不断完善校地、校企合作机制,学校建有 180 个校外实习、实训基地,86 个教师教育协同创新实验区的基地学校,协同培养效果明显。抢抓战略机遇,积极开放办学,我校与俄罗斯莫斯科国立师范大学合作创办莫斯科艺术学院,与英国、韩国、俄罗斯等国家 31 所高校建立了合作与交流关系,互派留学生,实现师生交流互访。

回顾总结本科教学工作审核评估,我们的体会是:一是要做好学校顶层设计,进一步明确学校发展目标定位,使办学定位与目标符合国家的政策方针,积极适应区域经济社会发展需求;二是要尊重办学规律,尊重教学的中心地位和教师的主体地位,不断优化人才培养方案,优化师资队伍结构,确立教师队伍建设优先发展的理念;三是要重视人才培养的实践环节,加大对实践环节的支持力度,提升学生的动手实践能力,实现应用型人才的培养目标;四是要加大办学经费投入,不断改善办学条件。

三、审核评估整改及持续改进的主要做法、特色、成效与经验总结

（一）审核评估整改工作主要做法和成效

1. 加强完善顶层设计，牢固树立以教学为中心的思想

重新审视学校办学定位，确定了"培养德智体美劳全面发展，具有创新创业精神和实践能力，适应基础教育和区域经济社会发展的高素质应用型人才"的人才培养总目标，明确了发展方向。

学校稳步推进校内机构改革，调整理顺业务归属，减少干部兼职。不断优化学科专业院系布局，使院系设置、学科专业布局更趋合理。

学校积极争取地方政府支持，实施市校共建战略。2018年，渭南市委、市政府印发《关于支持渭南师范学院加快发展的意见》，支持我校发展，提升我校服务引领区域经济社会发展的能力。学校先后与市级多个部门开展市校合作，使地方政府的支持在我校落地生根。

2. 加大资金投入，强化教学资源的条件保障

完善教学经费投入保障制度，教学经费投入由2017年的1.46亿元提高到2018年的1.53亿元，大幅提高了实验、见习、实习等实践教学经费，增幅为24.73%。

加强和改善实验条件。学校投入148万元，充实数理学院大学物理、电工电子等基础实验室设备；投入470余万元，充实生物专业实验设备；投入1260万元，建设理工类综合实验中心；投入400万元，扩建教育技术学实验室、师范生教学能力综合训练中心；投入400万元，建设数字化语言教学实验平台。

改善体育设施。学校投资479.5万元，对运动场地进行了改造，优化了校园运动环境，为师生提供了高质量的运动场所。投入1.8亿元的大学生活动中心建设工程也在按计划推进。

3. 下大力气加强师资队伍建设

加大高层次人才引进力度。切实提高高层次人才引进待遇，与渭南市委人才办协同引进26名博士；积极柔性引进、聘请高层次人才66人。

强化校内教师培育力度，大力实施青年教师博士化工程，在岗博士达到127人，在读博士有109人。继续实施"百名教师进修计划"。设立"高素质双师型教师队伍建设项目"，预算221万元，用于支持"双师型"教师队伍建设。

4. 强化本科教学，落实以本为本，推进"四个回归"

结合学校转型发展和人才培养目标定位，在全校开展教育思想大讨论，为建设高水平本科教育奠定思想基础。强化师德师风建设，修订教学和科研奖励办法，落实教授上课制度，修订职称评定、津贴发放办法，政策向一线教师倾斜，激励教师把主要精力投入到教学和科研上来，形成全校上下以教学为中心的良好氛围。

修订人才培养方案，强化转型发展。学校投入64万元，专项设立"应用型人才培养模式改革"教改项目，用于人才培养方案的修订工作；全面修订课程大纲、实践教学大纲；落实"三全育人"，注重能力培养、价值观引领；选择突出学生主体的教学方式；加大学业难度，改革考核形式。

贯彻"新时代高教40条"，落实新培养方案，着力提高人才培养质量。加强新生的入

学教育、学科专业学习导引；保证高等数学、大学物理等主要基础课程的学时，加强基础课教学团队建设，开展教材质量评价；在2018级学生中开展大学英语分级教学；开展"课堂教学质量提升工程"活动，推进"课堂革命"，提高课堂教学质量；制定《辅修专业实施暂行办法（试行）》，提高学生的专业选择主动权和学习兴趣；强化学生技能培训、测试、竞赛，组织师范生粉笔字培训、测评、教学技能竞赛；组织学生参加各类学科竞赛；加强毕业论文（设计）选题审核，提高毕业论文（设计）选题质量；毕业论文全部进行查重检测，相似度超过30%的论文不予通过，优秀论文相似度不得高于10%，校外盲审比例由5%提高到10%；开展"学风建设月""读书文化月"等系列活动，营造考研、考证、考级学习氛围，引导学生发奋学习；改革课程考核方式，加大过程考核和平时成绩比重，扩大教考分离范围；修订《学生学籍管理实施细则》《考试工作管理办法（试行）》，制定《学生学业警示实施办法》，严考风、促学风，取消"清考"制度，严把出口关，严格毕业资格和学位授予资格审核，2018届学位授予率由2017届的99%降为97%。这些举措，有力促进了学生转变学风，本校学生先后在省级以上各类学科竞赛中获奖240余项。

凸显师范特色。制定师范类专业综合改革实施方案，全面开展师范专业认证自评工作；修订调整师范专业教育类课程设置、课程大纲；不断强化师范生职业技能培养，整合建设"师范生教学能力综合训练中心"，组织师范生技能培训及测评，开展师范生教学技能竞赛；不断加强师范生实习、见习管理；研究教师资格证书"国考"大纲、考试题型，加强"国考"辅导。我校先后在西北师范联盟组织的第四届师范生教学技能竞赛、第八届"华文杯"全国师范院校师范生教学技能大赛、全国第十届大学生与研究生物理教学技能与培养经验交流会教学技能比赛中，获得23项奖励，其中特等奖5个，一等奖2个。

为了有效解决经管类、艺术类专业超常规发展，师范生占比偏低问题，学校优化招生计划编制程序，有计划压缩财经艺术类、扩大师范类专业招生规模。相比2017年，在2018年招生中，艺术类降低12.58%，经管类降低22.26%，师范类增加14.83%。

5. 优化教学督导队伍，提高教学质量保障效度

修订出台《渭南师范学院督导管理办法（试行）》，组建专业化教学督导团，全面"督教""督学""督管"，在职称晋升、评优、评先中，拥有一票否决权。

改革完善领导干部听课看课制度，落实学生主体地位，吸收学生参与教学管理，听取学生对教学工作的意见建议，为教学及管理改革提供参考依据。

狠抓问题的解决落实。教学质量监控中心对教学督导、领导干部和学生信息员检查反馈的意见和建议进行综合分析，及时反馈相关部门，责令限期整改，形成监控闭环。

（二）持续改进的主要做法和成效

1. 再抓顶层设计，突出教学中心地位

以审核评估成果导向为激励，在全校持续开展"以本为本"、推进"四个回归"的教育思想大讨论，统一思想，为持续改进工作和建设高水平本科教育奠定了思想基础。

推进机构改革和干部换届聘任工作。调整优化校内机构设置，修订《渭南师范学院处科级干部选拔任用与管理暂行办法》，一批年轻干部走上了教学、科研、管理的重要岗位。学校对"十三五"发展规划实施情况进行研判，对核心发展指标实施动态调整，统领学校下一阶段综合改革，攻坚学科申硕和一流学院、一流专业建设目标，逐渐形成了全校上下以教学为中心的良好氛围。

2. 深化教学改革，提高人才培养质量

依据教育部本科教学质量标准、师范专业认证实施方案、新工科认证指标体系，不断优化人才培养方案，并依据人才培养方案制定了学科基础课程和专业核心课程的教学大纲，推进转型发展。

规范考试质量环节，一是提高命题质量，严格审查把关；二是创新考核方式，提高课程教学效果；三是规范平时成绩考核要素，加大过程考核和平时成绩比重；四是规范阅卷与试卷资料整理保管；五是扩大教考分离范围；六是规范考试环节，加强督查落实。严考风、促学风，取消"清考"制度，严把出口关。学校2019届学位授予率为95.45%。

举办教师课堂教学创新大赛、优秀教学设计评选、思政课大练兵、"课程思政"教学竞赛，1名教师荣获省级"思政课教学骨干"荣誉称号。设立45项校级教学改革研究项目。加强在线资源课程建设，设立21门校级在线开放课程建设项目，获批5门省级创新创业课程，完成4门省级在线开放课程建设项目建设任务。持续加强毕业论文（设计）的全过程管理与监控。增设"劳动教育"必修课程，实行大学生校园卫生劳动实践，取得良好成效。不断强化师范教育，突出师范特色，建成师范生教学能力综合训练中心。扩大师范类专业招生规模，2019年师范类专业录取2 429人，占到录取总人数的57.76%，较上年提高8.76%。重视大学生创新创业训练，获批2018年陕西省创新创业教育研究与培训基地。组织师生参加各类教育教学竞赛，其中，270余名教师指导3 245名学生参加了第五届中国"互联网+"大学生创新创业大赛、中国大学生计算机大赛、第二届全国高校创新创业创意跨平台动漫游设计大赛等28类省级以上学科竞赛，获得国家级奖项83个、省级奖项142个，极大促进了师生专业发展。

3. 以学科建设为龙头，教学科研相互促进

一是以申硕为导向，明确重点建设专业学位点和特色学科建设项目。二是与省内外高校共建合作，做实研究生联合培养工作。与南宁师范大学、延安大学签订"共建教育学学科合作协议"。新聘26名联合培养研究生指导教师。陕西理工大学20名研究生进入研究生联合培养示范工作站学习交流。三是抓好科研平台和团队建设，建设成效明显。学校马克思主义大众化科普基地被陕西省社科联评为优秀基地，陕西省公共教育社科普及基地、陕西省老腔文化艺术普及基地获批省级社会科学普及基地，湿地生态环境与湿地资源开发创新团队获得陕西高校科技创新团队。四是改革科研绩效考核方式，支持鼓励教师开展高水平科研工作。修订《科研成果奖励办法》，印发《教职工科研绩效考核积分办法（试行）》，进一步调动教师的科研积极性。五是积极申报科研项目，承办高级别学术会议。学校先后获批国家自然科学基金项目2项、各类纵向项目27项，获陕西高等学校人文社会科学研究优秀成果奖2项。承办新时代物理学史及物理教育史研究的使命与责任暨第20届中国科学史学会物理学史专业委员会学术年会、2019年数论及其应用国际学术研讨会等高级别学术会议。

4. 强化师资队伍建设，着力高层次人才培养与引进

学校不断加强教师队伍建设，健全师德师风建设长效机制，全面提升教师队伍素质能力。鼓励引导教师提升学历，组织开展多种形式的研修培训活动。持续加大高层次人才引进，2019年上半年，引进博士10人，柔性引进高端人才2名，选派国内访问学者3名、国外访问学者3名，5名教师攻读博士学位，4名教师取得博士学位。分批次选送24名青年教师赴俄罗斯莫斯科国立师范大学攻读博士学位；选派10名中青年教师赴高校和企业进修学

习，4名教师赴企事业单位挂职；选派2名教师参加"西部地区人才培养特别项目"。出台《渭南师范学院教职工考核评价实施办法》，进一步深化我校人事制度改革，构建科学的教职工考核评价体系，激发教师教书育人、科学研究、创新创业活力，切实加强师资队伍建设。

5. 办学条件得到不断改善

投入3 600多万元建设陕西省河流湿地生态与环境重点实验室、理工类综合实验中心、师范生教学能力综合训练中心、数字化语言教学实验平台，增加物理实验室实验设备台套数。投入2 000余万元，建成多媒体教室185间、常态录播教室12个、精品录播教室2个，实现全校教室多媒体化，有线无线网络全覆盖。

6. 积极探索进一步扩大二级学院办学自主权

一是深化管理体制与制度改革，有效实施管办评分离；二是加强"放管服"改革推进力度，调研"校院两级管理体制实施办法"，推行"一院一品""一院一策"改革，实行清单管理制，明确职能部门权力清单和负面清单，厘清各部门职责和权力边界；三是大力推进以学科专业课程建设改革为核心的"院办校"改革，充分激发二级学院办学活力；四是强化干部任期目标管理考核和内部控制体系建设。

（三）主要特色

1. 走内涵发展之路

整改及持续改进工作以相关文件精神、全国教育大会和新时代全国高等学校本科教育工作会议精神为指导，认真落实立德树人根本任务，坚持德育为先、能力为重、全面发展，促进专业教育与思想政治教育有机融合，促进学生健康成长和发展，走内涵发展道路。

2. 走应用转型之路

把整改及持续改进工作与转变教育思想理念相结合，走应用转型的道路。

3. 走系统推进之路

整改及持续改进工作以提高教育教学质量为核心，狠抓人才培养目标、方案、大纲、课堂和考试等环节，注重过程管理，全盘筹划，系统推进。

4. 走特色发展之路

突出师范院校特点，紧密结合地方经济社会文化需求，走特色发展之路。

5. 走优先发展之路

加大办学条件建设力度，把教师队伍建设摆在优先发展的地位。

（四）主要经验

回顾总结审核评估整改及持续改进工作，我们之所以能取得上述成绩，主要经验是：

1. 加强组织领导，凝聚全校共识

学校领导重视，注重做好顶层设计是关键；职能部门梳理问题是先导，把整改责任扛在肩上，把整改任务抓在手上；二级学院是整改工作是基础。

2. 把加强教学内涵建设摆在首要位置

认真落实立德树人根本任务。坚持德育为先、能力为重、全面发展，促进专业教育与思想政治教育有机融合，把建设高水平人才培养体系作为核心工作目标。

3. 做好高水平师资队伍建设工作

加大以博士为主的高层次人才培养和引进工作。按照"引培并重"的思路，大力加强师资队伍建设，努力建设一支数量充足、师德高尚、业务精湛、结构合理、具有发展潜力的师资队伍。通过改革岗位考核制度、教学评价制度、教学激励制度等措施，激发教师发展的内生动力。

4. 推进一流课堂建设

课堂是教学的主阵地，是教学改革的核心地带。要把"水课"变成有深度、有难度、有挑战度的"金课"，深化课堂教学改革，提高课堂教学质量。

四、进一步深化本科教育教学改革，提升本科教育教学质量

（一）把加强教学内涵建设摆在首要位置，夯实教学中心地位

认真落实立德树人根本任务，坚持社会主义办学方向，把培养德智体美劳全面发展的中国特色社会主义事业合格建设者和可靠接班人作为根本目标和任务，促进学生健康成长和发展。继续深化教育教学改革，更新观念、与时俱进，根据新形势、新任务、新要求，创新人才培养模式，与时代发展保持同频共振。把建设高水平人才培养体系作为核心工作目标，认真落实好"四个回归"。

（二）以质量为导向，切实加强专业内涵建设

积极对标经济社会发展需求和学校既有优势，努力建设特色鲜明、区域竞争力强的一流专业，以确保人才培养质量提升。一要对照一流专业建设标准和实施方案，逐项加强建设，力争通过三年期建设，其中，汉语言文学一流建设专业入选国家级"双万计划"，6个省级一流培育专业入选省级一流建设专业。再选拔培育5个专业建设增长点，力争入围下一批省级一流专业行列。二要认真做好专业认证工作，带动提升各类专业建设水平和人才培养质量。三要积极推进卓越人才培养模式改革。要抓住教育部人才培养计划2.0的机遇，找准人才培养和行业需求的结合点，完善学校与地方政府、行业企业的协同育人机制，形成贯通职前职后的卓越人才培养共同体。四要健全专业动态调整机制，主动谋划建设契合陕西省尤其是渭南市经济社会发展急需的新专业。

（三）深化课堂教学改革，推进一流课堂建设

淘汰"水课"，打造"金课"，实现课堂革命。一要深化课堂教学内容。提高课堂教学质量的关键是要引导教师认真备课，悉心钻研教材体系，深入开展学术研究。二要创新教学方式方法。引导教师转变课堂角色，树立以学生为中心的理念，以启发式教学为指导思想，积极推进混合式教学、翻转课堂、对分课堂等教学方式，大力倡导探究式、讨论式、参与式等教学方法。三要优化课程体系建设。积极构建与培养目标相互对应、高支撑度的课程体系，增加所开课程的难度和深度。

（四）强化实践教学，推进创新创业教育

一是加强学生技能训练、考核、测试，特别要强化师范生教学基本功和实践教学技能训练、考核、测试。二是加强见习实习管理，推进校地、校企协同培养。三是加强毕业论文（设计）教学管理，引导应用类专业学生紧密结合生产、社会实际选题，师范专业选择教育教学研究相关题目占到60%左右，提高毕业论文（设计）指导和写作质量。四是加强创新创业教育管理。重视创新创业教师培训，加强创新创业课程建设，督促完成省级线上、线下创新创业课程建设任务，开展创新创业课程教学专项检查，提高课程教学质量。

（五）建设一流师资队伍，服务学校一流本科教育

一是下大力气引进高层次人才。计划3年内引进100名博士学历人才。二是优化师资队伍专业和层次结构。三是积极推动教师专业发展。四是加大青年教师培训力度。通过校内外培训、国内外访学等途径，提高青年教师教学和科研能力。五是加强"双师型"教师的培训和引进。六是留住并用好人才。

（六）完善教学质量保障体系，创建一流质量文化

继续优化教学质量保障体系，加强各教学环节质量管理，建立与完善专业形成性评价机制、培养目标合理性评价机制、毕业要求达成评价机制、教学过程质量监控机制、专业课程质量评价机制、毕业生跟踪反馈机制等教育教学管理机制，使质量监控和持续改进工作形成完整闭环。充分发挥校教学委员会、学院（部）教学分委员会、专业建设负责人等学术组织的重要作用，形成以提高人才培养水平为核心的质量文化。

西安文理学院本科教学工作审核评估经验总结报告

韩权①

一、本科教学工作审核评估组织实施概况

西安文理学院是 2003 年经教育部批准,由西安市政府主办、省市共建的一所全日制普通本科高校。学校围绕"地方性、应用型、开放式"的办学定位,坚持走转型升级、创新驱动、内涵发展、质量取胜之路。2011 年顺利通过本科教学合格评估和整改后,学校审时度势,认真研判,对发展定位和目标做出规划,提出了建成西安大学的"三步走"战略。审核评估作为实现学校三步走战略的重要抓手,不仅影响学校的社会地位和声誉,也关系到学校的前途和命运,可以进一步促进学校自身建设,推动内涵提升和特色发展,提高人才培养质量。迎接本科教学工作审核评估,是推动学校跨越发展的又一次机遇和挑战。

2015 年学校成立了评估与质量监控办公室,作为负责审核评估具体工作的专门机构。根据教育部及陕西省教育厅相关文件精神,结合实际情况,学校制定了《西安文理学院本科教学工作审核评估 2015 年工作方案》,并于 2015 年 5 月召开了西安文理学院本科教学工作审核评估部署动员大会,成立了以校党委书记、校长为组长,其他校领导为成员的本科教学审核评估工作领导小组,全面领导学校审核评估评建工作,设置审核评估工作办公室、材料建设组、评估与数据分析组、条件保障组、宣传工作组、督查工作组,负责审核评估工作的具体实施,为审核评估工作提供组织保障和支撑,强力推动学校审核评估工作。

2015 年至 2017 年为学校审核评估自评建设期,根据学校总体工作部署,按照学习动员、自评自建自改、专项评估、学院评估四个阶段开展评建工作,各部门、各学院制定具体工作计划,分解任务,落实责任。自评自建阶段从 2015 年 6 月开始,专项评估贯穿在学院自评自查过程中进行,对照审核评估项目、要素和要点,学校组织专家组对各学院教学工作集中进行评估,提出整改意见,加强整改,通过自评自建自改基本达到本科教学审核评估工作要求。

针对自评自建工作中发现的问题,研究制定了《西安文理学院本科教学审核评估 2016 年工作方案》,进一步明晰自评整改内容和工作措施,把整改工作贯穿于学校内涵建设、质量提升、特色发展的全过程,不断完善质量监控和保障体系及其运行机制,把建设、评估、整改、提升作为一个完整的系统,边建设边评估边整改提升。

2017 年 9 月,学校召开审核评估迎评动员大会,号召全校统一思想,高度重视、积极

---

① 西安文理学院副校长。

行动，确保审核评估迎评工作顺利进行。同时制定了《西安文理学院审核评估迎评阶段工作方案》，成立并明确领导小组办公室（指挥中心）、秘书会务、综合接待、材料、教学、宣传、后勤保障等七个工作组的职责任务。

在学校审核评估迎评自建过程中，各级领导高度重视，各单位广泛动员、积极行动，按照"突出重点、明确任务、分级落实、有序推进"的整体工作思路，在审核评估领导小组的统筹协调下，对照任务分解，围绕项目、要素、要点，分层逐级落实各项工作任务。据统计，学校层面共组织召开动员大会、工作推进会、工作部署会议等30余场；召开专家报告会、培训会等10余场；开展了6轮校内自评工作，组织校内专家现场考察10余场；撰写自评报告等近10万字，编辑汇总专家案头材料，收集整理支撑材料档案文件1 500余份。各学院和职能部门在学校的总体部署下，扎实开展自评自建，形成学院自评报告和综述材料、系统化的支撑材料和管理制度体系。历经3年时间，自评自建取得显著的成效，办学定位更加明确、学科专业布局得到优化、办学条件明显改善，学校的人才培养能力不断增强，办学水平进一步提升。

按照《关于开展第二批、第三批高校本科教学工作审核评估的通知》（西交评估〔2017〕1号）安排，我校于2017年10月16—19日接受教育部专家进校开展普通高等学校本科教学工作审核评估现场考察，在于2018年5月23日接受整改中期专家进校检查。按照《关于开展第三批高校本科教学工作审核评估整改一年回访检查的通知》（西交评估〔2018〕3号）安排，学校于2018年12月4日接受一年整改期满专家进校检查。

二、本科教学工作审核评估的主要做法与经验总结

（一）准确把握评估精神，以科学的顶层设计指导评建工作

学校以多种形式组织学习《教育部关于普通高等学校本科教学评估工作的意见》（教高〔2011〕9号）、《教育部关于开展普通高等学校本科教学工作审核评估的通知》（教高〔2013〕10号）文件精神和陕西省教育厅《关于开展普通高等学校本科教学工作审核评估的通知》（陕教高办〔2016〕32号）等文件精神，开展认真研究评估精神活动。

按照"一个坚持、两个突出、四个强化"的评建指导思想和审核评估的相关要求，结合学校办学历史以及当前正在推进和实施的转型发展、内涵建设、深化改革工作，制定《西安文理学院本科教学审核评估实施方案》《西安文理学院本科教学审核评估职能部门工作目标任务责任书》《西安文理学院本科教学审核评估自评自建工作任务书》等。确定了坚持"以评促建、以评促改、以评促管、评建结合、重在建设"的方针；突出内涵发展，突出办学特色；强化地方性办学定位，强化应用型人才培养中心地位，强化质量保障体系建设，不断提高人才培养质量的审核评估指导思想。明确了以审核评估为抓手，建立学校在办学定位、人才培养、教学中心地位、质量监控体系等方面的自我检查、自我完善和自我发展的自律机制；加强内涵建设、突出特色发展，深化教学改革，推动学校转型升级和质量提升；不断增强学校服务地方经济社会发展的能力水平，彰显办学实力的三大目标。按照"6+1"审核项目、24个审核要素、72个审核要点内容，结合各单位职责，对评建工作进行了任务分解，对工作进程进行了详细安排，并提出明确工作责任、成立工作机构、落实以评促建、定期开会研究部署、建立表彰和责任追究制度等九方面工作要求，迎评促建有序推进。

（二）保持"两心两态"，以务实的工作作风推进以评促建工作

学校把握国家实施高等教育评估工作以评促建的真正内涵，以平常心、正常态，学习心、开放态开展评建工作，将评估与日常工作结合起来，自2014年起，持续开展"工作创新""专业建设""教学科研提升"和"人才创新"等主题年活动，实施"513"工程、23项重点工作、百项创新工作、316项工作提升项目、101项教学科研提升项目等，围绕学科专业建设、教学科研实力提升、师资队伍建设等关键问题及薄弱环节加大投入建设力度，以迎评促建引领日常工作，以日常工作推动自评自建。

学校以审核评估"五个度"为纲，依据应用型人才培养全过程和教育教学关键环节，设计了由质量目标系统、资源管理系统、组织实施系统和质量监控、分析与改进系统等4个子系统的本科教学质量监控与保障体系，制定了促进教学质量保障体系实现的工作流程。围绕教学质量监控、质量评价、改进提升，完善了"三线三面，四评四建"的质量保障办法，实行由学校领导、职能部门、教学单位三条主线和专家、同行、学生三个面的日常教学监控，在日常教学监控的基础上开展评教、评管、评学、评建，根据日常监控和质量评价结果，进行以质量标准建设、条件保证建设、管理制度建设、改进激励建设等为内容的自我调控和改进的基本建设。

学校开展系列专项评估工作，有效促进人才培养工作长效机制的建立。持续开展试卷评估、毕业论文评估等，对教学过程的规范性、有效性和培养目标的达成情况进行监控、分析与评价。开展实验（实训）教学专项评估，对实验教学进行现场考察和系统分析，促成了学校实验室建设工作会的召开，出台了《关于进一步加强实验室建设的若干意见》等制度。学校于2016年11月和2017年3月先后进行了两轮专业评估，邀请校内外专家对学校45个本科专业的建设现状进行深入全面的评估考察。专家组深度考察专业现状，撰写专业评估报告45份，撰写小组评估意见11份，剖析问题并总结经验，并对评估指标中部分可量化的观测点进行定性与定量相结合的深度分析，指出学校在师资队伍、课程建设、教学资源、学生发展和培养效果，以及专业管理与持续改进等方面存在的问题，提出改进意见。专业评估全面考察了学校的专业建设现状，为加强专业内涵建设、增强专业特色、提升专业建设水平提供了充分的事实依据。

（三）呈现办学真实状况，以问题为导向着力改进不足

2017年10月16—19日，专家组进校对本科教学工作展开了审核评估现场考察，对学校办学定位、人才培养的各个环节、人才培养目标和培养效果等具体情况进行了评价。专家组认为，学校升本以来紧跟高等教育发展步伐，抢抓发展机遇，实现了数次转型，促进了学校的快速发展。主要成绩有：办学思路和定位明晰；完成了由师范类院校向综合类院校的转变；学科专业建设取得实效；教师队伍建设富有成效，办学条件得到明显改善；教学质量保障体系建设系统深入；重视文化育人，学生指导与服务水平得到提高；服务地方能力和贡献率得到提升；学校内部管理体制改革得到推进等。

需要改进的问题主要有：对人才培养模式设计、教育教学研究、教育教学改革等内涵建设估计不够，制约了人才培养质量的提高；教师队伍总量偏低，结构不均衡，"双师型"队伍素质能力不够，教师从事教学改革研究动力不足，成果少，层次较低；在人才培养过程中，课程建设力度有待进一步加强，实践教学、合作教育需加强，应用型人才培养需要的评

价方式未有效形成;全校范围内全员、全方位、全过程学习育人风气尚未形成,各部门在学风建设上协同不够等。

针对存在的问题,校领导明确表态,提出整改要求:学校将全面梳理专家提出的意见与建议,认真研究分析,真正做到将专家的宝贵意见与建议全面接纳、消化吸收;学校以问题为导向,以党政专题会议来研究学校在本科教学工作中存在的问题,剖析问题根源,制定系统的整改方案,提出整改思路和措施,明确目标任务和完成时限,落实整改责任和措施保障,建立整改台账,确保整改取得实效。各级领导要努力发挥好带头和领跑作用,真抓实干、率先垂范,做好做优自己的本职工作,抓好抓实本单位的改革发展工作。

三、本科教学工作审核评估整改及持续改进的主要做法与经验总结

(一)认真学习研讨,明确整改工作思路

在审核评估专家进校反馈后,学校系统整理专家反馈意见,汇编《审核评估专家反馈问题建议汇编》《审核评估专家个人审核报告汇编》《审核评估专家进校考察反馈会发言汇编》等材料,梳理整改任务48条。围绕审核评估专家组在七个方面提出的问题,针对本科教育教学中的突出问题,学校确定以本科教学审核评估"五个度"为导向,坚持本科教学工作的基础地位,以一流学院、一流专业建设为引领,以促进学生全面发展为目标,以强化内涵建设为核心,以深化改革为动力,以优化资源配置为保障,坚持整改工作与日常工作相结合、与深化综合改革相结合、与建立长效机制相结合的整改思路。设定了明确发展目标和定位,强化顶层设计;加强队伍建设,提升教师能力;优化学科专业结构,推进应用型人才培养模式系列改革;建设优良育人环境,培育良好学风,办学生和社会满意的大学的整改目标。

(二)加强组织领导,夯实整改工作责任

学校高度重视审核评估整改工作,将整改工作作为改进本科教学工作、提高本科人才培养质量的重要契机。专家组现场考察结束后,学校立即安排部署,针对专家组和专家个人提出的整改问题和建议,学校进行了细致梳理和全面研判,制定了《西安文理学院本科教学工作审核评估整改工作方案》,成立由书记、校长任组长,分管校领导任副组长的整改工作领导小组。同时,成立了定位与目标组、师资队伍组、教学资源组、专业建设与培养过程组、学生发展组、质量保障组六个项目组,明确了牵头单位及其负责人、成员单位、项目组的具体整改任务、实施步骤及时间安排,确保整改工作目标明确、措施有效、责任明晰、落实有力。

(三)紧抓关键节点,扎实推进整改任务落实

针对整改工作中的关键环节和关键节点,学校将评估整改工作与进一步深化教育教学综合改革相结合,先后通过召开本科教学工作会、审核评估整改工作专题推进会和深化综合改革专题会等会议11次,专题研讨整改任务中的重点问题、难点问题和突出问题。先后就整改工作的整体部署、分组推进、专项推进、中期检查、全面总结等各项工作进行部署安排,并就学校发展目标、师资队伍建设、应用型人才培养模式改革和课堂教学改革、教学资源保障等整改工作中的重点、难点问题进行专题研讨,确保各项工作按照整改工作方案中的要求扎实推进。

(四) 强化督查检查，全面完成整改工作目标

按照"方案制定—对标落实—中期检查—持续整改—总结验收"五个阶段的整改工作进程，学校积极开展整改的督查工作。2018年3月，按照各部门和学院填写的整改工作台账，对整改工作的进展情况进行了检查；2018年4月，各项目组对7个方面48项整改任务的进展情况进行中期总结；2018年5月，学校接受了西部评估中心对学校整改工作的中期检查；2018年7月、9月学校召开两次审核评估专项工作推进会，会议督查落实整改任务。通过定期督查检查，学校全面掌握了整改工作的现状，总结了经验，发现了问题，明确了下一步的工作重点，确保了各阶段整改工作目标的实现。

围绕整改思路，通过强化组织领导，细化工作任务，明确工作职责，加强督察检查。截至2018年12月一年整改专家进校检查时，我校48项整改任务中，完成42项，占整改任务的87.5%；需要长期整改、仍在全力推进的有6项，占12.5%。经过整改，学校应用型办学定位进一步明确，师资队伍水平不断提高，教学经费投入稳步增长，教学资源不断充实，教学改革持续推进，教学管理更加规范，专业内涵不断增强，质量保障机制更加健全，人才培养质量显著提升。

四、进一步深化本科教育教学改革，提升本科教育教学质量，建设一流本科教育的计划与举措

学校将贯彻全国教育大会精神和新时代全国高校本科教育工作会议精神，全面落实《教育部关于加快建设高水平本科教育 全面提高人才培养能力的意见》，以学校第三次党代会为契机，以《西安文理学院第三次党代会工作报告》和《西安文理学院中长期发展规划纲要》为指导，以坚持地方性、应用型、开放式办学，建成特色鲜明的高水平城市大学为奋斗目标，进一步深化本科教育教学改革，努力提升本科教育教学质量，夯实立德树人根本任务。

(一) 坚持育人为本，完善一流人才培养机制

学校贯彻落实全国教育大会精神，以目标为导向，科学设计人才培养方案，以教师为主导，充分发挥学生主动性，尊重教育教学规律和学生身心发展规律，构建全方位、多层次、高质量的本科教育体系。

大力开展创新创业教育，将其深度融入人才培养全过程。探索将学生实践能力、就业质量和创业能力作为评价人才培养质量的主要标准。

完善高校与地方政府、中小学"三位一体"协同育人机制，建立与社会用人单位、相关部门合作更加紧密的人才培养机制。与相关部门联合制订、完善人才培养方案。统筹专兼职教师队伍建设，促进双向交流，提高实践教学水平。推动相关部门与高校搭建对接平台，对人才培养进行协同管理，培养真正适应经济社会发展需要的高素质专门人才等。

加强实践育人平台建设，综合运用校内外资源，与行业部门、企业共同建设满足实践教学需要的实验实习实训平台及实践教育基地，健全合作共赢、开放共享的实践育人机制。

强化科教协同育人，建立科教融合、相互促进的协同培养机制，将最新科研成果及时转化为教育教学内容，依托协同创新中心、工程研究实验室、重点研究基地和学校科技成果，搭建学生科学实践和创新创业平台，增强学生创新精神和科研能力，以高水平科学研究支撑

高质量本科人才培养。

深化国际合作育人,围绕西安深度融入"一带一路"倡议和建设国家中心城市需求,创新人才培养模式,积极与国外高水平大学开展联合培养,推荐优秀学生到国际组织实习任职,培养具有宽广国际视野的新时代人才。

(二)加强专业建设,打造一流本科专业

依据学校"师范做优、文史做强、工管做特"的学科专业发展方向,统筹协调重点学科、特色学科与支撑学科建设,坚持根据目标定任务、根据任务配资源的导向,引导学科分层分类发展。以服务西安需求为目标,围绕经济社会发展的重点领域,规划学科建设目标,突出行业和区域特色,集中资源,重点突破,凝练学科方向。拓展学科交叉领域,着力扶持培育一批与战略新兴领域密切相关的交叉学科群,构建优势突出、特色鲜明、结构合理的学科体系。统筹整合资源,依托优势特色平台,推动学科、专业、课程一体化建设。

健全"招生—培养—就业"联动的学科专业体系动态调整机制。以师范教育、电子信息、生物化工、智能制造、文化创意、商贸物流、社会治理、康美服务八大专业群为基础,以一流专业建设和专业认证为契机,按照学科、专业、产业相关支撑的原则,通过调并或撤销缺乏发展潜力的专业,合理增设新专业,淘汰旧专业,打造适应经济社会发展的专业集群,将专业数控制在 55 个左右。做强特色优势专业,加快专业改造优化进程,全面提升专业的核心竞争力。

(三)深入开展课堂教学革命,构建一流课程体系

学校将瞄准课堂教学主阵地,进一步推动课堂教学革命,重塑课堂教学形态,打造高效课堂。在现有"互联网+"教学模式改革的基础上,鼓励教师进一步更新教学理念,深入开展线上线下相结合的教学模式改革,积极推进信息技术与教育教学有机融合,利用网络平台,为学生提供丰富的学习资源,提供师生互动交流的平台,采用启发式、探究式、讨论式等教学方法,激发学生求知欲望,提升自主学习能力,为学生打造自主学习空间。

学校将继续推进精品课程建设,进一步加大优质课程的培育力度,构建以契合专业人才培养目标为目的,以高质量的专业必修课程为基础,以有灵魂的通识课程体系和具有专业特色的实践活动类课程体系为支撑,以适应时代需求的创新创业课程等为补充的相互渗透的立体课程体系。强化课程建设顶层设计,鼓励开发开设跨学科、跨专业的新兴交叉课程,建设综合性、问题导向、学科交叉的新型课程群。同时将加大投入支持建设一批高水平精品在线开放课程、线上线下相结合的精品课程、线下精品课程、虚拟仿真精品课程和社会实践精品课程。完善课程建设标准,整合教学检查、课程评估、课堂调研、督导听课、学生调查等课程质量评价环节,建立起课程准入和退出机制,激励教师投身教学改革的积极性,打造一批符合学校定位和特色的"金课",切实提高应用型人才培养质量。

(四)加大资源条件建设力度,营造一流育人环境

学校实施人才强校战略,努力打造一流师资队伍,服务于一流本科教育。坚持引育并举,探索新的人才引进方式,利用西安市引进人才的相关政策,发挥地域优势,优化高层次人才的海内外招聘制度,积极采用返聘、双聘、特聘等灵活方式,探索全职与兼职相结合、所有与所用相结合的高端人才引进机制,加大力度引进高端人才和优秀青年人才。此外,将进一步完善教师在岗常态培训制度;加强教学团队及名师工作室建设;建立新教师培训准入制度和青年教师导师制；设立关中学者专项；鼓励青年教师提升学历，支持骨干教师出国（境）进修培训；设立专项基金，支持教师参加不同形式的专业学习和培训等。

坚持前瞻性、科学性与可行性相结合，积极筹划新校区选址及建设，统筹各校区功能与定位问题，做好校区间学科专业建设的空间布局与智能布局。建设师生服务中心，努力实现面向师生的主要服务事项集中办公，推进信息化、服务化流程再造。实施智慧校园、平安校园建设，打造便捷高效、安全稳定的校园环境，为学校内涵发展、营造暖心校园奠定坚实基础。

西安体育学院本科教学工作审核评估经验总结报告

陈彦①

一、本科教学工作审核评估组织实施概况

2017年10月22—26日，教育部本科教学工作审核评估专家组对我校本科教学工作进行了全面的实地考察和评估。专家组在肯定我校办学成绩与办学特色的同时，指出了我校需要整改和必须整改的问题。学校党委和行政部门高度重视教育部评估专家组的意见和建议，成立了以党委书记和院长为组长的本科教学工作审核评估整改工作领导小组，并立即召开专题会议研究部署审核评估整改工作，制定了《西安体育学院本科教学工作审核评估整改方案》，明确了整改工作的基本思路、整改目标和整改措施。

2018年5月24日，陕西省教育厅和中国西部高等教育评估中心审核评估中期检查专家组对我校本科教学工作审核评估整改情况进行了为期一天的中期检查。针对专家组提出的意见和建议，学校先后召开了三次审核评估工作整改工作推进会，进一步明确了整改任务、要求和时间节点，有效地推进了审核评估整改工作，取得了较好的成效。

2018年12月3日，受陕西省教育厅和中国西部高等教育评估中心的委托，审核评估专家组对我院进行了整改回访检查工作，学校认真梳理专家组对审核检查工作中存在的问题与进一步整改的意见和建议，以第六次党代会为契机，明晰思路，细化方案，明确任务，夯实责任，对标整改，以制度建设为中心，狠抓落实不放松，化压力为动力，为推进学院本科教育教学工作迈上新台阶不断努力。

二、本科教学工作审核评估的主要做法、特色、成效与经验总结

为顺利推进审核评估迎评工作的深入开展，保证各项审核评估准备工作顺利进行，学校成立了本科教学工作审核评估工作领导小组，多次召开专题会议研究部署审核评估工作，对审核评估迎评工作进行了部署，并提出了相应的要求。同时，邀请了校外专家来我校开展专题报告，并为迎评工作提出宝贵建议和意见。

学校各部门按照审核评估办公室的具体安排，以"以评促建、以评促改、以评促管、评建结合、重在建设"为总方针，以"五个度"为重点，根据《西安体育学院本科教学工作审核评估任务指标》，扎实开展工作，确保完成迎评任务。

---

① 西安体育学院副院长。

三、本科教学工作审核评估整改及持续改进的主要做法、特色、成效与经验总结

学校针对专家组提出的具体意见和建议，先后召开了三次审核评估工作整改工作推进会，制定了《西安体育学院本科教学工作审核评估整改方案》，进一步明确了整改工作的基本思路、整改目标和整改措施，提出了整改工作的牵头单位、阶段性任务和时间节点，有效推进了审核评估整改工作，取得了较好的成效。

（一）办学定位与目标方面

（1）在2018年12月27—28日，学校召开第六次党代会，进一步明确了学校的办学定位、发展目标、实现过程和具体举措。同时，成立发展规划处，加强顶层设计，推进追赶超越发展。

（2）积极向省委省政府建言，与教育厅、体育局等上级管理部门沟通协调，加强体教结合，争取体教资源共享，为学校的发展创造良好的外部环境。

（3）坚持对本科教学的优先投入，确保教学经费、教学条件以及教学设施的有效利用；不断推进师资队伍建设，夯实学科专业建设基础，协同合力为本科教学提供有力支撑。修订完善了西安体育学院岗位聘用实施办法、绩效考核办法等人事制度改革文件，明确了教学质量一票否决制；出台实施了《西安体育学院绩效工资标准调整实施办法》，突出向教学一线教师倾斜；加大了教学资源的投入力度，改善了办学条件；全面完善和落实领导干部看听课制度。

（二）师资队伍建设方面

（1）修订或出台了《西安体育学院公开招聘办法》《西安体育学院引进高层次人才办法》等相关文件，为引进高层次人才、优化师资队伍建设提供了制度保障。

（2）通过公开招聘，专任教师人数在原有514人的基础上新增青年教师16人，生师比达到15.8∶1。新办专业新增教师7人，术科教师新增11人。同时，对校内教师进行了必要的调整，充实了新办专业师资队伍，有效缓解了各学科教师数量不平衡和个别专业术科教师缺少的现状。

（3）积极采取"引培并举"措施，在加大引进高水平人才的同时，出台了《西安体育学院读博读硕管理办法》，鼓励在职教师攻读博士学位。一年来，新增客座教授、兼职教授2人，引进博士2人、运动健将2人，攻读博士学位3人，取得了初步的成效。

（4）制定了《西安体育学院新一轮教师岗位聘用办法》，明确了教授为本科生授课的相关要求，要求教授每年必须至少承担一门本科生课程的授课任务。2018年，我校为本科生授课的教授（含副教授）占教授总人数的95.5%，教授为本科生授课率较往年有明显提高。

（5）为促进教师成长与发展，提高教师业务水平，学校成立了教师发展中心；为提升青年教师的教学能力和学术水平，促进教师职业发展，学校启动了"西安体育学院青年教师培养计划"，并制订了青年教师校际专项培训工作计划。

（6）为凸显教学中心地位，修订并落实了《西安体育学院绩效工资标准调整实施办法》和《西安体育学院教育成果奖励办法》等制度，激励教师热心教学、安心教学。2018年，学校教师绩效工资总额由原4 800万元提高至6 400万元，人均提高2万元。同时，为鼓励教师从事教学工作，提高了教师超课时津贴，术科课时津贴由每学时30元提高至40元，学科课时津贴由每学时45元提高至60元。

（7）成立了职称评审委员会，明确了分类考核和分类评审的考核与评审办法，实现了

分类评审的改革目标，改变了"重科研、轻教学"的职称评审模式，实行了职称评审教学质量一票否决制。

（8）完善和落实了教研室工作制度和教研室主任岗位责任制度，进一步明确教研室工作职责、任务及要求，发挥教研室在课程建设、团队建设、教改研究、质量监控等方面的积极作用，教研室教研活动明显增加，教学水平稳步提高，取得了良好的效果。

（三）教学资源建设方面

（1）为解决办学用地面积不足等问题，学校抓住陕西省承办第十四届全国运动会的机遇，经省政府同意，在鄠邑区建设新校区，占地843亩（一亩≈666.67平方米）。目前，新校区建设工作已在有序进行中，建成后将全面提升学校办学条件。

（2）为满足教学需要，对部分行政用房、教学用房和实验室用房等进行了必要的调整，增加了教学用房和教授工作室，在一定程度上缓解了教学用房紧张的现状。

（3）针对办学经费不足的问题，学校多方筹措资金，加大教学经费投入力度，按照每年5%~8%的增长比例逐年增加教学经费，满足教学的需要。

（4）以"一流专业建设"为契机，完善了《西安体育学院专业动态调整机制》等相关文件，制定了专业负责人制度，明确了"适度控制规模、动态优化结构、突出体育特色、强调协同并进、注重内涵建设、着力提升质量"的专业建设思路。学校对本科专业进行了必要的调整。同时，完善了本科专业评价实施方案，对全院本科专业进行评估、预警和调整。为加强专业建设，在第六次党代会之后，召开了专业建设工作会议，进一步明确专业建设的目标和任务。2018年，我校"体育学"被列为陕西省"国内一流学科建设高校"建设学科。同时，学校被陕西省教育厅批准为一流专业建设高等学校。

（5）为加强课程建设，提高课程建设质量，学校制定了"课程建设负责人制度"，积极选派教师参加课程建设培训班学习，并鼓励和要求教师参加课程建设。在加强国家级和省级资源共享课程建设的基础上，加大了MOOC等优质在线课程的建设力度，完成了省级MOOC建设结题1项（体操），立项陕西省高校教师教育类在线开放课程1项（形体训练），立项院级MOOC建设项目10项，新增"大学生安全教育""创新思维训练""大学生健康教育"和"中华诗词之美"等4门在线课程。从2019年开始购置超星尔雅优质在线课程200门，为人才培养和学生发展提供更多的优质课程资源。

（6）修订了《西安体育学院实习基地管理办法》，对实习基地建设提出了明确的要求，有效促进了实习实训基地建设。新增各级各类实习实训基地48个，大大缓解了"实践基地制度建设有待完善、基地数量有待增加、专业领域有待拓展"的问题，保证了实习实训工作的扎实进行。此外，我校充分利用中央财政支持地方高校发展专项资金，建设运动训练系"篮排球高水平运动员训练中心"和"体育类专业学生创新与创业训练中心"两个协同育人实习实训基地，届时，将建成运动训练系创新创业训练项目模拟孵化基地。

（7）学校高度重视并推进教材建设，着力提升教材建设质量，制定并颁布了《西安体育学院教材建设与管理办法（试行）》等相关制度，对教材建设的组织领导、教材建设、教材选用、教材评估、教材采购与供应、优秀教材评选、教材建设经费等方面做出了详细的规定。近年来，学校鼓励广大教师紧密结合我校的学科专业建设和课程建设的需要，积极参加教材编撰工作，取得了一定的效果。仅2018年，有10余名教师参加了高等教育出版社高水平规划教材的编写工作；我校教师主编的多部教材由人民体育出版社等出版单位出版；由白石教授主编的《运动解剖学》教材荣获陕西省优秀教材二等奖；另有多位教师参加了相关院校合作教材的编写工作。

（8）为改善教学条件，学校利用中央支持地方高校改革发展资金，进一步充实和改善了硬件设施和教学资源配置。2018年度，完成了中央支持地方高校改革发展资金2 505万元/年度预算（其中，已完成招标采购工作的项目有运动心理学实验项目200多万元、休闲体育教学实验项目500万元、体能训练项目300万元、游泳教学实验项目200多万元、校园网升级改造项目约500多万元、图书馆信息化项目190万元、变压器及配套设备项目290万元）。同时，完成了教学楼非线编实验室和电子竞技实训室的建设任务，已用于实验教学工作，教学设施得到了一定的改善。

（9）2018年，学校累计购置仪器设备和资产入账共计1 100余件（台）。其中，专业设备264项，用于教学的占89%；通用设备713项，用于教学的占81%；其他设备85项，用于教学的占65%，更新待报废共计2 673件（台），逐步更新陈旧器材，提高了教学设备更新率，以更好满足教学的需要。

（10）针对图书馆使用率不高、阅览率不足等问题，学校对电子阅览室进行改建，建成"乐学STYLE"空间，引进创客空间理念，为学生创造了既实用又符合图书馆规律的阅读空间，提高了图书馆使用率和期刊的阅览人次，2018年期刊阅览人次较2017年增加了7.03%。为鼓励学生多读书、好读书，在研究生部、体育系、运动系等单位进行试点改革，将阅览册数纳入学生评定奖学金的考察范围，并取得了良好的效果。2018年，图书借还册数较2017年增加了7.75%。

（11）为满足学生教学训练需要，学校对室外场地均配备照明灯光，延长了各场馆的开放时间，教学场地开放时间日均增加5个小时以上，为学生课外自主训练提供了场地保证。

（12）针对学生心理咨询工作存在的教师数欠缺、开放时间不够等问题，学校加强了心理健康中心的建设工作，充实了心理咨询师师资队伍，延长了心理健康咨询时间；2018年新增心理咨询接待室1间，心理健康咨询专、兼职教师增加至5名，心理咨询室每天接待时间延长3~4小时，在一定程度上满足了学生心理咨询的需要。

（四）培养过程方面

（1）落实立德树人的根本任务，明确了强化思政课程、课程思政和专业思政的重要性；推进习近平新时代中国特色社会主义思想进教材、进课堂、进头脑，积极构建和完善专业课教学与思想政治理论课教学紧密结合的育人体系；制定了两年微调、四年全面修订的培养方案管理办法；开展了2016年版培养方案中期微调工作。各教学单位对相关培养方案进行了认真的研讨，从培养目标、培养规格、课程设计等方面提出了许多建设性的意见和建议，为2019年完善和修订培养方案提供了参考意见，且有些修改建议已开始在2018级学生培养过程中实施。

（2）先后出台了《关于进一步加强培养学生专业实践能力的通知》《西安体育学院第二课堂实践教学管理办法（试行）》等相关文件，各教学单位也制定了相关的专业实践能力培养方案和第二课堂活动实施细则。

（3）学校完善了《西安体育学院本科生毕业实习工作实施方案》，对2019届社会体育指导与管理、休闲体育两个体育类专业学生教育实习进行改革试点，一是在安排专项教师负责全程指导学生的校内实习工作的基础上，聘请相关领域专家为学生进行校内实习就业岗位培训，并开展专业技能等实践能力展示活动；二是校外实习实行集中实习，统一管理，逐步取消自主实习；三是实习时间从过去的两个半月延长至六个月。

（4）为提高毕业论文（设计）质量，学校制定了《西安体育学院本科生毕业论文管理办法》《西安体育学院本科生毕业论文（设计）质量监控制度》等一系列规章制度，切实加强对毕业论文（设计）的监管力度，提高毕业论文质量，完成该教学环节的培养目标。

（5）制定和完善了《西安体育学院考试管理规定》《西安体育学院关于进一步深化课程考核方式的通知》《西安体育学院关于做好试卷质量分析报告的通知》等文件，对考试形式、试题类型、成绩管理及试卷分析等做出了明确的规定，促进考核从评价"学习成绩"向评价"学习成效"转变，从评价"知识掌握"向评价"能力提升"转变，引导学生从注重"考试结果"向注重"学习过程"转变，取得了良好的效果。

（6）进一步加强创新创业教育。一是制定出台《西安体育学院创新创业教育改革方案》，明确了工作目标、责任、任务、措施、制度保障及要求，建立和完善了创新创业工作机制和管理体制；二是落实了创新创业教育课程进课堂，设立了创新创业教育学分。从2018级开始已在全校开设"大学生创业基础"课程；三是成立了创新创业教育教研室，全面负责创新创业教育教学工作；四是利用短期培训等形式，加强创新创业师资队伍建设；五是设立了创新创业专项资金，为学生开展创新创业活动提供了资金保障；六是学校投资300万元，立项西安体育学院大学生创新创业孵化基地建设。2018年，学校开展了"挑战杯"大学生创业计划竞赛；组织学生参加了西安高新"创青春"陕西省大学生创业大赛，荣获省级金奖1项、铜奖6项，并荣获"优秀组织奖"（金奖作品代表陕西参加2018年"创青春"全国大学生创业大赛）；依托"互联网+众创中心"大学生互联网创新创业平台，成功孵化出电子竞技项目"波罗计划"，并于2018年获陕西省大学生创业大赛铜奖；举办了"华为杯大学生竞赛公益项目大赛"；立项省级大学生创新创业训练计划项目55项；荣获省级"互联网+"创新创业大赛铜奖2项，全国体育产业创新创业大赛荣获二等奖2项、三等奖1项。

（7）推进教学工程项目建设和教改研究上台阶，学校制定了《西安体育学院教育教学成果奖励办法》《西安体育学院本科教学工程项目建设管理办法》等文件，明确建设任务和研究目标，鼓励教师投身教学工程建设和教改研究；鼓励和引导教师参加短期业务培训学习，提高业务素质；对教学工程项目实行负责人制度，落实责任，提高建设水平，培育国家级教学工程项目。2018年获得省级教学成果二等奖1项，完成省级教学改革研究项目结题2项，立项院级教学改革研究项目25项。

（8）进一步加强日常教学管理，提高课堂教学效果。出台了《西安体育学院关于进一步加强本科教学管理、提高人才培养质量的通知》，对教风、学风、课堂教学、实践教学、教案、日常教学管理等做出了明确的规定。举办教学质量月活动，开展每年两次学生评教活动，强化教研室教研活动，举办教师教学基本功比赛以及落实"本科生学业预警管理办法"等措施，进一步规范了教学管理，教风、学风得到了明显的改善。

（9）落实小班上课，提高课堂教学效果，学校出台了《西安体育学院体育类专业学生选报"专项理论与实践"的规定》等相关文件，限定了相关课程授课班级（队）人数，要求专项理论与实践技能类课程授课人数控制在9~22人，实验课（含理论课中的部分实验内容）授课人数控制在16~20人。运动技能类课程和实验类课程已基本实现小班上课，有效地提高了教学效果。

（五）学生发展方面

（1）以理想信念教育为核心，深入进行树立正确世界观、人生观和价值观教育，把培育和践行社会主义核心价值观融入教育教学全过程，发挥"两课"主渠道作用，成立了"形势与政策"教研室，严格按照形势与政策课专题，辅导员精心备课，认真宣讲；各系部充分利用年级大会、班会、党员大会、班团干部例会等平台，加强对学生的思想教育与引导；组织辅导员进行红色之旅，赴革命圣地延安、梁家河进行思想政治教育活动。创新网络思政工作，通过官方微信、微博、易班网络平台，在线上开展大学生思想政治教育工作，提高学生的政治素养，通过每月的主题活动，在寓教于乐中潜移默化地对大学生进行思想教育引领。

（2）进一步完善优化了相关学生管理制度，形成保障体系。完成了"智慧学工"的招标工作，有效地实现对学生在校生活和学习状态的全过程关注和跟踪，进一步提高学生管理服务工作水平和效率。

（3）畅通就业渠道，加强就业指导，完善服务体系。一年内就业指导中心完成校园大型综合招聘会两场，专场招聘会14场，组织创业和职业生涯规划讲座2场，开展教师资格证应试辅导讲座4场。通过毕业生就业期待和用人单位满意度调查，精准拓宽就业市场。完成2017届毕业生的追踪调查和用人单位的满意度调查。毕业生抽样30%，对自身就业工作的满意度为73.34%；用人单位81家，对毕业生的满意度为85%。2018届毕业生的相关调查及用人单位满意度调查在12月底前完成。2018届本科毕业生初次就业率为85.5%，就业岗位与专业匹配度为70.69%，较2017届上升了12.79%。

（4）完善辅导员培养体系，加强辅导员及全体学工干部业务能力培训力度，提升工作能力。先后举办辅导员职业能力培训六次；组织辅导员参加省内培训15人次，省级培训2人次，省外学习交流1人次，校内经验交流分享1次（共70人参与）。

（5）制定《关于进一步加强和改进学风建设工作的通知》，加强专业引导教育和校园文化建设，丰富学生的课余生活，营造和谐健康的良好学习氛围。各系、部、院、校辅导员坚持"三查一点"工作，并加强对学生早操、早读、晚自习及课堂常规的检查与督导力度。在奖勤助贷工作方面，共增加勤工助学岗45个，新增专业相关勤工助学岗位17个。对于我校478名建档立卡特困生，结合"三秦教师结对帮扶学生"工作，全部实现一对一的结对帮扶。

（六）质量保障方面

为进一步加强教学过程质量监管，完善教学保障体系，提高本科教学质量，学校不断完善教学各环节质量标准，基本形成较为完善的质量标准体系。

（1）修订和完善了《西安体育学院本科教学质量评价实施办法》《西安体育学院本科课堂教学状态测评实施办法》，制定了《西安体育学院本科专业动态调整机制实施相关办法》，为我校建立健全质量监控体系、进一步提升本科教学质量提供制度保障。

（2）各二级教学单位成立以系主任为组长的二级教学督导小组，制定了《二级教学督导小组工作细则》，在坚持日常教学督导检查的同时，加大了看听课、督导查课的力度，并就教学中发现的问题进行及时督导。同时，积极组织开展教师评课、学生评教、师生座谈会、教学比赛等活动，加强对教学质量的督导与评价，二级教学督导监控工作良性运转，达到了良好的效果。

（3）为充分发挥学生在质量监控中的作用，学校制定了《西安体育学院教师本科教学质量评价实施办法》《西安体育学院本科课堂教学状态测评实施办法》，每年组织学生开展两次网上评教活动，并将评教结果反馈给各教学单位，将评教结果作为教师年度考核和职称评审的依据之一，实行教学质量一票否决制。

（4）学校根据《西安体育学院本科生毕业论文管理办法》（试行）及相关管理规定，组织专家对2018届本科毕业生论文（设计）进行抽查，抽查比例为10%，共计抽查毕业论文（设计）203 篇。抽检结束后，学校将对专家意见进行整理，并将抽查结果反馈给各教学单位，为加强论文的指导与管理提供依据。

（5）学校组织开展了主题为"优化课堂教学模式，提高人才培养质量"的"教学质量月"活动，举办了课堂教学创新大赛、第四届微课教学比赛、"微课设计与制作"专家讲座、教学观摩课、思政部教师大练兵及学生网上评教等活动，为促进教风学风建设，提高教师教学水平等营造了良好的氛围。

（七）国际合作交流、拓宽国际办学空间方面

学校积极拓展办学空间，加强国际交流与合作。2018 年，学校组织有关人员出访美国、俄罗斯、乌克兰、日本、中欧等国家，完成友好院校校际交流、国际赛事比赛执裁、国际学术会议、援教、国家体育总局及省教育厅双跨团组出访任务共计 19 批；接待日本大阪体育大学、丹麦葛莱体育运动教育学院、澳门理工学院，以及台湾高校体育行政主管团组、台湾电竞交流团组等来访交流的国（境）外专家学者、高等院校代表团、学生交流团组和行业机构共计 10 批；与俄罗斯国立体育运动与旅游大学、乌克兰国立体育运动大学、德国健康与体育大学、德国应用管理大学、西班牙武康大学、德国多特蒙德足球俱乐部、美国少林文化基金会等签订合作协议；同时，学院领导受邀出席"一带一路"荷兰·陕西体育产业研讨会、丹麦葛莱体育运动教育学院与中国高校合作十周年活动、欧盟亚洲中心陕西交流会等社会活动；在师生交流方面，学院选派青年教师、在校本科生、研究生前往丹麦葛莱体育运动教育学院游学，为开阔国际视野、增进东西方文化互通、体育教学训练专业水平提升搭建平台。通过以上交流活动，改善了学院国际交流机会少、频次低的现状，积极拓宽了国际合作范围，提高了学院的国际知名度，推进了学院国际化发展。

四、进一步深化本科教育教学改革，提升本科教育教学质量，建设一流本科教育的计划与举措

深化本科教育教学改革，提升本科教育教学质量，建设一流本科教育是一项长期而艰巨的任务，虽然审核评估整改工作初见成效，但在建立长效机制和标本兼治上仍有很多工作要做。学校以第六次党代会为新起点，强化党建引领，促进学校发展。牢固树立问题意识、改革意识和治本意识，统筹安排部署本科教学审核评估整改工作，抢抓"双一流"和"四个一流"建设机遇，坚持"以评促建；以评促改；以评促管；评建结合；重在建设"的原则，不断深化教育教学改革，加强内涵建设，促进特色发展，提高办学水平。下阶段的重点计划举措有以下几项。

（一）实施"教育教学质量筑基工程"，提高育人水平

坚持正确办学方向，全面落实立德树人根本任务，聚焦教育工作的"两个根本"和"四个回归"，强化思政课程、课程思政和专业思政，推进习近平新时代中国特色社会主义思想进教材、进课堂、进头脑，构建和完善专业课教学与思想政治理论课教学紧密结合的育人体系。深化本科生人才培养模式与教学改革，完善和优化人才培养体系；加强两级教学督导组织建设，健全教育教学内部质量监控体系；积极开展学生评教、同行评教、专家评教活动；遵循"管办评分离"的原则，逐步引入第三方评估机制，提高教学质量评估的效度和信度，建立全面、合理、完善的教学评估与二级课程评估系统，切实提高人才培养质量。

（二）实施"治理体系和治理能力提升工程"，推进现代大学制度建设

学校将推进建章立制，建立健全现代大学制度，完善和理顺管理体系；整合机构职能，

成立发展规划处，加强顶层设计；全面下移管理重心、强化二级教学单位管理，发挥二级教学单位在管理中的主体作用，提升二级教学单位对管理的主动性和自主权。

（三）实施"学科专业筑峰工程"，增强核心竞争力，优化结构布局

重点打造以体育学为特色的学科、专业高峰，拟在体育教育专业设立体育幼儿师范专业方向，在运动训练专业增设体能训练专业方向。根据办学定位、《普通高等学校本科专业类教学质量国家标准》和行业标准，修订本科专业人才培养方案；优化课程体系和教学内容，淘汰"水课"、打造"金课"，增设和优化拳击、跆拳道等选修课数量和内容；加强教学工程建设和教改研究，提高建设质量和研究水平；完善实习实训体系，加强实习实训过程管理；强化"第二课堂"教学，充实教学内容，提升人才培养目标与培养效果的达成度和学生学习的满意度。

（四）实施"人才强校工程"，打造人才高地

通过政策引领，进一步加大高水平领军人才和学术骨干、高水平学科带头人和专业带头人的引进力度，优化师资队伍结构；制定和完善教师职业发展规划，充分发挥"教师发展中心"的职能，加强对教师的培养，促进教师成长和发展；完善奖惩机制，激发教师教学的积极性和主动性，实施师德和教学质量一票否决制；拟成立电子竞技教研室，加强电竞师资队伍建设，培养学生对社会发展的适应能力。

（五）实施"校园文化建设工程"，树创优良"三风"

建立健全"三风"建设长效机制。采取有效措施，增强管理人员的服务意识，树立爱岗敬业、求真务实、服务育人、管理育人的理念。进一步强化教师队伍的思想政治教育和师德师风建设，完善师德考核体系，鼓励教师潜心育人、静心治学，引导教师以德立身、以德立学、以德施教，努力打造有理想信念、有道德情操、有扎实学识、有仁爱之心的"四有"教师队伍。坚持教育和治理相结合，完善弘扬优良学风的长效机制，增强学生法纪意识，营造浓郁学习氛围。

（六）开源节流，加大教学经费投入力度

充分利用中央财政支持地方高校发展专项资金，加强教学基础设施建设与校园信息化建设，改善办学条件；加快鄠邑新校区建设速度，拓宽办学空间，彻底解决教学行政用房紧缺、图书馆阅览室小、座位不足等问题；完善课程建设规划，加大课程建设经费投入力度，加强优质课程教学资源和网络教学资源建设；充分运用校内外资源，加强实习实训基地建设，提高教学资源对教学的保障度。

（七）继续深化创新创业教育改革

加强创新创业平台建设，积极搭建大学生创新创业的孵化器，培养和提升大学生创新创业实践能力；完善创新创业学分互换机制，鼓励大学生积极开展创新创业教育实践活动；加强创新创业师资队伍建设，全面提升创新创业教学工作。

（八）进一步拓宽国际交流合作领域和渠道

依托"一带一路"倡议，积极参与由陕西省教育厅创建的中国汉唐学院武术课程设计与实施；加大招生宣传力度，加大学生互换力度，扩大留学生规模和层次。依托学科专业特色，提高来校短期交流的留学生数量。增加经费预算幅度，加大投入教学、科研、训练团队的经费，积极在国际上开展学术交流、校际合作、国家比赛、援外执教等活动。

西安音乐学院本科教学工作审核评估经验总结报告

李宝杰[①]

2017年10月29日，教育部本科教学工作审核评估专家组进驻我校，正式开启了对西安音乐学院为期一年的本科教学审核评估。2018年6月19日，我校接受了本科教学工作审核评估整改中期检查专家组的进校检查。2018年12月7日，本科教学工作审核评估整改回访专家组对我校审核评估整改工作进行了回访检查。至此，我校本科教学审核评估工作圆满完成。审核评估结束后，学校按照专家整改意见对本科教学工作进行了深入梳理和积极整改，成效显著。现对我校本科教学审核评估全面总结如下。

一、本科教学工作审核评估组织实施概况

（一）指导思想

深入学习贯彻习近平新时代中国特色社会主义思想和党的十九大精神，坚持"以本为本"，推进"四个回归"，加快建设高水平本科教育，全面提高人才培养能力，造就堪当民族复兴大任的时代新人。

全面深化新时代教师队伍建设改革的文件精神以及教育部和陕西省教育厅关于本科教学工作审核评估的指导意见，坚持"以评促建、以评促改、以评促管、评建结合、重在建设"的二十字方针，以审核评估为契机，进一步明确办学定位，强化质量意识，推进内涵建设、彰显特色发展，突出人才培养中心地位，以高质量的教学管理带动学院教学工作全面提升和发展，为争创一流学科、一流专业，建设有特色、高水平音乐专业院校奠定坚实基础。

（二）工作目标

（1）通过审核评估，进一步明确办学定位。促进学院建立与完善本科培养质量保障体系，强化内涵建设，引导特色发展，建立长效机制。

（2）通过审核评估，深化教育教学改革，创新人才培养机制和模式，整合优化教学资源，为人才培养创设良好育人环境。

（3）通过审核评估，切实解决学院教学工作中存在的问题和不足，促进学院本科教学工作再上新台阶。

（三）工作进度安排

第一阶段：研究部署阶段（2017年11—12月）。分解整改任务，明确责任单位，分析

[①] 西安音乐学院党委副书记。

评估反馈意见，查找问题产生原因，研究制定整改工作方案。

第二阶段：整改实施阶段（2018年1—10月）。各职能部门、各教学单位根据学校评估整改方案，落实各项整改任务，并按照具体要求和时间节点逐项完成任务。其间，2018年6—7月接受省教育厅评估专家组中期检查。

第三阶段：总结检查阶段（2018年11—12月）。对各项评估整改工作任务完成情况组织检查验收，完成整改工作报告，报送西部评估中心和省教育厅，接受省教育厅专家组整改期满回访验收。

二、本科教学工作审核评估主要成效

（一）加强师资队伍建设，提高师资队伍水平

1. 加强制度建设，完善管理办法

针对评估专家提出的我校师资队伍建设力度不足等问题，学校继续从制度的修订与完善入手，充分考虑不同层次、不同专业、人才交流等需要，完成修订《西安音乐学院高层次人才引进办法》《西安音乐学院外聘专家管理暂行规定》《公开招聘工作人员实施办法》《西安音乐学院人事代理人员管理办法》等制度，以师资队伍建设为抓手，大力提升人才培养质量。

2. 充分发挥高层次人才的示范带动作用

学校现有教师中，入选2018年陕西省第一批"千人计划"中长期项目1名、短期项目1名，"特支计划"领军人才1名、教学名师1名、青年拔尖人才1名；"三秦学者"创新团队1个，总计专项资金支持460万元；入选2018年陕西省第二批"千人计划"（文化艺术人才）1人、创新短期项目2人。获批陕西省高教工委"全省高校青年杰出人才支持计划"2人、省级教学名师1人、国内外访学项目7人。续聘外籍专家5人、高级专家1人；新聘客座教授19人；"艺术博物馆"特聘研究员5人。积极筹建"管晓宏院士工作室"。音乐学系宁颖获"陕西高等学校第四届青年教师教学竞赛"二等奖；现代音乐学院冯捷获"首届陕西高校课堂教学创新大赛"二等奖。大力加强师德师风建设，通过正反面典型教育，引导广大教师潜心教书育人，侯颉获"2018年陕西省师德先进个人"。成立作曲系青年博士工作站，为青年教师教学、科研、创作搭建共享平台。举办青年教师及管理干部培训，开展教职工基本职业素质拓展训练，首次对外籍教师进行考核。与屈歌、拉卢卡·帕特丽努、张豪夫签订了"千人计划"协议书；与长期专家倪志杰、任秋来、张大伟签订续聘协议；与省第六批"百人计划"入选者刘铮签订续聘协议。

3. 加强对在职人员进修的推动力度

2019年我校有王青等8位同志在职攻读博士，公派进修4人，其中出国进修3人，国内进修1人。在2019年的公开招聘中，考核录用16人，其中博士2名。

（二）更新观念搭建平台，促进国际交流与合作

1. 更新教育理念，提升国际交流合作意识

2018年以来，成功举办"第三届丝绸之路音乐学院院（校）长论坛"和"首届丝绸之路音乐节暨吴蛮丝绸之路工作坊签约仪式"，并与丹麦奥胡斯音乐学院、保加利亚索菲亚音乐学院、吉尔吉斯国家音乐学院、巴基斯坦拉合尔国立艺术学院、土耳其伊斯坦布尔国家音

乐学院、法国斯特拉斯堡国家音乐学院、蒙古国立文化艺术大学艺术学院 7 所院校签署了合作协议，进一步拓宽了广大师生出国交流学习的渠道。2018 年以来共接待来自美国、英国、芬兰、德国、比利时、澳大利亚等国家来访 20 余批次，邀请国内外著名专家学者来我校讲学、演出、授课 50 余人次。

2. 创新人才培养模式，培养国际创新型人才

我校积极与中国教育交流协会、中教国际教育交流中心对接联系，2019 年成功加入《中美人才培养计划》121 项目。2019 年我校共有 7 名本科生被美国特洛伊大学、米勒斯维尔大学、曼斯菲尔德等大学顺利录取。

3. 深化人文交流，推进民心相通

在我校陕西省委首批特殊人才支持计划教学名师领军人才周玲教授带领下，我校"丝路曼歌"音乐会巡演实践交流活动取得圆满成功；应俄罗斯文化部、圣彼得堡国立音乐学院、圣彼得堡爱乐音乐厅邀请，2019 年 6 月，我校雷华教授率领"水月禅心"古筝乐团与圣彼得堡音乐学院民族乐团联袂为俄罗斯观众奉献了一场精彩的文化大餐；8 月，我校青年学生赴挪威参加了挪中友好协会和中国对外友好协会共同发起的"中国＆挪威——手相连心相通"活动，进一步促进了两国音乐文化交流，加深了两国的相互了解和友谊。

4. 吸引国际化教育资源，拓宽师生国际化视野

通过与国外著名音乐艺术院校或艺术家合作，吸引国外优秀师资资源，加大聘请外国专家来校任教力度，做好长期和短期外国专家的聘任和管理工作。2018 年以来共聘请或续聘外籍专家 8 名。聘请国际著名琵琶艺术家吴蛮为我校"一带一路"高等音乐研究院特聘教授。

（三）提升专业教学水平，保障人才培养质量

1. 积极推进"一流专业"建设

为了贯彻落实本科专业供给侧结构性改革，建立健全专业动态调整机制，我校根据自身教学改革方向和专业建设总体规划需要，在多方论证和调研的基础上申请增设"虚拟现实艺术与设计"专业。该专业隶属于现代音乐学院，已进入教育部审批阶段。

2. 加强设施建设，保障教学工作顺利进行

2019 年上半年，为了保障教学任务顺利进行，我校邀请斯坦威钢琴亚太有限公司、斯坦威钢琴北京星德琴行有限公司的专家团队，对全校 1 300 架钢琴进行了全面的专业评估及维护；2019 年 5 月 27 日我校普通话测试站正式建成并投入使用，首次测试人数 284 人；2019 年 3 月，教务处启动对教务管理系统启动考勤信息化的升级工程。

3. 持续加强制度建设

起草、修订《西安音乐学院本科生课程补考或重修申请制实施办法（试行）》《西安音乐学院本科生学业警示实施办法（试行）》《西安音乐学院本科教学考试管理规定》《西安音乐学院学生学籍管理实施细则》《西安音乐学院本科教学新开课程管理办法》《西安音乐学院教学事故认定及处理办法》《西安音乐学院本科教学教师工作规范》《西安音乐学院关于教师请假的管理办法》等 8 项本科教学管理制度；启动《2019 本科人才培养方案》的修订工作，并已完成院系调研、征集工作。

4. 青年教师专业评估考核已形成常态机制

2019 年 5 月，校教学督导组对现代音乐学院、作曲系、音乐学系共 9 名青年教师进行

了青年教师专业（理论）评估考核。考核采取听课、提问、查阅论文或作品等方式进行；6月，民系6位青年教师接受了专业评估考核，考核内容包括演奏、自我介绍及专家提问三个环节。考核成绩优秀者可在9月24日举办"优秀青年教师音乐会"。青年教师专业评估考核已成为备受全校师生关注的重大校园活动之一，对进一步激发广大师生的学习热情起到了积极作用。

（四）加强教师发展中心建设，关注教师队伍成长

1. 加强学校新进教师培训的规范化、制度化

教师发展中心与人事处制定了《西安音乐学院新进教师教学能力考核认定办法》及《西安音乐学院新入职教师岗前培训方案》，进一步完善学校新进教师培训的规范化、制度化。2019年上半年，我校新进工作人员16名，其中教师10名。教师发展中心对新进教师进行了专门培训，培训内容主要包括：师德教育，参观学校校史馆、艺术中心、博物馆，教育学、心理学、教育政策法规、教师职业道德教育等。

2. 进一步加大学校教师发展研究项目投入

学校十分重视教师发展研究项目的工作，2018—2019年投入经费增长2倍，获资助教师增长2倍；2018年，2位教师获得学校教师发展研究项目，每人资助1万元；2019年，4位教师获得学校教师发展研究项目，每人获资助1万元。

3. 继续丰富、提升午餐会活动内容

午餐会活动是利用中午的课余时间，提供给我校教师的交流平台。午餐会以问题为导向，主要围绕各专业教师们所关心的话题及其需求展开。在今后的午餐会活动中，除继续加强已有的"教与学交流系列""教学管理互动系列"研讨主题外，拟进一步开设"青年教师成长""国外访学交流""运动与健康分享""职业管理与发展"等系列主题。

（五）加强实践教学管理，提升本科教学质量

学校根据《国家中长期教育改革和发展规划纲要（2010—2020）》相关精神，深入落实《教育部等部门关于进一步加强高校实践育人工作的若干意见》（教思政〔2012〕1号），同时贯彻学校人才培养方案和专业建设规划，持续加强对本科实践教学的管理，使实践教学成为提高人才培养质量的有效途径和教学质量监控的重要抓手。

三、本科教学工作审核评估工作经验

（一）认识到位是做好审核评估工作的前提

学校党委和行政部门在审核评估工作开始之际就明确了要以审核评估工作为契机，推动学校内涵建设，切实提高人才培养质量，创建本科教学工作新局面的迎评思路。中心地位更加巩固，以学生为中心的教育理念更加深入人心，教学质量保障体系更加受到重视。

（二）领导重视是做好审核评估工作的保障

校党委和行政高度重视本次本科教学审核评估任务，成立了以党委书记和校长为第一责任人的教学审核评估工作领导小组，以《西安音乐学院本科教学工作审核评估方案》为行动指南全面领导评估工作。2018年6月，学校成立本科教学审核评估整改工作领导小组，组织相关部门负责人、学科专家等，多次召开专题会议，分析评估专家提出的意见，商议解决思路和办法。以《西安音乐学院本科教学工作审核评估整改方案》为依据，安排部署、

逐项推进、紧盯牵头单位的工作实效，切实推动整改工作的深入开展。

（三）全面动员是做好审核评估工作的基础

学校先后召开全体教职工大会、党员干部大会、学生干部大会和各班学生班会上百次，就本科教学审核评估工作的目的、意义、内容进行广泛宣传，充分调动全体师生参与审核评估工作的积极性和责任感。在审核评估工作进展的各个阶段，及时召开阶段总结大会，通过核查问题、表彰先进、进行部门沟通、交流经验等，推动迎评工作顺利开展。思想上的统一，为评估工作的顺利开展创造了有利条件。

为了保证各项任务按期完成，学校在审核评估工作的不同阶段均对任务进行了分类拆解并责任到人，且规定完成时间，要求各项任务负责人要切实负起责任，对遇到的问题及时向审核评估工作领导小组汇报。对于向学校提供的材料务必做到材料翔实，数据准确。正是在这样的严格要求下，整理档案、完善制度、收集资料、统计数据、撰写报告等各项工作全面展开、有序进行，并最终确保了我校本科教学审核评估工作的圆满完成。

（四）如实报告是做好审核评估工作的关键

学校组织各学科带头人成立"自评报告撰写工作小组"，在自我总结、自我评估的基础上，依据审核评估范围（即审核评估指标体系），从定位与目标、师资队伍、教学资源、培养过程、学生发展、质量保障和特色总结7个方面，逐一撰写自评报告。

该报告以审核评估考察重点的五个"度"为逻辑主线，针对每一个审核要素，综合审核要点和要点内涵，说明该项工作的建设规划、工作思路、实施措施和取得的实际效果与成绩。弘扬优良办学传统，传承先进教育文化，明确办学指导思想与努力方向，达成广泛的共识。同时，客观清醒地认识学校本科教学发展现状，重新审视学院办学定位与目标，认真梳理总结学院办学经验和教学特色，对存在问题的原因进行具体、深入地分析，并提出切实可行的改进措施，明确整改的目标与发展方向。

四、进一步深化本科教育教学改革的总体思路与实施方案

学校今后一段时期的工作思路是：以习近平新时代中国特色社会主义思想为指导，深入贯彻党的十九大和十九届二中、三中全会精神，全面贯彻落实全国教育大会和教育系统全面从严治党工作会议精神，以学校70周年校庆为契机，以深化重点领域改革为保障，以一流本科教育为重点，持续推进"四个一流"建设，进一步解放思想、改革创新，加快高水平、有特色音乐学院的建设步伐。

（一）坚持立德树人根本任务，提升人才培养质量

召开学校本科教育工作大会，成立本科教育工作领导小组，开展本科教育思想大讨论。出台学校《关于进一步深化本科教育内涵发展，提高人才培养质量的若干意见》，进一步巩固本科人才培养基础地位，落实铸魂育人总要求。加强"课程思政"建设，深化各类重大艺术实践项目的育人功能，全面提升"三全育人"成效。加强课程和教材建设，启动校级"金课工程"。完善教学质量监控和保障体系，强化学生日常教育管理，持续推进教风学风校风建设。修订本科人才培养方案，推进专业教育与艺术实践深度融合，提高特色育人成效。加快推进专业认证工作。加强就业精细化指导，增强创新创业工作成效，提升学生就业质量。出台关于优化生源结构、提高生源质量的激励办法，大力提升本科生、研究生生源质

量。理顺研究生教育管理体制机制，加强对研究生培养的全过程监管，健全研究生质量保障体系，提高学位授予质量。加强对研究生导师的考核评价，优化研究生招生指标绩效配置。

（二）以博士点培育为重点，打造一流学科新高地

围绕文化强国战略，着眼学校未来发展，以博士点培育和建设为牵引，统筹规划、整合资源，抓好重点特色学科建设。按照国家"双一流"建设和陕西省"四个一流"建设要求，出台学校《"四个一流"建设方案》，优化学科布局，创新用人机制和组织模式，夯实校院两级学科管理责任，建设高水平学科团队。挂牌成立院士工作室，打造高端智库，凝练学科新方向。持续巩固国家艺术基金等重大项目的培育和申报成效，提高艺术创新能力，打造更多教育教学和艺术实践精品力作。加强教室、琴房、演艺场馆等资源的统筹管理，提高艺术实践资源保障能力和利用效率。

（三）加强师资队伍建设，提高教师综合素质

全面贯彻落实教育部《新时代高校教师职业行为十项准则》，成立党委教师工作部，印发学校《师德师风建设长效机制》《预防与处理学术不端行为实施细则》等，坚持把师德师风作为教师评价的第一标准。深入实施人才强校战略，成立人才工作办公室，建立新形势下具有竞争优势的人才引进和发展支持体系，构建有利于人尽其才、才尽其用、人岗相宜的工作生态。落实学校"十三五"规划人才队伍建设目标，坚持按需引进、按需培养，增强柔性引进国内外高层次人才成效。加大部分师资紧缺专业教师补充力度，满足本科教学需要。持续加强教师能力培养，制定各类教师培训、考核计划和制度。

（四）提高社会服务能力，助力文化强国战略

继续做好宁强、镇巴、旬邑扶贫工作，打造扶贫工作新亮点。落实与西安市政府战略协议各项内容，拓宽学校办学空间、提高社会服务能力。办好"音乐大讲堂"等公益性活动，提升大众音乐文化审美水平。提高艺术中心管理水平，深化艺术博物馆和校史馆建设，理顺管理体制机制，最大限度发挥场馆育人和对外交流窗口功能。推进高雅艺术进校园、艺术实践进社区、新年系列音乐会等文化惠民项目，扩大学校办学影响力。建立教师参与艺术培训和艺术实践激励机制，提升学校艺术培训和艺术实践社会服务能力。

（五）提升开放办学水平，扩大学校办学影响力

推动中外优质教育模式互学互鉴，争取在中外合作办学方面取得新突破。积极承办高质量学术会议，拓宽师生国际交流渠道。推进实施师资国际化培养方案，派遣更多教师赴国外著名高校学习交流。以"一带一路"高等音乐文化研究院为纽带，提升学校融入国家战略贡献度。深化校地、校企、校友合作，增强校友总会和各地校友分会工作成效，筹备成立校友基金会，为建设高水平大学凝聚校友力量、优化社会资源。

（六）深化体制机制改革，充分激活发展动能

深化人事制度改革，制定岗位职责、机构设置和人员编制方案。创新人员考核评价体系，强化目标责任和投入产出绩效考核。落实科研成果奖励办法，突出大项目、大论文、大成果的业绩评价与奖励导向，鼓励和引导教师积极产出重大标志性成果。完善干部考核评价机制，激励各级干部担当作为。出台管理岗位科级岗设置和选人方案，加快推进干部队伍梯队建设。深入推进政府会计制度改革，加强预算编制、执行和绩效管理，提高财务管理能力

和精细化水平。健全国有资产管理体制，全面清查并提升办公用房、公寓、住宅、设施设备管理水平，出台公用房配置与管理办法。加强内控制度建设，强化对重点领域的监督检查审计力度，提高财务风险防范能力。成立学校经营性资产管理委员会，稳步推进学校所属企业体制改革，建立健全资产经营公司组织架构，突出绩效考核，建立现代化企业制度。加强民主党派组织建设，推进统战工作向基层延伸。出台共青团改革方案，深化学生社团改革，做好离退休职工精细化服务工作。召开学校第六届教职工代表大会暨第十三届工会会员代表大会，进一步加强学校民主管理。

（七）加强支撑保障条件建设，持续改善校园民生

加强收入管理，做好专项申报工作，提高校办产业效能，增强学校综合财力，年度办学经费增长争取不低于10%。结合扫黑除恶专项斗争，加强校园综合治理，切实维护校园稳定安全。开展校园环境大整治，进一步加大净化、绿化、美化工作力度。实施好基本办学条件改善民生项目，按时保质完成家属区多层住宅楼加装电梯、学生公寓安装空调等重点工程。加强信息化建设，完成智慧校园平台（一期）项目建设。加强图书馆资料特色化建设，提升图书资料人员专业水平。加强保密、档案建设工作。推进电子综合协同办公平台建设。提升学术期刊办刊质量。提高学校卫生所诊疗能力和服务水平。推进学生公寓、教室和实践教学场馆改造建设。稳步推进后勤社会化改革，加强绿色、节约型校园建设，进一步提升校园整体管理水平。

在今后的工作中，学校将以审核评估整改建设工作为契机，结合审核评估专家组意见，进一步巩固本科人才培养基础地位，不断凝练我校办学特色，为积极培养社会所需音乐与舞蹈艺术人才、服务文化陕西建设需要、打造陕西文化经典名片作出贡献。

宝鸡文理学院本科教学工作审核评估经验总结报告

杨子元[①]　田延峰[②]　刘景世[③]

本科教学工作历来是高等学校各项工作的重中之重，人才培养中心地位体现在学校对本科教学工作的投入和重视程度上。本科教学工作审核评估可谓是一次真正意义上的全面评估，是对学校本科教学质量的一次实践检验，是促进学校落实本科教学和人才培养各项任务，不断规范和提高自身教学质量保障水平的有力举措。学校统筹安排，精心准备，扎实做好本科教学工作审核评估工作。现将有关情况总结如下。

一、本科教学工作审核评估组织实施概况

学校党委会、校务会多次专题研究审核评估工作，提出明确要求，具体部署安排。印发了《宝鸡文理学院本科教学工作审核评估实施方案》和《宝鸡文理学院本科教学工作审核评估职能部门任务分解表》。订购了《普通高等学校本科教学工作审核评估工作指南》和《普通高等学校本科教学工作审核评估一点通》，与学校编印的《宝鸡文理学院本科教学审核评估60问》等学习资料一起发放给各单位，组织师生员工认真学习，系统掌握审核评估的工作要求和我校的实际情况。

2017年11月5日至9日，教育部专家组对学校本科教学工作开展进校实地考察评估。2018年5月28日，专家组进行了中期检查。2018年11月30日，专家组进行了回访检查。

二、本科教学工作审核评估的主要做法、特色、成效与经验总结

学校坚持整体谋划，统筹推进，以审核评估为契机，以创建高水平大学为引领，不断深化教育教学改革，全力推动本科教学水平再上新台阶。

（一）认真学习，熟悉业务，领会精神

学校要求所有管理人员熟读教育部、陕西省教育厅、教育部高等教育教学评估中心和中国西部高等教育评估中心的相关文件，全面学习和掌握普通高等学校基本办学指标，认真研读审核评估的各项指标，准确把握指标内涵，对照标准查漏补缺，对好的做法进行提炼总结，对不足的地方及时改进。

[①] 宝鸡文理学院副院长。
[②] 宝鸡文理学院教务处处长。
[③] 宝鸡文理学院教学质量监控与评估中心主任。

（二）划分阶段，边整边改，狠抓落实

对照审核评估方案的各项目标任务、进度要求，建立台账，明确责任，边整边改，边改边整，逐项落实。学校审核评估工作进程分为五个阶段。

第一阶段：学习和宣传动员，分解任务阶段（2016年10月13日—11月15日）。深刻学习领会教育部和省教育厅关于审核评估的要求和精神，深刻学习理解评估指标体系、评估重点、评估政策与要求、评估目标。

第二阶段：自查自评，边查边改（2016年11月16日—2016年12月31日）。各职能部门与院系对照《陕西省普通高等学校本科教学工作审核评估范围》中与本部门、本教学单位相关的评估要点，进行自查自评。教务处和学校评建办公室从学校层面自评自查，梳理出所存在问题，从学校层面制定整改措施和解决方案，边查边改。

第三阶段：查漏补缺，落实到位（2017年1月1日—4月30日）。各单位按照学校审核评估工作方案，逐项核查本部门工作任务完成情况，查漏补缺。

第四阶段：预评改进，不断完善（2017年5月1日—8月31日）。

聘请校内外专家组成评估专家组，按照审核评估专家组的工作程序，进行一次全面系统的预评估。根据预评估专家组的反馈意见和建议进行整改。

第五阶段：接受审核评估，进行整改（2017年9月1日后）。与审核评估专家组联络员联系，确定专家进校考察日程。认真做好汇报会、走访、访谈、观摩课堂等环节的协调工作。根据《教育部专家组审核评估报告》反馈意见，向中国西部高等教育评估中心提交整改方案，扎实进行整改。

（三）对标检查，提炼总结，突出亮点

按照学校审核评估实施方案的整体安排和职能部门审核评估工作任务分解，及时检查审核评估工作任务的完成和落实情况，对重要指标进行全面总结和认真梳理，形成了学校的自评报告和系列支撑材料。编撰了展示我校办学特色和亮点的《春华秋实》《硕果累累》《名师荟萃》《桃李芬芳》《校友风采》等审核评估特色材料和相关支撑材料20余种。坚持审核评估工作与日常教学改革、教学建设相结合，不断深化教育教学改革，全面提高教育教学质量和人才培养质量，为创建高水平大学奠定坚实基础。

（四）高度重视，细化任务，明确责任

学校各级领导高度重视审核评估工作，把做好审核评估作为学校的中心工作来部署，作为年度考核重点任务来安排，加强组织领导，强化顶层设计，全力推动人才培养工作获得新进展。学校明确了校党委书记、校长为学校审核评估工作第一责任人，各职能部门、教学单位党政主要负责人为本单位审核评估工作第一责任人，将审核评估工作列入主要的工作日程，实行"一把手"工程，集中力量，积极推进，确保取得实效。

校领导、职能部门、二级学院、教学督导室全员参与，评建办公室细化了任务分解，明确了责任单位，认真组织落实，按照计划分阶段逐步开展较为扎实有效的审核评估工作。同时，加强审核评估工作的督促与检查工作。学校不定期对各单位的审核评估工作进展情况进行督促与检查，及时通报各单位审核评估工作的进展情况。

通过这个阶段的工作，我们深刻感受到：领导高度重视与工作人员团结一致是工作开展的重要保障，工作思路的开阔与工作方法的务实是工作开展的重要抓手，注重整体与关注细

节的程度决定了工作开展的效果。

三、本科教学工作审核评估整改及持续改进的主要做法、特色、成效与经验总结

学校高度重视本科教学工作审核评估整改及持续改进工作，坚持"以育人为根本，以教学为中心，以学科建设为龙头，以师资建设为重点，以提高质量求生存，以提升层次求发展，以鲜明特色求地位，以服务地方求支持，促进学校健康、协调、持续发展"的办学指导思想。学校党委会、校务会多次专题研究审核评估整改和本科教育质量提升问题，全面部署整改工作，提出了一系列切实可行的整改措施，制定了较为完善的整改方案和详细的整改推进计划，建立了有效的整改工作机制。

（一）坚持多措并举，切实加强整改工作

1. 加强组织领导，夯实整改工作责任

学校高度重视本科教学审核评估整改工作，将整改工作作为改进本科教学工作、提高本科人才培养质量的重要契机。专家组现场考察结束后，学校立即安排部署整改工作，成立由校党委书记、校长任组长，其他校领导任副组长的整改工作领导小组。同时，成立整改工作小组，确保整改工作目标明确、责任明晰、措施有效、落实有力。对于能够在短时间解决的问题及时整改；对于需要一定时间才能解决的问题，与"十三五"相关规划结合起来分步骤整改；而需要在长期建设中逐步整改的问题，则与学校发展的总体目标结合起来整改。

2. 全面研判问题，制定整改工作方案

针对专家组提出的整改问题和建议，全面做好研判工作。针对反馈会上专家组和专家个人提出的问题和意见，进行了细致梳理和全面研判，印发了《关于本科教学审核评估整改工作安排的通知》，要求相关职能部门、各二级学院制定整改措施。学校对整改工作进行了全面细致的安排，明确了整改目标、整改措施、整改责任、时间节点。

3. 紧抓关键节点，推进整改任务落实

针对整改工作中的关键环节和关键节点，先后召开多次专题会议研讨整改任务中的重点问题、难点问题和突出问题，就整改工作的整体部署、分组推进、专项推进、中期检查、全面总结等各项工作进行部署安排，并就本科教学基础地位、师资队伍建设、教学资源保障等整改工作中的重点、难点问题进行专题研讨，确保各项工作按照整改方案扎实推进。

4. 强化督查检查，完成整改工作目标

校领导多次带队检查各职能部门、各二级学院整改工作进展情况，指导整改工作。2017年12月至2018年1月，校评建办结合专家反馈意见和学校实际情况，对审核评估整改工作任务进行了进一步梳理，形成了相关职能部门和各二级学院的整改工作任务清单，并逐个与单位对接落实。在每月的教学工作例会上均安排了审核评估整改工作任务，并提出了相关要求。为了交流各单位审核评估整改工作经验，校评建办编印了8期《本科教学审核评估整改工作简报》，交流了各单位审核评估整改工作经验。这些措施进一步提高了各单位对审核评估整改工作的认识，明确了整改任务和目标，推进了整改任务的落实。

（二）做好顶层设计，确保人才培养质量

1. 贯彻落实全国教育大会精神

召开了以"贯彻落实全国教育大会精神，深化教育教学改革，推进内涵建设，构建高

水平的本科人才培养体系"为主题的2018年教学工作会议。会议总结了我校近年来人才培养工作的成绩和经验，分析了我校面临的形势和任务，提出了深化教学改革、提高教学质量的重点任务和举措，拿出了可行的实施方案，为今后的教学改革指明了方向。

2. 构建科学有效的质量监控与保障体系

学校设立了教学质量监控与评估中心，确定了学校、二级学院教学质量的第一责任人和直接责任人。制定或修订相关教学质量监控文件，细化主要教学环节质量标准，加强校院两级教学质量管理队伍建设，全面实施教学质量监控，促进人才培养质量提高。围绕"内涵建设与质量提升"主题，构建了符合实际、科学有效的教学质量监控与保障体系。

3. 强化教学评价结果应用

将教师的教学评价结果作为教师岗位聘任、岗位任期目标考核、各级各类先进评选的重要指标，进行等级确定和位次排序。对教学效果评价较差的教师，进行降低岗位等级、调岗、扣减岗位绩效工资等处理。落实教学评价的结果应用，将教学效果作为教学名师、教学质量奖、教学成果奖等人选评定的核心指标。

4. 加强毕业论文（设计）指导和监管

修订了《本科毕业论文（设计）写作规范（试行）》。从2018年开始，对所有本科生毕业论文（设计）进行学术不端检测；遴选部分毕业论文（设计）分送省内外高水平大学外审。在2019届毕业论文（设计）工作中，鼓励学生将主持的国家级、省级大学生创新创业训练项目作为毕业论文（设计）课题，加大应用型选题比例。

（三）完善规章制度，加强师资队伍建设

1. 建立激励引导机制

在职称评审实施办法中加大教学条件设置和教学赋分比重，坚持教学和科研并重原则。教学、科研分别设立量化赋分标准，申报人员的量化赋分不进行累加，分别排队。获得校内讲课竞赛特等奖者或思政课教师获得陕西省委教育工委"陕西省高校思政课教学标兵"称号者，满足省教育厅原副教授职称评审科研条件，可以破格申报副教授职称，等额指标评审；获得省上讲课竞赛一等奖者，满足省教育厅原教授或副教授职称评审科研条件，可以破格申报教授或副教授职称，等额指标评审。

2. 提升教师教学能力

多管齐下，广拓渠道，开展多种活动，加强青年教师培养。一是举办微课教学比赛，邀请专家对青年教师做微课专题培训。二是提高青年教师讲课竞赛的举办频次，从2018年起将每两年1次的校级青年教师讲课竞赛调整为每年1次。三是组织新进教师参加入职培训，着力培养新进教师的教学科研能力。四是举办青年教师雅思培训班，提高青年教师英语水平。

3. 激发教师读博动力

进一步提高教师攻读博士学位期间待遇，实施保留人事关系和工作岗位，分别发放全额基本工资和绩效工资的60%（国内）、100%（国外），学成回校享受人才引进待遇等优惠政策。从2020年起，1985年1月1日以后出生的教师申报副教授、1980年1月1日以后出生的教师申报教授均须具有博士学位或博士在读（统招）；外语、体育、美术、音乐类专业教师申报副教授暂时放宽至硕士学位，但1990年1月1日以后出生的教师申报教授必须具有博士学位或者博士在读（统招）。通过政策的激励和宣传，极大激发了青年教师攻读博士学位的积极性。

4. 不断加强师德师风建设

学校决定2018年为"师德师风建设年",制定了《"师德师风建设年"工作实施方案》,表彰奖励了师德师风先进个人和集体。制定了教职工师德失范"红十四条",在教师职称职务晋升、年度考核、岗位聘用、各类人才评审、各级各类先进评选等方面,严格执行师德一票否决。

(四) 强化学科建设,促进科研反哺教学

1. 科研平台强化实践教学

各级各类科研平台均向本科生开放,接受学生从事开放性实验研究。加强毕业论文、毕业设计、创新创业等实验性或实践性环节,不断提高学生能力和专业素质。通过政策引导与经费支持,鼓励教师结合科研工作,带领学生组建创新创业团队,培养大学生的科研兴趣和创新意识。

2. 教师科研促进课堂教学

教师将科学研究的理念、科学研究的前沿及自己科学研究的成果适时融入课堂教学,深化了教学内容,激发了学生兴趣,拓宽了学生视野,培养了学生创新意识。教师将研究成果编著成教材或根据研究成果修订现有教材,转化为学生的课程教学内容,不断更新教学内容。

3. 学术活动开阔学生视野

进一步规范学术交流管理工作,营造良好科研氛围,促进科研育人。以学术交流为抓手,鼓励学生积极参与各种学术报告、学术沙龙活动,让学生有机会与学术名家近距离接触,了解学术发展前沿,不断巩固、深化课堂知识,培育学生自主学习能力,达到科研工作反哺教学和开阔学生视野的目的。

4. 科普活动提升学生素质

根据学科专业特点,开展了形式多样的科普活动,有效提升了学生的科学素质。每年4月份开展的"科技之春"宣传系列活动集中展示了大学生的科研成果和科技创新作品,巩固学生所学基础理论和专业知识,将课堂知识与实践环节相结合,提高了学生实践操作能力,调动了学生的科研创新热情,达到了科研促进教学的目的。

(五) 搭建合作平台,提升服务地方能力

1. 科研平台建设成效显著

组建了4个科研平台,加大科研平台建设工作,以教授和优秀博士为科研带头人,围绕学科建设及科研优势,加强区域合作,搭建科研与成果转化平台,强化校企合作,形成以产出标志性科研成果和提高人才培养质量为目的的科学研究队伍。

2. 挖掘区域文化育人资源

依托现有3个省级社科研究基地,深度挖掘宝鸡地区红色革命文化,讲好宝鸡革命故事,坚定区域文化自信,服务宝鸡文化建设,提升学生思想道德教育效果。策划了《宝鸡党史人物传》绘本丛书编撰项目,项目得到了陕西省社科联社科普及项目立项资助。

3. 不断提升服务地方能力

各研究机构与政府部门、企事业单位签订研究课题,为有关企业做了科技项目管理报告,进行了项目培训。教育科学研究所组织教师和学生赴凤翔县柳林镇汉封学校开展关爱留守儿童志愿活动,举行了我校首个"农村留守儿童教育帮扶基地"挂牌仪式。

（六）健全监控制度，强化教学质量管理

1. 修订、制定教学质量监控制度，完善教学质量监控体系

修订了《宝鸡文理学院本科教学质量监控体系》《宝鸡文理学院教学与教学管理事故认定及处理办法》《宝鸡文理学院本科教学质量优秀奖评选奖励办法（修订稿）》等文件，制定了《宝鸡文理学院师范类专业人才培养质量达成度评价管理办法（试行）》《宝鸡文理学院主要教学环节质量标准》《宝鸡文理学院二级学院教学督导工作年度考评办法》等文件，进一步完善了教学质量监控体系。自2017年起，学校划拨专项经费，统一委托第三方教育数据咨询与教育质量评估机构，每年对学校应届毕业生进行调查，了解毕业生半年后的短期就业能力与培养质量的社会评价，形成书面报告并反馈至二级学院。

2. 坚持教学质量信息反馈制度，提高信息利用率

每学期均开展教师评学和学生评教活动，每月收集1次学生信息员意见建议，每次教学督导教师、干部听课以后均需填写相关表格。根据教学督导、教师、干部、学生信息员的反馈意见，及时完成信息的收集、整理工作，通过电子邮箱、书面通知、专题会议等形式向相关单位反馈，并跟踪督查整改落实情况。对于各单位的回复和整改情况，及时向师生通报。定期在教学工作例会上通报教学质量监控与评估信息，促进了教育教学质量监控信息的交流与沟通，初步形成了教育教学质量监控信息的闭环利用。

3. 开展教学环节专项检查，落实质量保障主体作用

校院教学督导通过深入课堂听课、巡视期末考试考场、检查毕业设计（论文）等方式，对教育教学过程进行督查。每学期开学第一周，校级教学督导赴二级学院开展教学质量监控工作的调研检查，搭建了互学互鉴平台。听课之余，校级教学督导对各二级学院教学质量管理工作主体作用发挥情况开展了教学专项检查，涵盖了二级学院教学质量管理、实践教学开展、创新创业教育改革以及课堂教学方法与考试考核方式改革等内容。

（七）积极协调推进，深化国际合作交流

1. 形成国际合作交流格局

为进一步强化国际化办学理念，加快国际化办学进程，提升开放式办学水平，制定了《国际化发展中期规划（2018—2020）》。按照"明确目标、整体规划、分步实施、系统推进"的工作思路，多措并举，协调推进，激发和调动各教学单位和师生参加国际合作与交流的积极性和主动性，使国际化办学成为师生员工的共识和共同行动，逐步形成有目标、全方位、多领域、深层次的国际合作与交流格局。

2. 提升师资队伍国际化水平

积极选派青年教师参加"西部计划"、陕西省公派留学、访学计划和因公出国培训项目。2018年，共派出6名教师赴国外进修学习，2名教师赴国内高水平大学做访问学者。2018年上半年，以柔性引进方式招聘和签约高层次人才3名。2018年10月中下旬，学校赴匈牙利、波兰和捷克进行了高层次人才招聘活动。

3. 加大开放办学力度

2017年以来，与5所大学开展校际合作，与2所大学签订了合作备忘录。选派25名本科生赴国外大学交流交换学习，3名本科生赴国外参加营地辅导员项目，14名本科生赴国外参加带薪实习项目。接收国外留学生15名。积极开展合作办学，已初步与乌克兰化学工业大学、俄罗斯门捷列夫化工大学、白俄罗斯国立科技大学等高校达成合作办学意向。

（八）落实立德树人，促进学生全面发展

1. 健全学风建设长效机制的教育引领体系

按照分年级分层次的教育思路，构建大学四年不断线、全程贯通的教育引导体系，做好教育引领，即：一年级以适应大学生活、科学规划学业为重点，帮助学生做好学业规划；二年级以明确学习目标、巩固专业基础为重点，帮助学生做好职业生涯规划；三年级以提升综合素质、促进充分就业为重点，帮助学生做好就业创新指导；四年级以先就业、后择业为重点，为学生提供全员性、全程化、全方位的就业指导服务，引导学生树立正确的学业观、成才观、择业观和就业观。

2. 抓好学生学习习惯养成教育

长期坚持六项管理政策落实到位，即：坚持校院两级督查制度，坚持课堂双考勤制度，坚持管理促进学风建设，坚持家校互动教育制度，坚持晨读和晚自习制度，坚持考风促学风制度。每学期开展优良学风建设月，严抓学习纪律，使学生明确肩负的责任和使命；通过各二级学院每月上报的学生管理工作月报表，了解学生日常学习生活的基本情况；开展学风专项检查，切实加强早操、晨读、晚自习检查和学生公寓内学风建设，并在每月学生工作例会上通报学风检查结果。

3. 以表彰奖励激励优良学风形成

围绕学校创建高水平大学和追赶超越目标任务，树立先进典型，营造浓厚校园文化氛围，表彰奖励先进典型。一年来，评选出 12 名"2017 年大学生年度人物"、471 名 2018 届优秀本科毕业生、6 个"考研工作先进单位"、423 名"考研先进个人"、28 名国家奖学金获得者、659 名国家励志奖学金获得者、63 个单项奖获奖集体和 170 名单项奖获奖个人。通过树立先进典型，发挥示范引领作用，进一步促进优良学风的形成。

4. 以服务保障学风建设

构建了"奖、贷、助、勤、免、补"六位一体及资助育人"6+1"资助工作体系，开展家庭经济困难学生帮扶，解决贫困生学习后顾之忧。落实心理健康排查、心理健康五星月报、心理健康走访等制度，及时化解学生中各种心理危机；依托学校网络心理测评系统，开展新生心理健康普查与老生心理健康排查；充分利用"3.25""5.25""10.10"心理健康宣传日，以及"大学生心理健康宣传季"等平台，积极开展形式多样的心理健康教育活动，不断深化心理健康教育效果。

（九）加强干部学习，提高干部管理水平

1. 制订干部教育培训计划

制订处科级干部年度教育培训计划，多批次对处科级干部进行培训，做到教育培训全覆盖，确保教育培训的经常性，切实增强教育培训的针对性和实效性。

2. 大力开展干部培训工作

扎实开展干部培训工作，创新培训方式，拓宽培训渠道，注重将"请进来"与"走出去"相结合，邀请知名的专家学者集中辅导，走进优质的培训基地现场培训，切实提升了培训质量和效果。

四、进一步深化本科教育教学改革，提升本科教育教学质量

为落实整改回访检查专家组的意见建议，学校制定了进一步加强本科教学审核评估整改

工作方案，2019年持续进行整改。学校按照"以评促建、以评促改、以评促管、评建结合、重在建设"的方针，认真总结本科教学审核评估整改工作取得的成功经验，按照《宝鸡文理学院"十三五"事业发展规划（2016—2020年）》的安排部署，重点推进以下工作。

（一）以专业认证为抓手，促进教育教学改革和"一流专业"建设

坚持以学生为中心的理念，坚持走内涵式发展道路，坚持以提高人才培养质量为核心，以专业认证为抓手，不断探索人才个性化发展、多元化培养的有效途径。按照"优化结构，注重内涵，强化特色，提升质量"的思路，做优做强教师教育专业，做精做特工科等应用型专业，进一步优化专业结构体系，切实推进教育教学改革和"一流专业"建设。

（二）进一步强化师资队伍建设

充分利用省级高层次人才平台，为学校引育拔尖人才。通过柔性引进方式，广泛吸引国内外学术界有影响力的学科和学术带头人来校工作，积极引进和培养省级、校级重点学科和学校优势、特色专业发展急需的高层次人才。积极深化职称制度改革，推动绩效工资改革，完善分配激励机制，实现学校人才引进、师资培养、职称评审等工作稳步推进。

（三）不断提升服务地方和区域社会经济发展的能力

将周秦文化精神渗透到本科人才培养过程中，积极开展学术研究和教学实践，营造良好文化氛围。聚焦地方和区域社会经济发展对国际化人才的需求，将周秦文化核心研究成果与地方政府的社会治理相结合，从政治伦理、经济伦理、制度伦理、生态伦理等方面为地方政治制度建设、地方城市文明建设、企业伦理文化建设贡献力量，积极服务社会。

（四）深化国际化人才培养内涵

继续加大与世界高水平大学、"一带一路"沿线国家高校的教学科研合作，完善人才培养联合攻关机制；优化国际交流合作项目结构，全面提升师生国际化发展与培养的数量与质量；深化教学课程国际化改革，加大国际化教育资源建设力度，加强国际化师资队伍建设，建立国际化人才培养的多元平台，完善国际化人才培养体系。

（五）多种方式争取资金，持续加大办学投入

持续加大对本科教学和教育教学改革的政策资金支持力度，形成系统化、持续性投入保障机制。积极争取中央、陕西省财政和各类专项建设经费支持；探索产教融合新模式，通过共建合作育人平台、校友捐赠等多种途径、多种方式争取更多办学资金。根据立项目标，考核资金投入、执行及建设成果绩效，将考核结果与项目的后续经费下拨挂钩，确保教学经费有效投入和高效使用。

面对新时代的新形势和新任务，学校将以习近平新时代中国特色社会主义思想和党的十九大精神为指引，贯彻落实全国教育大会精神，紧抓国家"双一流"和全省"四个一流"建设的重大机遇，围绕"一带一路"倡议和创新驱动发展战略，深化综合改革，加快内涵发展，奋力追赶超越，实现更名宝鸡大学，逐步推动学校由教学型院校向教学研究型大学发展转型，跻身陕西省高水平大学行列；通过10~15年努力，获批博士学位授予单位，建成教学研究型的高水平宝鸡大学，为区域经济和行业发展做出更大的贡献。

咸阳师范学院本科教学工作审核评估经验总结报告

王长顺① 范广②

2017年11月12日到11月16日,根据陕西省教育厅和中国西部高等教育评估中心安排,教育部本科教学工作审核评估专家组一行12人实地考察了我校本科教学工作的整体状况。2018年5月31日,本科教学工作审核评估整改中期检查专家组对我校本科教学工作审核评估整改情况进行深入检查。2018年12月5日,受陕西省教育厅、中国西部高等教育评估中心委托,本科教学工作审核评估整改回访专家组一行6人,对我校本科教学工作审核评估一年来的整改工作进行了回访检查。我校顺利通过了本科教学工作审核评估、整改中期检查和一年回访。在陕西省属本科教学工作审核评估整改提高检查结果中排名第14位,位居同类院校首位。专家组一致认为,我校办学定位与培养目标适应区域经济社会和基础教育发展需求;拥有一支师德高尚、积极进取、业务精良、能够满足本科教学基本需要的师资队伍;教学资源建设取得了较大的进展;人才培养环节规范有序;构建起全过程立体化育人体系、形成齐抓共管全面育人局面、建立了招生就业互动机制和学风建设长效机制;形成了规章制度、质量标准、条件资源相互促进的教学质量保障和监控体系。现将我校本科教学工作审核评估情况报告如下。

一、本科教学工作审核评估工作的主要做法

(一)高度重视,做好顶层设计

1. 制定方案,明确目标,厘清思路

2016年6月,根据陕西省教育厅《关于开展普通高等学校本科教学工作审核评估的通知》(陕教高办〔2016〕32号),学校结合实际情况印发了《咸阳师范学院本科教学工作审核评估实施方案》。方案确定了我校审核评估总体思路和工作目标,分解了工作任务,明确工作要求。根据方案要求,学校成立了本科教学工作审核评估领导小组和工作小组,有力推动了审核评估工作的深入开展。

2. 明确要求,细化任务,落实责任

学校印发了《咸阳师范学院审核评估各单位工作任务清单》。任务清单包括审核项目、审核要素、文字材料、相关工作和支撑材料等部分,内容覆盖6个规定项目(包括25个要素、80个要点)和1个自选特色项目。任务清单对各单位工作任务做了明确要求,做到了

---

① 咸阳师范学院副院长。
② 咸阳师范学院教务处处长、教学质量评估中心主任。

任务细化，责任落实。

（二）多措并举，宣传动员

学校积极采取多项措施，努力营造"人人关心评估、人人了解评估、人人参与评估、人人为评估做贡献"的浓厚氛围。校领导在两次大会上统一要求，一是要统一思想，全校上下深刻认识审核评估的内涵与重要意义；二是要统筹协调，加强领导，全面做好迎接审核评估各项工作；三是要以评促建，进一步提高我校本科教育教学水平。学校编印了《咸阳师范学院本科教学工作审核评估宣传手册（第一册·评估政策、第二册·校情总揽）》《咸阳师范学院本科教学工作审核评估知识问答手册》，在校报开辟专栏，宣传审核评估知识。建成了"咸阳师范学院本科教学工作审核评估专题网站"。专题网站设置评估动态、评估通知、组织机构、政策文件、他山之石、资料下载、评估知识等栏目，成为学校开展审核评估工作的重要窗口。

（三）精准发力，开展各项专项工作

1. 稳步推进，开展各级校内自评工作

2016年12月，学校组织专家分成三个组对15个二级学院开展自评工作。2017年3月，学校开展试卷和教学文案专项检查工作。2017年4月，校核心领导带队专项检查12个职能部门审核评估准备工作。2017年6月，学校开展了本科教学工作审核评估自查工作。2017年10月24日，由陕西科技大学校长助理郑恩让教授任组长的本科教学工作审核评估预评专家组开展了审核评估预评工作。

2. 建章立制，完善质量保障体系

学校以本科教学工作审核评估为契机，紧抓制度建设，完善质量保障体系，依据高等教育发展变化趋势，结合我校实际情况，先后制订、修订65个教学管理文件，推动制定了关于教学、实验室管理、人事组织、国际交流等方面的10本制度汇编，有效完善了教学质量保障体系，提升了教学管理规范化程度。

3. 凝练总结，撰写自评报告和状态数据报告

学校成立自评报告撰写小组，抽调专人负责自评报告工作。评建办制定自评报告撰写小组的写作安排，提出了明确的工作要求。各成员通力协作，共计撰写十二稿自评报告，保质保量完成任务。

我校主要从以下几个方面做好自评报告撰写工作：一是自评报告执笔人深入学习理解评估项目、要素、要点，并对照标准整理数据，逐条梳理各项完成情况；二是确保明确自评报告撰写的时间安排，注重团队协同，注重查找问题、分析问题、解决问题；三是注重内容完整、数据翔实，确保数据的真实性、准确性和闭合性；四是注重排版严整，模块清晰，逻辑严密，表述清楚。

4. 周密准备，做好迎评工作

在迎评阶段，需要做到的是细致、周密。学校制定《本科教学工作审核评估专家进校阶段工作方案》，成立迎评指挥部及十个工作组，负责专家组进校前及在校期间的指挥、调度、协调、接待、服务工作。各二级学院和职能部门都制定了详细的迎评方案、工作流程。

二、本科教学工作审核评估收获与成效

依据《咸阳师范学院本科教学工作审核评估专家组审核评估报告》，根据专家组的意见

和建议，学校党委和行政部门高度重视，召开专题会议，深入研究，认真梳理，制定了《咸阳师范学院本科教学工作审核评估整改方案》，全面安排部署审核评估整改工作。学校将审核评估整改工作列为2018年的重点工作，加强了对整改任务和责任的落实、对整改过程的监管和对结果评价，并将评价结果作为单位及个人考核的重要依据。经过学校上下齐心协力共同努力，审核评估整改方案中提出的整改任务一一落实。

（一）认识得到提高，观念得以改变

根据党的十九大精神，深入总结分析学校发展的现有基础、现存问题、办学资源和未来需要，进一步凝练科学、合理的学校发展定位和总体目标。学校领导以四十年校庆为契机，多次拜访知名校友，征集他们对学校发展的意见和建议，并先后前往延安大学、黄淮学院、运城学院、盐城师范学院、安康学院、商洛学院等省内外同类院校进行调研交流。在调研交流基础上，根据审核评估专家提出的意见建议，对学校"十三五"发展规划进行了部分调整，细化了学校办学定位与目标，突出了教师教育特色。学校提出了"三个阶段、四大战略、九大任务"奋斗目标，进一步明确和夯实了学校发展目标与定位，吹响了全校师生员工凝心聚力创建"一流学院"、提升办学层次、加快建设特色鲜明的高水平应用型大学的奋进号角。

（二）定位更加科学，目标更加清晰

进一步阐明定位与培养目标的内涵，制定完整、系统的制度与政策，采取有力措施，注重细化操作，加大执行力，将定位与培养目标落到实处。结合学校"十三五"发展规划，为贯彻落实《关于全面深化新时代教师队伍建设改革的意见》《关于新时期加强高等学校教师队伍建设的意见》和全国教育工作大会精神，学校讨论形成了《咸阳师范学院关于进一步加强师范教育工作的决定》，明确了师范专业建设思路、建设目标和专业定位。设立师范专业建设专项经费，加强内涵建设，突出专业特色，强化专业优势，提高师范专业建设水平。在2018年版人才培养方案的修订过程中，各二级学院围绕学校"三实一强"人才培养目标，结合师范专业认证要求，厘清专业人才培养目标，创新人才培养模式，深化课程教学体系，持续改善教学条件，加大实践教学比重，加强校内外实践基地建设，将创新创业教育融入人才培养全过程，着力培养学生的社会责任感、创新精神和实践能力。

（三）专业结构优化，集群优势突显

加强专业整合力度，构建专业群，发挥专业间相互支撑作用，彰显专业集群优势。对所有专业进行梳理，逐个研究各专业的人才培养目标，完善培养方案，强化学校引领，为建设高水平应用型大学提供坚实支撑。学校紧密结合地方经济社会发展需要，积极建立与地方经济建设和社会发展相适应，与自身学科相依托，紧密对接产业链、创新链的专业体系，建设门类较为齐全的优势特色和应用性专业集群。学校在2018年新专业申报中，在前期调研的基础上，增设了物流管理专业，着力服务地方经济社会发展。学校突出教师教育特色，着力加强师范专业建设，扩大师范专业招生比例。在常年师范专业招生比例已经达到50%的基础上，学校决定从2018年起，将师范生招生比例提高到60%。落实《咸阳师范学院毕业生就业工作预警机制实施细则》，通过"招生—就业—招生"的联动机制，提出人才培养和专业调整意见建议。学校以"一流专业"建设为抓手，加大经费投入，加强专业内涵建设，着力建设一批在省内外有重要影响的优势特色专业。根据师范类专业认证标准，学校深入研究师范专业评估指标体系，起草《咸阳师范学院师范类专业认证工作实施方案》，逐步建立校内评估机制，分期分批开展师范类专业评估，以加强内涵建设，突出专业特色，推进专业结构调整与优化，促进人才培养质量持续提升。

（四）师资队伍加强，结构更加合理

有效落实师资队伍建设规划和人才引进计划，合理补充数量，优化结构，特别是加快生师比超高专业教师引进的速度。优化师资队伍的年龄和学缘结构，提高年轻教师和具有海外经历教师的比例。加大高水平领军人才引进和培养力度，重点引进学校优势特色学科急需的领军人才，并为他们提供良好的团队、条件和环境保障，带动优势特色学科整体水平的提升。加强对青年拔尖人才的引进、培养和支持力度。为落实学校"十三五"师资队伍建设规划，学校进一步加大人才引进经费投入，提高博士引进各项资助费用。学校为引进博士提供一次性安家费，建立科研启动费报销账户。其中，A 类博士安家费 30 万元，科研启动费 20 万元；B 类博士安家费 20 万元，科研启动费 15 万元。对特殊紧缺人才等实行一事一议的原则，协商确定引进待遇。针对各专业间师资队伍不均衡的问题，学校进行了深入的调研和梳理，加大对艺术、金融数学、测绘工程等紧缺专业专任教师的引进工作。

不断加大高层次人才的引培力度，引进考古学科带头人研究员，弥补了学校汉唐考古及博物馆学学科人才的空白，有力提升了陕西（高校）哲学社会科学重点研究基地"关中古代陵寝文化研究中心"的研究力量。调整办公用房，根据教学科研需要进行统一规划分配，重点优化了科研用房、名师工作室、教授（博士）工作间、教研活动室、资料室的空间布局，最大限度地为教学科研工作提供服务和支持。通过调整，为全校的教授和博士配备了工作场所和办公电脑。切实落实《咸阳师范学院青年教师培养实施办法》，实施分类培训，通过出国研修项目、在职学历提升项目等培训学习项目，选派 45 岁以下青年教师赴国外知名大学、教育机构培训学习，提高教师队伍的国际化水平。

评估整改以来，选派 2 名教师申报国家留学基金委"西部项目"，分别赴英国剑桥大学和美国普渡大学访问学习；共选派 47 名教师赴国外知名大学进行短期访问和学术交流。学校支持教师赴国外攻读硕博士。2018 年已选派 13 名青年教师赴韩国攻读硕士、博士学位。学校于 2018 年启动师范类专业优秀教师教育教学法研修项目，遴选了 12 名师范专业教师，于 2018 年 10 月派往美国乔治梅森大学进行两周的培训研修，有力提升了师范专业教师的教学能力。

切实加强教师教学发展中心建设，进一步完善组织机构和工作机制，制定促进教师专业发展的政策体系和具体措施，发挥中心在质量评价、教学研究、技能竞赛、专业培训和职业生涯等方面的作用。加大教师发展专项资金投入，扩大教师赴国内外高水平大学、研究机构、大型企业进修的规模。

（五）办学经费增加，筹措渠道多元

创新经费筹集思路，广开经费收入渠道，汇集社会公益资源，增强办学经费筹集力度。继续完善教学投入逐步增长的体制机制。学校积极配合上级部门做好 2018—2020 年中央财政支持地方高校资金项目的滚动编制工作，保质保量完成项目申报工作。2018 年，中央项目支持资金第一批经费到账 2 901 万元，第二批经费到账 1 290 万元。学校制定了《咸阳师范学院接受社会捐赠管理办法》，开通网络捐赠通道，以学校 40 周年校庆为契机，通过多种

方式向校友及社会各界募集办学经费，汇集各类社会公益资源。40周年校庆期间，学校接受各类捐赠折合金额800余万元。2018年，培训学院和资产经营处为学校创收500余万元，附属中学与社会机构合作办学收入达15万元。严格预算执行进度管理，探索建立预算绩效评价制度。通过定期通报预算执行进度，督促各经费管理部门和项目负责人加快项目进展，确保预算执行到位。

（六）办学条件改善，保障更加有力

进一步改善学校办学条件，提高实验室资源共享程度和仪器设备利用率，加大实习实践教学经费，增加图书资料和电子数据资源的购置量。2018年，学校投入2460万元建设美术专业高清图像数据库、计算机软件实验室、教师教育实训中心、视听制作综合实验室、化学类大学生创新平台、环境分析实验室、工程实训中心、产品设计及环境设计实验室、旅游管理专业综合模拟实训室、电工电子实践教学基地等项目。2018年10月，获批2项陕西省虚拟仿真实验教学项目。学校投入130万元专项经费，建设了30个配套激光投影仪的多媒体教室，已于本学期投入使用。学校在教学区、图书馆、体育馆、实验楼等地安装了45台直饮水机，彻底解决了学生在教学区域的饮水问题。学校拟投入106万元建设"三字一话综合技能强化实训平台"，为师范专业学生技能训练提供保障，切实夯实师范生的教学基本功，提高师范生教书育人的基本技能。学校制定了《咸阳师范学院实验室开放管理办法》，为大学生化学实验技能竞赛、大学生创新创业训练项目、毕业论文（设计）等工作提供场所，提高了实验室开放程度。

（七）教学建设加强，教学改革持续深化

1. 加大课程建设力度，完善课程建设规划

增加课程总量，加强优质课程建设，注重各专业课程建设均衡发展，强化网上教学资源建设与利用。在2018年版人才培养方案修订工作中，学校对二级学院开设校级选修课提出明确要求，要求文科（含艺体）学院开设6门以上校级通识选修课，理工科学院开设3门以上校级通识选修课。2018年，学校共开设校级选修课56门。引入了智慧树、超星尔雅在线开放课程平台，共计开设83门在线开放课程，丰富了课程教学资源。学校在本学期开展了慕课建设工作，在创新创业教育改革试点学院、省级一流专业和特色专业中遴选了14门课程开展慕课建设。学校已将课程建设作为年度考核目标任务，通过绩效考核、量化排名，发挥二级学院课程建设主体地位，推动学校课程建设顺利开展。目前，学校正在制定《专业核心课程负责人管理办法》，加强课程教学团队建设，提高教学质量。2017年12月，学校获批1项陕西省高校教师教育类在线开放课程建设项目，现已完成建设，上线运行。

2. 强化实习实践基地建设，完善实习实践基地建设体系

学校立足陕西和西部地区，加强产学研合作，完善校内外实习实践基地建设体系。2018年，学校积极拓宽校外实习实践教学基地，先后与新疆伊犁哈萨克自治州教育局、浙江义乌市民办教育协会签署实习实践协议。2018年，学校获批1个省级大学生校外创新创业实践教育基地。校外实习基地由2017年的276个增加到294个，增加了18个。学校注重校内实习实训基地的建设，先后建设了师范技能实训中心、工程实训中心、创新创业基地。学校加强与实习基地的产学研合作，2017年12月，学校先后获批1项教育部新工科研究与实践项目，获批4项教育部有关企业支持的产学合作协同育人立项项目。2018年11月，学校获批

2 项教育部有关企业支持的产学合作协同育人立项项目。

3. 加强创新创业教育工作,"双创"教育合力不断汇聚

学校印发了《关于进一步加强毕业生就业创业工作的实施意见》《咸阳师范学院深化创新创业教育改革工作实施方案》等系列文件,成立创新创业改革领导小组,进一步明确了学校创新创业教育目标任务,全面推进创新创业教育,营造了良好"双创"生态。我校是咸阳市创新创业(SYB)培训定点机构,负责咸阳师范学院应届毕业生的 SYB 培训任务。此项工作进展顺利,已培训学生 1 000 余人。我校借力校企合作、校地合作,广泛搭建协同创新实践育人平台,拥有 3 个省级大学生实践教学中心、1 个省级大学生校外创新创业教育实践基地建设项目。学校建立咸阳师范学院西咸软件众创空间,先后有 4 家高科技企业入驻,至今已孵化项目 17 个,服务大学生团队 38 个。2017 年 10 月,学校投资 100 万元建成 1 000 余平方米的大学生创新创业基地,助力"双创"起航。两年来入驻 31 个大学生创新创业团队。近三年,大学生创新创业训练计划项目累计校级立项 280 项,获批省级立项 130 项,获批国家级立项 95 项,参与学生达 1 231 人。学生参加"互联网+"大学生创新创业大赛、创青春、中国创翼等各级"双创"大赛共 543 项,获省级以上奖励 18 项。

4. 开展学生第二课堂,构建课外培养支撑体系

进一步完善第一课堂与第二课堂的互动机制,在人才培养目标指导下,将课外培养更好地融入本科人才培养体系,建立以学校为统筹、院系为核心、学生为主体的课外培养支撑体系。加大经费投入,保障课外培养计划的落实。在 2018 年版人才培养方案中,增加了能力素质拓展与创新创业教育 5 个必修学分,将课外培养融入本科人才培养体系。学生须参与第二课堂的活动或考取相关证书,获得该课程模块的学分。大学生能力素质拓展与创新创业教育学分累计超过本专业修读要求的,可以申请置换与活动内容密切相关的通识教育选修课、学科专业方向选修课、部分实践教学学分或毕业设计(论文)课程所需学分。2018 年,学校投入第二课堂活动经费 50 万元,加大校内外活动场所和设施建设。学校制定了第二课堂成绩单管理办法,从 2018 级学生开始实行,要求学生必须获得 8 个第二课堂学分,其中,思想成长、志愿服务、社会工作三个模块必须各获得 1 个学分,其他模块必须获得 5 个学分,与 2018 年版人才培养方案中要求的能力素质拓展与创新创业学分实现了无缝对接。

(八)立德树人得以落实,学风得以加强

进一步加强学风建设,促进学生养成良好的学习风气和学习习惯,不断提高学生自主学习、自我管理的意识和能力,在学业成长的同时提高综合素质。评估整改以来,学校以"三观"教育为核心,着力推进大学生思想政治教育和理想信念教育,先后开展"校训激励我前行"主题教育班会活动和"爱国·奋斗"主题观影活动,引导学生自律自强、积极进取。2018 年年初,结合实际,学校制定了《2018 年学生工作要点》《2018 年学风建设工作方案》,深入推进学风建设工作。2018 年 4 月,学校开展了学风建设月活动,通过加强学风建设宣传教育,开展学风专项检查和学风建设工作调研,落实"一日行为规范化"管理、学生家园作息管理、学生综合素质测评等工作,加强学风建设。

(九)制度加强完善,管理更加规范

进一步加强制度建设,完善教学质量管理组织结构,明确在教学质量保障体系中学校和教学院系以及各职能部门的分工和职责。构建完善的评教和评学制度,并有效实施。学校制

定了《咸阳师范学院关于加强和完善本科教学质量保障体系的实施意见》并严格落实，加强制度建设，完善教学质量管理组织结构。一是强化大教学系统，建立全校一盘棋的质量保障机制，由教学质量评估中心具体负责质量监控与改进。二是成立校院两级教学秩序专项检查工作组，负责对课堂管理、课堂纪律进行检查。三是加强教学督导队伍建设，成立校院两级督导组，共有校级督导15人，二级学院督导69人，积极开展教学督导工作。四是加强制度建设和过程管理，先后制定了《咸阳师范学院教学管理人员工作规范》《咸阳师范学院课堂教学行为规范》等系列规章制度，不断提高教学质量。修订了《咸阳师范学院教师和教学管理人员听课的规定》，对听课次数提出明确要求，校领导每学期听课不得少于2节（不含思政课）。加强教师评学和学生评教工作，提高信息反馈的使用效果。

三、进一步深化本科教育教学改革思路与举措

（一）落实全国教育大会精神，深化教育教学改革

学习贯彻落实全国教育大会精神和新时代全国高等学校本科教育工作会议精神，聚焦人才培养过程中的重点、难点和教学前沿问题，召开咸阳师范学院教学工作会议，进一步深入贯彻落实新时代全国高等学校本科教育工作会议、全国教育大会精神和学校第二次党代会会议精神，统一思想，凝聚力量，强化责任担当，着力攻坚克难，深化教育教学改革，提高本科人才培养质量。

（二）全面落实"以本为本、四个回归"，创新人才培养体制机制

坚持人才培养中心地位，围绕学校申请"硕士学位授予单位"和"一流应用型本科院校"建设工作，结合师范专业认证等重点工作，大力创新我校人才培养体制机制。通过建一流专业、一流课程、一流师资、一流平台、一流育人环境、一流质量文化等建设，达到培养一流人才的目的。力争经过5年的努力，使"四个回归"全面落实，高水平人才培养体系初步建成，人才培养的中心地位和本科教学的基础地位进一步巩固，人才培养能力大幅提升，学生学习成效显著增强，协同育人机制更加健全，现代信息技术与教育教学深度融合，大学质量文化建设取得显著成效，立德树人成效进一步加强。

（三）优化专业布局，加强专业建设，突显专业特色

根据学校办学定位和服务面向，加强专业布局顶层设计，立足咸阳，面向陕西，结合陕西基础教育、职业教育、特殊教育发展需要，完善师范专业体系，扩大师范生规模。积极对接区域产业发展需要，优化升级现有非师范专业，提高专业建设水平。以省、校两级"一流专业"建设为契机，构建一批与省内外高校同类专业相比办学优势明显，能支撑高水平本科教育，彰显学校教师教育特色，体现育人模式协同化、技能训练模块化、实践实训常态化的应用型特色显著的优势专业群。

（四）深化教学管理改革，为教育教学提供有力保障

1. 扩大二级学院教学管理自主权

明确学校和二级学院的教学管理职责与权限，下移教学管理重心，突出二级学院教学管理工作主体地位。建立激励机制，鼓励二级学院创品牌，建特色。积极评选教学管理先进集体和个人，对二级学院在协同育人、专业建设、课程建设、实践实训教学、学科竞赛等工作中表现突出的集体和个人进行奖励。

2. 推进教学管理信息化建设

建立并完善教务管理系统、在线开放课程平台、智慧教学平台、实践教学管理系统、毕业论文（设计）管理系统、考试管理系统等教学管理信息化平台，为实现全方位、全过程、全要素、多元化教学评价考核提供信息化平台支撑。

3. 完善教学激励机制

设立教学奖励专项基金，增设教学成就奖、教学标兵、本科生优秀导师等教学专项奖励，重奖教学优异、教学效果突出、课堂教学改革成效显著的教师，树立教学标杆，营造倾心教学、确保质量的重教氛围。

（五）健全教学质量评价机制，全面加强质量文化建设

坚持质量第一，把人才培养质量作为发展的第一要务，教育广大干部教师牢固树立质量意识，营造良好质量氛围，围绕质量抓管理，围绕质量搞教学，围绕质量做服务，确保教育教学质量稳步提高。建立健全科学、合理、可行的质量管理制度，建立和完善教学质量监控与保障体系，彰显质量文化。制定目标清晰、任务明确、机制健全的本科教学质量监控体系运行管理办法。完善二级学院教学质量自我评估制度，建立自评、自查、自纠、自改的教学质量评价体系，形成多层教学质量保障机制。健全周期性评价和持续改进机制，变终结评估为持续改进。坚持定量评价与定性评价相结合，结果评价与过程评价相结合。修订完善教师教学评价办法，运用信息化大数据手段，将教师课程设计、课堂设计、课堂讲授、教学方法手段创新、线上交流指导、课后辅导、课程评价考核等纳入教师教学评价范围，形成教学全过程评价。把学生评教、督导评教、同行评教和行业专家评教有机结合，把教师是否依托课程教学促进学生发展作为评价教师教学的最核心的指标。教学评价结果将作为教师专业技术职务评审、岗位聘任、绩效考核的主要依据。

四、本科教学工作审核评估的几点体会

（一）提高认识是前提

正确理解审核评估是学校评建工作顺利开展的前提。审核评估的目的是突出学校的内涵建设和特色发展，强化学校的办学合理定位、人才培养中心地位和质量保障体系建设；不断提高人才培养质量。为此，学校各级应统一认识、统一思想，以审核评估作为人才培养质量提升的重要契机，充分发挥"以评促建、以评促改、以评促管、评建结合、重在建设"的积极作用，通过全面评估学校的办学情况，明确学校的发展方向和目标，深化教育教学改革，改善办学条件，规范教学过程，完善教学质量保障体系，推动内涵建设。

（二）加强领导是保障

一是学校要建立校院两级的审核评估领导小组，确保审核评估工作的有效推进。二是学校要严格执行"一把手"负责制。各教学单位、各部门负责人是评建工作第一责任人，必须在评建工作中起到核心和表率的作用。各级干部必须强化责任意识、大局意识和担当意识，要按照高标准、严要求，不折不扣地完成学校部署的各项评建任务，绝不允许任何单位、任何个人有任何形式的消极懈怠，更不允许在工作中以任何理由相互推诿、相互扯皮、贻误评建工作。只有加强领导，才能有效保障审核评估工作的顺利开展。

（三）制定方案是基础

审核评估范围主要由审核项目、审核要素和审核要点三部分组成，涵盖了高校人才培养过程的各个环节。评估的理论、技术、指标、组织、队伍和工作体制机制等，都需要从实际出发认真研究并深入思考。精心设计方案，环环相扣、分工细致、责任明确地实施方案，才能使评估工作导向正确、操作平稳、推动有力。

（四）扎实推进是关键

审核评估的主体是全校师生，审核评估是全校上下的大事，必须充分调动广大师生的积极性、主动性，必须全员参与，人人担责。校领导、各机关处室、教务处（评建办）、各学院要建立动态的工作目标责任。各单位根据学校的评建工作方案，制定各自的评建工作实施细则，细化任务，抓好落实，扎实有序推进各项工作，这也是审核评估工作顺利完成的关键。

（五）持续改进是重点

基于本科教学工作审核评估的目的，构建持续改进的审核评估教学质量保障体系，是审核评估工作的重点，更是难点。一方面，审核评估的本质是审查质量保障体系的适宜性和充分性，核验其运行的有效性；另一方面，只有借助持续改进的审核评估教学质量保障体系，形成高校自身的持续改进良性循环模式，才能有效保证高校办学质量和人才培养质量的持续提升。因此，扎实做好审核评估整改工作和持续的教学改革工作是本科教学审核评估工作的重点。

西京学院本科教学工作审核评估经验总结报告

肖建军①

根据教育厅安排，西部评估中心组织专家组于 2017 年 11 月 19 日至 23 日对我校进行了实地考察，并于 2018 年 6 月 1 日、2018 年 11 月 28 日分别进行了整改中期检查和一年整改回访。通过审核评估，学校顶层设计得到了进一步优化，治理结构进一步完善，教学中心地位得到进一步提升，师资队伍和管理队伍得到极大改善，质量保障体系进一步完善，教学条件、校园文化建设等方面却发生了提档升级，办学能力与水平上了一个新台阶。

一、扎实开展自评工作

学校董事长、校领导高度重视本科教学审核评估工作，坚持"以评促建、以评促改、以评促管、评建结合、重在建设"的方针，扎实开展自评工作。

（一）成立组织机构，组织培训学习

2016 年年初，学校召开启动会，制定了审核评估方案，成立了评建工作领导小组、评建工作办公室以及自评报告组、数据与材料组、质量保障组 3 个评建工作组，把评建工作分为宣传发动与部署、专业评估、自评自建、迎评、整改提升 5 个阶段，梳理出了 12 项审核评估重点工作。

同时，学校安排 8 批、46 人次参加了教育部评估中心组织的审核评估培训会，邀请了省内专家来校培训 4 次，召开了校级层面培训会、报告会 17 次，动员大会 2 次。编制了审核评估应知应会材料 4 本，购买培训资料 1 060 册，开展了多次学习辅导。通过学习培训，全校教职工深刻领会了审核评估的内涵、要求以及对学校建设发展的意义与作用，明确了工作方法与思路。

（二）深化专业内涵建设

1. 开展本科专业评估工作

学校制定了《西京学院本科专业评估指标体系》和评估方案，于 2017 年 6 月成立四个专家组，分别对 29 个专业进行了评估，通过听取专业负责人汇报、查看专业自评报告、培养方案、抽调试卷、毕业设计（论文）、作业等，评选优秀专业 4 个、良好专业 11 个、合格专业 13 个、不合格专业 1 个，形成了 8 万多字的《本科专业评估报告》。本次专业评估强化了教师对专业建设的认识，理清了专业建设存在的问题，明确了各专业人才培养目标和定

---

① 西京学院教务处处长。

位，明晰了专业建设思路。

2. 修订本科人才培养方案

2016年9月，学校印发了《关于进一步优化本科人才培养方案的指导性意见》。各二级学院根据学校应用型人才培养顶层设计，经过深入调研、论证，在准确落实学校培养"人格健全、基础知识扎实、专业实践能力强、勇于创新的一线工程师或行业应用型人才"的培养定位基础上，细化毕业要求，科学构建课程体系，形成了具有特色的专业人才培养方案。本次人才培养方案的修订，对于构建高水平的人才培养体系具有重要意义。

3. 召开以专业建设为主题的本科教学工作会议

2017年9月，学校召开本科专业建设工作会议，出台了《西京学院关于加强专业建设的实施意见》，郭捷副校长作了题为"大力加强专业建设，全面提升本科教育教学质量"的工作报告，10个学院院长在大会上作了专业建设情况交流发言，任芳校长对推动专业建设工作提出了6个方面要求。会议确定了以"一流专业"建设和工程教育认证为引领的专业分类建设思路，确立了"学生中心、产出导向、持续改进"的本科教学理念，制定了加大经费投入、强化教师引进培养、着力开展课程建设等6大专业建设举措，为持续推进专业建设打下坚实基础。

（三）抓重点、关键环节，夯实人才培养基础工作

1. 完善本科教学管理制度

以构建高水平人才培养体系为目标，以规范化、精细化管理为核心，重新梳理各项教学管理制度，对《本科生学籍管理办法》等31项教学管理制度进行了全面修订、汇编，形成了较为完善的本科人才培养制度体系。

2. 强化教研室组织建设

2017年5月，学校出台了《西京学院教研室管理办法》，重新组建教研室（团队）106个，遴选教研室（团队）负责人90人，开展了教研室主任培训、教研室常规工作及活动指导，落实了教研室教师成长帮扶措施，以强化基层教学组织效能。

3. 加强实验、实训室建设

2017年年初，学校对220个实验室进行了专项调研，制定了实验室新建、改建方案，更新基础实验室电脑522台、数控铣车床19台套；新建或改建工业设计、数控车床实训区、建筑材料、工程测量等18个实验室，总投资近2 000万元。

4. 强化日常教学检查制度，聚焦课堂抓质量

一是狠抓课堂教学检查，每学期实现对全体教师的听课全覆盖，发现问题，持续改进。二是深入开展期初、期中、期末教学的"三查"活动，严把关键环节质量。三是开展毕业设计（论文）专项检查、试卷专项检查、作业专项检查、实验室教学与管理专项检查。通过开展专项检查和日常"三查"，进一步强化教学基础薄弱环节，强化教师和教学管理人员的质量意识。

5. 优化教师队伍结构，强化教师能力培养

瞄准优势专业、新建专业和通识基础课师资队伍建设薄弱环节，大力引进高水平教师，开展教师培训培养，着力优化教师队伍结构。开展教学竞赛、提升教学能力，2016年至2017年，共举行2次名师引领性的"精彩课堂"活动，22名专家教授做了示范课；举行青

年教师讲课大赛 2 次，全校 120 多名青年教师参加了比赛；每学期第二个月为"教学质量提升月"，期间全体教师的课均为公开课，每位教师必须听课和被听课。这些活动有效促进了教师教学能力提升，改善了课堂教学效果。

（四）以"检查指导"为牵引，督促评建任务落实

为圆满完成各项以评促建任务、实现工作目标，学校对二级学院（中心）的以评促建工作开展了阶段性检查指导活动，2016 年 11 月和 2017 年 4 月分别开展了检查指导活动，对 13 个教学单位派出专家组，对以评促建工作方案中的 6 个方面、24 项工作进行全面检查，专家组针对查出的问题提出改进建议，学院（中心）写出整改报告并积极改进。

学校于 2017 年 5 月 25 日至 27 日，聘请了校外专家组成专家组，按照审核评估专家进校考察的规定流程进行了预评估。通过两次检查指导和预评估，在专家组的帮助下，各学院及全体教师对教学中的问题认识更深刻，对解决问题的思路与措施更清晰，教学理念得到了更新和提升，专家组对学校以评促建工作成效给予了高度评价。

（五）高质量完成审核评估相关材料

1. 全力做好"自评报告"撰写

"审核评估是学校用自己的尺子量自己"，而"自评报告"就是"量自己"的"自画像"，必须"量得准、画得像"。学校自评报告工作组在副校长的亲自带领下，用一年半的时间，全面梳理本科教学工作，捋思路、找问题、补短板、强内涵，抓持续改进，促质量提升，把工作重心放在学校顶层设计和当前存在问题的梳理上，修改 13 稿后提交校委会审定。

2. 做好状态数据填报及支撑材料

抽调精兵强将组成数据材料组，全力做好 2016—2017 年教学状态数据的收集、整理、填报、审核工作，重点研究各类数据的相互关系与支撑度，形成数据报告，引导各学院、各部门做好以评促建工作。按照自评报告内容与要求，全面收集、整理各类支撑材料。经过全力梳理与审核，最终形成三类材料，即专家案头材料、支撑材料和重要档案材料，其中，支撑材料以对自评报告的支撑程度为依据，收集整理出中、高度支撑材料共 75 盒。

二、专家进校实地考察评估

2017 年 11 月 19 日至 23 日，教育部本科教学工作审核评估专家组一行 12 人对我校本科教学工作进行审核评估。

考察期间，专家组听取了任芳校长关于本科教学工作审核评估补充报告；集体考察了图书馆、工程舫、校史馆、艺术馆及医学护理实验中心等教学基础设施；深度访谈学校领导 24 人次、职能部门负责人 52 人次；先后走访了 13 个教学单位、5 个书院、28 个职能部门和教辅单位；召开各类教师、学生以及学院管理干部等座谈会 11 次；走访校外实习和就业基地 2 个；听课看课 38 门次；调阅 16 个专业的毕业论文（设计）955 份，33 门课程试卷 2 733 份，以及校领导、校督导组听课记录等其他相关材料；对学校本科教学工作进行了全方位多层次的考察。

专家组通过考察评估，一致认为，我校办学定位和人才培养目标能够适应国家和区域经济社会发展需求；教师和教学资源条件基本保障教学工作的正常运行；教学和质量保障体系基本建立并能较有效运行；学生和社会用人单位的满意度较高；人才培养效果与人才培养目标有较好的达成度。并建议学校下一步从顶层设计和路径规划、师资队伍建设、课程资源和实践教学资源、教学效果、教学质量保障体系建设等方面着手继续改进。

三、认真开展审核评估整改工作

在2017年12月至2018年11月一年的审核评估整改工作中，学校按照专家组的意见、建议，制定了整改工作方案，全面推进整改工作，取得了显著成效。

（一）完善顶层设计，激发办学活力

学校以建设高水平大学为目标，制定了《西京学院中长期事业发展规划（2018—2030年）》；完善了二级学院内部治理结构，成立了二级学院院务委员会，配备了副院长。2018年9月，学校全面实施薪酬制度改革，投入1 200万元提高教职工待遇，明确向一线教师倾斜，增设"教学工资"模块，工资结构更加科学合理，极大地增强了教职工的内生动力。

（二）加大师资队伍建设力度

整改一年来，学校引进教师152人，其中具有博士学位的75人，具有副高以上职称的39人；引进具有行业背景教师12人、实验技术人员9人。实施青年教师培训培养工程，遴选"卓越教师"33人，暑期派出95人赴企业挂职锻炼，选派62人赴新加坡培训。

（三）深入推进专业与课程建设

一是优化人才培养方案，组织全校教师学习新时代全国高等学校本科教育工作会议精神和"本科专业类教学质量国家标准"，结合工程教育认证理念，从6个方面优化修订人才培养方案。二是深入推进专业分类建设，拨付560万元用于专业建设，各类专业建设在教师引进培养、核心课程建设、基地平台建设、专业特色打造等方面都取得了一定成效。三是着力提升课程建设水平，2018年立项"一师一优课"146门，并开展了以教师团队为主体的精品课程和重点课程建设，立项重点课程24门、精品课程15门，建设经费108万元。

（四）强化实践教学

投入2 000万元新建、改建医学影像等8个实验室，升级改造一、二号教学楼222间标准教室的多媒体设备。修订实验教学大纲和实验指导书，通过梳理、整合与充实，本学年综合性、设计性实验项目占比达到51%，同比增加19%。优选220家资源较好的企业，拓宽合作领域，强化学生实习、就业和教师培训三大合作项目的管理与考核，深化校企合作。

（五）强化教风学风建设

制定、修订8项教风建设文件，其中包括《西京学院教师教学行为规范》《西京学院本科教师教学工作量规范与考核办法》等，使教师教学质量标准更加完善。制定了《西京学院学生学习行为规范》等制度；修订考试、学籍等5项管理制度，取消"清考"制度，制度设立重修制度，强化学业警示教育制度等。

（六）强化质量监控

实施全要素、全过程质量监控，将教学的8个环节全部纳入督导内容，全过程跟踪12个课程教学要素和主要环节。三个学期重点遴选12门课程进行跟踪评价，跟踪期限为一个

学期，跟踪结束写出书面报告，反馈课程所在部门及任课教师。学校投入600万元，分三期建设质量保障监控系统，一期建设已完成并开始使用。

在审核评估整改中期检查和整改回访中，专家组对学校顶层设计、师资队伍建设、专业与课程建设、内外部结合的教学保障体系建设取得的成效给予了充分肯定和高度评价。

四、审核评估工作成效

审核评估三年来，学校在六个方面取得了重大成效。

（一）顶层设计更加完善，办学活力得到激发

学校以建设民办高水平西京大学为目标，制定了《西京学院中长期事业发展规划（2018—2030年）》，修订了学科发展规划和专业建设规划，使学校中长期建设发展目标、任务明确清晰，形成了"三十年打基础、办百年名校"的共识与长远目标。进一步完善了二级学院内部治理结构，成立了二级学院院务委员会，重新组建了教研室，基层教学组织得到强化。全面实施薪酬制度改革，提高了教职工待遇，广大教职工的积极性得到较好激发。围绕人才培养中心工作，实施了经费后勤保障、人才支持、教学管理、质量监控等方面体制机制改革，办学效能与活力显著增强。

（二）专业建设迈上新台阶

通过召开专业建设工作会议，制定了专业建设实施意见，逐步形成了以"一流专业"和工程教育专业认证为引领，特色专业、新建专业、支撑专业并重的专业分类建设体系，形成了以市场需求为导向的专业动态调整机制；建立了"一师一优课"、精品课程、重点课程三位一体的课程建设体系，三年中立项建设课程243门，专业建设水平显著提升。

（三）师资队伍建设成效显著

采取经费大投入等倾斜政策，大力引进高水平教师，培养青年教师，优化师资队伍结构，三年来教师队伍面貌发生了根本变化：专任教师增加到1 133人，生师比从评估时的19.74∶1降到17.6∶1，教师流失率从8.6%下降到3.7%，兼职教师下降到7%，副高以上职称教师从349人增加到435人，具有博士学位教师从219人增加到294人，培养青年"卓越教师"92人，引进与培养学科领军人才6人，形成了完善的人才引进与培养机制，教师能力与水平显著提升。

（四）办学条件得到极大改善

审核评估期间，学校围绕教学需要及师生需求，着力改善办学条件，投资新建京华礼堂、璞玉餐厅、3栋教职工住宅楼，改建18栋学生宿舍楼，新建与改建实验室、实训室54间，改造多媒体教室220间，扩建附属幼儿园、改建中小学校园各1所，新建和改建面积达34万平方米，投资达5亿元，办学条件得到极大提升。

（五）教学管理水平提升明显，教学成效显著

通过审核评估，学校对教学管理制度进行了彻底梳理与重构，形成了以"学生中心、产出导向、持续改进"为基本理念的教学管理制度体系和富有西京学院特色的教学质量文化,教学管理组织、管理队伍得到强化,教学管理能力显著增强。三年来,人才培养质量显著提升,2018届毕业生一次就业率达到93.1%,麦可思《西京学院2018年用人单位跟踪评价报告》显示,用人单位满意度由2017年的92.1%提高到97%。2017年,任芳教授主持的《民办高校教师教学发展模式创新与实践》获省级教学成果一等奖;2018年,学校被教育部授予"创新创业50强高校"。

(六)学科科研水平再上新台阶

三年来,学校大力开展学科科研改革,立足于应用创新研究和服务地方经济社会发展,强化科研反哺教学,建立学科研究平台8个,其中省级重点实验室2个;组建重点科研团队7个。仅2018年审核评估整改阶段,学校获批及签订课题549项,经费1.1亿元,发表论文900篇,授权专利321件。得益于以评促建,学校科研竞争力从2017年全国民办高校第三上升到2018年全国民办高校第一。

五、审核评估工作经验

(一)全校对审核评估有正确认识、有高度共识

参加审核评估是学校主动申请的。以审核评估为抓手,通过"以评促建、以评促改、以评促管",解决教育教学中存在的深层次问题,构建高水平人才培养体系,打造高质量本科教育,提升办学水平与核心竞争力,夯实高水平民办大学基础,这是全校一致的高度共识。学校采取外出学习、校内培训、研讨动员等一系列有效措施,使全校上下在审核评估中,认识统一、步调一致、齐心协力、真抓实干,全面实现了审核评估的工作目标。

(二)组织管理与实施措施得力

学校成立了以校长为组长的审核评估工作领导小组,负责重大事项决策;成立了以主管教学副校长为组长的评估工作小组,负责评估工作的组织实施工作;成立评建工作办公室,由教务处处长兼任主任、教育教学质量监督处处长、教务处副处长为副主任,统一负责各项工作的落实。这样的组织管理架构精干、务实、高效,运行顺畅,保证工作按照目标牵引、任务驱动,不折腾、不搞"花架子"的思路开展。制定的以评促建工作方案和整改工作方案科学、实际,针对性和操作性强,各阶段、各部门及院系的工作目标、任务明确清晰,评估经费等各项保障措施到位;开展2次院系评建工作检查与指导活动,确保各阶段评建工作任务落实得有质量、有效果。评估工作启动初期,学校还制定了考核与激励措施,形成了较为系统的工作管理与保障机制,确保审核评估工作总目标的实现。

(三)提升办学条件舍得投入

学校坚持"大投入、大手笔",优先保障经费投入,全力改善办学条件,审核评估三年来,改革了经费预算体系,大幅增加了院系经费当量,扩大了院系经费使用权,日常教学经费和教学专项经费大幅增加;改革了教职工薪酬制度,提升了教职工待遇,政策向一线教师倾斜,教师待遇达到甚至超过部分公办高校教师待遇;新建教职工住宅547套,创办了幼儿园、中小学,使教职工住房和子女入学问题得到彻底解决;改造了18栋学生公寓,使学生

享受到最舒适、最漂亮的宿舍；新建了餐厅、礼堂等设施，新建、改建实验室、实训室54个，实施了校园绿化美化升级工程，这些项目累计投资5亿多元，办学条件上了一个大台阶。

（四）聚焦问题，抓住重点

学校在评估中始终坚持问题导向，按照"找出问题、研究问题、制定解决问题的长效机制"的思路开展工作。在解决问题过程中，始终坚持抓重点、抓关键环节的原则，立足于长远，下力气解决专业建设、师资队伍建设、课堂教学和质量保障监控中的突出问题，使审核评估在打造高质量本科教育、创建高水平大学中发挥了重要作用。

经过三年的审核评估，制约学校人才培养工作中的突出问题得到了有效解决，学校发展基础更加坚实，发展目标更加清晰。学校将继续以审核评估为契机，以习近平新时代中国特色社会主义思想为指引，适应新时代高等教育发展新要求，坚持内涵发展，坚持"四个回归"，坚持立德树人，在专业、课程、队伍建设等人才培养关键要素上持续发力，构建高水平人才培养体系，打造高质量的本科教育。